经济管理新形态教材

金融学系列

21世纪

Corporate Finance

公司金融

叶蜀君　编著

清华大学出版社

北京

内 容 简 介

全书共 12 章,内容包括:公司金融导论、货币的时间价值、债券价值评估、股票价值评估、投资评价方法、资本投资决策、融资决策、股利和股利政策、资本预算、资本资产定价模型与资本成本、资本结构、公司估值。本书注重知识性、基础性和应用性,突出了理论与实务的融合。每章都根据章节内容写有例题或案例,为学生深刻理解公司金融有关知识、理论、方法和内在联系提供帮助。

本书可以用作高等院校经济、金融、管理等专业的教材,也可用作商业银行、证券公司、金融服务机构等从业人员在职教育和岗位培训教材。

图书在版编目(CIP)数据

公司金融/叶蜀君编著. —北京:清华大学出版社,2023.5
21 世纪经济管理新形态教材·金融学系列
ISBN 978-7-302-63458-4

Ⅰ. ①公… Ⅱ. ①叶… Ⅲ. ①公司—金融学—高等学校—教材 Ⅳ. ①F276.6

中国国家版本馆 CIP 数据核字(2023)第 080647 号

责任编辑:王 青
封面设计:李召霞
责任校对:宋玉莲
责任印制:杨 艳

出版发行:清华大学出版社
  网 址:http://www.tup.com.cn,http://www.wqbook.com
  地 址:北京清华大学学研大厦 A 座 邮 编:100084
  社 总 机:010-83470000 邮 购:010-62786544
  投稿与读者服务:010-62776969,c-service@tup.tsinghua.edu.cn
  质量反馈:010-62772015,zhiliang@tup.tsinghua.edu.cn
印 装 者:北京国马印刷厂
经 销:全国新华书店
开 本:185mm×260mm 印 张:23.25 字 数:536 千字
版 次:2023 年 6 月第 1 版 印 次:2023 年 6 月第 1 次印刷
定 价:69.00 元

产品编号:096148-01

前言

公司金融以公司为核心、金融市场为平台、价值管理和风险规律为主线,研究公司与金融市场之间的关系,探讨公司如何通过正确的投资决策、融资决策、股利分配决策实现公司价值最大化的目标,涉及公司投资与融资、利润分配、运营资金管理及财务分析等方面,是公司管理不可缺少的一部分。

对于公司金融的英文 Corporate Finance,我国也常译为"公司财务"或"公司理财",而财务、理财和金融这些概念是有显著区别的。一般而言,公司的"财务"或"理财"是建立在会计基础上,以现金收支为主的公司资金收支活动的总称。而公司金融所研究的内容更为广泛:一是其研究领域并不局限于公司内部,还注重研究公司与金融系统之间的关系,注重公司综合运用各种金融工具与方法进行风险管理和价值创造的行为;二是就公司内部而言,公司金融所研究的内容也比"财务"或"理财"广,还涉及与投资、融资等有关的公司治理结构方面的非财务性内容。

本书强调公司与金融的联系,以公司金融实现公司价值最大化的目标为导向,共有十二章,涵盖了公司金融的主要内容。其中第一章为导论部分,概述了公司金融的概念、目标、与金融市场的关系和委托代理问题等内容;第二至四章为现值和证券估价部分,是公司投资与融资决策的基础;第五至六章为投资决策部分,包括投资评价方法和资本投资决策分析;第七至八章为融资决策部分,介绍公司各类融资方式与股利分配政策;第九章为资本预算,着重介绍资本预算的不确定性分析方法;第十章为资本资产定价模型与资本成本,进一步关注投资的收益与风险;第十一章为资本结构,探讨了公司金融中的治理结构问题;第十二章为公司估值,对公司的内在价值进行评估,这是进行投融资和交易的前提。

本书注重知识性、基础性和应用性,内容编排有新意,体系新颖,结构上采取规范、统一的格式化设计,强调公司金融理论在不同环境、不同条件下的具体运用,突出理论与实务的融合,有较强的实用性。每章都根据章节内容配有例题或案例,为学生深刻理解公司金融有关知识、理论、方法和内在联系提供帮助。学生可以通过每章的学习目标及章后设置的练习题和即测即练题,检测自己对章节内容的掌握程度。为加强学生对公司金融学习的兴趣,加深学生对于公司金融实用性的理解,每章配有 3 篇拓展阅读,对公司金融在本书以外的知识和实例进行扩展。

本书由北京交通大学经济管理学院叶蜀君教授进行结构设计、总撰、审定和定稿,北京交通大学经济管理学院研究生蒋睿实、田宇、夏硕、肖笛雨和赵志鹏在本书的编写中做了大量的基础性、前沿性工作,在此表示感谢。

本书在编写过程中借鉴、吸收、引用了国内外的许多文献和网络资源,这些资料已在书后参考文献中一一列出,在此向有关作者表示感谢。由于编者水平有限,难免存在疏漏和不足之处,恳请各位专家和读者批评。

叶蜀君

2022 年 6 月 26 日

目 录

第 一 章

公司金融导论

公司金融以公司为核心、金融市场为平台、价值管理和风险规律为主线,研究公司与金融市场之间的关系,探讨公司如何通过正确的投资决策、融资决策、股利分配决策来实现公司价值最大化的目标。公司金融以经济学、金融学、会计学原理等为学科背景,涵盖公司生产经营和资本经营两个层面的内容,是一门理论与实践紧密结合、交叉性强的学科。公司的金融活动表现为公司资金的不断循环、周转及其所体现的经济关系。

学习目标

- 掌握公司金融的三大决策
- 熟悉公司金融管理的三个主要方面
- 清楚企业的组织形式及各种组织形式的优缺点
- 了解公司章程的制定
- 了解公司的代理与代理问题产生的原因
- 说明公司代理问题的治理方式
- 知道公司金融的目标
- 理解公司对利益相关者的社会责任

第一节　公司金融的界定

一、公司金融的定义

公司金融的英文是 Corporate Finance,也被译为公司财务或公司理财。公司金融是研究公司制企业如何运行、如何获取资金(融资决策)、如何分配资本(投资决策和股利分配决策),通过一系列的金融活动实现公司生存和发展的目标的学科。公司的金融活动表现为公司资金的不断循环、周转及其所体现的经济关系。公司首先将通过各种途径筹集到的资金转变成多种非现金资产,如固定资产、原材料等。原材料经工人加工成为产品,产品在市场上售卖,转变为公司的现金流。销售产品获得的现金流入(即销售收入)一般大于生产原始投入的现金流出(即生产成本),在扣除了生产过程中发生的各项直接、间接费用后,剩下的资金即为公司的利润。利润帮助公司实现了资金增值。利润中一部分以税收、股利形式流出公司的生产经营环节,剩余部分成为公司的留存收益,继续参与公司的生产经营过程。公司的资金就是这样不断循环和周转的。

价值取代利润的主导地位是公司金融发展的一个里程碑。与此相适应,以价值为基础的管理,成为公司金融的基本理念。公司金融关注公司的财务决策对公司价值的影响,任何财务决策均以公司价值最大化或者股东财富最大化为目标,公司财务活动成功的标志是实现了公司价值的增值。因此,公司在一定财务目标条件下的资本预算、资本结构和营运资本管理共同构成了公司金融的基本内容。

二、公司金融的三大决策

公司的金融活动由投资、筹资、分配三个环节组成,因此,投资决策、融资决策和股利分配决策共同构成了公司金融的三大决策,其目标都是追求公司价值最大化。

(一)投资决策

投资决策是指公司在调查、分析及论证的基础上,对投资活动所做的最后决断。投资决策是一个复杂的过程,重大项目决策的成功与否会直接影响公司未来的发展。投资决策是公司所有决策中最为关键、最为重要的决策。

投资决策具有针对性、现实性、择优性和风险性。公司进行投资决策时首先需要确定公司的投资目标;在明确投资目标后,进一步拟定具体的投资方向并制定投资方案;对方案进行可行性论证、对投资风险与回报进行评价分析,由此来判断投资决策方案的可靠性;最后反馈调整决策方案并进行投资后的效果评价。

公司的各级决策者经常要面临与资本投资相关的重大决策。在面临投资决策时,必须在不同方案之间做出选择。

投资决策决定着公司的未来,正确的投资决策能够降低公司的经营风险,为公司带来高收益;但失败的投资决策有可能置公司于死地,因此投资决策的制定需要经过决策者的深思熟虑,并依托正确原理的指导。

(二)融资决策

融资决策是指公司为实现其经营目标,在预测资金需要量的基础上,通过比较各种融资方式的融资条件、成本和风险等,合理选择融资方式并确定适宜的融资结构的过程。在发达的资本市场中,融资方式多种多样,它们各具特点,成本和风险也不尽相同,通过多种融资方式的组合,可以降低公司的平均融资成本(即加权平均资本成本),而资本成本的降低能提高公司的市场价值,这就是公司融资决策的主要目标。

融资决策往往涉及公司发行债券、股票及银行信贷等中长期融资。融资是指公司为满足投资和日常经营的需要而筹集资金的过程。融资为投资服务,投资是融资的目的和手段,投资的规模和收益决定了融资的战略。公司在投资一项固定资产或者发生资本性支出之前,要先考虑如何筹集投资所需的资金。

公司经营活动对资金的需求具有多样性,公司融资决策要根据经营活动的具体情况,分析各种融资方式的成本和风险,根据难易程度合理选择融资方式并确定各种融资方式下的融资量(即资本结构),选定有助于降低融资成本并与公司的风险承受能力相适应的融资结构。在融资方案的实施过程中,如果融资活动受阻或者融资量达不到预定目标,应及时调整融资方案。

（三）股利分配决策

股利分配是指公司制企业向股东分派股利的行为。股利分配是公司利润分配的一种形式。股利分配决策就是关于公司是否发放股利、发放多少股利及何时发放股利等方面的方针和策略,不同的公司根据市场环境不同、所处行业差异及自身特点制定了不同的股利分配政策。股利分配决策同时也是公司的内部融资决策,净利润属于股东,本应该分配给股东,如果从本应该分配给股东的净利润中留存一部分收益用于再投资,实际上就是向现有股东筹集权益资本。

公司股利分配的顺序是:弥补超过用所得税前利润弥补期限,按规定须用净利润弥补的亏损;提取法定盈余公积金;提取公益金;向投资者分配利润。股份有限公司提取公益金后,向投资者分配利润应先支付优先股股利,然后提取任意盈余公积金,再支付普通股股利。

股利分配决策涉及分配政策的选择和分配数量的确定,主要包括剩余股利分配政策、固定或持续增长股利分配政策、固定股利支付率分配政策和低正常股利加额外股利分配政策。

三、公司金融管理的主要方面

资产负债表(图 1-1 为其组成的简图)是反映公司财务状况的载体。我们可以在某一时间点借助资产负债表纵览公司的财务状况及金融活动。

资产负债表的左边列示了公司资金的使用情况,表示公司的资产,包括流动资产、长期资产(固定资产、无形资产等)。公司的资产状况反映了公司的资本预算,即流动资产管理水平及长期资产投资状况。

资产负债表的右边列示了公司的资金来源,包括流动负债、长期负债和所有者权益(又称股东权益)。公司的负债和所有者权益反映了公司的资本结构,即在融资方式及融资结构方面的决策结果。

图 1-1 资产负债表各组成部分简图

为了满足公司的正常运作,公司需要配置多少流动资产及需要多少短期现金流量来履行到期财务责任呢?这就是公司的营运资本管理。营运资本管理又包括流动资产管理和流动负债管理。

因此,公司金融管理的三个主要方面是资本预算、资本结构和营运资本管理。

（一）资本预算

资本预算又称建设性预算或投资预算,是公司为了今后更好地发展、获取更多的报酬而制订的资本支出计划。资本预算主要是公司选择长期资本(一般长于一年)投资的过程。它是综合反映建设资金来源与运用的预算。

投资是寻找有价值的项目并投入资金的过程,投资的目的是获得收益。公司在创立之初及面对未来成长机会时,需要编制投资预算,这涉及资产负债表的左半部分。资本预算要确定决策目标、提出各种可能的投资方案、估算各种投资方案预期实现的现金流量、预估现金流量的风险程度并据此对现金流量进行风险调整,对各种投资方案进行比较择优。

资本预算的基本特点是:投资基于现有的支出,而回报基于未来的收益,但未来是不确定的。因此,资本预算决策需要考虑资金的时间成本和不确定的收益所对应的风险溢价两个方面,这也是公司金融理论中两个非常关键的问题。资本预算决定了公司资金的运用方向和未来的收益状况,从而决定了公司的价值。公司管理层在进行资本预算时,必须根据公司经营的目标,认真分析项目的现金流量,寻找收益超过成本的投资机会,综合考虑项目现金流大小、时间点和风险之间的关系,以实现公司价值增值和股东财富最大化。在现实生活中,长期投资的未来现金流入具有不确定性,要真正发现有价值的长期资产投资项目并非易事。

(二)资本结构

资本结构是指公司长期资本来源的构成和比例关系。资本结构是公司在多种筹资方式下筹集资金形成的,各种筹资方式不同的组合决定着公司的资本结构及其变化。公司筹资方式虽然有很多,但总的来看主要分为债务资本与权益资本两大类。权益资本是公司必备的基础资本。因此,资本结构问题实际上是债务资本的比例问题,即债务资本在公司的全部资本中所占的比重。

不同的资本结构会给公司带来不同的后果,公司利用债务资本进行举债经营,可能发挥财务杠杆效应,也可能带来财务风险,因此公司必须权衡财务风险与资本成本的关系,确定一个最佳的资本结构。这个最佳资本结构有时也称为目标结构,即希望选择一个资本结构,在一定条件下使公司加权平均资本成本(WACC)最小化,从而提高公司价值,使股东财富最大化。

评价公司资本结构最佳状态的标准应该是既能提高股权收益或降低资本成本,又能控制财务风险,最终提升公司价值。资本结构优化的目标,是降低平均资本成本率或提高普通股每股收益。从理论上讲,最佳资本结构是存在的,但由于公司内部条件和外部环境的经常性变化,动态地保持最佳资本结构十分困难,因此在实践中,目标资本结构通常是指公司结合自身实际进行适度负债经营所确立的资本结构,是根据满意化原则确定的资本结构。

(三)营运资本管理

营运资本管理是公司的短期资金管理,其目的是提高公司运营的效率。对公司而言,一方面,现金、应收账款等流动性很强的资产价值经常变化;另一方面,应付账款、应交税费、到期债务须按时偿还。因此,公司必须关注流动资产和流动负债。同时,经营中的现金流出与现金流入在时间和金额上不一定匹配,需要公司不断地进行协调,以保证日常经营的需求。营运资本管理分为流动资产管理和流动负债管理。

公司对流动资产的配置主要取决于流动资产管理水平、生产经营周期长短、销售政策、收账政策等。营运资本管理主要包括现金管理、短期投资管理、应收账款管理、存货管理。

公司的短期融资构成了公司的流动负债。在短期融资决策中,首先应以融资成本最小化为原则选择短期融资方式。短期融资方式主要有三种:银行借款管理、商业信用管理、短期融资融券管理。

公司的资本预算、资本结构和营运资本管理在资产负债表中均有所反映。图 1-2 简单地映射了公司的资本预算、资本结构和营运资本管理。

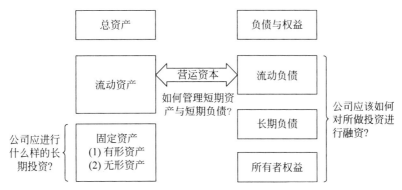

图 1-2　资产负债表映射资本预算、资本结构、营运资本管理简图

公司的财务活动远不止这些,除了上述基本内容之外,在公司实际经营过程中还有一些金融活动是对这些内容的综合利用和拓展深化,如兼并收购、公司治理等。以上提供的公司金融的基本框架是公司金融中最为重要的部分。

四、公司金融与财务管理的区别和联系

(一)公司金融与财务管理的区别

1. 研究视角和课程性质的区别

一般认为,财务管理是伴随着股份制公司和托拉斯的大量出现而出现的。19 世纪末期,公司规模不断扩大,公司的资金需求急剧增加,财务筹资逐渐复杂,原来由企业主亲自从事的财务管理活动逐渐由专门的财务管理部门负责管理,在此基础上,逐步形成了财务管理的理论与学科。米德(E. S. Mead)1910 年撰写的《公司理财》被公认为第一本现代西方财务管理的教科书,在公司财务管理史上具有里程碑式的意义。与这一历史背景相对应的是早期的财务管理内容主要以筹资管理为主。随着经济危机的频繁发生,公司外部竞争加剧,财务危机作为经济危机的表现形式频频出现,内部控制成为公司财务管理最重要的内容。公司经营的不断变化、资金运用的日益复杂,再加上 20 世纪五六十年代西方经济中的通货膨胀严重,导致投资风险加大,这一时期的财务管理活动中,投资管理受到了前所未有的重视。

产生于 20 世纪 50 年代的公司金融理论是从金融投资的角度对公司资源配置效率的理论探讨。传统观点认为,公司发行债券筹资比发行股票筹资的成本低,相比较而言,股东是剩余索取者,只有在公司支付了利息和其他债务之后,才能获得回报。因此,公司制

企业可以通过股权筹资减少利息,进而减少资本总成本。但债务水平的增加会提高公司破产的风险;公司风险的增加,使股权和债权要求的回报率也提高了。因此,传统观点认为,在低债务成本与高破产风险之间有一个使公司价值最大化的最优债务比例。但是,1958年莫迪利安尼(Modigliani)和米勒(Miller)创造的无风险套利方法证明:在一定的假设条件下,公司价值是独立于公司杠杆水平的,而且股权资本是杠杆水平的函数。此后,公司金融关注的问题和方法发生了转变,从规范分析公司应该采用何种投融资和股利政策转变为实证研究不同的投融资和股利政策的成因及其对公司价值的影响,通过理论模型和实证经验解析公司金融实践,形成有实证依据的理论,最终为公司金融政策的制定提供理论基础和有效的分析工具。

因此,从这两门课程产生的历史背景可以知道,财务管理课程是早于公司金融课程的,尽管其产生的历史背景都是公司制企业的出现,但是它们的研究视角是不同的:前者是从公司内部研究筹资、投资等决策,是属于经济管理性质的工商管理学课程;后者则是从公司外部投资人的视角,基于对公司资源配置效率的分析评价公司价值,是属于金融经济学性质的经济学课程。这是它们的根本区别。

2. 研究对象和内容的区别

从财务管理产生的历史背景可以知道,财务管理源于企业主不能亲自从事或者不能胜任公司的财务管理活动,需要专门的财务管理部门来管理公司的财务。从这个意义上讲,财务管理是一种从公司管理的角度进行的管理活动,其研究对象是公司的财务活动和财务关系。从公司管理的角度出发,主要的研究内容包括资金筹集、流动资金管理、固定资产和无形资产管理、固定资产投资管理、成本费用管理、营业收入和利润管理、公司清算、财务报告和财务分析等。为了实现上述研究内容和管理内容的目标,更多地使用管理学的基本原理和手段,形成了财务管理的主要环节,如进行财务预测和财务计划、组织财务活动、开展财务分析、实行财务考核和监督等环节构成了完整的财务管理工作体系。

从公司金融产生的背景可知,它是站在投资者角度对公司(特别是上市的公司制企业)的投资价值进行研判,从资源的跨时期优化配置和利用的角度研究公司价值。因此,它的研究对象是公司价值,对应的内容包括:①资本预算和投资估值。主要研究如何度量公司价值。②资本结构,包括股利政策。研究公司资本结构和股利政策的影响因素及其对公司价值的影响。③公司治理。研究公司的股权结构、管理激励等对公司价值的影响。这两门课程研究视角的不同,导致其课程性质的不同,课程性质的不同最终形成了不同的研究对象和内容。

(二) 公司金融与财务管理的联系

1. 研究对象的主体及最终目标的相同与相似之处

不论是财务管理还是公司金融,其研究主体(或者源头)都是公司,包括公司的组织形式。另外,其研究的最终目标都是一样的,即实现公司价值最大化,只不过公司制企业最终目标的表现形式为股东财富最大化。因此,公司金融与财务管理的研究对象是同源的,其目标是相同的,也正是因为最终目标的一致性,使公司金融与财务管理的研究内容有许多交叉甚至重合的地方,主要表现在财务管理中的固定资产管理、对外投资管理与公司金融中的资本预算与投资估值是相同与相通的,财务管理中的流动资产管理与公司金融中的短期财务管理、财务管理的资金筹集、利润分配管理与公司金融的资本结构及股利分配政策有相同或相似之处,等等。此外,学习公司金融与财务管理都需要具备基本的财务会计知识,特别是财务报表分析的知识储备和能力。

2. 理论基础和研究方法的相同之处

财务管理是一门经济管理性质的工商管理课程,其理论基础是管理学和经济学(特别是金融经济学)。20 世纪 50 年代以前的西方财务管理并没有形成系统的财务管理的理论分析框架和数量分析的技术手段。20 世纪 50 年代以后,金融学理论的发展为财务管理内容积累了深厚的金融经济学理论,其突出表现为现代西方的主体金融理论:有效市场理论(EMH)、资本资产定价模型(CAPM)、套利定价理论(APT)、期权定价模型(OPT)、MM 股利无关论等在 20 世纪 50 年代以后逐渐形成,它们不但使金融学理论从经济学理论中脱颖而出,形成了比较独立的学科,而且被迅速融入或用于公司的财务管理工作,并成为现代财务管理教科书的必备内容。与此同时,在研究的方法上,财务管理由 20 世纪 50 年代以前的规范分析为主体转向以实证研究为主。特别是在经济学理论分析上构建了数量分析工具,在此基础上所形成的公司内部视角下的投资管理理论、投资决策的数量化分析已经成为现代公司财务管理不可或缺的内容。从这个意义上说,金融经济学不仅为公司财务管理的理论和实践工作提供了理论基础,而且在此基础上形成了一套比较科学、完整的数量分析工具和方法。

公司金融与财务管理课程是在相同历史背景下产生的两门不同性质的课程,不同的研究视角和性质决定了这两门课程在短期内是不可能相互替代的。但是研究对象的主体和最终目标的相同与相似性决定了这两门课程在本科层次的教学内容上会随着公司外部环境的变化相互融合和趋同。因此,从短期来看,这两门课程会在金融学、财务管理等专业内共存,但是从长期来看,随着金融经济学理论及其应用研究的深入,以及公司从内部管理角度更加广泛地应用金融经济学理论,这两门课程将会在本科层次教学内容上融合或形成理论基础相同或相似,最终研究目标、研究方法相同的经济管理性质的交叉课程。

第二节　企业的组织形式

企业是依法自主经营、自负盈亏、独立核算的商品生产和经营单位。企业的组织形式是指企业存在的形态和类型,主要有独资企业、合伙企业和公司制企业三种形式。无论企业采用何种组织形式,都应具有两种基本的经济权利,即所有权和经营权,它们是企业从事经济运作和财务运作的基础。以营利为目的的企业到处可见,但并非所有的生产和经营单位都是公司,而公司是公司金融的研究主体。

一、企业的三种组织形式

(一)独资企业

独资企业是指由一个自然人投资经营,财产为投资者个人所有,投资人以其个人财产对企业债务承担无限责任的经营实体。这类企业的规模一般非常小,员工人数较少。其典型特征是个人出资、个人经营、个人自负盈亏和自担风险。

1. 独资企业的主要特征

(1) 企业的建立与解散程序简单。

(2) 经营管理灵活自由。企业主可以完全根据个人的意志确定经营策略,进行管理决策。

(3) 企业主对企业的债务负无限责任。当企业的资产不足以清偿其债务时,企业主以其个人财产偿付企业债务。这虽然有利于保护债权人利益,但独资企业不适用于高风险行业。

(4) 企业的规模有限。独资企业有限的经营所得、企业主有限的个人财产、企业主一人有限的工作精力和管理水平等都制约着企业经营规模的扩大。

(5) 企业的存在缺乏可靠性。独资企业的存续完全取决于企业主个人的安危得失,企业的寿命有限。

2. 独资企业的优缺点

独资企业是企业制度序列中最初始、最古老的形态,也是民营企业主要的组织形式。独资企业的优点主要包括:

(1) 设立简单。不需要正式的章程,在大多数行业中所需遵守的政府规定少,很多新企业都以这种形式设立。

(2) 无须缴纳企业所得税。投资者可以获取全部利润,企业利润视同个人所得,按照个人所得税规定纳税,不必承受双重纳税负担。

(3) 企业资产所有权、控制权、经营权、收益权高度统一。这有利于保守与企业经营和发展有关的秘密,有利于企业主个人创业精神的发扬。

(4) 企业主自负盈亏及对企业的债务负无限责任成为强硬的预算约束。

(5) 企业的外部法律法规等对企业的经营管理、决策、进入与退出、设立与破产的制约较小。

独资企业的缺点包括:

(1) 企业发展受限。企业筹集的权益资本仅限于企业主个人的财富,难以从外部获取大量资金用于扩大经营。

(2) 企业主对企业债务承担无限责任。个人资产与企业资产之间没有差别,如果企业未能履行偿债义务,债权人有权要求企业所有者以个人资产偿还债务。

(3) 企业连续性差。企业所有权和经营权高度统一的产权结构,虽然使企业拥有充分的自主权,但企业存续期受制于企业主本人的寿命,且所有权的转让比较困难。

(4) 企业内部的基本关系是雇佣劳动关系,劳资双方利益目标的差异构成企业内部组织效率的潜在危险。

多数个人独资企业规模较小,抵御经济衰退和经营困境的能力不强,平均存续年限短。其中部分个人独资企业发展壮大,转变成合伙企业或公司制企业。

(二)合伙企业

合伙企业是指由各合伙人订立合伙协议,共同出资、共同经营、共享收益、共担风险,并对企业债务承担无限连带责任的营利性组织。合伙企业可以由部分合伙人经营，其他合伙人仅出资并共负盈亏，也可以由所有合伙人共同经营。合伙人通常是两个或两个以上的自然人，有时也包括法人或其他组织。

1. 合伙企业的主要特征

（1）所有合伙人对企业债务负有无限连带责任。如果一个合伙人没有能力偿还其应承担的债务，其他合伙人负有连带责任，需替其偿还债务。

（2）所有权转让困难。法律规定合伙人转让其所有权时需取得其他合伙人的同意，有时甚至需要修改合伙协议。

（3）企业的存续期以一个普通合伙人希望卖出其所有权或者合伙人死亡为限。

（4）合伙企业一般无法人资格，不缴纳企业所得税，需缴纳个人所得税。因此，合伙人只需将从合伙企业分得的利润与其他个人收入汇总缴纳一次所得税。

（5）由于法律对合伙关系的干预和限制较少，因此合伙企业在经营管理上具有较大的自主性和灵活性，每个合伙人都有权参与企业的经营管理工作，这一点与股东对企业的管理权利不同。

一些重视所有者个人声誉的企业还保留着合伙制的企业形式，如律师事务所、医疗诊所、会计师事务所等。对这类企业而言，合伙人的个人责任能够增强客户对企业的信心，合伙人也非常注重维护其个人声誉。

2. 合伙企业的分类

合伙企业分为普通合伙企业和有限合伙企业，其中普通合伙企业又包含特殊普通合伙企业。

1）普通合伙企业

普通合伙企业由 2 名或 2 名以上的普通合伙人（没有上限规定）组成，合伙人对合伙企业债务承担无限连带责任。国有独资公司、国有企业、上市公司以及公益性的事业单位、社会团体不得成为普通合伙人。

特殊普通合伙企业是指以专门知识和专门技能为客户提供有偿服务的专门服务机构，如注册会计师事务所、律师事务所等。特殊普通合伙企业的合伙人，在通常情况下，仍按照普通合伙企业的规定，承担无限连带责任。但如果一个合伙人或者数个合伙人在执业活动中因故意或者重大过失造成合伙企业债务，有责任的合伙人应承担无限责任或者无限连带责任，而其他合伙人以其在合伙企业中的财产份额为限承担责任。设立这一新的经营模式的原因在于注册会计师事务所、律师事务所等专业服务机构，虽采用合伙的模式，但各合伙人之间往往各自开展业务，彼此之间相对比较独立，采用特殊普通合伙模式后，可以保护无责的合伙人的利益，保证经营的稳定性。

2）有限合伙企业

有限合伙企业由 2 名以上 50 名以下的普通合伙人和有限合伙人组成，其中普通合伙人和有限合伙人都至少有 1 人。当有限合伙企业只剩下普通合伙人时，应当转为普通合伙企业，如果只剩下有限合伙人，应当解散。普通合伙人负责合伙企业的经营管理，对合伙企业债务承担无限连带责任；有限合伙人不执行合伙企业事务，以其认缴的出资额为限对合伙企业债务承担责任。

相对于普通合伙企业,有限合伙企业允许投资者以承担有限责任的方式参加合伙成为有限合伙人,有利于刺激投资者的积极性,还可以使资本与智力实现有效的结合,即拥有财力的人作为有限合伙人,拥有专业知识和技能的人作为普通合伙人,从而使资源得到整合,对市场经济的发展起到积极的促进作用。有限合伙企业实现了企业管理权和出资权的分离,可以结合企业管理方和资金方的优势,因而是国外私募基金的主要组织形式,如黑石集团、红杉资本都是合伙制企业。

3. 合伙企业的优缺点

1）合伙企业的优点

（1）可以从众多的合伙人处筹集资本,在一定程度上突破企业资金受单个人所拥有的资金量的限制,并使企业从外部获得贷款的信用增强,扩大资金的来源。

（2）风险分散在众多所有者身上,合伙人共负偿还责任,使合伙企业的抗风险能力较之单一业主制企业大大提高。企业可以向风险较高的行业领域拓展,拓宽企业发展空间。

（3）合伙人对企业盈亏负有完全责任,这意味着所有合伙人都以自己的全部资产为企业担保,因而有助于提高企业信誉。

（4）经营者即出资者人数的增加,突破了单个人在知识、阅历、经验等方面的限制。众多经营者在共同利益驱动下,集思广益,各显所长,从不同的方面进行企业的经营管理,有助于企业经营管理水平的提高。

2）合伙企业的缺点

（1）产权转让困难。合伙企业是根据合伙人间的契约建立的,每当一名原有的合伙人离开或者接纳一名新的合伙人时,都必须重新确立一种新的合伙关系,从而造成法律上的复杂性。由于接纳新的合伙人,增加资金的能力也会受到限制。

（2）决策具有时滞性。由于所有合伙人都有权代表企业从事经营活动,重大决策都需得到所有合伙人同意,因而很容易造成决策上的差误与延误。

（3）承担风险较大。一般合伙人对于企业债务都负有连带无限清偿责任,这就使那些并不能控制企业的合伙人面临很大风险。

（三）公司制企业

公司制企业是指按照法律规定,由 1 个以上出资人（自然人或法人）依法组建,有独立法人财产,自主经营、自负盈亏的法人企业。当企业采用公司制的组织形式时,所有权和经营权发生分离,所有者只参与和做出有关所有者权益或资本权益变动的理财决策,而日常的生产经营活动和理财活动由经营者进行决策。

公司制企业的主要特点包括：①公司就是法人。公司是一个法人团体,具有法人地位,具备与自然人相同的民事行为能力,这是现代公司制的根本特点；②公司实现了股东最终财产所有权与法人财产权的分离。

常见的公司制企业分为有限责任公司和股份有限公司。有限责任公司的股份不必划分成相等的份额,其股东人数受到限制。根据我国《公司法》的规定,有限责任公司股东不得少于两个,不得超过五十个。有限责任公司的股东以其认缴的出资额为限对公司承担责任。只有一个自然人或一个法人股东的有限责任公司称为一人有限责任公司。一人有限责任公司的股东不能证明公司财产独立于股东自己财产的,应当对公司债务承担连带责任。设立股份有限公司,需二人以上二百人以下为发起人。股东应以其认购的股份为限对公司承担责任,股份有限公司可以发展成为上市公司。

几乎所有大型公司均采取公司制的组织形式,刚刚组建的公司的投资者仅限于公司经理和少数股东,公司股票不进行公开交易。随着公司的成长,如果公司所需资金更多依赖于股票融资,公司则会发放更多的新股来筹集资金,其股票也渐渐转向公开交易,公司便成为上市公司,其股票在二级市场上交易。

公司制企业可以无限存续。公司的创始人和原有经营者退出后,公司仍可继续存在。同时,公司能够较为便利地转让所有权。公司的所有者权益被划分为若干股权份额,每个份额可以单独转让,无须其他股东同意,且公司股东承担有限责任。公司债务是法人的债务,不是所有者的债务,所有者的债务责任以其出资额为限。

在最简单的公司制企业中,有三类不同的利益者:股东、董事会成员和公司高层管理人员。股东,即公司的所有者。股东控制公司的方向、政策和经营活动。股东选举产生董事会成员。董事会成员选择高层管理人员。高层管理人员应当以股东利益为重,管理公司的日常经营活动。

二、公司制企业的优缺点

市场上大多数的经济活动都由企业来实现。几乎所有的大型企业都采用公司制,如联合利华、通用电气、中石油等跨国公司都是公司制企业,其所有者是遍布世界各地的股东。同时,当个人独资企业或者合伙制企业由于较高的再投资率而谋求转型时,公司制也是其首选的企业组织形式。这是因为公司制企业具有下列优点。

1. 克服个人独资企业和合伙制企业的无限责任、有限企业寿命和产权难以转让的问题

个人独资企业和合伙制企业存在无限责任、有限企业寿命和产权难以转让的缺陷,而这对于大型企业而言都是严重的缺陷。无限责任限制了企业举债融资的动力,因为一旦遭遇大的亏损,企业无法偿还债务,投资者将倾家荡产。其次,有限企业寿命限制了债权人进一步向企业提供资金的动力,债权人在发放贷款时难免短视。最后,产权转让困难使投资者的资产缺乏流动性,降低了投资者的投资热情。这三个缺陷都决定了它们难以筹集其发展所需的大量资金,包括权益资金和债务资金。公司制企业的债务是法人的债务,不是所有者的债务,所有者对公司承担的责任以其出资额为限,当公司资产不足以偿还其所欠债务时,股东无须承担连带清偿责任。公司所有者权益被划分为若干股权份额,每个份额可以单独转让。

2. 融资灵活性强

任何企业的成长都需要资金的支持,同时,为了满足未来成长与投资的需要,企业需要提高自身的融资能力。由于个人独资企业和合伙制企业的所有者在收益要求权方面具有排他性,因此这些组织形式缺乏利用股票市场融资的能力。而且,由于这两类企业的规模小,它们在债务市场上的融资能力也比较有限。相比之下,公司的股票融资极具开放性,公司的成长过程就是公司通过不断发放新股票吸纳更多新股东的过程。此外,公司制企业的债务融资也极具灵活性。

3. 再投资机会多

一般而言,合伙企业要将其净现金流量分配给合伙人,而进行再投资的部分很小。相比之下,尽管公司的股权集中程度有大有小,但是在决定留存收益的比重上,公司总体上拥有较大的自由。同时公司制企业可以无限存续,一家公司在最初的所有者和经营者退出后仍然可以继续存在。因此,公司可以更多地对有利可图的投资机会进行投资。

公司制企业有以下缺点:

(1)组建公司的成本高。公司法对于设立公司的要求比设立独资企业或合伙企业复杂,而且需要提交一系列法律文件,花费的时间较长。公司成立后,政府对其监管比较严格,需要定期提交各种报告。

(2)存在代理问题。所有者和经营者分开以后,所有者成为委托人,经营者成为代理人,代理人可能为了自身利益而损害委托人的利益。

(3)双重赋税。公司作为独立的法人,其利润需缴纳企业所得税,公司利润分配给股东后,股东还需缴纳个人所得税。

在三种企业组织形式中,独资企业在所有企业中的占比最高,但绝大部分的商业资金由公司制企业控制。

三、公司章程的制定

公司章程是指公司依法制定的,规定公司名称、住所、经营范围、经营管理制度等重大事项的基本文件,也是公司自定的、必备的规定公司组织及活动基本规则的书面文件。

公司章程是股东共同一致的意思表示,载明了公司组织和活动的基本准则,是公司的宪章。公司章程与公司法一样,承担调整公司活动的责任。作为公司组织与行为的基本准则,公司章程对公司的成立及运营具有十分重要的意义,它既是公司成立的基础,也是公司赖以生存的灵魂。

(一)基本特征

(1)法定性。公司章程的法律地位、主要内容及修改程序、效力都由法律强制规定,任何公司都不得违反。公司章程是公司设立的必备条件之一,无论是设立有限责任公司还是股份有限公司,都必须由全体股东或发起人订立公司章程,而且必须在公司设立登记时提交公司登记机关进行登记。

(2)真实性。公司章程记载的内容必须是客观存在的,与实际相符的事实。

(3)自治性。自治性主要体现在:其一,公司章程作为一种行为规范,不是由国家而是由公司依法自行制定的,是公司股东意思表示一致的结果;其二,公司章程是一种法律以外的行为规范,由公司自己执行,无须国家强制力来保证实施;其三,公司章程作为公司内部规章,其效力仅及于公司和相关当事人,而不具有普遍的约束力。

(4)公开性。公开性主要是对股份有限公司而言。公司章程的内容不仅要对投资人公开,还要对包括债权人在内的一般社会公众公开。

（二）公司章程的作用

1. 公司章程是设立公司最主要的条件和最重要的文件

公司的设立程序从订立公司章程开始，以设立登记结束。我国《公司法》明确规定，订立公司章程是设立公司的条件之一。审批机关和登记机关要对公司章程进行审查，以决定是否给予批准或登记。公司没有公司章程，不能获得批准，也不能获得登记。

2. 公司章程是确定公司权利、义务关系的基本法律文件

公司章程一经有关部门批准，并经公司登记机关核准即对外产生法律效力。公司依公司章程，享有各项权利，并承担各项义务。符合公司章程的行为受国家法律的保护；违反章程的行为，有关机关有权予以干预和处罚。

3. 公司章程是公司对外进行经营交往的基本法律依据

由于公司章程规定了公司的组织和活动原则及其细则，包括经营目的、财产状况、权利与义务关系等，这就为投资者、债权人和第三人与该公司进行经济交往提供了条件和资信依据。凡依公司章程与公司进行经济交往的主体，依法可以得到有效的保护。

4. 公司章程是公司的自治规范

公司章程作为公司的自治规范，是由以下内容决定的：其一，公司章程作为一种行为规范，不是由国家，而是由公司股东依据公司法自行制定的。公司法是公司章程制定的依据。但公司法只能规定公司的普遍性问题，不可能顾及各公司的特殊性。各公司依照公司法制定的公司章程则能反映本公司的个性，为公司提供行为规范。其二，公司章程是一种法律外的行为规范，由公司自己执行，无须国家强制力保障实施。当出现违反公司章程的行为时，只要该行为不违反法律、法规，即可由公司自行解决。其三，公司章程作为公司内部的行为规范，其效力仅限于公司和相关当事人，而不具有普遍的效力。

鉴于公司章程的上述作用，必须强化公司章程的法律效力。这不仅是公司活动本身的需要，也是市场经济健康发展的需要。公司章程与公司法一样，共同承担调整公司活动的责任。这就要求公司的股东和发起人在制定公司章程时，必须考虑周全，规定得明确详细，不能产生歧义。公司登记机关必须严格把关，使公司章程做到规范化，从国家管理的角度，对公司的设立进行监督，保证公司设立以后能够正常运行。

四、公司的重要性

公司是社会经济发展的重要支柱，通过生产或服务，满足人们物质和精神上的需要，它与人们的消费相辅相成、相互促进。公司的经济利益和社会效益与社会经济发展密切相关，良好的公司经济利益和所发挥的社会效益对社会经济的发展具有重要的促进作用。

1. 促进社会创新发展

公司产品和服务的多元化、个性化必然会引起产业结构的多元化，产业结构的多元化又以新技术、新产品、新工艺、新材料、新的服务内容的出现为前提。在这些新的领域，公司的灵活性和创造性将得到很好的体现。公司之间广泛而充分的竞争会促进经济的繁荣与发展，特别是一些以高新技术创新为特色的公司的发展，不但可以改进产业结构，还能深刻地影响和改变社会产业系统的动态结构，包括技术结构、产业关联结构等。公司的发展是社会需求多元化、产业结构多元化的必然趋势。

2. 提高社会经济效益

保证市场展开广泛而充分的竞争,以促进国民经济健康、持续、稳定地发展,是建立社会主义市场经济体制的一项重要内容。竞争的基本条件,要求有足够多的公司作为社会市场经济的发展主体。社会市场是公司产生和生存的基础,是公司的服务对象。公司是社会市场经济公开、公正、公平等基本原则最积极的维护者,可以促进社会经济的发展。公司的发展可以消除社会市场上的多种弊端,有助于促进市场机制的健康发展。公司的竞争与发展不仅是经济繁荣的根本,也是国家安全的基础。只有公司的潜能受到鼓励与发展,社会经济的繁荣才能实现。公司的不断发展进步是保持社会经济公平竞争环境、提高社会经济效益的关键力量之一。

3. 促进社会和谐稳定

公司具有解决就业问题,促进社会和谐发展的责任和义务。由于世界经济的周期性波动,失业问题成为世界各国宏观经济运行中的重要问题,我国也面临待业、就业、下岗、再就业的重大压力。为了保持社会稳定和谐的良好局面,必须适当发展公司。

4. 促进社会经济增长

公司是履行社会责任、创造利益的源泉,是社会经济得以迅速发展的关键。公司是国民经济的细胞,可以通过物质资本的投入创造大量的经济价值,对社会经济发展产生巨大的推动作用。

第三节　公司与金融市场

一、公司与金融市场的关系

公司的资金主要来源于两个方面:其一,投资者投入的资金,即股本;其二,债权人投入的资金,即负债。在市场经济条件下,资金都是公司以信用方式从金融市场上取得的,公司的经营活动与金融市场有着密切的联系。

市场的主要功能是有效配置资源。在金融市场上,市场的作用就是促使资金从盈余方向赤字方转移,而公司既是最大的资金需求方,也是最大的资金供应方。因此,公司的投融资行为与金融市场的运行密切相关。

公司与金融市场的关系可以用公式表示为:实物资产＋金融资产＝资本权益＋金融负债。

公司与金融市场的资金流动的相互作用如图 1-3 所示。

公司通过在金融市场上发行股票获得公司发展所需资金,在流动资产投资、固定资产投资等方面存在的资金缺口都可以通过金融市场得到解决。公司通过投资创造价值,获得收入。收入的一部分以税收的形式支付给政府,另一部分以股利及债务本息的形式支付给金融市场投资者,剩余部分成为公司的留存收益。公司将留存收益再投资,进一步为公司创造更多的价值。

公司作为金融市场的主力,以投资者和融资者的身份在金融市场上完成投资并实现

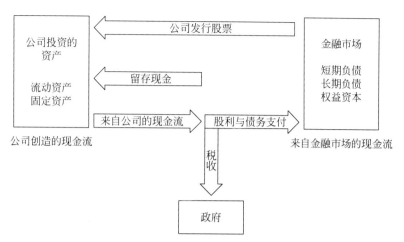

图 1-3 公司与金融市场的资金流动

资金的融通。随着金融市场的发展,公司与金融市场的关系更加紧密。金融市场为公司提供了众多可以选择的融资品种,主要分为以下三类。

（1）固定收益证券。固定收益证券是指能够提供固定或根据固定公式计算出来的现金流的证券。例如,公司债券的发行人承诺每年向债券持有人支付固定利息。有的债券是浮动利率,但会规定计算方法。例如,某公司债券的利息支付是在同期限的国债利率基础上,上浮 100 个 BP(即 1%)。固定收益证券是公司筹资的重要形式,公司可以在债务市场上举债获得经营所需资金,而证券持有人可以获得稳定的收益。

（2）权益证券。权益证券代表特定公司所有权的份额。发行人事先不对投资者做出支付承诺,收益取决于公司的经营业绩和净资产价值,具有不确定性,其风险高于固定收益证券。如果公司上市,公司在股票市场上发行新股,投资者的收益为股利和股票买卖价差。权益证券是公司筹资最基本的形式,任何公司都必须有权益资本。权益证券的收益与发行人的财务状况高度相关,证券持有人非常关注公司的经营状况。

（3）衍生证券。衍生证券是公司进行套期保值以转移风险的工具,种类繁多,包括各种形式的金融期权、期货和互换合约等。衍生证券的价值依赖于基础资产,既可以用来套期保值,也可以用来投机。

金融市场按照证券是否为初次发行分为一级市场和二级市场。

（1）一级市场,也称为发行市场或初级市场,是资金需求者首次将证券出售给公众时形成的市场。该市场的主要经营者是投资银行、经纪人和证券自营商,由其负责政府、公司的证券发行。

（2）二级市场,也称为流通市场或次级市场,是在证券发行后,不同证券在投资者之间买卖流通所形成的市场。二级市场是一个交易平台,提供了流动性。该市场的主要经营者是证券商和经纪人。证券的持有者在需要资金时,可以在二级市场上将证券变现。想要投资的人也可以在二级市场上购买已上市的证券,出售证券的人获得货币资金,但证券的发行公司不会获得新增资金。

一级市场和二级市场有着密切联系。一级市场是二级市场的基础,没有一级市场就不会有二级市场；二级市场是一级市场存在和发展的重要条件之一，二级市场使证券更具流动性，使其更受欢迎，让投资者更愿意在一级市场上购买证券。二级市场上证券价格越高，公司在一级市场上出售证券的价格就越高，公司发行筹措的资金也就越多，因此公司与金融市场联系紧密。

二、公司的价值创造过程

所谓价值创造，是指公司创造的现金流入量必须超过其所使用的现金流出量。公司通过投资决策、融资决策和股利分配决策等财务活动为公司创造价值。

假设公司的财务活动始于融资活动，公司现金流量的过程为：

(1) 公司在金融市场上向投资者发行公司债券或者普通股、优先股。

(2) 公司将所筹集的资金投资于流动资产或长期资产(有利可图的项目)。

(3) 当一个生产阶段结束后，公司通过产品销售获得现金。

(4) 公司以现金方式向债权人支付利息，偿还本金；向政府纳税；向股东支付股利。

(5) 公司获得留存收益。

当投资所产生的现金流入超过初始资产投资时，或者当支付给债权人和股东的现金流量超过从金融市场上筹集的资金时，公司才实现了价值的创造。

第四节　公司金融活动的主要目标

现代公司是通过一系列契约关系，将不同生产要素和利益集团组织在一起，开展生产经营活动的一种公司组织形式。这些契约的签订者就是与公司有关的利益集团，即公司的利益相关者。公司的利益相关者可以分成三类：①所有权利益相关者，即持有公司股票的群体，包括董事会成员和高级管理人员；②经济依赖性利益相关者，包括员工、债权人、消费者、供应商、竞争者、管理机构等与公司有业务往来的利益群体；③社会利益相关者，包括政府机关、媒体、特殊群体等，它们与公司在社会利益上有一定关系。利益相关者之间存在矛盾，因为其利益目标存在一定差异。

公司金融的目标可能有生存、避免财务困境或破产、在竞争中获胜、成本最小化、总产值最大化、利润最大化、实现稳定的收益增长等。围绕利益相关者的利益实现产生了公司的目标之争，主要分为股东利益最大化和相关者利益最大化两种观点，而在股东利益最大化之中，又有利润最大化与价值最大化之争。

一、股东利益最大化

股东创办公司的目的是增加财富。如果公司不能为股东创造价值，他们就不会为公司提供资金，而没有了权益资金，公司也就不存在了。因此，公司的目标应该是为股东创造财富。公司有众多的利益相关者，包括员工、管理者、顾客、社会、政府、债权人、股东和供应商。一般来说，公司的最终目标是为其投资者(股东)创造价值。当然在为股东创造价值的过程中，公司必须兼顾其他利益集团的利益，否则很难实现股东价值的最大化。

主张股东利益最大化，并非不考虑利益相关者的利益。根据各国公司法的规定，股东权益为剩余权益,只有在满足了其他各方的利益之后,才能有股东的利益。公司必须交税,给员工提供薪酬,为顾客提供令其满意的产品和服务,在这之后才能获得税后收益。其他利益相关者的要求先于股东被满足。

股东利益最大化目标为公司的各类财务决策提供了依据。公司股利政策的制定、融资方式的选择、投资项目的选择等具体的决策行为都依赖于公司的财务目标。在股东的目标体系下,任何公司的财务决策,只要能提高或至少保持股东利益,都被视为有利的决策,所有降低股东利益的决策都被视为不利的决策。股东利益最大化目标也是本书认同的目标。

二、利润最大化与价值最大化之争

股东利润是指当期利润,而股东价值则反映股权在当期和长期的市场价值。在股东利益最大化的共同目标之下,出现了利润最大化与价值最大化之争。

(一)利润最大化

投资者在衡量一家公司经营是否成功时,往往参考利润指标,因而很多人将利润最大化作为公司的目标。将利润最大化作为目标有很多优点:反映了公司经营行为的本质,为公司加强管理、降低成本、提高生产效率提供了动力;简洁明了,便于人们接受和理解;考虑了信息的不完全性和人们认识能力的局限性,易于获取财务数据;为公司发展设置了一个显性的、可行的目标,能够满足各方的利益诉求。

但是,利润并不等于价值,利润最大化目标也存在下列明显的缺点。

(1)利润最大化目标使公司利益相关者过于关注短期,导致公司无法进行有价值的长期投资。以科技型公司为例,这些公司在发展的初期需要投入大量的资金进行项目投资,研发阶段往往面临亏损,前几年难以盈利。但一旦研发成功,公司将获得巨大的价值,形成核心竞争力,给投资者以丰厚的回报,这有利于公司的长远发展。在即期或短期利润最大化目标驱使下,这些投资行为往往不被允许。这种"不愿进行有利投资"的行为损害了公司的长期利益,不利于公司的发展。

(2)以利润最大化作为经营目标,变相助长了管理层的不作为行径,公司往往会将资金浪费在无价值的投资上。如果公司的投资收益率低于资本的机会成本,这种"不作为"的行径将损害股东利益。这种"过度进行无利投资"的行为会损害公司的长期利益,不利于公司的发展。

(3)利润指标本身容易被操纵,经过粉饰的利润指标会掩盖公司的真实风险,损害投资者的利益。利润是对公司经营成果的会计度量,它能否反映公司的真实价值创造具有不确定性,对同一经济问题的会计处理方式具有多样性和灵活性。例如,某些做账方法可以增加公司的会计利润,但实际上并没有增加公司的现金收入。通过财务手段得到的会计利润的增加,并不能帮助公司提高持续经营和持久盈利的能力。

(4)利润最大化目标建立在确定性假设的基础之上,没有考虑风险与收益的关系。由于经营环境复杂多变,公司无法事先得知经营成本和销售收入,因而无法准确估算投资利润,也就无法追求利润的最大化。经验和理论都表明,高收益必然伴随着高风险,过分追求高利润可能导致公司的经营风险加剧。

因此,以利润最大化为目标具有一定的片面性,在现实中难以被接受。

(二)价值最大化目标

股东价值最大化是指通过公司的合理经营,在考虑货币时间价值和风险报酬的情况下,使公司的净资产价值达到最高,从而使所有者的收益达到最大。实现股东价值最大化的公司经营目标是被广为接受的观点。首先,公司是属于股东的,公司的价值就是股东的财富价值,理性投资者的利益最大化就是公司的价值最大化,价值最大化帮助投资者实现财富的可持续增长。其次,实现股东价值最大化,也就保障了其他利益相关者的价值。因为股东是在债权人、员工、供应商等其他利益相关者之后享有对公司收益的剩余索取权,股东价值的增长是在满足了其他利益相关者的诉求之后才能实现的。最后,价值最大化以现金流量为经营成果考察的出发点,无投资的长短期之分,不存在管理层短视现象。这一目标既考虑了公司经营的收益与风险的关系,又考虑了不确定的环境因素,还能够克服公司追求短期利润的行为,较为贴近现实。

对有不同偏好的公司股东而言,其共同目标也是公司价值最大化。有的股东偏好当期消费,有的股东偏好未来消费,不同股东的效用函数也不一致,但当公司投资项目的收益率超过市场平均利率时,所有股东都会同意投资该项目。假定市场借贷利率相同,都为5%,投资项目的收益率为10%,股东可以选择放弃投资,在当期获得股利100元,也可以选择投资项目,在下一期获得110元,理性的投资者会选择投资项目。偏好未来消费的股东可以在公司项目结束后,获得110元,这多于将100元用于贷款在下一期获得的105元。偏好即期消费的股东仍愿意支持公司的投资,他可以现在从银行借款100元消费,下一期还款105元,仍然有5元的剩余。公司的投资决策独立于股东的个人效用偏好,公司管理层只需要为公司股东创造最大化的价值,而不需要考虑各股东特有的偏好,这使公司经营有了统一的目标。

决定公司价值或者股东财富的,不是公司的会计利润,而是公司自由现金流与相关风险的大小。现金流量的计算不仅考虑了公司经营利润的高低,还考虑了公司可以自由支配的资金和资金的获取时间。只有公司的自由现金流,才能用于后续投资和发展,以实现股东财富增长和公司价值创造。

为便于说明,从现金流量的角度出发,将公司的价值用如下简化的等式表示:

$$V = \sum_{t=1}^{n} \frac{CF_t}{(1+r)^t}$$

其中:V 为公司价值;CF_t 为公司在第 t 期预计得到的现金净流入量;r 为对公司各期所得的现金净流入量的贴现率;t 为各期现金流入的时间;n 为现金净流入量产生的总期数。

从公司价值的表达式可以看出,公司的价值与现金的净流入量成正比,与贴现率成反比。贴现率 r 的大小反映了风险的高低,风险越高,贴现率越大,反之亦然。

一般来说,收益与风险正相关,收益越高,风险越大,收益的增加以风险的提高为代价。因此,价值最大化目标综合考虑了收益和风险的影响,使它们达到一个均衡,从而帮助公司实现价值最大化。将价值作为衡量业绩的最佳标准,也能促使资源从业绩不佳的公司流向其他竞争者,提高市场活力,促进财富增加。

三、如何看待社会责任

这里的社会责任是指公司对于超出法律和公司治理规定的对利益相关者最低限度义务之外的、属于道德范畴的责任。

公司对于合同利益相关者的社会责任主要有：①劳动合同之外员工的福利，如延长病假休息时间、安置职工家属等；②改善工作条件，如优化工作环境、成立体育俱乐部等；③尊重员工的利益、人格和习俗，如尊重个人私有知识而不是宣布个人私有知识归公司所有，重视员工的意见和建议，安排传统节日聚会等；④设计人性化的工作方式，如分配任务时考虑不断增加员工的满足感而不只关注经济利益，采取灵活的工作时间等；⑤友善对待供应商，如改进交易合同的公平性，宽容供应商的某些失误等；⑥就业政策，如优先聘用残障人士，不轻易裁减员工等。

公司对于非合同利益相关者的社会责任主要有：①环境保护，如将排污指标降低至法定标准之下，节约能源等；②产品安全，即使消费者使用不当也不会对其安全造成严重威胁；③市场营销，如广告具有高尚情趣，不在某些市场销售本公司产品等；④对社区活动的态度，如赞助当地活动、支持公益事业、参与抗震救灾等。

股东财富最大化并不意味着管理者可以忽视公司的社会责任，如保护消费者权益、提供安全的工作环境及保护环境等。在为股东创造价值的过程中，公司必须履行社会责任和遵守社会道德规范，兼顾公司其他利益集团（员工、顾客、社会、债权人和供应商）的利益。只有遵守社会道德规范的公司才能得到社会各个群体的认可，才能赢得商机。

牺牲其他利益集团的正当利益是无法实现股东财富最大化的：如果公司产品质量不高，公司的产品将失去市场；如果公司压低工人工资，公司将得不到优秀的工人；如果公司违反法律、法规，公司将失去存在的基本资格。但是，过分要求商业性公司为社会服务，把商业性公司的目标改为照顾社会中各种利益集团的福利也是不合理的，这样容易导致谁的利益都无法兼顾，最终反而会给社会带来极大的负担。

不能认为道德问题不会危及公司生存。在金融和财务领域的道德问题已经成为世界关注的焦点之一。许多公司和银行的破产都与不道德的财务行为有关。道德的缺失在金融和财务领域是不可原谅的。一方面，

拓展阅读 1.2
公司社会责任与戴维斯模型

不道德的行为会导致公司失去信用，在这种情况下，资本市场的交易无法进行；另一方面，如果公司发生内部交易丑闻、冒险投机、管理层不作为、贪污腐败等，公众对公司产生不满会使公司陷入财务危机。因此，财务道德关乎公司的存亡与发展。

第五节　公司委托代理与公司治理

公司治理并不等同于公司管理，公司治理的对象是有决策权或对公司决策有重要影响的公司高层管理人员，而非所有的公司员工。公司治理的动因在于保护外部投资者利益不受掌握控制权的内部人员的侵害，使外部投资者的投资得到公平的回报。现代的经济格局是股份公司在国民经济中的比例很高，很多大型、有影响力的公司都已经上市，因

此公司治理对国民经济具有重要的影响。同等条件下,好的公司治理环境将促使投资者更愿意将资金投入公司的生产经营中。反之,公司融资就会出现困难,而且公司治理差的公司,其投资决策也会偏离创造财富的方向。

公司治理与股东财富、公司资源分配、公司理财和评估、资本市场发展及经济增长有很大关联。公司所有者与管理层的冲突几乎总是发生在投资决策、融资决策、资本运营管理等所有公司金融活动领域。因此,在讨论公司治理之前,有必要对代理问题进行梳理。

一、委托代理

委托代理是指受委托人的委托,代理人采取行动,为委托人达成目标。代理人和委托人的利益并不完全一致,在委托人处于信息劣势,不能对代理人进行完全监督的情况下,代理人有动机为了自身利益,做出有损委托人利益的行为。由此造成的委托人利益受损的现象被称为(委托)代理问题。

20 世纪 30 年代,美国经济学家伯利和米恩斯因为洞悉公司所有者兼具经营者的做法存在极大的弊端,提出了委托代理理论(Principal-agent Theory),倡导所有权和经营权分离,公司所有者保留剩余索取权,而将经营权利让渡。委托代理理论成为现代公司治理的逻辑起点。

委托代理理论的主要观点是:委托代理关系是随着生产力大发展和规模化大生产的出现而产生的。这是因为生产力发展使分工进一步细化,权利的所有者由于知识、能力和精力的原因不能行使所有的权利,而专业化分工产生了一大批具有专业知识的代理人,他们有精力、有能力行使好被委托的权利。但在委托代理关系中,由于委托人与代理人的效用函数不一样,委托人追求的是自己的财富更多,而代理人追求的是自己的工资津贴收入、奢侈消费和闲暇时间最大化,这必然导致二者的利益冲突。在缺乏有效的制度安排的情况下,代理人的行为很可能最终损害委托人的利益。

(一)代理问题存在的原因

代理人与委托人在利益上存在潜在的冲突,其直接原因是所有权和经营权的分离,本质原因则是信息的不对称。

1. 从委托人方面看

(1)股东或者因为缺乏相关的知识和经验,没有能力监控经营者,或者因为工作太忙,没有时间、精力监控经营者。

(2)对于众多中小股东来说,由股东监控带来的经营业绩改善是一种公共物品。对致力于监控公司的任何一个股东来说,他要独自承担监控经营者所带来的成本,如收集信息、说服其他股东、重组公司所花费的成本,而监控公司所带来的收益却由全部股东享受,监控者只按他所持有的股票份额享受收益。这对于他本人来说得不偿失,因此股东们都想坐享其成,免费"搭便车"。

在这种情况下,即使加强监控有利于公司绩效和总剩余的增加,社会收益大于社会成本,但只要股东在进行私人决策时发现其行为的私人收益小于私人成本,他就不会有动力实施这种行为。

2. 从代理人方面看

（1）代理人有着不同于委托人的利益和目标，所以他们的效用函数与委托人的效用函数不同。

（2）代理人对自己所做的努力拥有私人信息，代理人会不惜损害委托人的利益谋求自身利益的最大化，即产生机会主义行为。

因此，现代公司所有权与控制权的分离，股东与经理人员之间委托与代理关系的产生，会造成一种危险：公司经理可能以损害股东利益为代价而追求个人目标。经理们可能会给自己支付过多的报酬，享受更高的在职消费，可能实施没有收益但可以增强自身权力的投资，还可能寻求使自己地位牢固的目标，他们会不愿意解雇不再有生产能力的工人，或者他们相信自己是管理公司最合适的人选，而事实可能并非如此。

（二）代理问题的类型

现代公司的经济重要性在于它将许多分散的资本加以集中，并聘用具有专业知识的职业经理人来运作公司。所有权与经营权的分离使公司制企业相对于合伙企业或独资企业而言，集聚了更充裕的资本，所以公司制企业在寻求项目投资和生产营运时具有较强的规模效应。在实现上述规模效应的同时，公司所有者也将资产的营运权赋予了职业经理人。当股东将经营权赋予经理人员时，经济意义上的委托与代理关系便出现了。

作为代理人的经理人员负责制定决策以增加股东的财富。股东将公司视为一种投资工具，他们期望经理人员努力工作以实现股东财富最大化的目标。经理们利用自身的人力资本为股东创造价值，他们将公司视为获取报酬及实现自我价值的源泉，为了达到自身的目标，他们有时会以牺牲股东财富为代价制定决策从而使自身利益最大化。对股东来说，防止经理人员做出自身利益最大化决策的唯一方法是设计有效的雇佣合约，指明在所有可能的情况下经理人员应该采取的特定行为。在信息完全的情况下股东能合理地设计上述合约，但是现实世界的信息是不对称的，股东并不完全了解公司的管理活动与投资机会，作为代理人的经理阶层比作为委托人的所有者更了解公司生产、收益和成本等方面的信息，在这种情况下，经理阶层就有可能采取偏离股东财富最大化目标的决策而使自身利益最大化，同时股东也就必须承受由经理人员最大化自身利益行为所引致的代理成本，这种情况通常被称为代理问题。代理问题会直接影响公司的投资、营运与财务政策，代理行为的"弱无效"有可能导致股东财富的显著减损。

代理问题可归纳为以下四类，对于不同类型的公司而言，不同种类代理问题的影响程度不同。

1. 努力程度问题

劳动经济学家指出工人通常会偏好闲暇所带来的利益，直至闲暇所带来的边际利益等于丧失收入所带来的边际成本。对于经理人员而言，上述理论同样适用，因为他们也是受薪员工，同样会产生以努力程度为基础的代理问题。杰森（Jensen）和梅克林（Meckling）（1976）的研究证明，经理人员拥有的公司股份越少，他们在工作中偷懒的动机就越大。对于给定水平的偷懒程度而言，经理人员自身承受的成本会随持股份额的增大而增加。因此，持有更少的股权可能使经理人员偷懒的动机更强，这可能会使股东财富遭受更大的潜在损失。偷懒程度是不能直接加以量化的,因此该领域中的实证研究集中于观察经理人员的可见行为并以此作为偷懒问题发生的证据。研究者们检验了经理人员的外部行为是出于最大化股东财富的考虑,还是出于经理人员对自身收入、特权或个人名誉的追求。罗森斯坦(Rosenstein)和怀亚特(Wyatt)(1994)发现,当一家公司的经理人员被聘为另一家公司董事的消息发布时,第一家公司的股价将趋于下降。上述证据与"经理人员有时会为了个人利益而制定决策,此类行为会使他们所管理公司的价值遭到减损"的观点相一致。

2. 任期问题

经理人员都有一定的任期。相对于经理人员任期来说,公司有更长的生命期,股东们关心的是未来期间的现金流。而经理人员在任职期间的要求权在很大程度上取决于当期的现金流。当经理人员接近退休时,他们任期的有限性与股东持股期的无限性(如果不将股票抛出的话)之间的矛盾所带来的代理问题将变得更加严重。比如,经理人员可能偏好投资于具有较低成本和能够更快取得成效的项目,而放弃更具获利性,但是成本较高且需长期见效的项目。公司应投资多少研发费的决策就是这类问题的一个例子,研发费的支出削减了会计收益从而减少了经理人员的当期报酬。因此,临近退休的经理人员可能会承受研发费的成本而未能享受其所带来的利益。德肖(Dechow)和斯隆(Sloan)(1991),墨菲(Murphy)和齐默曼(Zimmerman)(1993)的证据都表明,当经理人员接近退休时,研发费的支出随之减少。当资本市场需要花费较长的时间确认公司新项目的价值时,经理的任期问题将变得更加严重。迪安杰洛(DeAngelo)和赖斯(Rice)(1983)指出,如果项目初期对于资本市场表现为无利润,经理人员可能拒绝有吸引力的项目,因为他们害怕由于恶意收购所带来的职位丧失。

3. 不同风险偏好问题

资产组合理论指出,持有资产的多样化有效地分散了公司的特定风险,但是不能消除系统风险对于公司股价的影响。因此,具有多样化投资的投资者主要关心的是系统性风险。一般来说,经理人员自身并没有很好的多样化资产,他们财富中的很大比例与他们所在公司的成败息息相关。当报酬中很大一部分由固定工资组成时,经理人员的风险偏好可能更接近债权人,而不是股东。财务危机或破产的发生通过对经理人员的名誉造成影响极大地减少经理人员的净价值,增加了他们另谋职位的难度。经理人员可以有效地应对威胁公司生存的事件,但当情况出现好转时,其报酬的增加却有上限,奖金数目通常为工资的特定百分比或是一个固定数目。研究人员发现,美国上市公司经理人员所拥有的小额股权对于激励他们最大化股东财富作用有限。比如,詹森和墨菲(1990)发现,平均而言,CEO 报酬(包括选择权)对公司价值变化的敏感性是 0.003 25,也就是说,公司价值每增长 1 000 美元,CEO 的报酬仅增长 3.25 美元。经理人员的处境更接近债权人,当公司陷入财务危机时,他们会失去更多,但是当公司收益上升时,获得的利益却很少。因此,相对于股东而言,他们具有更小的风险偏好性。为了获得他们的风险偏好,经理人员会利用公司的投资与财务政策减少公司面临的全部风险。比如,他们可以选择扩张现有的生产线,利用已知的技术等风险较低的行为,而不是投资具有开创性的产品、技术与市场。经理人员也可能寻求并购以扩展公司的产品生产线,或扩张进入另一个行业,这样可以减少他们所在行业(或公司)的特定风险。

在多样化经营的公司中,一个分部的较差绩效可能被其他分部的较好绩效所抵减。如果这些抵减效应降低了公司现金流的变动性,则可以减小他们失去工作的可能性。研究表明,在相同的行业中,多样化经营公司的股东收益小于非多样化经营公司的股东收益。这些研究表明,经理人员可能做出最大化自身利益而牺牲股东利益的投资决策,他们可以从公司多样化战略中获取较多的利益。经理人员也能利用财务政策影响公司现金流的变动性与财务危机发生的可能性。因为杠杆作用放大了经营绩效的波动性,相对于股东偏好而言,经理人员可能使用更少的负债融资,对于他们来说,债务融资的成本超出了利益。处于成熟期的公司的经理人员可能选择低股利支付政策,从而使公司利用内部融资。这样的政策不仅可以降低财务杠杆,而且可以避免债权人的过多干涉。

4. 资产使用问题

公司资产的不正确使用或用于个人消费也会带来代理成本。在职消费可以使公司吸引具有丰富经验的经理人员。然而,如果津贴过度,则会减损股东财富。经理人员只负担此类支出成本的一部分,但却获得了全部的利益,所以他们有强烈的动机进行超过股东所希望的更多的在职消费。经理人员也有动机进行无利润的投资以扩大公司的规模,以便增加他们自己的报酬与特权。研究人员(如墨菲,1985)发现,对于样本 CEO 报酬而言,公司规模(用销售额表示)比经营绩效具有更高的解释力。詹森(1986)指出,经理人员具有明显的过度投资的动机,通过这种方式他们可以获取超额现金流。詹森将超额现金流定义为公司所有具有正净现值的可投资项目所产生的现金流与所需投入的现金流之间的差额。他认为最可能产生超额自由现金流的公司是具有有限增长机会的盈利公司。

(三)代理问题的表现形式

公司所有者与管理层的利益冲突几乎发生在所有公司金融活动中。比如,为了追求良好的业绩,管理者乐于投资回收期短的项目,宁愿牺牲有正净现值的项目。为了避免还款压力,他们偏好内部资金,宁愿放弃低成本的外部资金。因此,公司所有者与管理者的利益冲突会导致公司的投资决策、融资决策、股利分配决策不再以股东财富最大化或公司价值最大化为目标。代理问题的表现形式主要包括消极懈怠与逃避风险、自我交易、过度投资和扩大规模、滥用反收购策略和偏好自由现金流。

1. 消极懈怠与逃避风险

管理层的消极懈怠表现在多个方面。比如,缺乏监督下属的热情,在选择低成本供应商或重新安排员工等事项上不作为,在本职工作上投入的精力太少或专注于一些与公司管理无关或无关紧要的活动。在没有额外红利、股票期权的情况下,仅凭固定薪酬,公司所有者很难激励管理者寻求和从事高风险、高收益的项目。通常,公司管理者不愿从事超过其风险承受力的项目。如果风险项目投资成功,他们无权分享风险项目的巨额利润,而一旦项目失败,他们将承担巨大的责任,甚至面临被解雇的危险。因此,为了避免在经理人市场上声名扫地,管理者愿意从事安全的或者跟他所获得的报酬相称的项目,而排斥风险大但收益也大的项目。

2. 自我交易

管理者获得了剩余控制权后,会通过各种各样的自我交易为自己谋取私人利益,追求很高的额外津贴或额外收益,如享受私人飞机等。甚至,管理者可以成立一家属于自己的公司,运用权力以不合理的划拨价格将所任职公司的财富转入管理者的私人公司,或者以高于市场价格的划拨价格向所任职的公司出售产品和劳务。相比其他代理问题,自我交易行为更容易被发现和证实。

3. 过度投资和扩大规模

大公司的管理者享有很高的社会地位和声誉,因此公司管理者往往有通过扩大所在公司的规模来提升自己的社会地位和声誉的动机。在这种情况下,公司管理者可能沉迷于并购和多元化经营,而不在乎这些投资项目的净现值是否为正。管理者滥用公司的自由现金流,花费高额的代价实施并购会损害股东的利益。

4. 滥用反收购策略

并购市场(控制权市场)可以督促和激励管理者努力工作,稍有懈怠,其所在公司就有可能成为被捕猎的公司。一旦公司被收购,损失最大的是管理者,管理者极有可能被收购公司解雇,而股东可能因为新进入者拥有良好的销售渠道、超强的无形资产、优良技术等而受益。公司经理人为了保全自己在公司中的长期地位,非常反感所服务的公司被对手公司收购。因此,管理层可能滥用反收购策略阻止对股东来说颇有吸引力的收购提议,而绩效差、前景黯淡的公司维持现状虽然保全了管理者的位置,却损害了股东的利益。

5. 偏好自由现金流

公司管理者愿意保持充沛的自由现金流,因为这样既可以避免因举债或发行新股而受到资本市场的监督和审查,还可以避免还本付息或支付红利的压力。此外,保留自由现金流而不是增发现金股利也能增加公司的资产规模。公司规模扩大后,管理者可以获得更多的管理绩效奖励。

二、股份公司的代理问题

只要公司经营者不是公司财产百分之百的所有者,就存在委托代理关系,而这一关系是构成公司治理的重要理论基础。亚当·斯密(Adam Smith)在其著作中提到:"对于经营者来说,作为其他人的资产而不是自己资产的管理者,他们不可能像经营自己的钱那样尽心尽力地经营别人的钱。"1932年,美国的法学家伯利(Berle)和经济学家米恩斯(Means)通过研究美国的公司,总结股份公司股权结构分散后所有权和经营权分离的现象,指出了两权分离在公司制度发展中的历史作用。一方面,两权分离带来了经济上的高效率;另一方面,它也有负面影响,即"股东的个人利益绝对服从有控制权的经理团体"。股份公司在运行中,主要面临以下几种类型的代理问题。

(一)股权分散和内部人控制

股份公司上市后,股权呈现分散化的趋势。股权分散化带来的问题是公司被管理层控制,即内部人控制。此时,没有哪一个股东能对管理层形成足够的影响,管理层按照自己的意志而非股东意志行事。如果公司所有者与管理者之间能够签订一份完备的合同,对管理者所面临的未来可能出现的任何情况应该采取的态度和行为都进行详细约定,那么双方在资源分配、决策权等方面就不会存在争议,也就不会发生代理问题。然而,未来是不确定的,资本支出的边界是模糊的,许多花费往往会超出事前预算,订立完备合同也是不可行的。因此,公司所有者与管理者在一些不确定事件的决策权上存在争议。比如,研发支出、营销开支、培训和人才开发等常常不在资本预算的预算范围之内,这些资本支出或投资对公司成功经营至关重要,但是这些支出何时发生、金额多少具有不确定性。如果公司股东的决策能力处于下风,管理者将获得这些支出的决策权,即剩余控制权。

公司管理者一旦拥有了剩余控制权,就可以根据自己的判断分配和处置股东的资本。在处置股东资本的过程中,不排除管理者给自己定了高额额外津贴的可能性,或成立一家属于管理者的公司,以不正当划拨价格将所任职公司的现金及其他财富转移至其私有公司中;也不排除管理者为了谋取自身利益,承揽一些净现值为负的项目,损害股东利益;或为了一己私利进行反收购,以使其私人利益能够永远持续下去。在这种情况下,公司所有者会质疑自己是否得到了公平的回报,于是便会产生冲突。詹森认为,自由现金流越多的公司,其代理问题越突出。在一些成熟的行业,公司内部产生的现金流入超过了所有有利可图的投资机会所需要的现金流出,形成了大量的自由现金流。拥有超额自由现金流的公司管理者很有可能会想方设法侵占自由现金流,例如,为扩大管理者声望而进行一些无利可图的并购,此举将大大损害股东利益。

尽管股东、董事会可以对管理者行为进行监督,但是在很多情况下,公司所有者处于弱势地位。一方面,分散的股东没有足够的动机和力量来监督管理者的行为,因为监督所带来的收益由全体股东分享,但监督所发生的巨额成本则由单一股东承担。因此,"搭便车"现象及巨额的监督成本会打消股东独立监督管理者行为的积极性。另一方面,董事会可能受到管理者操纵。如果与管理者关系非同一般的董事掌握了董事会,那么董事会无法替股东监督管理者的行为,也保护不了股东的利益。

(二)"一股独大"对中小股东利益的损害

在公司初创阶段,公司创始人用自有资金就可以维持公司的运营,此时公司没有外部投资人,也就不存在代理问题。但随着公司的发展壮大,创始人的个人资金和公司的内部现金流不能满足公司发展的需要,就需要外部资金的支持。而要从投资者手中获取资金,公司创始人必须制定公司章程以保障投资者的资金得到合理利用并使投资者从中获益,从而产生了股权分散。

股权分散会带来内部人控制的问题,但股权集中也并不一定就有利于公司治理。当单个股东拥有50%以上的股份时,该股东将获得对公司的绝对控制权。在这种"一股独大"的情况下,内部人控制变为大股东控制,经常会出现大股东对中小股东利益的盘剥。大股东有可能通过关联交易转移利润、挪用公司资金等,因此大股东和小股东在资源分配、决策权等方面会存在争议。通常,大股东拥有充分的话语权,而小股东的各项能力均处于下风。因此,控股股东将最终获得决策权。

在所有权分散化程度不高的公司,大股东往往能够有效地控制管理者行为,可以按照自己的设想制定公司战略,使公司按大股东的设想运作,实现大股东利益最大化,但这往往会损害或者侵占小股东的利益。尽管许多国家的公司治理制度正在向以资本为基础的治理制度转变,资本市场的发展减弱了国家、家族及商业银行对公司的控制力,但是在发展中国家和一些发达国家,家族和国家对公司的控制力仍很显著。

拓展阅读 1.3
公司治理中的英美模式

三、公司治理

公司治理,从广义角度理解,是研究公司权力安排的一门科学;从狭义角度理解,是基于公司所有权层次,研究如何授权给职业经理人并针对职业经理人履行职务行为行使监管职能的科学。基于经济学专业立场,公司有两个权——所有权和经营权,二者是分离的。公司管理(corporate management)是建构在公司"经营权层次"上的一门科学,研究的是公司所有权人向经营权人授权,经营权人在获得授权的情形下,为实现经营目标而采取一切经营手段的行为。与此相对应的,公司治理(corporate governance)则是建构在公司"所有权层次"上的一门科学,研究的是科学地向职业经理人授权,科学地对职业经理人进行监管。

(一)公司治理原则

公司治理原则包含以下要素:诚实、信任、正直、开放、表现导向、责任感及可靠性、互相尊重及对组织有承诺。

(1)公司治理框架应保护股东权利;

(2)应平等对待所有股东,包括中小股东和国外股东,如果股东的权利受到损害,他们应有机会得到有效补偿;

(3)应确认公司利益相关者的合法权利,鼓励公司与他们开展积极的合作;

(4)应确保及时、准确地披露所有与公司有关的实质性事项的信息,包括财务状况、经营状况、所有权结构及公司治理的状况;

(5)董事会应确保对公司的战略指导、对管理层的有效控制,董事会对公司和股东负责。

(二)公司治理结构

公司治理结构是指为实现公司最佳经营业绩,公司所有权与经营权基于信托责任而形成相互制衡关系的结构性制度安排。公司治理分为内部治理和外部治理。由于各国经济、法律、文化等方面的差异性,形成了不同的治理模式。内部治理、外部治理在公司治理中发挥的作用,依据各国国情不同而有所差别。《中华人民共和国公司法》所确定的法人治理结构属于内部治理的范畴,具体方式为通过股东大会、董事会、监事会、经理层的相互制衡,实施公司治理。

公司治理结构一般由以下四个层次组成。

(1)股东会或者股东大会:由公司全体股东组成,作为公司的最高权力机构,体现公司所有者对公司的最终所有权和决定权。

(2)董事会:由公司股东会或股东大会选举产生,作为公司的决策层,对公司发展的目标和重大经营活动做出决策,维护出资人的权益,实现股东利益最大化。

(3)监事会:一般由股东和职工代表组成,作为公司的监督机构,对公司的财务及董事、经营者的行为实行监督,不设监事会的有限责任公司由监事行使监督权。

(4)经理层或管理层:由董事会聘任,对董事会负责,负责公司日常经营管理,实施董事会制订的经营计划和决策,同时,受董事会和监事会的监督。

股东通过股东大会选举董事、监事,分别组成董事会、监事会,再由董事会选聘高级管理人员。董事会对股东负责,履行制定公司战略和聘任、监督经理等职责。监事会主要负责在重大交易、财务方面监督董事会、经理层(见图1-4)。

通常来说,股份公司的股东数量较多,各股东所持股份的数量也有差异,股东意见的收集、表达需要通过经理层投票、表决的正式渠道,为股东权利的实现提供了制度上的保证。股东通过股东大会,就公司的重大事项进行表决,一般按照一股一票制(优先股除外)进行投票,以多数票原则确定方案。股东大会的表决事项包括选举董事、监事,增资,扩股等。通常,公司每年定期召开一次股东大会(临时股东大会除外),公司的日常运营主要由董事会行使集体决策权。

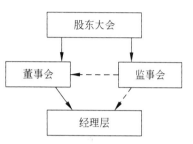

图 1-4　公司治理法人结构

外部治理指的是外部力量对公司行为的治理机制,公司所处的市场环境、宏观环境都可以构成对公司的治理。市场环境主要指资本市场、产品市场、经理人即劳动力市场。宏观环境对公司治理的影响来自政府法规、消费者团体和环保组织等。图1-5描述了公司治理的一般框架。

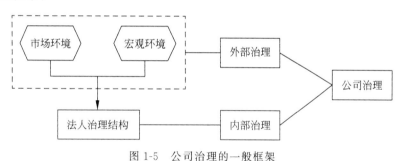

图 1-5　公司治理的一般框架

习题与思考题

1. 试述公司金融的三大决策及其相互关系。
2. 试述公司金融管理的三个主要方面。
3. 试述公司制企业的组织形式及优缺点。
4. 试述公司章程的特征。

5. 试述公司金融可能的目标与最终目标。

6. 试述公司的代理与代理问题产生的原因。

7. 试述公司代理问题的具体表现形式。

8. 试述有助于解决公司代理问题的治理方式。

案 例 分 析

雷士照明成立于1998年,是国内知名的照明产品供货商,主要从事光源、灯具及照明电器产品等的设计、开发、生产、推广和销售。在产品研发与生产方面,公司拥有广东、重庆、浙江、上海等生产基地,并在重庆和上海设立了两大研发中心。在销售渠道方面,公司在国内拥有37个区域运营中心及其旗下的3 000多家品牌专卖店,销售网络覆盖全国31个省、自治区和直辖市,并在海外40多个国家和地区设有经销机构。雷士照明的创始人吴长江凭借在照明产品领域超过17年的经验,以及与公司经销商长期稳定的合作关系,始终负责着整个公司的战略和管理。

1. 第一次控制权争夺:吴长江对杜刚、胡永宏

1998年,吴长江与杜刚、胡永宏共同出资创立了雷士照明,三人分工协作,合力领导公司快速发展。随着雷士照明不断做大,吴长江与其他两位股东在公司经营决策和利润分配问题上产生了分歧,矛盾不断积累。2005年4月,吴长江提出对经销商进行整合并建立区域运营中心,但是遭到杜、胡二人的激烈反对,股东纷争对公司的经营发展产生了严重的影响。2005年11月,吴长江辞去总经理职务,随后经销商集体挺吴,杜、胡二人被迫退出雷士照明。最终吴长江重掌雷士照明,但要承担高达1.6亿元的股权转让费。

2. 第二次控制权争夺:吴长江对赛富

雷士照明在香港上市以后,吴长江与赛富在治理理念上产生分歧。2012年5月25日,吴长江辞去了公司董事长、执行董事和首席执行官等一切职务,由阎焱和张开鹏分别接任董事长和首席执行官。随后,针对吴长江回归雷士,各方开始了博弈。赛富合伙人阎焱对吴长江重回雷士照明提出了包括"处理好所有不合规的关联交易"在内的三个条件,而雷士的员工和经销商大力支持吴长江回归雷士。2012年7月12日,经销商、供货商和员工一致行动,员工罢工、经销商停止下单、供货商停止供货。面对雷士照明生产经营停滞的困局,2012年9月4日董事会成立了运营委员会来负责公司的日常运营管理,吴长江担任负责人。至此,雷士照明持续近三个月的控制权之争,以吴长江的回归而告终。

3. 第三次控制权争夺:吴长江对德豪润达

为了拓展雷士照明的LED照明业务,并对赛富、施耐德形成股权制衡,吴长江引入了战略投资者德豪润达,由此也导致吴长江自身的股权大幅降低,这为双方产生利益冲突和爆发控制权纷争埋下了隐患。随后,吴长江被指在2012年未经董事会决议,擅自延长关联公司的雷士照明商标使用期限,并新增授权重庆恩纬西使用雷士商标销售产品。2014年8月8日,雷士照明董事会决议罢免吴长江的CEO职务,由董事长王冬雷接替担任临时CEO;8月23日,90%的经销商支持雷士照明的决定;8月29日,雷士照明召开临时股东大会,同意罢免吴长江执行董事及委员会职务;11月3日,董事会完成了对吴长江实际控制的万州工厂的接管工作。

雷士照明经历了三次控制权纷争,除第一次是由于创始人之间经营理念不同而引发外,剩下的两次都是创始人与大股东之间的控制权纷争。雷士照明的公司治理机制存在缺陷,无法保证公司稳定运营。

讨论:雷士照明的公司治理机制存在哪些缺陷?

资料来源:马广奇,贺星,王欢.创始人权威、控制权配置与公司治理——基于雷士照明的案例分析[J].会计之友,2017(1):41-44.

第二章

货币的时间价值

西方经济学"时间偏好"理论认为,人们对当前一定质量、数量的财物与以后同样质量、数量的财物的估价是有差异的,对于前者的估价要大于后者。产生时间偏好有三个主要原因:一是通货膨胀,人们认为现时的货币值会高于同等数量的将来的货币值;二是现时消费,把现在的消费推迟到将来,把钱借给别人使用应当获得一定的补偿,即利息;三是风险,借出资金存在偿还不了的潜在危险,应获得承担风险的报酬。上述原因强化了人们的风险意识,形成了"货币时间价值"的观念。货币时间价值的观念在公司金融中举足轻重,不仅是投资者与公司管理者计算、分析现金流的基础和工具,公司的各项投资决策、融资决策、资本预算、公司估值等也都会用到货币时间价值的概念和计算方法。

学习目标

- 理解货币时间价值的含义与意义
- 掌握复利终值、现值及各类年金的相关计算
- 了解报价利率、实际利率、周期利率的概念和区别
- 熟悉各种贷款类型

第一节　货币时间价值的计算

一、货币时间价值的含义

在公司的财务和投资决策中离不开货币时间价值的概念。假设某人所经营的公司于今年达成了一笔价值 10 000 元的订单,付款方希望在一年后收货完成时支付 10 000 元,而公司经营者则更希望在当前就收到 10 000 元。因为如果今天能收到 10 000 元的货款,可以将这笔钱存入银行,若年利率为 3%,一年后可以得到 10 300 元。此时可以认为,当年利率为 3% 时,当前的 10 000 元与一年后的 10 300 元在价值上是相等的。这就涉及了货币时间价值的概念。货币时间价值是指货币资金经过一段时间的投资或再投资所增加的价值。

根据货币时间价值的概念,当前持有的一定量的货币比未来获得的等量货币具有更高的价值,或者说,等额的现金在不同时点的价值是不同的。这是因为当前拥有的货币可以用于投资或获得复利利息。也就是说,只要存在投资机会,货币的现值就一定大于它的未来价值。从经济学的角度来说,当前的货币与未来同等金额货币的购买力之所以不同,是因为要节省现在的一单位货币不消费而改在未来消费,则在未来消费时必须有大于一

单位的货币可供消费,作为弥补延迟消费的补偿。

货币的时间价值有两种表现方式:货币时间价值的绝对数和相对数。货币时间价值的绝对数指的是资金在生产经营过程中带来的真实增值额,即一定数额的资金与时间价值率的乘积,也就是时间价值额;货币时间价值的相对数指的是没有风险和没有通货膨胀条件下的社会平均资金利润率,也就是时间价值率。

表 2-1　2021 年中国银行股份有限公司部分城市的储蓄利率　　　　%

城市	利　　　率			
	活期	3 个月	6 个月	1 年
北京	0.3	1.43	1.69	1.95
上海	0.3	1.43	1.69	1.95
广州	0.3	1.43	1.69	1.95
深圳	0.3	1.35	1.55	1.75
天津	0.3	1.43	1.69	2.10
重庆	0.3	1.43	1.69	1.95
南京	0.3	1.43	1.69	1.95
杭州	0.3	1.43	1.69	1.95

根据如表 2-1 所示的储蓄利率,若一位北京居民于 2021 年将 100 元本金存入中国银行,一年期存款利率为 1.95%,一年后这位北京居民可以从其储蓄账户中提取包含了 100 元本金和 1.95 元利息,共 101.95 元的本利和。此时货币发生了价值增值,2021 年的 100 元在一年后的同一天至少要值 101.95 元。其中,1.95 元是货币时间价值的绝对数,也就是将 100 元存入银行带来真实的 1.95 元增值;1.95% 则是货币时间价值的相对数,也就是将 100 元存入银行带来的 1.95% 的利润率。

二、货币时间价值产生的原因

今天的 1 元钱与以后的 1 元钱在价值上是不相等的,这是由于时间因素的作用使现在的一笔资金高于将来某一时间相同数量的资金随时间推移所具有的增值能力。那么,产生这种现象的原因是什么呢?最根本的原因是资源的稀缺性。社会资源具有稀缺性,而经济社会的发展需要消耗有限的资源,利用现有的社会资源创造现有的社会财富从而带来更多的社会产品,因此现有商品的效用要高于未来商品的效用。货币作为一种特殊的商品,也是商品的价值体现,因此现在货币的价值要高于未来货币的价值。以凯恩斯为代表的西方经济学家认为,货币的时间价值主要取决于流动性偏好、边际效用、消费倾向等因素。从资本所有者和消费者的角度来看,货币时间价值是放弃现在消费而推迟到未来消费所获得的报酬,是对时间的贴水。而以马克思为代表的社会主义经济学家则认为货币时间价值产生于货币所有权与使用权相分离的情况。借贷资本家将资本使用权转让给产业资本家,产业资本家将资本用于在生产和流通领域创造利润,并向借贷资本家支付利息,利息的多少由借贷时间长短来计量,货币时间价值便以利息的形式产生了。货币的增值产生于劳动者创造的那部分可变动的剩余价值,或者说货币时间价值是产业资本家转让给借贷资本家的一部分剩余价值。

了解货币时间价值产生的根源有助于清晰地认识货币的时间价值。货币的时间价值不是由时间创造的,而是将货币投入生产经营过程中所产生的,只是将资金闲置而没有转化为社会生产是无法获得价值补偿的。要注意:第一,货币时间价值是没有风险和通货膨胀条件下的社会平均资金利润率;第二,不同时点的货币价值量并不相等,今天获得的100元与一年后获得的100元在价值量上并不相同,需要换算到同一时点才能进行比较分析。

三、货币时间价值的分析与计算

在分析不同时点发生的货币收支时,考虑到货币的时间价值,需要将这些分期发生的货币收支转化到同一时点进行比较或计算。时间轴是能够直观分析货币时间价值的工具,有助于我们理解随着时间的推移,货币价值所发生的变化。在时间轴的设定上,一般将0点作为现值点,未来时间点n点作为间隔n期后的时点;资金的流入与流出假设在某期期末或下一期期初发生;资金的流入表示为正值,而资金的流出表示为负值。货币时间价值的时间轴分析如图2-1所示。

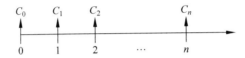

图2-1   货币时间价值时间轴分析

例如,王民于2022年1月将新得到的10 000元工资存入银行账户,对应时间轴分析图中的0点,即现值点上银行账户中资金正流入10 000元。若银行存款利率为10%,一年后王民的账户中将增加10 000×10%=1 000元的存款利息,在时间轴中表示为时点1上资金正流入1 000元,多年后的利息增加以此类推。

四、利息的计算

利息的计算一般有单利法和复利法两种基本方法。相应地,可将利率划分为单利和复利。其中,单利是指一笔资金无论存期多长,只有本金计取利息,而以前各期利息在下一个计息周期内不计算利息;复利是指一笔资金除本金产生利息外,在下一个计息周期内,以前各计息周期内产生的利息也计算利息。在确定的条件下,计息期内多次计息,按复利计息所得到的本利和大于单利计息的本利和。

单利的计算公式为

$$I = P \cdot i \cdot n$$
$$F = P(1 + n \cdot i)$$

其中,I为利息额;P为本金;i为利率;n为借贷期限;F为本金与利息之和。

复利方式下,按照一定的期限将利息加入本金,再计算利息。例如,假设按年计息,第1年按本金计息,第2年将第1年产生的利息加入本金,按第1年年末的本利和计息,第3年及之后以此类推,直至贷款到期。复利计息的方式也可以通俗地理解为"息上加息"。复利的计算公式为

$$F = P \cdot (1+i)^n$$
$$I = P \cdot (1+i)^n - P$$

一笔借贷期限为 3 年、年利率为 5% 的 10 000 元贷款,如果按单利计息,则对单利计息进行时间轴分析的结果如图 2-2 所示。

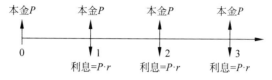

图 2-2　单利的时间轴分析

如图 2-2 所示,假设在第 0 年年末获得该笔贷款,到了第 1 年年末,对本金 10 000 元计取利息 10 000×5%＝500 元,则第 1 年年末的本利和为 10 000＋500＝10 500 元;到了第 2 年年末,由于单利计息始终只对本金 10 000 元计取利息,因此第 2 年内产生的利息仍为 10 000×5%＝500 元,第 2 年年末总的本利和为 11 000 元;到第 3 年年末,第 3 年内仍产生 500 元利息,贷款到期时的本利和为 11 500 元。也就是说,这笔 3 年期、年利率为 5%,按单利计息的 10 000 元贷款本利和计算公式为

本利和＝10 000×(1＋3×5%)＝11 500(元)

假如其他条件不变,改为按复利计息,则对复利计息进行时间轴分析的结果如图 2-3 所示。

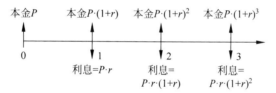

图 2-3　复利的时间轴分析

如图 2-3 所示,在第 0 年年末获得这笔贷款,在第 1 年年末,对第 0 年年末的本金 10 000 元计取利息 10 000×5%＝500 元。由于采用复利计息,需将第 1 年产生的 500 元利息计入本金中,因此第 1 年年末的本金为 10 500 元;在第 2 年年末计取利息时,与单利计息不同,不仅要对 10 000 元贷款本金计取利息,还要对第 1 年年末产生的 500 元利息计取利息,即对第 1 年年末本金 10 500 元计取利息 10 500×5%＝525 元,并将新产生的 525 元利息计入本金中,第 2 年年末本金为 11 025 元;第 3 年年末需对本金 11 025 元计取 11 025×5%＝551.25 元利息,则第 3 年年末本金为 11 576.25 元,即贷款到期时的本利和。因此这笔 3 年期、年利率为 5%,按复利计息的 10 000 元贷款本利和计算公式为

本利和＝10 000×(1＋5%)^3＝11 576.25(元)

可以看出,与单利计息相比,复利计息方式下按期结出的利息属于债权人所有,这部分所有权也应取得分配社会产品的权利,即归入本金中再投资进行"利生利"。在一定的时间内,复利计息可以产生比单利计息更多的收益,因此复利更能反映货币的时间价值。

假定张斌投资了某公司首次公开发行的新股。该公司当前支付了 1.1 元的股利,预

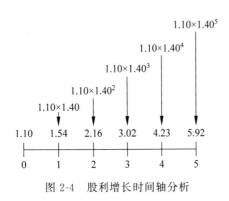

图 2-4   股利增长时间轴分析

期未来 5 年内股利将每年增长 40%。5 年后股利将为多少？对这一问题的计算过程如图 2-4 所示。

可以看出，未来 5 年内股利每年增长 40% 的含义是第 n 年的股利水平是在前一年，即第 $n-1$ 年的水平上增长 40%，这与复利"息上加息"的概念相近。如果仅按照单利的概念，第 5 年的股利水平仅为初始股利 1.1 元加上 5 次 40% 增长之和，即 $5×(1.1×0.4) = 3.3$ 元，而参考复利的概念，真实的股利增长可以达到 $1.1×(1.4)^5 =$ 5.92 元，在 5 次计息期内就几乎高出单利计算的一倍之多，可见复利的威力是十分巨大的，这也是为什么人们说复利能够产生更多的收益而反映货币的时间价值。以 10.12% 的年利率计算将 1 元钱复利 89 年，那么在第 89 年年末就可以得到 5 316.85 元；而以同样的利率将 1 元钱单利计算 89 年，总值仅为约 900 元，这远远低于本金和利息进行再投资情况下的 5 000 多元。如果时间间隔更

拓展阅读 2.1
复利的"72"法则

长，结果会更加惊人。比如，某位人类学家在一件考古文物上看到其记载的一则轶事：恺撒大帝借给某人相当于 1 罗马便士的钱，由于没有记录说明这 1 便士是否已经偿还，这位人类学家想知道如果 20 世纪恺撒的后代想向借款人的后代要回这笔钱，本息总共是多少。他按照 6% 的利率计算，令人震惊的是，2 000 多年后这 1 便士的本息已然超过了整个地球上的全部财富。

五、现值与终值

掌握了货币时间价值的概念后，我们可以知道等额现金流在不同时点的价值量是不同的，需要将这些分期发生的货币收支转化到同一时点进行比较或计算。在计算分析中，习惯上将所有不同时点发生的现金流转化到现值点，即时间轴上的 0 点；或将所有现金流转化到终值点，即时间轴上的 n 点进行计算。这就引出了现值与终值的概念。货币现值又称在用价值，是指把将来（或过去）的某一时点上一定量的货币折算到现在所对应的金额，通常用符号 PV 表示；货币终值是指现在某一时点上的一定量现金折合到未来的价值，俗称本利和，通常用 FV 表示。

第二节   终值与复利

一、终值与复利的含义

货币具有时间价值意味着等额的一笔资金在不同时点上的价值量是不同的，不能直接将不同时点上的资金进行价值上的比较，于是有了货币终值与现值的概念。货币终值是在一定的利率水平下，现在一定量的资金在未来某一时点上的价值，又称本利和或复

利值。

例如,张三打算出售自己的一处房产。甲提出以 100 000 元购买并立即付款;而乙提出以 114 240 万元购买,但是要在 1 年以后付款。张三应该接受哪个人的报价?

张三聘请了一位财务顾问。财务顾问指出,若接受甲的报价,他可以将这 100 000 元以 12% 的利率存入银行,这样一年后,他可以得到 100 000×(1+12%)=112 000 元。因为这一数目少于乙的报价(114 240 元),所以财务顾问建议他选择乙的报价。财务顾问的分析就用到了终值的概念。在本例中,100 000 元的终值是 112 000 元。

二、单次多期终值计算

上例中,复利计算仅持续了一期,而在实际应用中,大多数投资并不止进行单期投资,更多的投资机会是持续多期的。计算多期复利终值,需要计算多期复利的本利和,可以用时间轴分析复利计息的思路,归纳出多期复利终值的计算公式:

$$FV = C_0 \cdot (1+r)^T$$

其中,FV 表示多期投资的终值;C_0 表示时间 0 的现金流量;r 表示适用的利率;T 表示现金投资的时期数。$(1+r)^T$ 被称为终值系数,缩写为 $FVIF(r, T)$。

例如,某人将 500 元存入在银行开立的存款账户,该账户资金的利率为 7%,每年按复利计息,那么 3 年后她能得到 500×(1.07)³=612.52 元。图 2-5 描述了她存款的增长过程。

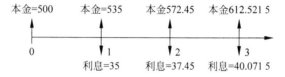

图 2-5　存款增长过程时间轴分析

可以发现,在其他条件一定的情况下,现金流量的终值与利率和时间同向变动。在相同利率下,时间越长终值越高;在相同时间下,利率越高终值越高。例如,将 1 元钱分别投资于存款利率为 5%、10%、15% 和 20% 的存款账户中,5 年后这 1 元钱将分别增值 1.276 3 元、1.610 5 元、2.011 4 元和 2.488 3 元。如果将投资于利率为 20% 的存款中的 1 元钱于投资 1 年后就取出,那么 1 年后仅将得到 1.2 元;若 10 年后再取出,这 1 元钱将增值为 6.191 7 元。如图 2-6 所示,1 元钱在不同期限和不同利率下的终值差异是非常大的。

三、多次多期终值计算

上面介绍的是单次多期投资的终值计算,即对一次投资的本金计算多期利息。然而在现实中还存在一种比单次多期投资更复杂的情况,即多次多期投资。图 2-7 给出的就是多次多期投资时间轴分析。例如,假定你今天在一个利率为 5% 的账户中存入 1 000 元,1 年后你将再存入 600 元,2 年后你将再存入 500 元,那么两年后,即在你存入 500 元后,你的账户中有多少钱?该投资过程的时间轴分析如图 2-7 所示。

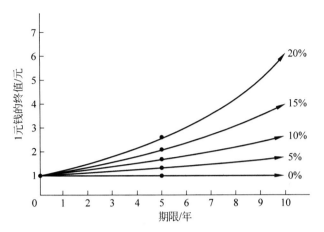

图 2-6　不同期限和不同利率下 1 元钱的终值差异对比

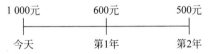

图 2-7　多次多期投资时间轴分析(一)

这类问题有以下两种分析思路。

方法一：分别计算每次投资现金流在第 2 年年末的终值并进行汇总，即可得出第 2 年年末账户的总金额。第一笔投资的 1 000 元在第 2 年年末的终值$=1\,000\times(1+5\%)^2=$ 1 102.5 元；一年后的第二笔投资到第 2 年年末仅计息一次，因此第二笔投资在第 2 年年末的终值$=600\times(1+5\%)=630$ 元；再加上第 2 年年末存入的 500 元，第 2 年年末账户的总金额为 2 232.5 元，如图 2-8 所示。

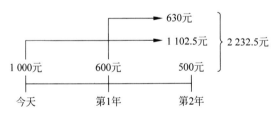

图 2-8　多次多期投资时间轴分析(二)

方法二：将每期累计现金流每次向后复利一年，直至期末。也就是说，计算第一笔投资的 1 000 元在第 1 年年末的终值为$1\,000\times(1+5\%)=1\,050$ 元，此时加上在第 1 年年末刚存入的 600 元，账户总金额为$600+1\,050=1\,650$ 元；接下来将第 1 年年末账户总金额复利一年，在第 2 年年末的终值为$1\,650\times(1+5\%)=1\,732.5$ 元，再加上第 2 年年末存入的 500 元，则第 2 年年末账户总金额为 2 232.5 美元，如图 2-9 所示。

如果想知道完成这三次存款之后，在不继续增加存款的情况下，该存款账户在第 5 年年末将有多少资金，也有两种不同的思路进行计算。

方法一：首先计算出在不再继续增加新存款之前的第 2 年年末账户内的总金额，即

2 232.5 元。随后以第 2 年年末为起始，计算 2 232.5 元在三个计息期后，即第 5 年年末的终值 $=2\ 232.5\times(1+5\%)^3=2\ 584.4$ 元，如图 2-10 所示。

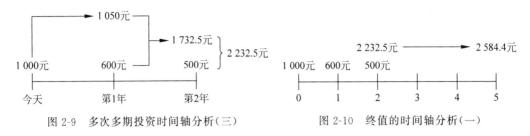

图 2-9　多次多期投资时间轴分析(三)　　　图 2-10　终值的时间轴分析(一)

方法二：分别计算每笔资金在第 5 年年末的终值后再进行汇总。第一步计算当下存入的 1 000 元在第 5 年年末的终值 $=1\ 000\times(1+5\%)^5=1\ 276.3$ 元；第二步，在第 1 年年末存入的 600 元到第 5 年年末共经历了 4 个计息期，因此第二次存款在第 5 年年末的终值 $=600\times(1+5\%)^4=729.3$ 元；第三步，在第 2 年年末存入的 500 元到第 5 年年末共经历了 3 个计息期，因此第三次存款在第 5 年年末的终值 $=500\times(1+5\%)^3=578.8$ 元；第四步，对三笔终值进行汇总，则第 5 年年末该存款账户的总金额为 1 276.3＋729.3＋578.8＝2 584.4 元，如图 2-11 所示。

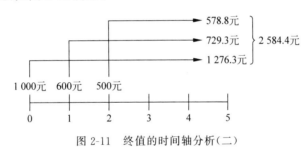

图 2-11　终值的时间轴分析(二)

【例 2-1】　一家新近成立的公司，准备每年年末从盈利中提出 1 000 万元存入银行，提存 5 年积累一笔款项新建办公大楼。按年利率 5% 计算，到第 5 年年末总共可以积累多少资金？

解：从第 1 年起每年存入 1 000 万元，一直存款至第 5 年年末，此题实际上是求解这 5 笔现金流在第 5 年年末的终值之和，因此可以分别计算这 5 笔现金流在第 5 年年末的终值并进行加总，可得

$$FV=1\ 000\times(1+5\%)^4+1\ 000\times(1+5\%)^3+1\ 000\times(1+5\%)^2+$$
$$1\ 000\times(1+5\%)+1\ 000$$
$$=5\ 525.63(万元)$$

第三节　现值与贴现

一、现值与贴现的含义

掌握了复利和终值的概念后，我们可以计算在确定利率下某项投资在之后时点的终

值。不过,我们还希望了解如何分析另一类问题:例如,投资者需要在当前付出多少钱才能在年利率为 5% 的情况下,于一年后得到 10 000 元? 根据对复利和终值的学习,可以写出以下公式:

$$10\,000 = PV \cdot (1 + 5\%)$$

其中,PV 表示 1 元钱在当前的现值。解出式中的 PV,得到

$$PV = 10\,000/(1 + 5\%) = 9\,523.81(元)$$

上面用到了货币现值的概念。货币现值是把将来(或过去)的某一时点上一定量的货币折算到现在所对应的金额。一位借款者今天需要预留能在一年后满足承诺的 10 000 元支付的金额被称作 10 000 元的现值。现值常被用来估算债券、股票等金融资产的价值,也常被用来估算项目的价值。计算未来现金流现值的过程就是贴现或折现。

二、单次多期现值计算

假设当前利率为 15%,一名投资者希望在 5 年后能获得 20 000 元。为了计算现在必须投资的金额,在计算过程中可将 20 000 元视为这项多期投资的终值,列出如下计算公式:

$$PV \cdot (1 + 15\%)^5 = 20\,000(元)$$

其中,PV 为当前投资的金额。

进一步将公式改写,并相应计算出 PV 的金额为

$$PV = 20\,000/(1 + 15\%)^5 = 9\,943.53(元)$$

可以归纳出一项多期投资的现值的一般计算公式:

$$PV = \frac{C_T}{(1 + r)^T}$$

其中,C_T 是在 T 期的现金流量;r 是适用的利率。$1/(1 + r)^T$ 被称为现值系数,缩写为 $PVIF(r, t)$。

上述计算表明,在利率为 15% 的情况下,5 年后的 20 000 元与现在的 9 943.53 元在价值量上相等。该投资者为了确定当前的 9 943.53 元是否等于 5 年后的 20 000 元,可以运用终值公式来检验现在以 15% 的利率借出 9 943.53 元能否在 5 年后得到 20 000 元的本利和,计算可得

$$9\,943.53 \times (1 + 15\%)^5 = 20\,000(元)$$

这证明确定利率为 15% 的情况下,对现在持有 9 943.53 元和在 5 年后获得 20 000 元没有偏好,即这两个选择之间没有差别。

此外,在其他条件相同的情况下,货币现值与利率和时间有反向变动关系,时间越长,利率越高,货币的现值就越低。也就是说,在相同利率下,时间越长现值越低;在相同时间下,利率越高现值越低。如果希望在 5 年后分别从利率为 5%、10%、15% 和 20% 的存款账户中各获得 1 元钱,那么现在应该分别在各存款账户中存入多少钱呢? 利用现值公式计算出分别需要存入 0.783 5 元、0.620 9 元、0.497 2 元和 0.401 9 元,才能在第 5 年年末分别获得 1 元;而如果在利率为 20% 的情况下希望在一年后获得 1 元,当下需要存入 0.833 3 元,如果希望在 10 年后获得 1 元,则当下仅需要存入 0.161 5 元。如图 2-12 所

示,1 元钱在不同期限和不同利率下的现值差异也是十分巨大的。

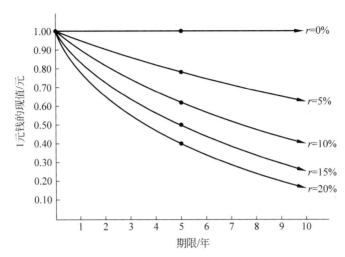

图 2-12 不同期限和不同利率下 1 元钱的现值差异

三、多次多期现值计算

在现值的计算中,除了有计算单次多期现金流现值的情形,也存在需要计算多次多期现金流现值的情形。与终值计算一样,计算多次多期现金流的现值的方法有两种:每次贴现一期,或者将每笔现金流单独贴现后汇总。

假设某位员工将获得一笔奖金。该奖金有两种支付方式:第一种支付方式是在之后的 4 年中,每年分别支付 200 元、400 元、600 元和 800 元;第二种支付方式是当前一次付清。假设投资的折现率为 5%,则若该员工选择第二种支付方式,公司应在当前付给他多少奖金?

方法一:参考多次多期现金流的终值计算方法,计算多次多期现金流现值时同样可以单独计算每一笔现金流的现值,然后在第 0 期期末将所有单次现值汇总,如图 2-13 所示。该员工若想在第 1 年年末获得 200 元,那么参考现值计算公式,相当于在 5% 的折现率水平下于当前时点得到 $200/(1+5\%)=190.47$ 元;同理,若在第 2 年年末获得 400 元,则相当于在当前获得 $400/(1+5\%)^2=362.81$ 元;以此类推,该员工在第 3 年年末和第 4 年年末所获得的 600 元和 800 元,相当于在现在得到 518.3 元和 658.16 元;再将四笔现金流计算得到的现值汇总起来,则公司应在现在支付给该员工 $190.47+362.81+518.3+658.16=1\,729.74$ 元的奖金。

方法二:从最后一期开始,每次向前贴现一期,逐期贴现到起始的时点,如图 2-14 所示。例如,该员工期望在第 4 年年末获得 800 元,则在 5% 的利率水平下,折现到第 3 年年末的现值为 $800/(1+5\%)=761.9$ 元;考虑到第 3 年年末投资者还应获得另外的 600 元,则第 3 年年末该员工一共应得到 $600+761.9=1\,361.9$ 元,向前折现一期,则 1 361.9 元在第 2 年年末的现值为 $1\,361.9/(1+5\%)=1\,297.05$ 元,再加上第 2 年年末该员工应得到的 400 元,则第 2 年年末该员工共应获得 $400+1\,297.05=1\,697.05$ 元;同理可得第

1 年年末他应得到 1 816.24 元,再将这笔金额折现到当前时点,则该员工应在当前时点得到 1 816.24/(1+5%)=1 729.74 元的奖金。

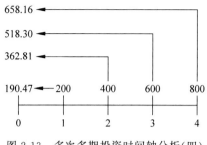

图 2-13 多次多期投资时间轴分析(四)

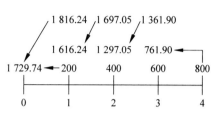

图 2-14 多次多期投资时间轴分析(五)

【例 2-2】 某公司准备建设一个水利工程。承包商的要求是:签约之日付款 5 000 万元,到第 4 年年初续付 2 000 万元,第 5 年完工时再付 5 000 万元。为确保资金落实,于签约之日将全部资金准备好,其未支付部分存入银行,预备续付时支付。假设银行存款年利率为 10%,建设该工程公司需筹集多少资金?

解:本例属于多次多期现值计算问题,问建设该工程公司需筹集多少资金,实际是求解公司三次支付的现值。假设签约之日为第 0 期,该公司支付现金流的时间轴为:第 0 年支付 5 000 万元,第 4 年年初,也就是第 3 年年末支付 2 000 万元,第 5 年年末支付 5 000 万元。

在利率为 10% 的情况下,这三次支付在第 0 期的现值为

$$PV=5\,000+2\,000/(1+10\%)^3+5\,000/(1+10\%)^5=9\,607.24(万元)$$

因此,为确保资金落实,该公司应在当前准备 9 607.24 万元存入银行,在银行存款利率为 10% 的条件下可以满足当前支付 5 000 万元、第 4 年年初续付 2 000 万元、第 5 年完工时再付 5 000 万元的支付要求。

【例 2-3】 某旅游酒店欲购买一套音响设备,供货商提供了四种付款方式。

方式一:从现在起,每年年末支付 1 000 元,连续支付 8 年。

方式二:从现在起,每年年初支付 900 元,连续支付 8 年。

方式三:从第三年起,每年年末支付 2 000 元,连续支付 5 年。

方式四:现在一次性付款 5 700 元。

假设资金成本为 8%,请为酒店提供可行性建议。

解:酒店管理者当然希望选择购买价格最低的付款方式,此题实际上是求解每种付款方式的现值,比较现值并选择现值最低的一种付款方式。

方式一:$PV=1\,000/(1+8\%)+1\,000/(1+8\%)^2+1\,000/(1+8\%)^3+\cdots+1\,000/(1+8\%)^8=5\,746.64(元)$

方式二:$PV=900+900/(1+8\%)+900/(1+8\%)^2+\cdots+900/(1+8\%)^7=5\,585.73(元)$

注意方式二中采用每年年初支付,因此第一次支付的 900 元在第 0 年已是当期现值,一直支付到最后一期在第 7 年年末结束支付。

方式三：$PV = 2\,000/(1+8\%)^3 + 2\,000/(1+8\%)^4 + 2\,000/(1+8\%)^5 + 2\,000/(1+8\%)^6 + 2\,000/(1+8\%)^7 = 6\,846.21$（元）

方式四：$PV = 5\,700$（元）

四种方式中方式二的现值最低，为 5\,585.73 元，因此应当选择方式二进行付款。

此题理论上也可以采用比较终值的方法，分别计算每种付款方式的终值并选择终值最低的一种。但由于不同的付款方式连续支付的年数不同，终值计算需要统一到未来同一时点进行比较，如可以计算四种付款方式在第 8 年年末的终值，计算量将明显大于现值计算，因为现值计算直接将不同期限的支付方式都统一到当期，也就是第 0 期进行比较。

四、利率与期数的计算

1. 利率的计算

在掌握了运用终值和现值的概念及计算公式后，了解到对一次利率固定为 r 的投资活动而言，其投资的现值经过 n 次复利计算后得到这笔投资在第 n 期的终值；其投资的终值贴现到第 0 期的价值就等于这笔投资的现值。观察终值与现值的计算公式，折现的过程就是复利计息的相反过程，现值系数恰好是终值系数的倒数。

$$FV = PV \cdot (1+r)^T$$

$$PV = \frac{FV}{(1+r)^T}$$

在终值或现值的计算公式中，有四个变量（终值、现值、期数和利率），这四个变量知三求一。已经掌握了如何求解终值和现值，下面分析如何确定一项投资适用的利率和期数。

计算某项投资适用的利率，是指在已知某一笔货币资金的现值和经过一段确定时间之后的终值的条件下，求解这一期间应达到的利率水平。例如，假设王先生的儿子在 12 年后将要读大学，届时大学的学费总额将达 50\,000 元。王先生手中有 5\,000 元现金，如果他希望在储蓄 12 年之后的本利和足够儿子读大学，那么这 12 年的利率需要达到多少？

通过分析可知，王先生的存款现值为 5\,000 元，第 12 年年末终值为 50\,000 元，根据终值计算公式 $FV = PV \cdot (1+r)^T$，可知

$$50\,000 = 5\,000 \times (1+r)^{12}$$

计算利率 r 的过程可表达为

$$r = (50\,000/5\,000)^{1/12} - 1 = 0.211\,5$$

王先生需要将 5\,000 元存入利率为 21.15% 的存款账户中，才能在第 12 年年末获得 50\,000 元本息。通过以上事例可知，利率水平的计算公式可以通过终值或现值公式变形得到，利率的计算公式可归纳为

$$r = \left(\frac{FV}{PV}\right)^{1/T} - 1$$

观察利率的计算公式可以发现，手动计算利率是比较复杂和困难的。因为利率的计算涉及开方计算，可以采用插值法确定利率水平。

表 2-2 和表 2-3 分别是部分现值系数表与部分终值系数表。在实际应用中可以通过投资的利率和期数进行查找。例如，在利率为 10% 的水平下投资 8 期的现值系数为

0.466 5,若王先生想要确定当前需要存款多少才能在 8 年后得到 10 000 元,则可以直接根据此现值系数,得到现值 PV＝10 000×0.466 5＝4 665 元。

表 2-2　部分现值系数表

n	1%	2%	3%	4%	5%	6%	7%	8%	9%	10%	11%	12%	13%	14%	15%
1	0.990 1	0.980 4	0.970 9	0.961 5	0.952 4	0.943 4	0.934 6	0.925 9	0.917 4	0.909 1	0.900 9	0.892 9	0.885	0.877 2	0.869 6
2	0.980 3	0.961 2	0.942 6	0.924 6	0.907 0	0.890 0	0.873 4	0.857 3	0.841 7	0.826 4	0.811 6	0.797 2	0.783 1	0.769 5	0.756 1
3	0.970 6	0.942 3	0.915 1	0.889 0	0.863 8	0.839 6	0.816 3	0.793 8	0.772 2	0.751 3	0.731 2	0.711 8	0.693 1	0.675 0	0.657 5
4	0.961 0	0.923 8	0.888 5	0.854 8	0.822 7	0.792 1	0.762 9	0.735 0	0.708 4	0.683 0	0.658 7	0.635 5	0.613 3	0.592 1	0.571 8
5	0.951 5	0.905 7	0.862 6	0.821 9	0.783 5	0.747 3	0.713 0	0.680 6	0.649 9	0.620 9	0.593 5	0.567 4	0.542 8	0.519 4	0.497 2
6	0.942 0	0.888 0	0.837 5	0.790 3	0.746 2	0.705 0	0.666 3	0.630 2	0.596 3	0.564 5	0.534 6	0.506 6	0.480 3	0.455 6	0.432 3
7	0.932 7	0.870 6	0.813 1	0.759 9	0.710 7	0.665 1	0.622 7	0.583 5	0.547 0	0.513 2	0.481 7	0.452 3	0.425 1	0.399 6	0.375 9
8	0.923 5	0.853 5	0.789 4	0.730 7	0.676 8	0.627 4	0.582 0	0.540 3	0.501 9	0.466 5	0.433 9	0.403 9	0.376 2	0.350 6	0.326 9
9	0.914 3	0.836 8	0.766 4	0.702 6	0.644 6	0.591 9	0.543 9	0.500 2	0.460 4	0.424 1	0.390 9	0.360 6	0.332 9	0.307 5	0.284 3
10	0.905 3	0.820 3	0.744 1	0.675 6	0.613 9	0.558 4	0.508 3	0.463 2	0.422 4	0.385 5	0.352 2	0.322 0	0.294 6	0.269 7	0.247 2
11	0.896 3	0.804 3	0.722 4	0.649 6	0.584 7	0.526 8	0.475 1	0.428 9	0.387 5	0.350 5	0.317 3	0.287 5	0.260 7	0.236 6	0.214 9
12	0.887 4	0.788 5	0.701 4	0.624 6	0.556 8	0.497 0	0.444 0	0.397 1	0.355 5	0.318 6	0.285 8	0.256 7	0.230 7	0.207 6	0.186 9
13	0.878 7	0.773 0	0.681 0	0.600 6	0.530 3	0.468 8	0.415 0	0.367 7	0.326 2	0.289 7	0.257 5	0.229 2	0.204 2	0.182 1	0.162 5
14	0.870 0	0.757 9	0.661 1	0.577 5	0.505 1	0.442 3	0.387 8	0.340 5	0.299 2	0.263 3	0.232 0	0.204 6	0.180 7	0.159 7	0.141 3
15	0.861 3	0.743 0	0.641 9	0.555 3	0.481 0	0.417 3	0.362 4	0.315 2	0.274 5	0.239 4	0.209 0	0.182 7	0.159 9	0.140 1	0.122 9

表 2-3　部分终值系数表

n	1%	2%	3%	4%	5%	6%	7%	8%	9%	10%	11%	12%	13%	14%	15%
1	1.010 0	1.020 0	1.030 0	1.040 0	1.050 0	1.060 0	1.070 0	1.080 0	1.090 0	1.100 0	1.110 0	1.120 0	1.130 0	1.140 0	1.150 0
2	1.020 1	1.040 4	1.060 9	1.081 6	1.102 5	1.123 6	1.144 9	1.166 4	1.188 1	1.210 0	1.232 1	1.254 4	1.276 9	1.299 6	1.322 5
3	1.030 3	1.061 2	1.092 7	1.124 9	1.157 6	1.191 0	1.225 0	1.259 7	1.295 0	1.331 0	1.367 6	1.404 9	1.442 9	1.481 5	1.520 9
4	1.040 6	1.082 4	1.125 5	1.169 9	1.215 5	1.262 5	1.310 8	1.360 5	1.411 6	1.464 1	1.518 1	1.573 5	1.630 5	1.689 0	1.749 0
5	1.051 0	1.104 1	1.159 3	1.216 7	1.276 3	1.338 2	1.402 6	1.469 3	1.538 6	1.610 5	1.685 1	1.762 3	1.842 4	1.925 4	2.011 4
6	1.061 5	1.126 2	1.194 1	1.265 3	1.340 1	1.418 5	1.500 7	1.586 9	1.677 1	1.771 6	1.870 4	1.973 8	2.082 0	2.195 0	2.313 1
7	1.072 1	1.148 7	1.229 9	1.315 9	1.407 1	1.503 6	1.605 8	1.713 8	1.828 0	1.948 7	2.076 2	2.210 7	2.352 6	2.502 3	2.660 0
8	1.082 9	1.171 7	1.266 8	1.368 6	1.477 5	1.593 8	1.718 2	1.850 9	1.992 6	2.143 6	2.304 5	2.476 0	2.658 4	2.852 6	3.059 0
9	1.093 7	1.195 1	1.304 8	1.423 3	1.551 3	1.689 5	1.838 5	1.999 0	2.171 9	2.357 9	2.558 0	2.773 1	3.004 0	3.251 9	3.517 9
10	1.104 6	1.219 0	1.343 9	1.480 2	1.628 9	1.790 8	1.967 2	2.158 9	2.367 4	2.593 7	2.839 4	3.105 8	3.394 6	3.707 2	4.045 6
11	1.115 7	1.243 4	1.384 2	1.539 5	1.710 3	1.898 3	2.104 9	2.331 6	2.580 4	2.853 1	3.151 8	3.478 6	3.835 9	4.226 2	4.652 4
12	1.126 8	1.268 2	1.425 8	1.601 0	1.795 9	2.012 2	2.252 2	2.518 2	2.812 7	3.138 4	3.498 5	3.896 0	4.334 5	4.817 9	5.350 3
13	1.138 1	1.293 6	1.468 5	1.665 1	1.885 6	2.132 9	2.409 8	2.719 6	3.065 8	3.452 3	3.883 3	4.363 5	4.898 0	5.492 4	6.152 8
14	1.149 5	1.319 5	1.512 6	1.731 7	1.979 9	2.260 9	2.578 5	2.937 2	3.341 7	3.797 5	4.310 4	4.887 1	5.534 8	6.261 3	7.075 7
15	1.161 0	1.345 9	1.558 0	1.800 9	2.078 9	2.396 6	2.759 0	3.172 2	3.642 5	4.177 2	4.784 6	5.473 6	6.254 3	7.137 9	8.137 1

　　相应的,在已知现值系数的情况下,可以通过查表的方式直接确定利率水平。如果能在表 2-2 中查到相应的数值,则对应的利率就是所求的利率。例如,一笔 630 元的存款在 6 年后取出金额为 1 000 元,可以得到现值系数为 PV/FV＝630/1 000＝0.630,查表可得在 $n＝6$ 时,利率水平为 8% 的现值系数恰好为 0.630,因此这笔存款的利率为 8%。

　　如果在系数表中无法查到相应的数值,则可以使用内插法(又称插值法)计算。假设所求利率为 i,i 对应的现值(或者终值)为 B,B_1、B_2 为现值(或者终值)系数表中 B 相邻的系数,i_1、i_2 为 B_1、B_2 对应的利率。

计算公式为

$$(i_1 - i)/(i_1 - i_2) = (B_1 - B)/(B_1 - B_2)$$

列方程时应该把握一个原则：具有对应关系的数字在等式两边的位置相同。

例如,已知现值系数＝0.7,在期数为 5 的情况下求解利率水平。通过查阅现值系数表可知,在 $n＝5$ 的情况下,无法准确查到 0.7 这个数值,但与 0.7 相连的数值为 0.713 和 0.680 6,对应的利率为 7% 和 8%。

因此有：$(8\%-i)/(8\%-7\%)＝(0.680 6-0.7)/(0.680 6-0.713)$

解得 $i＝8\%-(0.680 6-0.7)/(0.680 6-0.713)\times(8\%-7\%)＝7.401\%$,可以看到利率水平也恰好处于 7% 与 8% 之间。

【例 2-4】 李先生最近购买彩票中奖,获得了 10 000 元奖金。他想在 10 后买一辆车,估计 10 年后这款车的价格将为 25 937 元。请计算李先生必须以多高利率进行存款才能使他 10 年后买得起这款车。

解：已知这项投资的现值为 10 000 元,终值为 25 937 元,期数为 10 年,因此可以求解这项投资的利率为：$r＝(25 937/10 000)^{1/10}-1$。直接求解此公式计算较为困难,可以通过查阅现值系数表的方法求解。已知现值系数为 $10 000/25 937＝0.385 5$,在 $n＝10$ 的情况下,恰好对应 $r＝10\%$ 的现值系数。因此,李先生需要将 10 000 元存入利率为 10% 的存款账户中,才能确保 10 年后买得起 25 937 元的汽车。

2. 期数的计算

计算某项投资应持续的时间或期数,是指已知某一确定利率水平下一笔货币资金的现值及将来期望达到的终值,求解该投资应持续多长时间才能达到投资目标。假设李琳打算用 10 000 元购买一台电脑。如果她今天将 5 000 元存进银行账户,银行每年付给她 10% 的利息,需要多长时间她才有足够的钱买电脑?

分析可知,在利率水平为 10% 的情况下,李琳存款的现值为 5 000 元,终值为 10 000 元。根据终值计算公式 $FV＝PV \cdot (1+r)^T$,可知：

$$10 000 ＝ 5 000 \times (1 + 10\%)^T$$

则计算时间 T 的过程可表示为

$$(1 + 10\%)^T ＝ 10 000/5 000 ＝ 2$$
$$\ln(1.10)^T ＝ \ln 2$$
$$T ＝ \ln 2/\ln(1.10) ＝ 0.693 1/0.095 3 ＝ 7.27(年)$$

也就是说,李琳将 5 000 元现金存入利率为 10% 的存款账户中,需要在 7.27 年后提取本息,才能获得 10 000 元本利和。由此可知,某项投资时间或期数的计算公式可以通过对终值或现值公式变形得到,时间的计算公式可被归纳为

$$T ＝ \ln\left(\frac{FV}{PV}\right)/\ln(1+r)$$

3. 收益率的计算

货币时间价值分析中除了利率和贴现率,通常还会遇到收益率这一概念。利率被定义为利息与本金的比率,然而真正能准确衡量一定时期内投资人获得收益多少的指标是收益率。收益率不仅受投资利息和本金的影响,还与投资期限、付息周期及投资资产的市

场价格有关。考虑到以上因素,有时一项投资的收益率和利率并不相同。

债券投资的收益率包括两个部分:一是年利息收入与买入价格的比率,即当期收益率;二是由债券市场价格变动产生的收益或损失,即资本利得率。一项债券投资的收益率可以表示为

$$R = \frac{C}{P_T} + \frac{P_{T+1} - P_T}{P_T}$$

其中,C 表示该债券支付的利息;P_T 表示债券在 T 时刻的价格;P_{T+1} 表示债券在 $T+1$ 时刻的价格。在该计算公式中,第一部分表示当期收益率,第二部分则表示资本利得率。

例如,某公司在期初以 96 元的市场价格购买了面值为 100 元、每年支付 8 元利息的债券,该公司在持有期共得到 8 元利息,最后以 101 元的价格将债券出售。因此,该公司投资这一债券的当期收益率为 8/96＝8.33％,资本利得率为(101－96)/96＝5.21％,总收益率为 8.33％＋5.21％＝13.54％。该债券的利率,即利息与面值之比为 8％。在这一投资过程中利率和收益率出现了差异,也反映了票面利率并不是一个能够真实反映投资者投资回报的指标。

然而,上述收益率计算公式只考虑了持有债券期间的总回报,并没有反映持有债券的时间对收益率的影响,因此需要引入到期收益率的概念。到期收益率是衡量债券投资收益最常用的指标,是指在投资者购买债券并持有至到期的前提下,使未来各期利息收入和到期本金收入的现值之和等于债券市场价格的折现率。到期收益率的计算公式为

$$\sum_{i=1}^{T} \frac{C}{(1+\text{YTM})^i} + \frac{F}{(1+\text{YTM})^T} = P$$

其中,C 表示债券每年支付的利息;P 表示债券的购买价格;F 表示债券面值;T 表示债券到期年限;YTM 表示债券的到期收益率。

到期收益率相当于投资者按照当前市场价格购买债券并一直持有至到期时可以获得的年平均收益率,它的存在可以使拥有不同期限和不同现金流的债券收益具有可比性。

到期收益率的高低取决于债券的面值、市场价格、票面利率和债券期限,然而在债券偿还期内债券的面值、票面利率和期限通常都是固定的,因此影响到期收益率最主要的因素就是债券的市场价格。债券到期收益率可以被看作债券的另一种"价格",有些债券甚至直接用到期收益率进行标价。

假设某人以 1 050 元的价格购进了 15 年后到期、票面利率为 12％、面值为 1 000 元且每年付息一次、到期一次还本的某公司债券,则该人购进债券并一直持有至到期时债券的到期收益率的计算公式为

$$\sum_{i=1}^{15} \frac{1\,000 \times 12\%}{(1+\text{YTM})^i} + \frac{1\,000}{(1+\text{YTM})^{15}} = 1\,050$$

解得此债券的到期收益率为 11.29％。

第四节 年 金

现值与终值的概念提供了将不同时点发生的现金流转化到同一时期进行比较的基本方法,但涉及更加复杂的经济活动时,计算往往十分烦琐。例如,某银行要计算一笔 20 年

期按月付款的抵押贷款现值,就包含了 $20 \times 12 = 240$ 个时点的现值计算。因此,本节将归纳一些经典的现金流形式及其对应的简化计算公式。

年金是指一系列稳定有规律的、持续一段固定时期的现金收付活动。在日常生活中,退休金就是以年金的形式发放的,即在退休后每月固定向账户中打入一笔钱。购买房屋或其他商品的按揭贷款或租赁物品的租赁费通常也按照年金的形式,在偿还期或租赁期内每月固定缴纳一定的贷款或租赁费。年金的现金流有多种形式,以下介绍几种典型的年金形式及其终值与现值计算方法。

一、普通年金

年金最常见的形式是普通年金,又称后付年金,是指从第一期起,在一定时期内每期期末等额收付的系列款项。一项普通年金现金流量的时间轴分析如图 2-15 所示。

图 2-15　普通年金的时间轴分析

如图 2-15 所示,该普通年金意味着从第一期起,每期期末都获得数额为 C 的一笔资金,直至第 N 期期末。为了计算这笔普通年金在当前时点的现值,可以将每期获得的数额为 C 的资金分别根据相应期数折现,再进行汇总。根据现值计算公式,这笔普通年金在第 0 期期末的现值可表示为

$$PV = \frac{C}{1+r} + \frac{C}{(1+r)^2} + \frac{C}{(1+r)^3} + \cdots + \frac{C}{(1+r)^N}$$

其中,r 表示适用的利率。对该式进行化简,得到普通年金的现值公式为

$$PV = C \cdot \left[\frac{1 - (1+r)^{-T}}{r} \right]$$

相应的,根据现值和终值在计算上的关系,得到普通年金的终值公式为

$$FV = PV \cdot (1+r)^T = C \cdot \left[\frac{(1+r)^T - 1}{r} \right]$$

假设某人的彩票中奖,彩票公司称可以在以后 20 年中每年支付给此人 50 000 元的奖金,于一年之后开始发放奖金。彩票公司在之前的广告中声称这是一个百万元的大奖,因为中奖人一共会得到 $50\,000 \times 20 = 1\,000\,000$ 元的奖金,此时的年利率为 8%。

在学习了货币时间价值及年金的概念之后,可知这笔奖金在现在的真实价值并不是彩票公司声称的一百万元。由年金现值的计算公式可以计算出该奖金在当前的现值为

$$PV = 50\,000 \times \left[\frac{1 - (1 + 8\%)^{-20}}{8\%} \right] = 50\,000 \times 9.818\,1 = 490\,905(元)$$

在计算中,一般将用来计算 T 期内均匀支付 C 数额的资金现金流现值的术语称为年金现值系数。本例中,上述计算公式方括号中的数值称为年金现值系数,等于 9.818 1。通常用 $PVIFA(r, T)$ 来表示年金现值系数,其表达的是在利率为 r 的情况下,T 期内每年获得 1 元的年金的现值,也可以写作 $(P/A, r, T)$。表 2-4 是部分年金现值系数表。为

简化计算,可以通过查阅年金现值系数表,直接得到某项投资的年金现值系数,并代入公式中计算。

表 2-4　部分年金现值系数表

n	1%	2%	3%	4%	5%	6%	7%	8%	9%	10%	11%	12%	13%	14%	15%
1	0.990	0.980	0.971	0.962	0.952	0.943	0.935	0.926	0.917	0.909	0.901	0.893	0.885	0.877	0.870
2	1.970	1.942	1.914	1.886	1.859	1.833	1.808	1.783	1.759	1.736	1.713	1.690	1.668	1.647	1.626
3	2.941	2.884	2.829	2.775	2.723	2.673	2.624	2.577	2.531	2.487	2.444	2.402	2.361	2.322	2.283
4	3.902	3.808	3.717	3.630	3.546	3.465	3.387	3.312	3.240	3.170	3.102	3.037	2.975	2.914	2.855
5	4.853	4.714	4.580	4.452	4.330	4.212	4.100	3.993	3.890	3.791	3.696	3.605	3.517	3.433	3.352
6	5.796	5.601	5.417	5.242	5.076	4.917	4.767	4.623	4.486	4.355	4.231	4.111	3.998	3.889	3.785
7	6.728	6.472	6.230	6.002	5.786	5.582	5.389	5.206	5.033	4.868	4.712	4.564	4.423	4.288	4.160
8	7.652	7.326	7.020	6.733	6.463	6.210	5.971	5.747	5.535	5.335	5.146	4.968	4.799	4.639	4.487
9	8.566	8.162	7.786	7.435	7.108	6.802	6.515	6.247	5.995	5.759	5.537	5.328	5.132	4.946	4.772
10	9.471	8.983	8.530	8.111	7.722	7.360	7.024	6.710	6.418	6.145	5.889	5.650	5.426	5.216	5.019
11	10.368	9.787	9.253	8.761	8.306	7.887	7.499	7.139	6.805	6.495	6.207	5.938	5.687	5.453	5.234
12	11.255	10.575	9.954	9.385	8.863	8.384	7.943	7.536	7.161	6.814	6.492	6.194	5.918	5.660	5.421
13	12.134	11.348	10.635	9.986	9.394	8.853	8.358	7.904	7.487	7.103	6.750	6.424	6.122	5.842	5.583
14	13.004	12.106	11.296	10.563	9.899	9.295	8.746	8.244	7.786	7.367	6.982	6.628	6.303	6.002	5.725
15	13.865	12.849	11.938	11.118	10.380	9.712	9.108	8.560	8.061	7.606	7.191	6.811	6.462	6.142	5.847

【例 2-5】　假设某人正在考虑两个买房子的方案。根据 A 方案,首期支付 10 000 元,以后 15 年每年年末支付 3 500 元;根据 B 方案,首期支付 13 500 元,以后 10 年每年年末支付 3 540 元。假设折现率为 10%,试比较两个方案。

解:此题中两种购房方案的支付方式均为一笔首期支付加上一笔普通年金支付,因此可计算两种支付方式的现值,选择支付现值较小的购房方式。其中:

$$PV_A = 10\,000 + 3\,500 \times \left[\frac{1 - (1 + 10\%)^{-15}}{10\%}\right] = 10\,000 + 3\,500 \times 7.606 = 36\,621(元)$$

$$PV_B = 13\,500 + 3\,540 \times \left[\frac{1 - (1 + 10\%)^{-10}}{10\%}\right] = 13\,500 + 3\,540 \times 6.145 = 35\,253.3(元)$$

B 方案的现值较小,应选择 B 方案。

为了理解年金终值计算,假设你每年都要向你的退休金账户中存入 3 000 元,该账户每年支付 6% 的利息。那么当你 30 年后退休时,能得到多少钱?

可以将这个问题理解为,在 6% 的折现率下,每年 3 000 元并持续 30 年的年金终值是多少。根据年金终值的计算公式,计算这笔年金的终值为

$$FV = 3\,000 \times \left[\frac{(1 + 6\%)^{30} - 1}{6\%}\right] = 3\,000 \times 79.058\,2 = 237\,174.56(元)$$

与年金现值系数一样,本例方括号中的数值被称为年金终值系数,等于 79.058 2。该系数表示 T 期内每年获得 1 元的年金的终值,记作 $(F/A, r, T)$。同样可以通过查阅年金终值系数表来简化计算,表 2-5 是部分年金终值系数表。

表 2-5　部分年金终值系数表

n	1%	2%	3%	4%	5%	6%	7%	8%	9%	10%	11%	12%	13%	14%	15%
1	1	1	1	1	1	1	1	1	1	1	1	1	1	1	1
2	2.010	2.020	2.030	2.040	2.050	2.060	2.070	2.080	2.090	2.100	2.110	2.120	2.130	2.140	2.150
3	3.030	3.060	3.091	3.122	3.153	3.184	3.215	3.246	3.278	3.310	3.342	3.374	3.407	3.440	3.473
4	4.060	4.122	4.184	4.247	4.310	4.375	4.440	4.506	4.573	4.641	4.710	4.779	4.850	4.921	4.993
5	5.101	5.204	5.309	5.416	5.526	5.637	5.751	5.867	5.985	6.105	6.228	6.353	6.480	6.610	6.742
6	6.152	6.308	6.468	6.633	6.802	6.975	7.153	7.336	7.523	7.716	7.913	8.115	8.323	8.536	8.754
7	7.214	7.434	7.663	7.898	8.142	8.394	8.654	8.923	9.200	9.487	9.783	10.089	10.405	10.731	11.067
8	8.286	8.583	8.892	9.214	9.549	9.898	10.260	10.637	11.029	11.436	11.859	12.300	12.757	13.233	13.727
9	9.369	9.755	10.159	10.583	11.027	11.491	11.978	12.488	13.021	13.580	14.164	14.776	15.416	16.085	16.786
10	10.462	10.950	11.464	12.006	12.578	13.181	13.816	14.487	15.193	15.937	16.722	17.549	18.420	19.337	20.304
11	11.567	12.169	12.808	13.486	14.207	14.972	15.784	16.646	17.560	18.531	19.561	20.655	21.814	23.045	24.349
12	12.683	13.412	14.192	15.026	15.917	16.870	17.889	18.977	20.141	21.384	22.713	24.133	25.650	27.271	29.002
13	13.809	14.680	15.618	16.627	17.713	18.882	20.141	21.495	22.953	24.523	26.212	28.029	29.985	32.089	34.352
14	14.947	15.974	17.086	18.292	19.599	21.015	22.551	24.215	26.019	27.975	30.095	32.393	34.883	37.581	40.505
15	16.097	17.293	18.599	20.024	21.579	23.276	25.129	27.152	29.361	31.773	34.405	37.280	40.418	43.842	47.580

【例 2-6】　某企业有一笔 4 年后到期的款项,金额为 1 000 万元,为此设置偿债基金,年利率为 10%,到期一次还清借款。问每年年末应存入的金额是多少?

解:此题中的偿债基金是指为了在约定的未来某一时点清偿某笔债务或积累一定数额的资金而必须分次等额形成的存款准备金,可以理解为,为使年金终值达到既定金额每年年末应支付的年金数额。因此,此题实际上是求解一笔 4 年期、年利率为 10%、终值为 1 000 万元的年金,因此可列出计算公式:

$$FV = 1\,000 = A \cdot \left[\frac{(1+10\%)^4 - 1}{10\%}\right]$$

解得

$$A = 1\,000 \div \left[\frac{(1+10\%)^4 - 1}{10\%}\right] = 215.47(万元)$$

同样可以通过查阅年金终值系数表进行简便运算,通过查表可得 $(F/A, 10\%, 4) = 4.641$,因此 $A = 1\,000/4.641 = 215.47$(万元),与列式计算的结果一致。

二、预付年金

普通年金的计算公式假设第一次年金支付发生在第一期期末,但预付年金则假设从第一期起,在一定时期内每期期初等额收付系列款项,又称先付年金。预付年金与普通年金的差别仅在于现金流量的时间不同,预付年金的现金流量均提前一期。

仍采用彩票公司的例子,彩票公司仍然沿用在之后 20 年内每年支付 50 000 元的兑奖方式,但并不在一年后开始支付奖金,而是改为彩票中奖时立即支付。获奖人奖金的真实价值将如何变化?

用时间轴对这笔奖金的现金流量进行分析,如图 2-16 所示。

在这种情况下,可以将从第 0 年开始计算、为期 20 年的预付年金看作一个为期 19 年,一年以后开始支付的普通年金和一个在第 0 年额外支付的金额。这样这笔预付年金

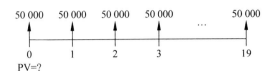

图 2-16   预付年金的时间轴分析

的现值可以表示为

$$PV = 50\ 000 + 50\ 000 \times \frac{1 - (1 + 8\%)^{-19}}{8\%} = 50\ 000 + 50\ 000 \times 9.603\ 6 = 530\ 180(\text{元})$$

因此可以归纳得出,任何一笔预付年金都可以看作一个 $T-1$ 期的于一年后开始支付的普通年金和一个在第 0 期额外支付的金额之和。因此,预付年金的现值公式可以表示为

$$PV = C \cdot \left[\frac{1 - (1 + r)^{-(T-1)}}{r} + 1 \right] = C \cdot \left[\frac{1 - (1 + r)^{-T}}{r} \right] (1 + r)$$

通过化简后的计算公式可以看出,预付年金现值可以表示为普通年金现值多计算一期利息的值。相应地可以得到预付年金的终值公式:

$$FV = C \cdot \left[\frac{(1 + r)^{T+1} - 1}{r} - 1 \right] = C \cdot \left[\frac{(1 + r)^{T} - 1}{r} \right] (1 + r)$$

预付年金终值也可以表示为相应普通年金终值多计算一期利息的值。假设某公司每年年初存入银行 1 000 元,年利率为 10%,则 10 年后的本利和为

$$FV = 1\ 000 \times \left[\frac{(1 + 10\%)^{10} - 1}{10\%} \right] \times (1 + 10\%) = 17\ 531(\text{元})$$

【例 2-7】   张先生采用分期付款方式购入一套商品房,每年年初付款 15 000 元,分 10 年付清。若银行利率为 6%,该项分期付款相当于一次性现金支付的购买价是多少?

解: $PV = 15\ 000 \times \left[\frac{1 - (1 + 6\%)^{-10}}{6\%} \right] \times (1 + 6\%) = 117\ 024(\text{元})$

三、增长年金

由于现实经济生活中总会存在通货膨胀,或出于收益增长等原因,年金的现金流很多时候并不能保持稳定不变,而是会随着时间而增长。增长年金是一种在有限时间内逐渐增长的现金流,假设 C 是第一期期末开始支付的数额,g 是每期的增长率,则增长年金的现金流时间轴分析如图 2-17 所示。

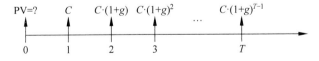

图 2-17   增长年金的时间轴分析

将每一期的现金流分别折现到第 0 期,利用等比数列求和公式进行归纳汇总,得到增长年金的计算公式为

$$PV = \frac{C}{1+r} + \frac{C \cdot (1+g)}{(1+r)^2} + \cdots + \frac{C \cdot (1+g)^{T-1}}{(1+r)^T} = C \cdot \left[\frac{1 - \left(\frac{1+g}{1+r}\right)^T}{r-g} \right]$$

假设某人得到了一份年薪为 80 000 元的工作,薪水从现在起 1 年后开始支付。他估计自己的年薪每年会增长 9%,直到 40 年后退休。若年利率为 20%,那么他工作期间工资的现值计算公式为

$$PV = 80\,000 \times \left[\frac{1 - \left(\frac{1+9\%}{1+20\%}\right)^{40}}{20\% - 9\%} \right] = 711\,730.71 (元)$$

尽管增长年金的用途十分广泛,但它的计算比起其他类型年金的简化公式要冗长许多。增长年金的计算没有简便算法,因此必须仔细计算公式中的每一项。

四、永续年金

永续年金是一系列没有止境的现金流,它是普通年金的特殊形式,即期限趋于无穷的普通年金。永续债券就是这类无限期现金流的一个例子。永续债券并不规定到期期限,持有人也不能要求清偿本金,但可以按期取得利息,即永续债券的投资者有权永远每年提取利息。

假定有一种永续债券无限期地每年给投资者支付利息 C,那么该永续债券未来所有现金流的现值可以表示为

$$PV = \frac{C}{1+r} + \frac{C}{(1+r)^2} + \frac{C}{(1+r)^3} + \cdots$$

观察公式可以知道,永续债券现值计算公式表现为一串几何级数序列,即后一项永远与前一项呈固定的倍数关系。因此,该序列之和是一个固定的数,根据等比数列的求和公式,永续年金现值的计算公式可简化为

$$PV = \frac{C}{r}$$

假设一笔永续年金每年付给投资者 100 元,如果有关利率为 8%,则该永续年金的现值为 $PV = 100/8\% = 1\,250$ 元;假设利率降至 6%,则这笔永续年金的现值变为 $PV = 100/6\% = 1\,666.67$ 元。

于是还可以得出结论:永续年金的现值会随着利率的下降而增加,随着利率的升高而减少。

【例 2-8】 归国华侨吴先生想支持家乡建设,特地在祖籍所在县设立奖学金。奖学金每年发放一次,奖励每年高考的文科、理科状元各 10 000 元。奖学金的基金存放在中国银行该县支行。银行一年的定期存款利率为 2%。问吴先生要投资多少钱作为奖励基金?

拓展阅读 2.2
永续债券与永续年金

解:由于每年都要拿出 20 000 元,因此该奖学金的性质是一项永续年金,其现值应为

$$20\,000/2\% = 1\,000\,000 (元)$$

也就是说,吴先生要存入 1 000 000 元作为基金,才能保证这一奖学金的成功运行。

五、永续增长年金

永续增长年金是指一系列没有止境且逐渐增长的现金流。永续增长年金的现金流时间轴分析如图 2-18 所示。

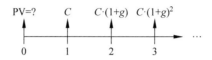

图 2-18　永续增长年金的时间轴分析

分别对从第一期期末开始的每一期现金流进行折现,则永续增长年金的现值可表示为

$$PV = \frac{C}{1+r} + \frac{C \cdot (1+g)}{(1+r)^2} + \frac{C \cdot (1+g)^2}{(1+r)^3} + \cdots + \frac{C \cdot (1+g)^{T-1}}{(1+r)^T} + \cdots$$

由于该表达式仍表现为一串几何级数序列,因此可根据等比数列求和公式进行简化:

$$PV = \frac{C}{r-g}$$

在计算永续增长年金时,需要注意下面三个问题:

(1) 公式的分子 C 是现在开始起一期后收到的现金流量,而不是现在的现金流量。

例如,某公司正准备付给公司股东每股 3 元的股息,投资者预计之后每年的股息将会以每年 6% 的速度增长。如果适用的折现率是 11%,则目前公司股票的价格应为多少?

在永续增长年金的计算公式中,C 代表的是第 1 期期末的现金流,而在该示例中,3 元股息是第 0 期期末的现金流。由于股息增长率是 6%,因而第 1 期期末的股息应该是 $3 \times (1+6\%) = 3.18$ 元。因此,今天的股票价格应包括当前的 3 元股息,加上一年后各期股息按永续增长年金计算出的现值,即

$$股票价格 = 3 + \frac{3.18}{11\% - 6\%} = 66.6(元)$$

(2) 利率 r 一定要高于增长率 g,这样永续增长年金公式才有意义。假设增长率与利率数值十分接近,公式中的分母就会趋于无穷小,以至于现值趋于无穷大。事实上,一旦增长率 g 高于利率 r,计算现值就没有意义。

(3) 假定现金流量是确定且有规律的。一般假定现金流量的收付时间是在某一确定的时期或年末(期末)。尽管在现实世界中,更多情况下一笔投资的现金流入和流出是随机的或没有规律的,但只有在假定现金流是确定且有规律的情况下,才能使用永续增长年金现值公式。

六、递延年金

在进行年金的计算时,必须明确现金流发生的时间。递延年金是指在多期之后才开始产生现金流的年金,在计算中容易混淆。

假设某人在距今 6 年后的 4 年之内,每年都会收到 500 元,在利率为 10% 的情况下,

这笔年金的现值是多少？这一情形可由如图 2-19 所示的时间轴来表示。

图 2-19　递延年金的时间轴分析

递延年金的计算过程包括两步。第一步是计算从第 6 年开始之后的现金流在第 5 年年末的现值,可采用普通年金现值公式:

$$PV_5 = 500 \times \left[\frac{1 - (1 + 10\%)^{-4}}{10\%}\right] = 1\,584.95(元)$$

此时要注意 1 584.95 元代表年金在第 5 年年末的现值。计算递延年金时的常见错误是将该例中的 1 584.95 元视为在第 6 年的现值,因为年金是从第 6 年开始的。但是,普通年金的现值计算公式求出的是年金在开始付出现金流之前一期的现值。在最典型的普通年金计算中,年金于第 1 期开始,计算出的年金现值处于第 0 期。

第二步需将第 5 年年末的现值折现到当前,也就是第 0 年年末,根据现值公式可得 $PV = 1\,584.95/(1 + 10\%)^5 = 984.13$ 元。

两步计算递延年金现值的过程包括:第一步使用普通年金现值公式将 4 期现金流折现至第 5 年年末;第二步将第 5 年年末的现值再折现至当前。

【例 2-9】　某投资项目于 2020 年动工,延期 5 年,预计于 2026 年年初投产,从投产之日起预计每年创造收益 40 000 元,连续 10 年,年利率 6%,则 10 年投资收益在 2020 年的现值是多少?

解:本题实际上计算从 2026 年年末开始产生 40 000 元收益,持续 10 年的年金在 2020 年的现值,因此是一笔递延年金计算,可列式计算:

$$PV = 40\,000 \times \left[\frac{1 - (1 + 6\%)^{10}}{6\%}\right] \div (1 + 6\%)^5 = 220\,008(元)$$

【例 2-10】　再来看一下计算现值与终值时给出的例 2-3。某旅游酒店欲购买一套音响设备,供货商提供了四种付款方式。

方式一:从现在起,每年年末支付 1 000 元,连续支付 8 年。

方式二:从现在起,每年年初支付 900 元,连续支付 8 年。

方式三:从第三年起,每年年末支付 2 000 元,连续支付 5 年。

方式四:现在一次性付款 5 700 元。

假设资金成本为 8%,请为酒店提供可行性建议。

解:在学习了不同种类的年金后看本例题,可以看出前三种付款方式的现金流实际上是年金的形式:方式一是普通年金;方式二由于在每年年初支付,因此是先付年金;方式三从第三年起开始支付并连续支付 5 年,因此是一笔递延年金。学习过年金的计算后,本例题就可以用简便的年金计算公式直接代入计算。

方式一:$PV = 1\,000 \times \left[\frac{1 - (1 + 8\%)^{-8}}{8\%}\right] = 5\,746.64(元)$

方式二：$PV = 900 \times \left[\dfrac{1-(1+8\%)^{-8}}{8\%} \right] \times (1+8\%) = 5\,585.73(元)$

方式三：$PV = 2\,000 \times \left[\dfrac{1-(1+8\%)^{-5}}{8\%} \right] \div (1+8\%)^2 = 6\,846.21(元)$

所得到的结果与计算每期现金流的现值并加总是完全一致的。

七、其他年金计算问题

除上面介绍的几种经典年金形式及其简化计算公式外，还有一些较为复杂的年金计算问题。

1. 不定期年金

不定期年金是指支付间隔超过一年的年金。由于在普通的计算中给出的通常是年利率数值，若年金是每两年、每三年甚至更长时间支付一次，则需要先计算两年期、三年期的实际利率。

例如，小王得到一笔每两年向他支付 450 元，持续时间为 20 年，第一次支付是在第 2 期，即两年以后，年利率为 6% 的年金。

与普通年金不同的是，这笔年金的支付频率为两年一次，尽管持续时间为 20 年，但支付次数为 10 次。而给定年利率为 6% 是否意味着可以直接代入普通年金计算公式，用 $450 \times PVIFA(6,10)$ 计算呢？答案是不能。我们用如图 2-20 所示的时间轴进行分析。

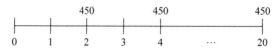

图 2-20　不定期年金现金流的时间轴分析

如图 2-20 所示，与普通年金分析过程相似的是，不定期年金现值也是将未来规律的现金流折现到第 0 期进行汇总计算，不同点在于其实际上是使用两年期的利率进行贴现。因此，在分析不定期年金时，只需要计算出支付频率相应年份的利率水平，再代入普通年金计算公式。

在计算两年期利率水平时，不能简单地用 $6\% \times 2 = 12\%$ 计算。假设将 1 元钱以 6% 的年利率复利两年，这一复利过程可以用如图 2-21 所示的时间轴来表示。

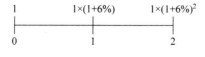

图 2-21　复利时间轴分析

如图 2-21 所示，1 元钱以 6% 的年利率复利两年后将得到 $1 \times (1+6\%)^2 = 1.123\,6$ 元，因为 $(1+6\%)^2 - 1 = 12.36\%$，可以认为同样的 1 元钱以 6% 的利率复利两期，与以 12.36% 的年利率复利一期将得到相同的终值。在本例中，两年期的利率水平应为 $(1+6\%)^2 - 1 = 12.36\%$。因此，本例实际要计算的是一个每期支付 450 元，共支付 10 期，利率为 12.36% 的普通年金现值，代入普通年金计算公式可得其现值为 2\,505.5 元。

2. 年金综合问题计算

假设一对夫妇开始为刚出生的女儿进行大学教育存款。这对夫妇估计当他们女儿上大学时,每年上学费用将达到 30 000 元。以后几十年的年利率为 14%。照此情况他们现在每年要存多少钱才能在女儿上学前存够她 4 年大学期间的费用?

由该问题的时间轴分析图(见图 2-22),可以看出在这个综合问题中涉及两笔年金计算。为便于分析,假定这对夫妇的女儿今天出生,为第 0 期,这对夫妇将在第 18 期支付第 1 年学费。从第 1 期起到第 17 期,这对夫妇每年都存入相同金额的存款。

图 2-22　年金综合问题时间轴分析

这对夫妇将在随后的 17 年中每年都到银行进行等额的存款,而在随后的 4 年中每年支付 30 000 元学费。如果这对夫妇未来 17 年存款折现至今日的现值等于最后 4 年所交学费的现值,他们便恰好可以用存款支付女儿 4 年的学费。计算过程为:先计算他们女儿大学 4 年要支付学费的现值,然后计算这对夫妇每年需存款多少才能使 17 年存款现值等于支付学费的现值。

首先,从第 18 期起支付 4 年的学费可以看作是一笔递延年金,因此可以用普通年金公式计算 4 年学费在第 17 期的现值:

$$PV = 30\,000 \times \left[\frac{1-(1+14\%)^{-4}}{14\%} \right] = 30\,000 \times 2.913\,7 = 87\,411.4(元)$$

随后将第 17 期的现值再次折现到第 0 期,计算 4 年学费的现值:

$$PV = 87\,411.4 \div (1+14\%)^{17} = 9\,422.92(元)$$

假设这对夫妇在未来 17 年中每年年末去银行存款,设每年存款数额为 C,可以得到存款的现值为

$$PV = C \cdot \left[\frac{1-(1+14\%)^{-17}}{14\%} \right] = 9\,422.92(元)$$

令存款现值与支付学费现值相等,可以计算出 $C = 1\,478.59$ 元。因此,这对夫妇未来 17 年中每年以 14% 的利率存入 1 478.59 元,就恰好能够支付女儿在大学 4 年间每年 30 000 元的学费。

沿用同样的事例,若这对夫妇在计划为女儿的学费存款时,希望他们每年的存款数额能够以 4% 的速度增长,那么他们第 1 年的存款应该是多少?

根据之前的分析,求出了他们女儿上大学后 4 年学费的现值为 9 422.92 元,但在分析存款现值时需要考虑每年 4% 的增长率,因此应该使用增长年金现值公式来计算。

假设第 1 年存款数额为 C,则这笔增长年金的现值应该等于 9 422.92 元,求解得到 $C = 1\,192.75$ 元。

$$PV = C \cdot \left[\frac{1-\left(\dfrac{1+4\%}{1+14\%}\right)^{17}}{14\%-4\%} \right] = 9\,422.92(元)$$

这对夫妇在第 1 年年末的存款应是 1 192.75 元,第 2 年年末的存款则为 1 192.75×(1＋4%)＝1 240.46 元,以此类推。

第五节　报价利率、实际利率与连续复利

一、报价利率与实际利率

迄今为止,我们都假定复利计息和折现都是在给定年利率的情况下,以年为单位付息。然而在现实中,复利计息可能在一年内发生多次。比如,假设某银行开设一个年利率为 10%,每半年按复利付息一次的存款账户。这就意味着将 1 000 元存入该存款账户,半年后会变成 1 000×(1＋5%)＝1 050 元,再过半年会变成 1 050×(1＋5%)＝1 102.5 元。于是一年后的存款价值为 1 000×(1＋10%/2)^2＝1 102.5 元。

然而,同样的 1 000 元存款若以年为单位复利计息,一年后的价值为 1 000×(1＋10%)＝1 100 元。很明显,在其他条件相同的情况下,每半年按复利计息的终值要高于年复利计息的终值。若以年为单位按复利计息,1 000 元是全年计息的本金;而若以半年为单位复利计息,1 000 元只是前 6 个月计息的本金,下半年计息的本金变为 1 050 元。

如果 10% 的年利率每季度按复利计息,则一年后的终值为 1 000×(1＋10%/4)^4＝1 103.81 元。

由此,可以归纳出在 T 年内每年按复利计息 m 次的终值为

$$FV = C_0 \cdot \left(1 + \frac{r}{m}\right)^{m \cdot T}$$

其中,C_0 是投资者的初始投资;r 是报价利率。报价利率又称名义利率,是银行等金融机构提供的年利率。报价利率是不考虑年内复利计息的。

在前面的例子中,因为 (1＋5%)^2＝10.25%,这样以 10% 的年利率每半年按复利计息,实际上与以 10.25% 的利率按年计息是一致的。也就是说,在半年付息一次的情况下,每年的投资收益率实际上是 10.25%,这个回报率就是实际利率。也就是说,理性的投资者会认为 10% 的报价利率每半年复利计息,实际上与 10.25% 的年利率按年复利计息没有差别。而由于复利计息的缘故,在一年内多次付息的情况下,实际利率要高于报价利率。实际利率的计算公式为

$$EAR = \left(1 + \frac{r}{m}\right)^m - 1$$

根据前面的例子,本金为 1 000 元,报价利率为 10%,按照不同的计息间隔期计算,可得出表 2-6。观察得出,只要一年内计息次数大于 1,实际利率就大于报价利率。而且随着计息次数的增加,实际利率也会增加,表 2-6 是不同计息频率下一年后终值与实际利率的差异对比。

表 2-6　不同计息频率下一年后终值与实际利率差异对比

本金/元	复利计息频率	一年后终值/元	实际利率/%
1 000	每年	1 100.00	10.00
1 000	每半年	1 102.50	10.25

续表

本金/元	复利计息频率	一年后终值/元	实际利率/%
1 000	每季度	1 103.81	10.38
1 000	每日	1 105.16	10.52

报价利率与实际利率之间的差别可能会让人感到困惑。报价利率只有在给出计息间隔期的情况下才有意义,如上例中报价利率为 10% 且本金为 1 000 元,按半年复利计息 1 年后的终值为 1 102.5 元,按季度复利计息 1 年后的终值为 1 103.81 元。如果仅给出报价利率 10% 但不给出计息间隔,人们就不知道该按年、月、季还是其他间隔期计息。

相反,实际利率本身就有很明确的意义。实际利率为 10.25% 的含义就代表 1 元投资在一年后会增值为 1.102 5 元。你可以认为这是名义利率为 5%、半年复利计息得来的,也可以认为这是名义利率为 10.25%、每年复利计息,抑或是其他复利计息方式得来的。

此外,当利率很高时,报价利率与实际利率也会出现明显的差别。发薪日贷款自 20 世纪 90 年代在北美大规模兴起,2019 年全美规模就已达到近 400 亿美元。发薪日贷款是一种无须抵押,期限仅为一两周的短期贷款,借款人承诺在自己发薪水后即偿还贷款。这种贷款的运作过程包括:借款人签发一张远期支票,当支票到期时,借款人应付钱赎回这张支票。例如,某人签发了一张 14 天后到期,总额为 115 美元的远期支票,贷款公司在当下付给此人 100 美元现金。对这种发薪日贷款计算名义利率与实际利率,可以根据现值与终值的概念列出如下公式:

$$\text{FV} = \text{PV} \cdot (1 + r)$$

计算得到 $r = 15\%$,然而此处的 r 表示的是 14 天的周期利率,可以计算出 14 天付息在一年内的计息次数 $m = 365/14$,因此换算为年利率,得到这笔贷款的报价利率和实际利率分别为

$$\text{APR} = 15\% \times \frac{365}{14} = 391.07\%$$

$$\text{EAR} = (1 + 15\%)^{\frac{365}{14}} - 1 = 3\,723.66\%$$

二、连续复利

实际上,不仅可以按半年、按月计息,还可以按周或按天计息,对计息频率是没有限制的。因此,还存在一种在更短时间内复利计息的情况。最极端的例子是在无限短的时间间隔按复利计息,也就是通常所称的连续复利。连续复利的概念在金融领域的作用不容忽视。例如,连续复利在期权定价模型中就有很重要的应用。期权定价模型是一种连续时间模型,在计算期权价值时要求利率是连续复利的形式。

由于每时每刻都在计息,因此连续复利在一年内的计息次数 m 趋于无穷大。回想高等代数中的知识,当 m 趋于无穷大时,$[1 + (r/m)]^m$ 趋于 2.718^r,即 e^r,其中 2.718 或 e 被称为自然对数的底。根据实际利率计算公式,可得连续复利情况下实际利率为

$$\text{EAR} = \lim_{m \to +\infty} \left(1 + \frac{r}{m}\right)^m - 1 = e^r - 1$$

连续复利计息 T 年后的终值为

$$FV = C_0 \cdot e^{r \cdot T}$$

假如某人将 1 000 元以连续复利计息方式投资两年,利率为 10%,则两年后的终值为

$$1\,000 \times e^{10\% \times 2} = 1\,221.4(元)$$

连续复利的概念实际上假设项目的现金流在一年中平均分布而不是在年底发生。例如,要计算每年支付现金流 C 的永续年金的现值,根据所学的知识可知,如果现金流在年末支付,永续年金的现值等于每年年末支付的现金流除以年复利率 r,即 $PV = C/r$。

如果同样的现金流平均发生在一年中,可以用同样的公式计算,但是需要替换为连续利率。假设年复利率为 18.5%,每年支付 100 元的永续年金,每笔现金流支付都发生在年末,这笔永续年金的现值即为 $100/18.5\% = 540.54$ 元。如果现金流是连续收到的,必须计算连续复利,得到连续复利为 17%,因为 $e^{0.17} = 0.185$,这意味着 17% 的连续复利等于 18.5% 的年复利率。这笔连续现金流的现值为 $100/17\% = 588.24$ 元,这意味着投资者愿意为连续复利现金流支付更多的资金,因为他们不用等到年末,马上就可以收到现金流。

第六节　贷款类型

出借人借出一笔款项时,不仅要规定偿还的利息、时间,还必须规定本金偿还方式等条款。根据贷款的偿还方式,可将贷款分为纯贴现贷款、纯利息贷款和分期偿还贷款。

一、纯贴现贷款

纯贴现贷款是贷款偿还最简单的形式,是指借款人今天得到贷款,然后在未来某个时间偿还一整笔钱(包含本金和利息)给贷款人。短期国库券就是非常典型的纯贴现贷款。本金和利息都在将来某个日期一起支付,其间不付任何利息。如果某短期国库券承诺在一年后偿付 10 000 元,市场利率为 7%,则这种国库券在市场上可以卖到什么价格?根据现值公式可知该短期国库券在当前的价格应为 $10\,000/(1+7\%) = 9\,345.79$ 元。

二、纯利息贷款

纯利息贷款是指分期付息到期还本贷款,要求借款人每期支付利息,然后在贷款到期时一次性支付本金。考虑一笔 5 年期分期付息到期还本的贷款,假定利率为 7%,本金 10 000 元,利息按年支付。借入这笔贷款后的现金流特点是:第 1~4 年年末每年需支付 $10\,000 \times 7\% = 700$ 元利息;第 5 年年末,不仅需要支付 700 元的利息,还要偿还 10 000 元贷款本金。

三、分期偿还贷款

分期偿还贷款要求借款人在一段时间内分几次偿还贷款。这种对贷款设定定期还款额度并最终完全付清的过程叫作对贷款的分期偿付。分期偿还贷款又有两种还款方式:等额本息法和等额本金法。

等额本息法是指在还款期内,每月偿还同等数额的贷款(包括本金和利息)。尽管等额本息法每月还款额相同,但是月供中"本金与利息"的分配比例中,前半段时期所还的利息比例大、本金比例小,还款期限过半后逐步转为本金比例大、利息比例小。等额本息法每月还款额的计算公式为

$$每月还款额 = 贷款本金 \times \frac{月利率 \times (1 + 月利率)^{还款期数}}{(1 + 月利率)^{还款期数} - 1}$$

等额本金法是指在还款期内把贷款总额等分,每月偿还同等数额的本金和剩余贷款在该月所产生的利息。等额本金法中每月的还款额不同,因为每月还款额等于固定数额的本金再加上上期剩余本金的月利息,因此等额本金法第一个月的还款额最多,逐月减少,越还越少。相比较而言,等额本金法所支出的总利息比等额本息法少。等额本金法每月还款额的计算公式为

$$每月还款额 = \frac{贷款本金}{还款月数} + (本金 - 已归还本金累计额) \times 月利率$$

假设有一笔利率为9%的5年期贷款,额度为5 000元。贷款协议要求借款方每年偿还贷款的利息加上本金中的1 000元。因为每年贷款总额都会扣去1 000元,因此这笔贷款将会在5年内还清。

这笔贷款业务的偿还计划如表2-7所示。从表中可以看出每年偿付的金额在减少,原因是贷款总额每年都在减少,因此每年应付的利息也相应减少,而1 000元的本金额度是保持不变的。比如在第1年,利息是5 000×9%=450元,总支付额是1 000+450=1 450元;而到了第2年,贷款余额为4 000元,第2年支付的利息为4 000×9%=360元,总支付额为1 360元。可以通过如表2-7所示的简单分期偿还计划计算在等额本金法下每年需要偿还的金额。

表 2-7　等额本金法的分期偿还计划　　　　　　　　　单位:元

年数	期初余额	付款总额	应付利息	应付本金	期末余额
1	5 000	1 450	450	1 000	4 000
2	4 000	1 360	360	1 000	3 000
3	3 000	1 270	270	1 000	2 000
4	2 000	1 180	180	1 000	1 000
5	1 000	1 090	90	1 000	0
总计		6 350	1 350	5 000	

若在相同的条件下,即利率为9%的5年期贷款,额度为5 000元,但采用等额本息法偿还,每年都偿还相同数目的还款额,那么这笔贷款的分期偿还计划是什么样的?

首先需要确定付款额。根据年金现值公式,可以解出付款额为

$$5\,000 = C \cdot \left[\frac{1 - (1 + 9\%)^{-5}}{9\%} \right]$$

$$C = 1\,285.46(元)$$

因此,借款人每年需要支付1 285.46元。这样还款能够还清这笔贷款吗?可以通过填入分期偿还计划来确认。

在前面的例子中,知道每年本金的减少额便能计算出每年需要支付的利息,从而获得每年的总支付额。而在这个例子中,知道的是每年的总支付额,因此可以计算出利息,然后从总支付额中减去利息便是每年需要偿付的本金。

正如之前计算的结果,第 1 年的利息为 450 元,因为总支付额为 1 285.46 元,因此第 1 年的本金支付额为 1 285.46−450＝835.46 元,第 1 年年末贷款余额为 5 000−835.46＝4 164.54 元。

第 2 年的利息为 4 164.54×9％＝374.81 元,第 2 年支付本金 1 285.46−374.81＝910.65 元。以此类推,将相关计算过程用如表 2-8 所示的等额本息法的分期偿还计划表示。

表 2-8　等额本息法的分期偿还计划　　　　　　　　单位:元

年数	期初余额	付款总额	应付利息	应付本金	期末余额
1	5 000.00	1 285.46	450.00	835.46	4 164.54
2	4 164.54	1 285.46	374.81	910.65	3 253.88
3	3 253.88	1 285.46	292.85	992.61	2 261.27
4	2 261.27	1 285.46	203.51	1 081.95	1 179.32
5	1 179.32	1 285.46	106.14	1 179.32	0
总计		6 427.30	1 427.31	5 000.00	

因为贷款总额最后减少为 0,因此这 5 期相同的总支付额能够还清贷款。利息的支付每期都在减少是因为每期的贷款余额也在减少。因为每期的付款额相同,因此每期本金的支付额也在上升。

假设某人需偿还住房贷款 280 万元,贷款期限为 20 年,年利率为 5.567 5％,月利率为 4.639 583‰。分别采用等额本息法和等额本金法偿还贷款时,还款 3 年内偿还本金和利息的情况如表 2-9 所示。

表 2-9　等额本息法和等额本金法贷款偿还情况对比　　　　　　　　单位:元

还款日	等额本息法 年利率 5.567 5％,月利率 4.639 583‰			等额本金法 年利率 5.567 5％,月利率 4.639 583‰		
	偿还本金	利息	本金＋利息	偿还本金	利息	本金＋利息
2018 年 6 月 28 日	6 376.91	12 990.83	19 367.75	11 666.67	12 990.83	24 657.50
2018 年 7 月 28 日	6 406.50	12 961.25	19 367.75	11 666.67	12 936.70	24 603.37
2018 年 8 月 28 日	6 436.22	12 931.52	19 367.75	11 666.67	12 882.58	24 549.24
2018 年 9 月 28 日	6 466.09	12 901.66	19 367.75	11 666.67	12 828.45	24 495.11
2018 年 10 月 28 日	6 496.09	12 871.66	19 367.75	11 666.67	12 774.32	24 440.99
...	...	...	...	...	...	...
2021 年 1 月 28 日	7 360.87	12 006.87	19 367.75	11 666.67	11 312.85	22 979.52
2021 年 2 月 28 日	7 395.03	11 972.72	19 367.75	11 666.67	11 258.72	22 925.39
2021 年 3 月 28 日	7 429.34	11 938.41	19 367.75	11 666.67	11 204.59	22 871.26
2021 年 4 月 28 日	7 463.81	11 903.94	19 367.75	11 666.67	11 150.46	22 817.13
2021 年 5 月 28 日	7 498.43	11 869.31	19 367.75	11 666.67	11 096.34	22 763.00

续表

还款日	等额本息法 年利率 5.567 5%,月利率 4.639 583‰			等额本金法 年利率 5.567 5%,月利率 4.639 583‰		
	偿还本金	利息	本金＋利息	偿还本金	利息	本金＋利息
还款 3 年合计	249 226.99	448 011.90	697 238.89	420 000.00	433 569.03	853 569.03
总计 (还款期数:240)	月还款		193 687.75	本金		11 666.67
	利息总计		1 848 259.25	利息总计		1 565 395.30

通过分析这样的具体事例,可知若比较支出的总利息,等额本息法的总利息支出额比等额本金法多。原因在于等额本息法一开始支付的本金较少,所以利息支付总额就会更多。这并不代表一种贷款方式优于另一种。如果考虑货币的时间价值,以相同利率将两种还款方式下每月支付的差额折现到贷款发放日,则相加之和为 0。也就是说,如果考虑时间因素,两种还款方式没有差异。

上述两种分期付款偿还方式都属于完全分期偿还。还有一种部分分期付款方式,常见于房地产贷款中。这种贷款方式名义上为贷款 5 年期而按照 15 年的分期付款偿还。这要求借款人按照 15 年期的分期付款方式每月偿还,但是在 60 个月之后一次性将剩余的贷款额全部付清。这种一次性付清的大额还款也被称作气球贷款或子弹贷款。因为之前的分期付款没有办法在 5 年内完全付清贷款,因此这种方法属于部分摊销法。

假设有一笔 10 万元的抵押贷款,年利率为 12%,按照 20 年期进行分期付款。预计使用 5 年期气球贷款将其付清,也就是名义上贷款 5 年期而按照 20 年的分期付款去偿还。请问每月需要支付多少钱,最后的"气球"金额是多少才能还清这笔抵押贷款?

分期付款的额度可以按照现值 10 万元的普通年金法计算出来,一共需要支付 240 期,每期的利率为 12%/12＝1%,计算得到支付额为 1 101.09 元。

$$PV = 100\,000 = C \cdot \left[\frac{1-(1+1\%)^{-240}}{1\%} \right] = C \times 90.819\,4$$

解得

$$C = 1\,101.09(元)$$

为计算"气球"的金额,发现在支付完 60 期的分期付款后,剩余 240−60＝180 期的贷款额度尚未偿还,每期支付额依然为 1 101.09 元,而且每期的利率依然为 1%,所需一次性付清的贷款余额正是剩余支付额的现值,因此代入年金现值计算公式:$PV = 1\,101.09 \times (P/A, 1\%, 180) = 91\,744.69$ 元,即"气球"支付金额为 91 744.69 元。

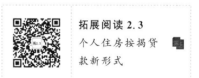

拓展阅读 2.3
个人住房按揭贷款新形式

第七节　货币时间价值的作用与意义

一、货币时间价值对企业的意义

货币时间价值一直是公司金融中的一个重要概念,它贯穿企业财务与投融资决策的方方面面,是企业管理的重要组成部分。随着社会主义市场经济的快速发展,资产在市场上的流动方向更加多元化,企业选择更多,同时也伴随着更大的风险,因此对货币时间价值的评估显得越来越重要。充分重视货币时间价值,了解其计算方法,掌握其运用,对提高企业的营运能力、确保企业各项财务与投资决策的正确性、加强资金利用效率、实现企业利润最大化有着重要的作用,可以为企业创造更大的价值。

现代企业财务管理以资金及资金的运动为研究对象,其主要目标就是利用现有资金的周转获得最大的经济效益,实现企业价值最大化。企业由此组织的投融资、经营活动无不利用货币时间价值。离开了货币时间价值就无法正确计算不同时点的财务收支。作为财务决策的基础,货币时间价值揭示了资金在不同时点上的换算关系。因此,充分重视货币时间价值有利于科学地进行财务决策和开展财务活动。

二、货币时间价值对企业的作用

1. 货币时间价值在企业投资活动中的应用

在投资活动中企业往往面临多项可选择的投资方案,任何投资方案都不能离开货币时间价值这一概念。例如,某企业要投资一个项目,初始投资 50 000 元,分 5 年获得收益,预计未来 5 年每年可获得 12 000 元收益。如果不考虑货币时间价值,那么这项投资项目的收入为 12 000×5=60 000 元>50 000 元,收入大于初始投资额,可以为企业带来 10 000 元的净利润,似乎是有利可图的。但如果考虑货币时间价值,通过计算投资项目收入的现值,可能得出的结果反而是亏损的,这一项目就不值得投资。引入货币时间价值的概念后,有些乍一看收大于支的项目实际上并没有为企业带来投资收益。因此,在企业投资决策过程中,必须意识到货币时间价值的必要性。

在实际经济活动中,企业为了获得收益,都会面临多种多样的投资方案,于是衡量投资方案是否可行需要引入方案评价指标。一共有两类评价指标,一类是静态指标,一类是动态指标。静态指标不考虑货币时间价值,又称非贴现法。例如,回收期就是一种静态指标,它表示的是投资所带来的现金流入累积到与初始投资额相等时所用的时间。该指标简单易懂,能大致推算出企业投资"回本"的速度。但静态指标直接将不同时点的货币代入计算而不考虑时间因素,忽略了后期的收益,容易使企业急功近利,没有从长远的角度考虑项目的发展前景。动态指标即贴现法则将不同时点的现金流量按折现率折现到同一时点,使货币资金具有可比性,能真实地反映不同的投资方案对企业的盈利程度,有利于企业选择适合自己的决策方案,这类方法主要包括净现值法、内部收益率法等。

利用货币时间价值能为企业实现经济效益最大化提供科学的投资途径、为企业多元化投资提供参考数据,使企业准确把握投资时间和投资数量,促使企业合理地使用有限的资金创造最大的价值。

2. 货币时间价值在企业筹资活动中的应用

通过投资渠道筹集所需资金的计划活动是筹资的前提条件。有计划地设定筹资方式,可以为有计划地筹集所需固定资金和流动资金提供依据,为财务活动提供行动方案。如果只是实行单一的筹资方法而没有制订适当的筹资计划容易使企业的资金运作出现问题,而且可能由于资金不足影响正常的生产经营或是由于筹资过多造成资金浪费。例如,在考虑筹资活动的资金成本时,需要引入货币时间价值的概念,在计算所需支付的利息时也需要考虑货币的时间价值,将每年的利息额进行折现。

证券价值评估具有重要意义,无论通过发行股票还是债券,企业都需要对证券进行估价,此时货币时间价值将发挥基础作用。例如,某企业作为筹资方准备溢价发行 5 年期面值为 100 元、票面利率为 10％ 的企业债券,每年支付利息 1 000 元,假设实际利率为 8％,则企业债券的发行价格应为 1 000×(P/A,8％,5)＋10 000×(P/F,8％,5)＝10 798.7 元。

企业的资金是有限的,必须妥善管理,应当将筹资管理看作财务活动的重要部分,正确地对资金成本进行定位,尽力做好筹资决策工作,自觉地将货币时间价值和资金成本融入筹资活动的各个环节,抓好资金源头管理。

习题与思考题

1. 试述货币时间价值的含义及表现形式。

2. 试述现值与终值的含义。

3. 说明现值系数与终值系数的关系。

4. 解释单利、复利、连续复利,并说明它们之间的关系。

5. 说明年金、预付年金、永续年金、增长年金、永续增长年金的不同。

6. 说明报价利率、周期利率与实际利率的关系。

7. 说明贴现贷款与纯利息贷款的不同。

8. 若贷款买房时还款方式有等额本金和等额本息两种,你会选择哪种还款方式？给出你的理由。

即测即练　　扫码答题

阅读专栏：年金的应用——企业年金

20 世纪 90 年代以来,世界银行、经济合作与发展组织(OECD)等国际组织将养老保障概括为如下三个支柱。

第一支柱是基本养老保险,主要指政府强制实施的国家公共养老保险计划系统。第一支柱的目标是保障社会成员或一定范围内的退休人员的基本生活。

第二支柱是企业年金,泛指企业对员工实施的养老金计划,具体指在国家实施的社会养老保障外,由企业在相关政策指导下,根据自身经济实力和经济状况建立的,为本企业员工提供一定程度的补充性、福利性的退休收入保障制度。企业及其员工根据企业计划共同缴纳一定费用,构成了企业年金的来源,再通过运营形成回报,一般与就业相关联。企业年金养老待遇与缴费和投资回报率相联系,更多地体现效率机制。

第三支柱是个人自愿性的养老计划安排,一般为自愿储蓄型,是对第一、第二支柱的补充。

一个多世纪以来,特别是二战之后,随着企业年金制度的发展,为适应国家在这一领域活动的政策需要,西方学者对企业年金制度的各个方面都进行了深入的研究,目的是为企业年金制度建设和企业年金方案设计等实践活动提供理论基础和指导原则。在理论研究和实际应用中,企业年金对企业和员工均有较为重要的作用。对员工而言,企业年金作为一项福利的好处是显而易见的,可以在基本养老金逐年下降的情况下为其提供退休生活质量的保障。

企业年金制度对企业而言也益处良多。企业年金不仅是企业延迟支付员工薪酬的一种手段,更是对员工生产工作的一项激励制度,可以最大限度地调动员工的劳动积极性,为企业创造更大的利润,提升企业价值。

1. 延期支付功能

所谓延期支付,是指员工在增加货币工资与退休金二者之间有选择权,如果选择后者,则视退休金给付为雇主对员工的一种延期支付方式。这一理论将企业年金视为劳动报酬的一部分。企业年金只是延期支付的一种形式,并不覆盖延期支付的全部内容和形式。

延期支付理论受到了几方面的挑战。第一,一些雇主除按通行的行业货币工资水平给员工付酬外,还提供企业年金。在这种情况下,企业年金是在不断增加的货币工资以外提供的,而不是替代了货币工资的增加。第二,这一理论忽视了一种可能的情况,即雇主为了向员工提供企业年金而自愿减少利润。第三,若企业年金为工资的一种形式,那么中止工作的员工应该有权享受工作终止日前所挣得的部分退休津贴。但在实际生活中,只有很少的计划为此提供全额的、及时支付的全部福利。

2. 员工激励功能

在激烈的市场竞争中,雇主希望并需要控制员工,而伴随人类生产力的进步和企业有机构成的提高,企业追求绝对剩余价值的目标。只有创造和谐的劳动关系才能达成其控制员工、提高劳动生产率、实现利润最大化的目标。雇主希望消除或减轻雇主与员工之间的摩擦,改善彼此间的关系,鼓励员工努力工作,并节约生产经营成本。因此,自20世纪80年代以来,美国的管理型企业文化与日本的团队型企业文化开始出现融合的发展趋势。雇主开始学习和实践与企业发展战略相适应的新的利益分配机制,极力实现理念、绩效和制度之间的协调与统一。

雇主实施企业年金计划的目的是通过建立更加具有激励性、凝聚力的分配机制和增进员工福利来消除或减轻雇主与员工之间的摩擦,改善彼此间的关系,鼓励员工努力工作,并节约生产经营成本等。这一概念意味着,19—20世纪,雇主根据个人意愿决定是否建立企业年金计划,这种计划的基本动机是为雇主带来直接或间接的经济利益。但随着经济工业化的发展及退休金计划的日益普及,越来越多的人认为雇主有义务为退休者提供一定的经济保障。

根据效率工资理论,所谓效率工资(efficiency wage)是使劳动总成本最低的工资。与效率工资紧密相关的是市场出清(market clearing)工资。市场出清工资是使劳动市场出清的工资,也就是使劳动供给等于劳动需求的工资。效率工资一般高于市场出清工资。效率工资理论的假设条件是生产率受企业支付工资的影响。当工资影响生产率时,减少工资会使成本增加而不是降低。因此,效率工资理论认为,支付比市场出清工资更高的工资,劳动总成本可能最低,企业能够获得更高的利润。

支持该论点的原因有很多,美国经济学家戴维·罗默(David Romer)认为更高的工资能增加工人的食物消费,改善工人的营养状况;更高的工资能提高工人的努力程度;更高的工资能提高工人其他方面的能力(这些方面的能力企业观察不到);更高的工资能培育工人对企业的忠诚。这四个原因中最引人注目的是第二个,即提高工人的努力程度,体现这种观点的是一种怠工模型。该模型认为,在实际生产过程中,企业不能完美监督工人的努力程度,工人总有怠工的机会。为了防止工人在生产过程中的偷懒行为(shirking),避免"磨洋工",企业被迫向工人支付较高的工资,以提供一种激励,促使工人努力工作。将工资定于高出市场出清水平,其实是引进了对偷懒进行惩罚的机制,因为工人偷懒被发现会遭到解雇,将失去一份高工资的工作,很难再找到相同的工作,这时工资就构成了工人偷懒被抓住从而被开除的机会成本。工资越高,机会成本就越高。

实际生活中,效率工资理论自觉或不自觉地得到了充分应用。人们津津乐道的是汽车大王亨利·福特(Henry Ford)的故事。1914年1月,亨利·福特支付给工人的工资提高到一天5美元,是当时平均工资的2倍以上。高工资提高了工人的士气,工人们为了争抢工作岗位几乎发生骚乱。1913年3月到1914年3月,福特公司员工的辞职率下降了87%,解雇率下降了90%。类似地,1913年10月至1914年10月,缺勤率也下降了75%。高工资带来了高生产率,福特的汽车价格比对手便宜得多,汽车销量从1909年的58 000辆直线上升至1916年的730 000辆,巨额利润也随之滚滚而来。

在激烈的市场竞争中,一些企业为了争夺更大的市场份额,为建设和巩固自己的市场格局而拼搏。在这个过程中,资金始终是有限的,于是企业不得不压缩各种成本。那么,企业应该如何控制员工的薪酬成本呢?在低工资的背后,企业必须支付高额的管理成本,还要面临人员流动造成的产量和质量的波动。实际上,薪酬福利不仅是一种成本,也是一种投资,这种投资会使工人的忠诚度增加,效率提高,能够生产数量更多、质量更高的产品,同时降低管理成本和人员流失率。这何尝不是一项好的投资呢?

资料来源:https://wk.baidu.com/view/c3442095a9956Bec0975f46527d3240c8547a1c4.

第三章

债券价值评估

债券是一种有价证券,是发行人直接向社会筹借资金时发行的,承诺按一定利率支付利息,并按约定条件偿还本金的债权债务凭证。债券的本质是债的证明书,具有法律效力。债券的购买者或投资者与发行者之间是一种债权债务关系。债券的价值或债券的内在价值是指债券未来现金流入量的现值,即债券各期利息收入的现值加上债券到期偿还本金的现值之和。只有当债券的内在价值大于其购买价格时,该债券才值得投资。对债券内在价值的评估分析就是债券价值评估。

学习目标
- 了解债券的基本要素
- 知道债券的种类
- 熟悉债券价值计算模型
- 掌握债券收益率计算方法
- 说明债券发行方式

第一节　债券的基础知识

一、债券的定义

债券是一种金融契约,是政府、金融机构、企业等在以直接方式筹措资金时面向投资者发行的,承诺按一定利率支付利息并按约定条件偿还本金的债权债务凭证。债券的本质是债券购买者或投资者与发行者之间债权债务关系的证明书,具有法律效力。债券购买者或投资者与发行者之间是一种债权债务关系,债券发行人即为债务人,债券投资者(债券购买者)即为债权人。由于债券的利息通常是事先确定的,所以债券是一种固定利息证券(定息证券)。在金融市场发达的国家和地区,债券可以上市流通。

债券包含以下三层含义:

(1) 债券的发行人(政府、金融机构、企业等)是资金的借入者。

(2) 债券投资者(购买者)是资金的借出者。

(3) 债券发行人(资金借入者)需要在一定时期还本付息。

二、债券的特征和基本要素

1. 债券的特征

作为一种债权债务凭证,债券与其他有价证券一样,也是一种虚拟资本,它是经济运行中实际运用的真实资本的证书。

债券作为一种重要的融资手段和金融工具具有如下特征。

（1）偿还性。偿还性是指债券有规定的偿还期限，债务人必须按期向债权人支付利息和偿还本金。

（2）流动性。流动性是指债券持有人可按需要和市场实际状况，灵活地转让债券，以提前收回本金和实现投资收益。

（3）安全性。安全性是指债券持有人的收益相对稳定，一般不随发行人经营收益的变动而变动，只要不发生债务违约，债券持有人就可以按期收回利息和本金。

（4）收益性。收益性是指债券能为投资者带来一定的收入，即债券投资的报酬。在实际经济活动中，债券收益可以表现为两种形式：一是投资债券可以给投资者带来的利息收入；二是投资者可以利用债券价格的变动，买卖债券赚取价差。

2. 债券的基本要素

债券尽管种类很多，但不论哪种债券都包含一些基本的要素，这些债券基本要素是指发行的债券上必须载明的基本内容，它们明确了债权人和债务人对于权利及义务的主要约定，具体包括以下几种。

（1）债券面值。债券面值是指债券的票面价值，是发行人在债券到期时应偿还债券持有人的本金额，也是公司向债券持有人按期支付利息的计算基础。债券的面值与债券的实际发行价格并非绝对一致，发行价格大于面值的称为溢价发行，小于面值的称为折价发行，等于面值的称为平价发行。

（2）偿还期。债券偿还期是指债券上载明的偿还债券本金的期限，即债券发行日至到期日之间的时间间隔。发行人应结合自身资金周转情况及外部资本市场的各种影响因素确定公司债券的偿还期。

（3）付息期。债券的付息期是指发行人发行债券后支付利息的时间。发行人可以选择到期一次支付，也可以选择一年、半年或 3 个月支付一次。在考虑货币时间价值和通货膨胀的情况下，付息期对债券投资者的实际收益有很大影响。到期一次付息债券的利息通常是按单利计算的，而年内分期付息债券的利息是按复利计算的。

（4）票面利率。债券的票面利率是指债券利息与债券面值的比率，是发行人承诺按期给债券持有人支付报酬的计算标准。债券票面利率的确定主要受银行利率、发行者的资信状况、偿还期限、利息计算方法及资金市场上资金供求状况等因素的影响。

（5）发行人名称。发行人名称指明了债券的债务主体，为债权人到期追回本金和利息提供依据。

上述要素是债券票面的基本要素，但在发行时并不一定全部在票面上印制出来。例如，在很多情况下，债券发行人是以公告或条例的形式向社会公布债券的期限和利率。

三、债券的种类

（一）按发行主体划分

按发行主体，债券可以分为政府债券、金融债券和公司债券。

1. 政府债券

政府债券是由政府发行的债券,主要包括国债、地方政府债券等,其中最主要的是国债。国债因为信誉好、利率优、风险小又被称为"金边债券"。除了政府部门直接发行的债券外,有些国家把政府担保的债券也划归政府债券体系,称为政府保证债券。这种债券由一些与政府有直接关系的企业或金融机构发行,并由政府提供担保。

我国历史上发行的国债品种主要有国库券和国家债券,其中国库券自 1981 年后基本上每年都发行,主要面向企业、个人等;国家债券曾发行过国家重点建设债券、国家建设债券、财政债券、特种债券、保值债券、基本建设债券,这些债券大多面向银行、非银行金融机构、企业等定向发行,部分也对个人投资者发行。面向个人发行的国库券利率通常根据银行利率制定,比银行同期存款利率高 1~2 个百分点。在通货膨胀率较高时,国库券也采用保值方法。

2. 金融债券

金融债券是由银行和非银行金融机构发行的债券。在我国金融债券主要由国家开发银行、进出口银行等政策性银行发行。金融机构一般有雄厚的资金实力,信用度较高,因此金融债券往往有良好的信誉。

3. 公司债券

拓展阅读 3.1
我国债券市场的发展历程

在国外,没有公司债和企业债的划分,统称公司债。在我国,企业债券是按照《企业债券管理条例》的规定发行与交易、由国家发展与改革委员会监督管理的债券。在实际中,其发债主体为中央政府部门所属机构、国有独资公司或国有控股公司,因此它在很大程度上体现了政府信用。公司债券管理机构为中国证券监督管理委员会,发债主体为按照《中华人民共和国公司法》设立的公司法人,在实践中,其发行主体多为上市公司,其信用保障是发债公司的资产质量、经营状况、持续盈利能力等。公司债券在证券登记结算公司统一登记托管,可申请在证券交易所上市交易,其信用风险一般高于企业债券。

(二)按债券形态划分

按债券形态,债券可以分为实物债券、凭证式债券、记账式债券。

1. 实物债券(无记名债券)

实物债券是一种具有标准格式的实物票券。它与无实物票券相对应,简单地说就是发给投资者的债券是纸质的而非电脑里的数字。在实务债券的券面上通常印有债券面额、债券利率、债券期限、债券发行人全称、还本付息方式等债券票面要素。实务债券不记名、不挂失,可上市流通。实物债券是一般意义上的债券,很多国家通过法律、法规对实物债券的格式予以明确规定。实物债券由于发行成本较高,将会被逐步取消。

2. 凭证式债券

凭证式债券是指国家采取不印刷实物券,而用填制"国库券收款凭证"的方式发行的国债。我国从 1994 年开始发行凭证式国债。凭证式国债通常被称为储蓄式国债,是以储蓄为目的的个人投资者理想的投资方式。凭证式国债从购买之日起计息,可记名、可挂失,但不能上市流通。凭证式国债与储蓄类似,但利率比储蓄高。

3. 记账式债券

记账式债券,又称无纸化国债,是指没有实物形态的票券。记账式债券以电脑记账方式记录债权,通过证券交易所的交易系统发行和交易,如我国通过沪、深证券交易所的交易系统发行和交易的记账式国债。投资者必须在证券交易所开立账户才能买卖记账式债券。

记账式债券购买后可以随时在证券市场上流通转让,流动性较强,与买卖股票类似。当然,中途转让除可获得应得的利息外(市场定价已经考虑到),还可以获得一定的价差收益(不排除损失的可能)。这类债券分为付息债券与零息债券两种。付息债券按票面发行,每年付息一次或多次;零息债券按折价发行,到期按票面金额兑付,中间不再计息。由于记账式债券发行和交易均为无纸化,所以交易效率高、成本低,是债券未来发展的趋势。

(三) 按是否可转换划分

按是否可转换,债券可以分为可转换债券和不可转换债券。

1. 可转换债券

可转换债券是指在特定时期内可以按某一固定的比例转换成普通股的债券。可转换债券具有债务与权益双重属性,属于一种混合性筹资方式。由于可转换债券赋予债券持有人将来成为公司股东的权利,因此其利率通常低于不可转换债券。若将来转换成功,在转换前发行公司达到了低成本筹资的目的,转换后又可以节省股票的发行成本。根据《公司法》的规定,发行可转换债券应由国务院证券管理部门批准,发行公司应同时具备发行公司债券和发行股票的条件。

在沪、深证券交易所上市的可转换债券是指能够转换成股票的公司债券,兼有股票和普通债券的双重特征。可转换债券的一个重要特征是有转股价格。在约定的期限后,投资者可以随时将所持的可转换债券按股价转换成股票。可转换债券的利率是年均利息对票面金额的比率,通常低于普通公司债券的利率。可转换债券通常以票面价发行。转换价格是转换发行的股票每一股所要求的公司债券票面金额。

2. 不可转换债券

不可转换债券是指不能转换为普通股的债券,又称普通债券。由于不可转换债券没有赋予债券持有人将来成为公司股东的权利,因此其利率一般高于可转换债券的利率。

(四) 按利息支付方式划分

按利息支付方式,债券可以分为零息债券、定息债券和浮息债券。

1. 零息债券

零息债券,又称贴现债券,是指券面上没有附息票,票面上不规定利率,发行时按规定的折扣率,以低于债券面值的价格发行,即折价发行,到期按面值兑付的债券。从利息支付方式来看,贴现债券以低于面值的价格发行,可以看作是利息预付,因而又被称为利息预付债券、贴水债券。零息债券的期限通常较短。

2. 定息债券

定息债券是将利率印在票面上并按期向债券持有人支付利息的债券。定息债券的利率不随市场利率的变化而调整,因而定息债券有助于债券持有人抵御通货紧缩的风险。

3. 浮息债券

浮息债券的息票率是随市场利率变动而调整的利率。因为浮息债券的利率与当期市场利率挂钩,而当期市场利率又受通货膨胀的影响,所以浮息债券可以较好地为债券持有人抵御通货膨胀风险。付息债券的利率通常根据市场基准利率加上一定的利差来确定。浮息债券通常是中长期债券。

(五)按能否提前偿还划分

按能否提前偿还,债券可以分为可赎回债券和不可赎回债券。

1. 可赎回债券

可赎回债券是指在债券到期前,发行人可以按事先约定的赎回价格收回的债券。公司发行可赎回债券主要是为了增加公司资本结构调整的灵活性,以免错失未来的投资机会并规避利率风险等。发行可赎回债券的关键是赎回期限和赎回价格的确定。

2. 不可赎回债券

不可赎回债券是指在债券到期前不可提前收回,只能在到期时还本付息的债券。

(六)按计息方式划分

按计息方式,债券可以分为单利债券、复利债券和累进利率债券。

1. 单利债券

单利债券是指在计息时,无论期限长短,每一期都仅以本金作为计息基础,所生利息不加入本金计算下期利息的债券。

2. 复利债券

复利债券与单利债券相对应,是指计算利息时,按一定期限将所生利息加入本金再计算利息,逐期滚利计算的债券。

3. 累进利率债券

累进利率债券是指年利率以利率逐年累进方法计息的债券。累进利率债券的利率随着时间的推移,后期利率比前期利率更高,呈累进状态。

(七)按募集方式划分

按募集方式,债券可以分为公募债券和私募债券。

1. 公募债券

公募债券是指面向社会公开发行,向不特定的多数投资者公开募集,任何投资者均可购买的债券。公募债券可以在证券市场上转让。

2. 私募债券

私募债券是指向与发行者有特定关系的少数投资者募集的债券,其发行和转让均有一定的局限性。私募债券的发行手续简单,一般不能在证券市场上交易。

公募债券与私募债券在欧洲市场上区分并不明显,但在美国与日本的债券市场上区分却很严格。

(八)按债券的发行地域划分

按债券的发行地域,债券可以分为国内债券和国际债券。

1. 国内债券

国内债券是指由本国的发行人以本国货币为单位在国内金融市场上发行的债券。换言之,债券的发行人、发行地及债券的货币表示具有一致性。

2. 国际债券

国际债券可进一步分为外国债券和欧洲债券。外国债券是指本国的发行人到外国或外国的发行人到本国发行以发行地货币为单位的债券,如扬基债券、武士债券、熊猫债券等。欧洲债券是指本国的发行人到外国或外国的发行人到本国发行以可自由兑换的第三国货币为单位的债券,如我国的公司在美国债券市场上发行的以欧元为面值的债券即为欧洲债券。

此外,依据不同的分类标准,债券还有更多的种类。例如,按有无财产担保分为抵押债券和信用债券;按偿还方式分为一次到期债券和分期到期债券;按能否上市交易分为上市债券和非上市债券;按是否记名分为记名债券和无记名债券等。

四、债券交易与发行

(一)债券交易程序

(1)投资者委托证券商买卖债券,签订开户契约,填写开户有关内容,明确经纪商与委托人之间的权利和义务。

(2)证券商通过自己在证券交易所内的代表人或代理人,按照委托条件实施债券买卖业务。

(3)办理成交后的手续。成交后,经纪人应于成交当日填制买卖报告书,通知委托人(投资人)按时将交割的款项或交割的债券交付委托经纪商。

(4)经纪商核对交易记录,办理结算交割手续。

(二)债券交易方式

上市债券的交易方式包括现货交易、回购交易和期货交易等。

1. 现货交易

现货交易又称现金现货交易,是债券买卖双方对债券的买卖价格均表示满意,在成交后立即办理交割,或在很短的时间内办理交割的一种交易方式。例如,投资者可以直接通过证券账户在深交所全国各证券经营网点买卖已经上市的债券品种。

2. 回购交易

回购交易是指债券持有一方出券方与购券方在达成一笔交易的同时,规定出券方必须在未来某一约定时间以双方约定的价格再从购券方那里购回原先售出的那笔债券,并以商定的利率(价格)支付利息。沪、深证券交易所均有债券回购交易,机构法人和个人投资者都能参与。

3. 期货交易

期货交易是一批交易双方成交以后,交割和清算按照期货合约中规定的价格在未来某一特定时间进行的交易。

(三)债券发行条件

根据《公司法》的规定,公司发行债券的条件包括:

(1)股份有限公司的净资产额不低于人民币 3 000 万元,有限责任公司的净资产额不低于人民币 6 000 万元。

(2)累计债券总额不超过净资产的 40%。

(3)公司 3 年平均可分配利润足以支付公司债券 1 年的利息。

(4)筹集的资金投向符合国家的产业政策。

(5)债券利率不得超过国务院限定的利率水平。

(6)国务院规定的其他条件。

发行公司债券筹集的资金必须用于批准发行时所确定的用途,不得用于弥补亏损和非生产性支出。这是发行公司债券的一项重要条件,目的在于正确、有效地使用筹集到的资金,保持和增强公司的偿债能力,以利于保护债权人的利益。

发行公司债券后,能保持发债条件并获得投资者信任的公司,可以再次发行公司债券,这对公司筹集资金是有益的。如果发行公司债券的公司未能取得投资者的信任,且有不利于债权人的行为,则其再次发行公司债券要受到限制。因此,凡有下列情形之一的,不得再次发行公司债券:

(1)前一次发行的公司债券尚未募足的。

(2)对已发行的公司债券或其债务有违约或者延迟支付本息的事实,且仍处于继续状态的。

发行人在发行债券前需综合考虑债券的发行额、发行期限、票面利率、付息方式等发行条件。

(1)发行额。债券的发行额是指所发行债券的面值总额,主要根据发行人的资金需求量确定,但并非发行人需要多少资金就可以通过发行债券募集多少资金,还需要考虑发行人的资信水平、还本付息能力、资本市场的供求情况、债券类型及法定的最高发行限额等因素。

(2)发行期限。债券的发行期限是指从债券发行日起到偿还本息日止的这段时间。公司在确定发行期限时通常需要考虑资金需求的期限、未来市场利率走势、流通市场的发达程度、债券市场上其他债券的期限情况、投资者的偏好等因素。一般来说,当公司的资金需求量较大,债券流通市场较发达,利率呈现上升趋势时,可以考虑发行中长期债券,否则应选择发行短期债券。

(3)票面利率。票面利率是指在债券的存续期间每年需要支付的利率。票面利率可分为固定利率和浮动利率两种。债券发行时的利率形式和票面利率的高低一般是在考虑银行同期的存款利率水平、发行人的资信情况、债券期限的长短等因素的基础上,参考监管当局对债券利率的有关规定综合确定的。在债券的实际发行过程中,债券票面利率及其付息方式由公司和保荐机构(主承销商)根据市场询价协商确定。

(4)付息方式。付息方式一般可分为一次性付息(采用单利计息方式)和分期付息(采用复利计息方式)两种。公司可以根据债券期限、筹资成本要求、对投资者的吸引力等确定不同的付息方式,如对中长期债券可采取分期付息方式,按年、半年或季度付息,对短期债券可采取一次性付息。

(四)债券发行价格

债券发行价格是指债券原始投资者购入债券时应支付的市场价格,它与债券的面值并非绝对一致。理论上,债券发行价格是债券的面值与每年要支付的年利息按债券发行时的市场利率折现所得到的现值。

由此可见,票面利率与市场利率的关系会影响债券的发行价格。当债券票面利率等于市场利率时,债券发行价格等于面值,为债券平价发行;当债券票面利率低于市场利率时,公司仍以面值发行就不能吸引投资者,通常要折价发行;当债券票面利率高于市场利率时,公司仍以面值发行就会增加发行成本,通常要溢价发行。

在实务中,根据贴现方式计算的发行价格是确定实际发行价格的基础,同时要考虑发行公司自身的信誉情况。

(五)债券发行的优缺点

债券发行是发行人以借贷资金为目的,以债券形式筹措资金的行为。债券发行具有以下优点:

(1)资本成本较低。与股票的股利相比,债券的利息可以在所得税前支付,公司可享受税收上的利益,公司实际负担的债券成本通常低于股票成本。

(2)可利用财务杠杆。无论发行公司的盈利多少,持券者一般只收取固定的利息,若公司用资后收益丰厚,增加的收益大于支付的债息额,就会增加股东财富和公司价值。

(3)保障公司控制权。一般情况下,持券者无权参与发行公司的管理决策,因此发行债券不会分散公司控制权。

(4)便于调整资本结构。公司发行可转换债券及可提前赎回债券的情况下,可以主动合理地调整资本结构。

债券发行的缺点如下:

(1)财务风险较高。债券通常有固定的到期日,需要定期还本付息,财务上始终有压力。在公司不景气时,还本付息将成为公司严重的财务负担,有可能导致公司破产。

(2)限制条件多。发行债券较长期借款、融资租赁的限制条件多且严格,从而限制了公司对债券融资的使用,甚至会影响公司以后的筹资能力。

(3)筹资规模受制约。公司利用债券筹资通常会受一定额度的限制。我国《公司法》规定,发行公司流通在外的债券累计总额不得超过公司净值的40%。

五、债券与股票的区别

债券和股票虽然都是有价证券,都可以作为筹资的手段和投资的工具,但二者也有明显的区别。

1. 经济利益关系不同

债券和股票实质上是两种性质不同的有价证券,二者反映了不同的经济利益关系。债券所表示的只是对公司的一种债权,而股票所表示的则是对公司的所有权。权属关系不同,决定了债券持有者无权过问公司的经营管理,而股票持有者则有权直接或间接地参与公司的经营管理。

2. 风险性不同

债券只是一般的投资对象,其交易转让的周转率比股票低。股票是金融市场上的主要投资对象,其交易转让的周转率高,市场价格变动幅度大,安全性低,风险高,但却能获得很高的预期收入,由此吸引不少人将资金投进股票交易中。

此外,公司交纳所得税时,公司债券的利息已作为费用从收益中减除,在所得税前列支。而公司股票的股息属于净收益的分配,不属于费用,在所得税后列支。这一点对公司的筹资决策影响较大,公司在决定要发行股票或发行债券时,常以此作为选择的决定性因素。

3. 发行主体不同

作为筹资手段,无论是国家、地方公共团体还是公司,都可以发行债券,而股票则只有股份制公司才可以发行。

4. 收益稳定性不同

从收益方面看,债券在购买之前,利率已定,到期就可以获得固定利息,而不管发行债券的公司是否盈利。股票(优先股除外)在购买之前通常不定股息率,股息收入随股份公司的盈利情况变动而变动,盈利多就多得,盈利少就少得,无盈利不得。此外,资本利得也是股票收益的重要来源,投资者通过买卖股票赚取价差,但由于股票未来的价格走势具有不确定性,风险性较高。

5. 保本能力不同

从本金方面看,债券到期可收回本金,股票则无到期之说。股票本金一旦交给公司,就不能再收回,只要公司存在,就永远归公司支配。

第二节　债券的价值评估

一、普通债券收益的要素

未来收益折现是金融中计算价值的通行方法。可以说,所有资产或证券的价值都是其未来(期望)收益的总现值,因此未来收益的不确定性也就在一定程度上决定了相应资产价值评估的难度。与其他资产和证券相比,普通债券的未来收益就是其利息和本金,由于在归还或利益次序上在先,且利率和本金固定,其确定性最大,价值评估也就最简单。

因此,普通债券价值往往是财务、金融课本和教学中探讨资产价值的起点。所谓普通债券,是指不含有特殊条款的固定利率债券。特殊条款是指"可转换""可赎回"等带期权特性的条款。加入这类条款后,债券未来收益的不确定性和评估难度将大幅增加。可见,普通债券价值评估是各种复杂债券价值评估的基础。

与其他资产和证券的价值一样,债券的价值也取决于其风险和收益。在运用未来收益折现的方法计算债券价值时,债券的风险决定了计算中所用的贴现率,而债券的收益取决于债券的面值、利率、期限和付息频率等四个要素。

(1) 债券面值 M,即债券所标明的票面价值,是发行人承诺在债券到期时应偿还的本金,也是计算债券每年利息的依据。

(2) 票面利率 r,也称为息票利率,是债券年利息与面值的比率,发行人在债券有效期内按照这个利率支付债券利息,年利息 $I = M \cdot r$。

(3) 债券期限 n,也称为债券的有效期,是发行方偿还债券本金的期限。具体有两个含义:一是债券规定的有效期;二是债券的剩余有效期。在债券的有效期内,债券的面值和利率会保持不变,而债券的剩余期限会随着时间的推移逐渐缩短。

(4) 付息频率 m,即每年支付债券利息的次数。每年付息多次意味着投资者可以获得更多的利息增值收益或货币时间价值,因此实际收益会有所增加。每年付息一次或两次是现实中常见的情况。

上面四个要素决定了债券的收益,并与风险一起决定了债券的价值。按照金融计算的惯例,以贴现率的大小反映风险的高低,用贴现率对未来的收益进行折现并加总得出债券的价值(这也是综合考虑风险与收益的最佳方式)。贴现率也可称为市场或投资者对债券合理要求的收益率,即与市场上无风险利率及债券的风险相匹配的收益率。

二、债券价值

债券价值是指进行债券投资时投资者预期可获得的现金流入的现值。债券的现金流入主要包括利息和到期收回的本金或出售时获得的现金两部分。当债券的购买价格低于债券价值时,债券才值得购买。根据资产的收入资本化定价理论,任何资产的价值都是在投资者预期的资产可获得的现金收入的基础上进行贴现决定的。

债券价值＝未来各期利息收入的现值合计＋未来到期本金或售价的现值

其中,未来的现金流入包括利息、到期的本金(面值)或售价(未持有至到期);计算现值时的折现率为投资者要求的必要报酬率。

(一) 债券价值计算

债券价值的计算公式因不同的计息方法,有以下几种表示方式。

1. 息票债券价值的计算

息票债券是指利率固定、每年计算并支付利息、到期归还本金的债券。计算这种息票债券价值的基本模型为

$$V = \sum_{T=1}^{n} \frac{I}{(1+i)^T} + \frac{M}{(1+i)^n} \qquad (3\text{-}1)$$

其中,V 是债券价值;I 是定期计算的利息;M 是债券票面价值;i 是必要投资收益率;N 是计息期数;T 是付息次数第 T 次。

【例 3-1】　某公司欲购买一张面值为 1 000 元、票面利率为 8%、每年付息一次、5 年期的债券。若该公司要求的最低投资收益率为 10%,该债券目前市价为多少时公司才能进行投资?

$$V = \sum_{T=1}^{5} \frac{1\,000 \times 8\%}{(1+10\%)^5} + \frac{1\,000}{(1+10\%)^5}$$
$$= 80 \times 3.791 + 1\,000 \times 0.621 = 924.28(元)$$

计算结果表明,这种债券的市价必须低于 924.28 元公司才能进行投资。

上述公式是一年付息一次情况下债券价值评估的模型,代表最简单情况下的债券价值,可称为基本模型。在此基础上,有必要考虑一年付息两次或多次情况下债券价值评估的模型。

债券的利息发放惯例是无论一年付息几次,各次利息数额都相等,时间上都是等距离间隔。比如,n 年中每年发放利息 I 的债券,在一年付息两次的情况下,就相当于是在 $2n$ 个半年中,每半年发放利息 $I/2$。因此,目前业内流行的模型是这样考虑付息频率的影响:将每年利息除以 2 得出每半年利息,同时将年贴现率除以 2 得出半年的贴现率,将到期年数乘以 2 得出债券的持续期数即以半年为一期的期数。这样调整后,债券价值模型变为式(3-2)。

根据前面的分析,按照未来收益折现计算价值的方式,债券的价值等于债券所有利息流量(后付年金)的总现值加上到期本金(面值)流量的现值。

$$V = \sum_{t=1}^{2n} \frac{I/2}{(1+i/2)^t} + \frac{M}{(1+i/2)^{2n}} \tag{3-2}$$

当然,如果一年付息 m 次,则债券价值模型将变为

$$V = \sum_{t=1}^{mn} \frac{I/m}{(1+i/m)^t} + \frac{M}{(1+i/m)^{mn}} \tag{3-3}$$

然而,上面三个公式中的 T 只能取整数,根据这些模型只能计算债券在有限时点的价值,即在每年年初或每期期初的价值,而不能计算任意时点的债券价值。

按照业内认可的理解,债券在任意时点的价值不但包含未来所有整数期的本息,还包含目前非整数期的应计利息。应计利息是从上一利息支付日到交易日产生的利息收入,其只是账面收入,不是实际收入,因为还没有到利息发放日。不包含应计利息的债券价值称为债券净价。包含应计利息的债券价值称为债券总价或全价。目前世界上多数债券市场都按照净价报价,按照总价交易或结算。净价能真实反映债券价值的变动情况,有利于投资者分析和判断债券价格或价值走势。在债券风险和收益不变的情况下,债券的真实价值也不应发生改变,但随着下次利息支付日期的临近,债券总价自然会上升。因此,只看总价容易使人产生债券升值的错觉;只有净价变动,才表明债券真实价值发生了变化。

为方便思考和说明,设想一个基准案例:某公司在 2021 年 1 月 1 日发行债券,面值为 100 元,期限为 5 年(2026 年 1 月 1 日到期),票面利率为 6%,从 2022 年开始,每年 1 月 1 日发放一次利息(6 元)。假设合适的贴现率为 6%,则债券为平价发行,发行当天价

值和市场价格都为 100 元。假设包括贴现率在内的所有条件都保持不变,则在不考虑年内货币时间价值的情况下,该债券在 2021 年 6 月 30 日的价值应该为 103 元,在 2021 年 12 月 31 日的价值应该为 106 元。当然,到 2022 年 1 月 1 日,因为刚刚发放过 6 元利息,下次发放利息要在一年后,价值应该为 100 元。同样,2022 年 6 月 30 日、2022 年 12 月 31 日及 2023 年 1 月 1 日债券的价值也应该分别为 103 元、106 元和 100 元。

此处 6 月 30 日的 3 元和 12 月 31 日的 6 元都是债券的应计利息。在市场上无风险利率和公司自身风险收益不变的情况下,债券价值在一年中从 100 元逐渐上升到 106 元,完全是应计利息的影响,并不代表其真实价值的变动或走势。那么,应该如何计算应计利息呢? 业内同样有流行的计算公式,即

$$应计利息 = 债券面值 \times 票面利率 \div 365 \text{ 天} \times 计息天数$$

上例中,到 2022 年 6 月 30 日,如果按具体债券持有天数计算,应计利息并不是正好为 3 元。已计息天数 $= 30 + 28 + 31 + 30 + 31 + 30 = 180$ 天,因此债券应计利息 $= 100 \times 6\% \div 365 \times 180 = 2.96$ 元。

2. 一次还本付息且单利计息债券价值的计算

一次还本付息且单利计息的债券价值的计算模型为

$$V = \frac{I \cdot n + M}{(1+i)^n} \tag{3-4}$$

【例 3-2】 A 公司欲购买 B 公司发行的利随本清、不计复利的债券。该债券的面值为 1 000 元,5 年期,票面利率为 10%,当前市场利率为 8%。若该债券目前发行价格为 1 015 元,A 公司是否应该购买该债券?

由式(3-4),得

$$V = \frac{1\,000 \times 10\% \times 5 + 1\,000}{(1+8\%)^5} = 1\,020(元)$$

因为该债券的价值为 1 020 元,大于目前买价 1 015 元,所以 A 公司可以投资。

3. 零息债券价值的计算

零息债券是以贴现方式发行的,没有票面利率,在到期日按面值一次性支付本利的债券。这种债券价值的计算公式为

$$V = \frac{M}{(1+i)^n} \tag{3-5}$$

【例 3-3】 某债券面值为 1 000 元,期限为 5 年,以贴现方式发行,期内不计利息,到期按面值偿还。若公司要求的投资收益率为 10%,准确的价格为多少时,公司才能购买?

$$V = \frac{1\,000}{(1+10\%)^5} = 1\,000 \times 0.621 = 621(元)$$

计算结果表明,只有当债券价格低于 621 元时,公司才能购买。

4. 永续债券价值的计算

永续债券又称无期债券,并不规定到期期限,持有人也不能要求清偿本金,但可以按期取得利息。这种债券价值的计算公式为

$$V = \frac{I}{i} \tag{3-6}$$

【例 3-4】　如果有一永续债券,每年度派息 15 元,而市场利率为 10%,则该债券的市场价值是多少?

$$V = \frac{15}{10\%} = 15/0.1 = 150(\text{元})$$

结果表明,该永续债券的市场价值为 150 元。

【例 3-5】　假设有一永续债券,面值为 1 000 元,年利率为 8%,投资者要求的年投资收益率为 10%。投资者愿意接受的价格是多少?

$$V = \frac{1\,000 \times 8\%}{10\%} = 80/0.1 = 800(\text{元})$$

该债券的价格只要不超过 800 元,该投资者就会购买。

(二)影响债券价值的因素

影响债券价值的因素分为内在和外在两类。如表 3-1 和表 3-2 所示,内在因素包括债券的票面利率、期限、税收待遇、流动性(二级市场的活跃程度)、发债主体信用、是否可赎回等;外在因素包括供求状况、基础利率、市场利率风险(波动程度)、通货膨胀水平等。

表 3-1　债券内部因素对债券价值的影响(变动方向以其他因素不变为前提)

影响因素	变动方向	对债券价值的影响
票面利率	越高	内在价值越大
期限	越长	内在价值变化的可能性和幅度越大
税收待遇	税收越低(免税)	内在价值越大
流动性	越好	内在价值越大
发债主体信用	等级越高	内在价值越大
是否可赎回	提前赎回可能性越高	内在价值越小

表 3-2　债券外部因素对债券价值的影响

影响因素	变动方向	对债券价值的影响
供求状况	供大于求	整体价值越小
基础利率	提高	整体价值越小
市场利率风险	越大	整体价值越小
通货膨胀水平	越高	整体价值越小

一个很好的例子是 2007 年 7 月 21 日中国人民银行宣布提高基准利率、大幅调低利息税政策一起推出之后,我国的债券市场行情应声下跌。两项政策的推出事实上改变了外部因素中的基础利率项,如果进一步考虑还会影响债券的供求状况。利息税从 20% 调到 5% 无疑提高了定期存款的吸引力,可能会抑制资金向债市流动,因此对债券的供求关系有一定的影响。

至于基础利率则可以从债券的定价原理分析。当基准利率提高时,投资者预期的收益率会相应提高,原因是投资者的预期收益由无风险收益和风险溢价两部分构成。基准利率的提高直接提高了无风险收益,不考虑其他影响,投资者的预期收益率也会相应提高,因此投资者对债券的投资价值评估就会调低。这就解释了为什么债券价值会朝市场利率相反的方向变动。

(三) 债券价值与到期时间计算

债券价值不仅受折现率的影响,而且受债券到期时间的影响。债券的到期时间是指当前至债券到期日之间的时间间隔。随着时间的推移,债券的到期时间逐渐缩短,至到期日时该间隔为零。

在折现率一直保持不变的情况下,无论高于还是低于票面利率,债券价值均随到期时间的缩短逐渐向债券面值靠近,至到期日债券价值等于债券面值。当折现率高于票面利率时,随着时间向到期日靠近,债券价值逐渐提高,最终等于债券面值;当折现率等于票面利率时,债券价值一直等于票面价值;当折现率低于票面利率时,随着时间向到期日靠近,债券价值逐渐下降,最终等于债券面值。当折现率等于票面利率时,到期时间的缩短对债券价值没有影响。

综上所述,当折现率一直保持至到期日不变时,随着到期时间的缩短,债券价值逐渐接近其票面价值。如果付息期无限小则债券价值表现为一条直线。

如果折现率在债券发行后发生变动,债券价值也会因此而变动。随着到期时间的缩短,折现率变动对债券价值的影响越来越小。也就是说,债券价值对折现率特定变化的反应越来越不灵敏。

三、债券投资决策

债券的内在价值是其理论价值,市场价格并不必然等于其理论价值。当市场价格等于其理论价值时,市场处于均衡状态。净现值法可被用作投资决策的依据。

$$\mathrm{NPV} = \sum_{T=1}^{n} \frac{C_T}{(1+r)^T} - P$$

其中,P 是债券的市场价格;C_T 是债券的每期现金流;r 是债券的预期收益率。

(一) 净现值法的决策原则

净现值法是利用净现金收益量的总现值与净现金投资量算出净现值,然后根据净现值的大小来评价投资方案。净现值为正,投资方案是可以接受的;净现值为负,投资方案就是不可接受的。净现值越大,投资方案越好。

NPV>0,表明该债券被低估,可以买入;NPV<0,表明该债券被高估,可以卖出(或卖空)。

(二) 内部收益率法的决策原则

内部收益率法(internal rate of return,IRR)又称内部报酬率法,是用内部收益率来评价项目投资财务效益的方法。所谓内部收益率,就是资金流入现值总额与资金流出现值总额相等、净现值等于零时的折现率。

拓展阅读 3.2
净现值与其他动态
指标的比较

运用内部收益率法进行投资决策时,其决策准则是:IRR 大于公司所要求的最低投资报酬率或资本成本,方案可行;IRR 小于公司所要求的最低投资报酬率,方案不可行;如果是多个互斥方案的比较选择,内部报酬率越高,投资效益越好。

IRR＞要求的最低投资报酬率时,该债券值得买入;IRR＜要求的最低投资报酬率时,该债券没有投资价值。

(三)债券投资的风险

1. 信用风险

信用风险又称违约风险,是指发行债券的借款人不能按时支付债券利息或偿还本金,而给债券投资者带来损失的风险。在所有债券中,财政部发行的国债由于有政府作担保,往往被市场认为是金边债券,所以没有违约风险。但除中央政府以外的地方政府和公司发行的债券则或多或少地有违约风险。因此,信用评级机构要对债券进行评价,以反映其违约风险。一般来说,如果市场认为一种债券的违约风险相对较高,就会要求债券提供更高的收益率,以弥补可能承受的损失。

2. 利率风险

债券的利率风险是指由于利率变动而使投资者遭受损失的风险。毫无疑问,利率是影响债券价格的重要因素之一:当利率提高时,债券的价格就会降低;当利率降低时,债券的价格就会上升。由于债券价格会随利率变动,所以即便是没有违约风险的国债也存在利率风险。

3. 市场风险

市场风险是指债券供给发生变化而引起债券价格变动的可能性。当债券发行数量适当时,债券市场就会呈现良好的发展趋势;当债券市场中的发行量过大时,就会呈现市场购买力不足、供过于求的现象,导致债券价格下降;发行量过小时,又会呈现债券市场供小于求的现象,导致债券价格上涨。

4. 流动性风险

流动性风险是指投资者在短期内无法以合理的价格卖掉债券的风险。例如,投资者遇到一个更好的投资机会,他想出售现有债券,但短期内找不到愿意出合理价格的买主,要把价格降到很低或者要花费很大的时间成本才能找到买主,最终导致其遭受降价损失或者丧失新的投资机会。

5. 购买力风险

购买力风险是指由于通货膨胀而使货币购买力下降的风险。通货膨胀期间,投资者的实际利率应为票面利率扣除通货膨胀率。若债券利率为 10%,通货膨胀率为 8%,则实际的收益率只有 2%。购买力风险是债券投资中最常出现的一种风险。

6. 再投资风险

投资者投资债券可以获得的收益有三种:①债券利息;②债券买卖中获得的收益;③临时的现金流(如定期收到的利息和到期偿还的本金)进行再投资所获的利息。实际上,再投资风险是针对第三种收益来说的。投资者要想实现购买债券时所确定的收益,这些临时的现金流就必须按照买入债券时确定的收益率进行再投资。

7. 经营风险

经营风险是指债券发行单位的管理者与决策人员在经营管理过程中出现失误,导致资产减少而使债券投资者遭受损失。

第三节 债券收益率的影响因素与债券收益率计算

一、债券收益率的基本含义

一般情况下,债券收益率是指债券的票面利率,即债券发行人发行债券向市场募集资金的融资成本。在债券存续期间,债券发行人将按照既定的票面利率及付息频率向债券投资人支付债券利息。但由于债券市场上各投资者持有债券的动机不同,其债券买入日、卖出日均存在不同,因此可通过债券持有期收益率、债券持有至到期收益率两类收益率进一步表示投资者通过债券投资活动可能获得的收益。三个收益率的具体关系可以用图 3-1 来表示。

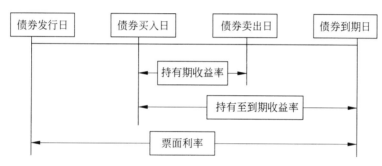

图 3-1 债券收益率示意

如图 3-1 所示,三种债券收益率均可表示为债券投资者在债券持有期间的所有现金流之和与投资本金的比率。对于投资者来说,不论投资者何时购入债券,在持有期间债券的利息收入均是按照票面利率计算得到的。如果购入日为债券发行日,持有债券至债券到期日,则债券持有期间收益率即为票面利率;若购入债券日为债券存续期内的其他时间,由于各因素影响债券价格有所波动从而引起投资者投资本金的变化,则债券持有期收益率与票面利率将有所偏离。在债券存续期内的任意时点,债券的价格充分体现在债券持有至到期收益率上,即在该时点的市场情况下,持有债券至到期,投资者应当获得的收益。该收益率可以理解为一个折现率,即表示债券持有期间的各期现金流折现至债券购入日时应当与当日债券价格相同。以固定票面利率、按年付息的债券为例,其债券价格与持有至到期收益率时点的关系可以用如下计算公式表示:

$$PV = \frac{P \cdot Y}{1+y} + \frac{P \cdot Y}{(1+y)^2} + \cdots + \frac{P \cdot Y}{(1+y)^{n-1}} + \frac{P \cdot (1+Y)}{(1+y)^n}$$

其中,PV 是债券的当期价格;P 是持有的债券面值;Y 是票面收益率;y 是债券持有至到期收益率；n 是持有债券的年限。

债券到期收益率充分考虑了债券的票面利率和资本利得,能够较好地为投资者提供决策依据,因此目前银行间债券市场对于债券的估值也主要采用这种方式。对于商业银行金融债券来说,主要发行的债券类型为固定利率的付息债券,一般债券利息支付频率为按年付息,因此持有期间的现金流是固定的,影响债券持有至到期收益率的主要是当期的债券价格。

二、债券收益率的影响因素

影响债券收益率的主要因素包括债券票面利率、债券期限长短、利息支付频率、市场利率与债券价格、债券的投资成本、市场供求、货币政策和财政政策。

1. 债券票面利率

债券收益与债券票面利率成正比。债券票面利率越高,债券利息收入就越高,债券收益也就越高。债券的票面利率取决于债券发行时的市场利率、债券期限、发行人信用水平、债券的流动性水平等因素。发行时市场利率越高,票面利率就越高;债券期限越长,票面利率就越高;发行人信用水平越高,票面利率就越低;债券的流动性越高,票面利率就越低。

2. 债券期限长短

债券期限长短与票面利率同向变动,它通过影响票面利率直接影响债券的发行价格。债券期限长意味着不可测度的风险,只有以较低的价格出售,才能保证投资者有较高的收益。在其他条件一定的情况下,投资者持有债券的期限越长,收益越高,反之则越低。

3. 利息支付频率

在债券有效期内,利息支付频率越高,债券复利收益就越高,反之则越低。

4. 市场利率与债券价格

市场利率的变动会引起债券价格的变动,且呈反向关系,即当市场利率升高时债券价格下降,市场利率降低时债券价格上升。随着市场利率升高或降低,债券往往折价或溢价发行,债券出售时与发行价格形成差价。市场利率升高大于票面利率时,债券折价发行,价差增大;市场利率降低小于票面利率时,债券溢价发行,价差减小。债券购买价格越低,卖出价格越高,投资者所得收益就越高。

5. 债券的投资成本

债券的投资成本包括购买成本、交易成本和税收成本三部分。购买成本是投资者买入债券所支付的金额(购买债券的数量与债券价格的乘积,即本金)。交易成本包括经纪人佣金、成交手续费和过户手续费等。目前国债的利息收入是免税的,但公司债的利息收入需要缴税,机构投资者还需要缴纳营业税。税收也是影响债券实际投资收益的重要因素。债券的投资成本越高,其投资收益就越低。

6. 市场供求、货币政策和财政政策

市场供求、货币政策和财政政策会对债券价格产生影响,从而影响投资者购买债券的成本,因此市场供求、货币政策和财政政策也是考虑债券收益时不可忽略的因素。

三、债券收益率计算

投资者关心的是债券收益的高低,可以使用债券收益率指标衡量债券收益。债券收益率是债券收益与其投入本金的比率,通常用年利率表示。债券收益不同于债券利息。债券利息仅指债券票面利率与债券面值的乘积。但由于人们在债券持有期内还可以在债券市场上进行买卖,赚取价差,因此债券收益除利息收入外,还包括债券的买卖价差。债券收益率主要有名义收益率、当期收益率、到期收益率和持有期收益率。

(一)名义收益率

债券名义收益率又称债券票面收益率,是投资者按既定的债券票面利率每年所获得的利息收益与债券票面金额的比率,在数额上等于债券每年应付给债券持有人的利息总额与债券总面值相除的百分比。

$$票面收益率 = \frac{票面收益}{票面金额} \times 100\%$$

例如,某债券票面金额为 100 元,期限 10 年,每年支付利息 6 元,则该债券的名义收益率为 6%。

债券名义收益率实际上就是债券的票面利率。名义收益率所考虑的债券收益只是债券的票面利息收益,没有考虑债券到期偿还时的收益或损失、债券利息再投资所带来的复利收益,以及上述收益的应纳税款,故其收益额只是名义上的,而非投资者的实际收益。名义收益率的计算对象是债券票面金额,并不一定是投资者的实际投资额(购买价格)。因此,债券名义收益率通常不能反映债券的实际收益水平,对投资者不一定有很大影响,投资者更注重债券的实际收益率。但由于债券名义收益率规定了债券发行人必须支付的利息额,反映了发行人的筹资成本,因此它对于债券发行人有重要意义。

(二)当期收益率

当期收益率又称直接收益率或市场收益率,是指利息收入所产生的收益,它占了公司债券所产生收益的大部分。当期收益率是债券的年息除以债券当前的市场价格所得出的收益率。当期收益率并未考虑债券投资所获得的资本利得或损失,而只是衡量债券某一期间所获得的现金收入相较于债券价格的比率。

$$当期收益率 = \frac{票面金额 \times 票面收益率}{债券当前市场价格} \times 100\%$$

假定该债券在市场上可以自由买卖,某日的转让价格为 95 元,则当期收益率 $= \frac{6}{95} = 6.3\%$。

【例 3-6】 面值为 1 000 元的债券,债券的年息票率为 7%,一年付息一次。债券距到期日还有 3 年,市场利率为 8%。如果直至到期日市场利率均不变,该债券距到期日 3 年、2 年、1 年的当期收益率是多少?

若还有 3 年到期:

$$债券价格 = \frac{70}{1+8\%} + \frac{70}{(1+8\%)^2} + \frac{1\,070}{(1+8\%)^3} = 974.23(元)$$

$$当期收益率 = \frac{1\,000 \times 7\%}{974.23} = 7.19\%$$

若还有 2 年到期:

$$债券价格 = \frac{70}{1+8\%} + \frac{1\,070}{(1+8\%)^2} = 982.17(元)$$

$$当期收益率 = \frac{1\,000 \times 7\%}{982.17} = 7.12\%$$

若还有 1 年到期:

$$债券价格 = \frac{1\,070}{1+8\%} = 990.74(元)$$

$$当期收益率 = \frac{1\,000 \times 7\%}{990.74} = 7.07\%$$

这里需要注意的是虽然每年年底支付的利息都是 70 元,但随着到期日的临近,债券价格在不断逼近面值,因此当期收益率在不断减小,逐渐接近票面利率。

(三) 到期收益率

到期收益率(yield to maturity,YTM)又称最终收益率或实际收益率,是指将债券持有至偿还期所获得的收益,包括到期的全部利息。债券的到期收益率是使债券投资获得的现金流的现值等于其市场价格的折现率,即净现值为零时的折现率,也就是内部收益率(IRR)。到期收益率通常采用年化的形式,即到期年收益率。

$$P = \sum_{T=1}^{n} \frac{I}{(1+\text{YTM})^T} + \frac{M}{(1+\text{YTM})^n}$$

在借贷活动中,对于相同的年收益率或年利率报价,由于计息次数之间存在差异,投资者实际得到的收益率(或借款人实际支付的利率)是不同的,有效年利率使投资者的实际收益率或借款人实际支付的利率之间具有可比性。

在计算债券的理论价值或债券的到期收益率时,通常假定每年付息一次,这个假设只是为方便起见,计息周期可以是年、半年、季、月等。周期性利率可以折算成年利率。

如果在 T 年中每年对一项投资复利 m 次,则在 T 期期末财富终值将为

$$\text{FV} = C_0 \cdot \left(1 + \frac{r}{m}\right)^{m \cdot T}$$

其中,r 是年利率(annual percentage rate),又称报价利率;$\frac{r}{m}$ 是周期利率。

设有效利率(effective annual rate),又称实际年利率,为 EAR,则有效利率、报价利率、周期利率的关系式为

$$\text{EAR} = \left(1 + \frac{\text{APR}}{m}\right)^m - 1$$

处于最后付息周期的附息债券、贴现债券及剩余流通期限在一年以内(含一年)的到

期一次还本付息债券的到期收益率计算公式为

$$到期收益率 = \frac{票面金额 - 买入价 + 总利息}{买入价 \times 剩余到期年限} \times 100\%$$

$$= \frac{实际收益}{债券当前市场价格} \times 100\%$$

各种债券到期收益率的具体计算方法分别列示如下。

1. 息票债券到期收益率的计算

$$到期收益率 = \frac{债券面值 \times 票面利率 \times 剩余到期年限 + 债券面值 - 债券买入价}{债券买入价 \times 剩余到期年限} \times 100\%$$

【例 3-7】 某公司 2020 年 1 月 1 日以 102 元的价格购买了面值为 100 元、利率为 10%、每年 1 月 1 日支付 1 次利息的 2016 年发行的 5 年期国库券,持有至 2021 年 1 月 1 日,计算其到期收益率。

$$到期收益率 = \frac{100 - 102 + 100 \times 10\% \times 1}{102 \times 1} = 7.84\%$$

2. 一次还本付息债券到期收益率的计算

$$到期收益率 = \frac{债券面值 \times 票面利率 \times 债券有效年限 + 债券面值 - 债券买入价}{债券买入价 \times 剩余到期年限} \times 100\%$$

【例 3-8】 甲公司于 2019 年 1 月 1 日以 1 250 元的价格购买了乙公司于 2015 年 1 月 1 日发行的面值为 1 000 元、利率为 10%、到期一次还本利息的 5 年期公司债券,持有至 2020 年 1 月 1 日,计算其到期收益率。

$$到期收益率 = \frac{1\,000 - 1\,250 + 1\,000 \times 10\% \times 5}{1\,250 \times 1} = 20\%$$

3. 贴现债券到期收益率的计算

$$到期收益率 = \frac{债券面值 - 债券买入价}{债券买入价 \times 剩余到期年限} \times 100\%$$

【例 3-9】 甲公司于 2018 年 1 月 1 日以 800 元的价格购买了乙公司于 2015 年 1 月 1 日发行的面值为 1 000 元,到期归还面值的 5 年期贴现债券,持有至 2020 年 1 月 1 日,计算其到期收益率。

$$到期收益率 = \frac{1\,000 - 800}{800 \times 2} = 12.5\%$$

（四）持有期收益率

债券的持有期收益率是指买入债券后持有一段时间,在债券到期前将其出售而得到的收益,包括持有债券期间的利息收入和资本损益与买入债券的实际价格的比率。

$$债券持有期收益率 = \frac{卖出价格 - 买入价格 + 持有期间的利息}{买入价格 \times 持有年限} \times 100\%$$

【例 3-10】 某人于 2015 年 1 月 1 日以 120 元的价格购买了面值为 100 元、利率为 10%、每年 1 月 1 日支付一次利息的 2014 年发行的 10 年期国库券,并持有至 2020 年 1 月 1 日以 140 元的价格卖出,则

$$债券持有期收益率 = \frac{140 - 120 + 100 \times 10\% \times 5}{120 \times 5} \times 100\% = 11.7\%$$

由于债券持有人可能在债券偿还期内转让债券，因此债券的收益率还可以分为债券出售者的收益率和债券购买者的收益率。其计算公式分别为

$$债券出售者的收益率 = \frac{卖出价格 - 发行价格 + 持有期间的利息}{发行价格 \times 持有年限} \times 100\%$$

$$债券购买者的收益率 = \frac{到期本息和 - 买入价格}{买入价格 \times 剩余期限} \times 100\%$$

【例 3-11】 某人于 2020 年 1 月 1 日以 102 元的价格购买了一张面值为 100 元、利率为 10%、每年 1 月 1 日支付一次利息的 2016 年发行的 5 年期国库券，并持有至 2021 年 1 月 1 日，则

$$债券出售者的收益率 = \frac{102 - 100 + 100 \times 10\% \times 4}{100 \times 4} \times 100\% = 10.5\%$$

$$债券购买者的收益率 = \frac{100 + 100 \times 10\% - 102}{102 \times 1} \times 100\% = 7.8\%$$

【例 3-12】 某国外公司债券的利率为 10%，票面价值为 1 000 美元，利息是每半年支付一次，期限为 20 年。如果投资者要求 12% 的收益率，那么债券的价值是多少？债券的有效年利率是多少？

每半年支付的利息额为 $\frac{100 美元}{2} = 50$ 美元，要求的收益率为每 6 个月 $\frac{12\%}{2} = 6\%$。债券共有 40 个半年的付息期间。

$$债券的价值 = \frac{50}{0.06}\left(1 - \frac{1}{1.064\ 0}\right) + \frac{1\ 000}{1.064\ 0} = 849.54（美元）$$

$$债券的有效年利率 = 1.06^2 - 1 = 12.36\%$$

【例 3-13】 某国外公司债券的利率是 8%，每半年付息一次。债券的票面价值为 1 000 美元，在 6 年后到期。如果投资者想以 911.37 美元出售债券，那么债券的到期收益率是多少？债券的有效年利率是多少？

利息为每期 40 美元，一共发放 12 期。

$$911.37 = \left(\frac{40}{r}\right) \times \left[1 - \frac{1}{(1+r)^{12}}\right] + 1\ 000/r^{12}$$

$$r = 5\%$$

$$债券的到期收益率 = 5\% \times 2 = 10\%$$

$$债券的有效年利率 = 1.05^2 - 1 = 10.25\%$$

第四节　债券的发行和评级

一、债券发行

（一）定义

债券发行（bond issuance）是发行人以借贷资金为目的，依照法律规定的程序向投资

人要约发行代表一定债权和兑付条件的债券的法律行为。债券的发行人在发行前必须按照规定向债券管理部门提出申报书;政府债券的发行则须经过国家预算审查批准机关的批准。发行人在申报书中所申明的各项

拓展阅读 3.3
国债发行形式

条款和规定,就是债券的发行条件,主要包括拟发行债券数量、发行价格、偿还期限、票面利率、利息支付方式、有无担保等。债券的发行条件决定了债券的收益性、流动性和安全性,直接影响发行人筹资成本的高低和投资者投资收益的多少。

(二)影响因素

债券发行价格是债券投资者认购新发行债券时实际支付的价格。债券发行价格的形成受诸多因素的影响,其中主要影响因素是票面利率与市场利率的一致程度。债券的票面金额、票面利率在债券发行前即已参照市场利率和发行公司的具体情况确定下来,一并载明于债券之上。决定债券发行价格的基本因素如下。

(1)债券面值。债券面值即债券票面上标出的金额,公司可根据不同认购者的需要,使债券面值多样化,既有大额面值,也有小额面值。

(2)票面利率。票面利率可分为固定利率和浮动利率两种。一般情况下,公司应根据自身资信情况、公司承受能力、利率变化趋势、债券期限长短等决定选择何种利率形式与利率的高低。

(3)市场利率。市场利率是衡量债券票面利率高低的参照系,也是决定债券价格按面值发行还是溢价或折价发行的重要因素。

(4)债券期限。期限越长,债权人的风险越高,其所要求的利息报酬就越高,债券的发行价格可能就越低。

(三)价格形式

在发行债券时已确定的票面利率不一定与当时的市场利率一致。为了协调债券购销双方在债券利息上的利益,就要调整发行价格,即:当票面利率高于市场利率时,以溢价发行债券;当票面利率低于市场利率时,以折价发行债券;当票面利率与市场利率一致时,以平价发行债券。也就是说,债券发行价格有以下三种形式。

(1)平价发行。债券的发行价格与票面名义价值相同。债券票面利率=市场利率。

(2)溢价发行。债券的发行价格高于票面名义价值。债券票面利率>市场利率。

(3)折价发行。债券的发行价格低于票面名义价值。债券票面利率<市场利率。

债券当前市场价格越接近债券面值,债券期限越长,则债券的当期收益率越接近债券的到期收益率。债券当前的市场价格越偏离债券的面值,债券期限越短,则债券的当期收益率越偏离债券的到期收益率。

在债券发行中,债券票面利率、当期收益率和到期收益率三者之间的关系如下。

(1)平价发行:票面利率=当期收益率=到期收益率。

(2)溢价发行:票面利率>当期收益率>到期收益率。

(3)折价发行:票面利率<当期收益率<到期收益率。

【例 3-14】　某公司要发行面值为 1 000 元、票面利率 10％、期限 10 年,每年年末付息的债券。公司在决定发行债券时认为 10％的市场利率是合理的。如果债券正式发行时市场利率发生了变化,则需要调整债券的发行价格。可以分三种情况讨论。

解:（1）市场利率保持不变,该公司可以平价发行该债券。可求得债券价格 P 为

$$P = \frac{1\ 000}{(1+10\%)^{10}} + \sum_{t=1}^{10} \frac{1\ 000 \times 10\%}{(1+10\%)^t}$$

$$= 1\ 000 \times 0.385\ 5 + 100 \times 6.144\ 6 = 1\ 000(元)$$

（2）市场利率大幅上升到 12％,公司采取折价发行方式。可求得债券价格 P 为

$$P = \frac{1\ 000}{(1+12\%)^{10}} + \sum_{t=1}^{10} \frac{1\ 000 \times 10\%}{(1+12\%)^t}$$

$$= 1\ 000 \times 0.322 + 100 \times 5.650\ 2 = 887.02(元)$$

（3）市场利率大幅下降到 8％,公司采取溢价发行方式。可求得债券价格 P 为

$$P = \frac{1\ 000}{(1+8\%)^{10}} + \sum_{t=1}^{10} \frac{1\ 000 \times 10\%}{(1+8\%)^t}$$

$$= 1\ 000 \times 0.463\ 2 + 100 \times 6.710\ 1 = 1\ 134.21(元)$$

（四）债券发行的风险因素

债券发行的风险因素主要包括本期债券的投资风险和发行人的相关风险。

1. 本期债券的投资风险

（1）利率风险。市场利率变化对本期债券收益的影响。

（2）流动性风险。本期债券因市场交易不活跃可能受到的不利影响。

（3）偿付风险。本期债券本息可能无法足额偿付的风险。

（4）本期债券安排所特有的风险。本期债券有关约定的潜在风险,如专项偿债账户及其他偿债保障措施可能存在的风险、提前偿付安排可能对投资人利益的影响等。

（5）担保(如有)或评级的风险。担保人(如有)资信或担保物(如有)的现状及可能发生的重大变化对本期债券本息偿还的影响,信用评级级别变化可能对投资人利益的影响等。

2. 发行人的相关风险

（1）财务风险。发行人因资产结构、负债结构及其他财务结构不合理而面临的风险,对外担保等导致发行人整体变现能力差等风险。

（2）经营风险。发行人的产品或服务的市场前景及行业经营环境的变化、商业周期或产品生命周期的影响、市场饱和或市场分割、过度依赖单一市场、市场占有率下降等风险。

（3）管理风险。发行人组织模式和管理制度不完善,与控股股东及其他重要关联方存在同业竞争及重大关联交易,在债券存续期内可能进行重大资产重组或重要股东可能变更导致公司管理层、管理制度、管理政策不稳定等风险。

（4）政策风险。因国家法律、法规、政策的可能变化对发行人产生的具体政策性风险,如因财政、金融、土地使用、产业政策、行业管理、环境保护、税收制度、财务管理制度、

经营许可制度、外汇制度、收费标准等发生变化而对发行人产生的影响。

二、债券信用评级

债券信用评级(bond credit rating)是以公司或经济主体发行的有价债券为对象进行的信用评级。债券信用评级大多是公司债券信用评级,是对具有独立法人资格公司发行的某一特定债券的按期还本付息可靠程度进行评估,并标示其信用等级。这种信用评级为投资者购买债券及证券市场债券的流通转让活动提供了信息。国家财政发行的国库券和国家银行发行的金融债券,由于有政府的保证,不参加债券信用评级。地方政府或非国家银行金融机构发行的某些有价证券则有必要进行评级。

(一)债券信用评级的原因

进行债券信用评级最主要的原因是方便投资者进行债券投资决策。投资者购买债券是要承担一定风险的,如果发行人到期不能偿还本息,投资者就会蒙受损失,这种风险称为信用风险或违约风险。债券的信用风险因发行人的偿还能力不同而有所差异,对广大投资者特别是中小投资者来说,事先了解债券的信用等级是非常重要的。由于受到时间、知识和信息的限制,无法对众多债券进行分析和选择,因此需要专业机构对准备发行的债券的还本付息可靠程度进行客观、公正和权威的评定,也就是进行债券信用评级,以方便投资者决策。

债券信用评级的另一个重要原因是降低高信用等级发行人的筹资成本。一般来说,信用等级越高的债券越容易得到投资者的信任,投资者要求更低的风险补偿,发行人能够以较低的利率发行;而信用等级低的债券,风险较高,只能以较高的利率发行。

(二)等级标准

1. A 级债券

A 级债券是最高级别的债券,其特点是:本金和收益的安全性最高;受经济形势影响较小;收益水平较低,筹资成本也低。

对于 A 级债券来说,利率的变化比经济状况的变化更为重要。因此,A 级债券又被称为信用良好的金边债券,对特别注重利息收入安全性的投资者或保值者是较好的选择。

2. B 级债券

B 级债券对经验丰富的证券投资者特别有吸引力,因为这些投资者不愿意只购买收益较低的 A 级债券,而甘愿冒一定风险购买收益较高的 B 级债券。B 级债券的特点是:债券的安全性、稳定性及利息收益受经济中不稳定因素的影响;经济形势的变化对这类债券价值的影响很大;投资者需要冒一定的风险,但收益较高,筹资成本与费用也较高。

因此,投资 B 级债券时,投资者必须具有选择与管理债券的良好能力。对愿意承担一定风险又想取得较高收益的投资者来说,B 级债券是较好的选择。

3. C 级和 D 级债券

C 级和 D 级债券是投机性或赌博性的债券。从正常投资的角度来看,这些债券没有太大的经济价值,但对敢于承担风险,试图从差价变动中获取巨大收益的投资者来说,

C 级和 D 级债券也是一种可供选择的投资对象。

（三）评级机构

外部机构的评级于 20 世纪 20 年代开始出现。目前国际上公认的最具权威性的信用评级机构主要有美国的标准普尔公司和穆迪投资者服务公司。这两家公司负责评级的债券很广泛，包括地方政府债券、公司债券、外国债券等。由于它们占有详尽的资料，采用先进科学的分析技术，又有丰富的实践经验和大量的专门人才，因此它们给出的信用评级具有很高的权威性。标准普尔公司信用等级标准从高到低可划分为：AAA 级、AA 级、A级、BBB 级、BB 级、B 级、CCC 级、CC 级 C 级和 D 级。穆迪投资者服务公司信用等级标准从高到低可划分为：Aaa 级，Aa 级、A 级、Baa 级、Ba 级、B 级、Caa 级、Ca 级、C 级。两家机构的信用等级划分大同小异。前四个级别债券信用高，风险低，属于投资级债券，第五级开始的债券信用低，属于投机级债券。

表 3-3　债券评级说明

标准普尔	穆迪	债券评级说明
AAA	Aaa	最高评级，其支付利息和偿付本金的能力特别强
AA	Aa	支付利息和偿付本金的能力非常强
A	A	支付利息和偿付本金的能力较强，相比高等级债券，更容易受经济或环境状况的负面影响
BBB	Baa	拥有支付利息和偿付本金的足够能力。尽管该类债券通常的保护性条款足够充分，但相比评级较高的债券类别，较差的经济状况及环境的变化更容易导致其支付利息与偿付本金的能力变弱。这些债券处于中间等级
BB	Ba	根据债券支付利息与偿付本金的能力，而且综合考虑契约的条款，处于本评级类别的债券通常被认为主要是投机性的债券。BB 或是 Ba 意味着相应债券的投机性最弱。Ca、CC 及 C 的评级对应的则是投机性最强的债券。尽管此类债券可能会有一些保护性条款，但不足以弥补不利情况下产生的高不确定性及所需承担的主要风险。穆迪评级中的 C 级通常都会发生违约
B	B	
CCC	Caa	
CC	Ca	
C	C	
D	—	发生了违约，而且利息的支付或是本金的偿付都将变成欠款

标准普尔用加号或减号，穆迪用 1、2、3 对评级进行调整。A＋是评级为 A 的债券中偿债能力最强的，A－是最弱的。1 是最强的，3 是最弱的。穆迪没有评级为 D 的债券

标准普尔公司和穆迪投资者服务公司都是独立的私人公司，不受政府的控制，也独立于证券交易所和证券公司。它们所做出的信用评级不具有向投资者推荐这些债券的含义，只是供投资者决策时参考，因此它们对投资者负有道义上的义务，但并不承担任何法律责任。

信用评级的对象主要分为两类。一类是对债务人评级，即发行人评估是对债务发行人或其他债务人未来对债务的本息偿付能力、法律义务、偿付意愿的总体评价。这类评级主要包括交易对手评级、公司信用评级和主权评级等，是对债务人偿付能力的总体评价，不针对某一特定债务，也不考虑某些债务存在担保人可能带来的好处。另一类是债务评级，即对某一特定债务的评级。需要考虑债务人的信用等级、是否有担保、国家风险、宏观

经济状况等众多因素。债务评级首先要区分长期信用和短期信用。短期信用评级的适用对象主要包括商业票据、大额可转让存单、可提前赎回债券等。在对某个特定的债务工具进行评级时,必须考虑发行人的特征、债务工具的期限、质押品的质量及担保人的资信状况等。在标准普尔公司和穆迪投资者服务公司的评级体系中,各个公司和金融工具分别被归入特定的级别,对应着不同的违约可能性。

评级内容主要包括财务分析、质量分析及法律分析等多个方面。财务分析主要以公司的财务报表为主;质量分析主要关注管理质量,包括对公司在所从事行业的竞争力、行业发展前景,以及行业对技术变化、管制变化和劳资关系的敏感性方面的分析。

公司债券评级对投资者和筹资者都有好处。对投资者的好处如下。

（1）可以减少投资的不确定性。由于市场不完善,存在信息不对称的现象,债券评级可以帮助投资者了解债券风险的大小,增加信息的传递。

（2）可以作为选择投资对象的标准。有些机构投资者对投资对象存在一定的限制,如养老基金只能投资于某一级别之上的债券。

（3）可以作为确定风险报酬的依据。债券级别反映了债券违约的可能性大小,投资者可以根据这一评级判断债券风险,进而确定自身要求的风险报酬。对筹资者而言,债券评级有助于投资者了解公司,使更多的公司可以通过金融市场获得融资。同时,债券评级有助于公司降低发行成本,可以进行多样化的债务融资,从而提高融资的灵活性。

习题与思考题

1. 简述债券的特征和基本要素。
2. 简述债券的种类。
3. 说明债券的优缺点。
4. 说明债券价值评估常用的模型。
5. 说明影响债券收益率的因素。
6. 简述债券的名义收益率、当期收益率、到期收益率和持有期收益率。
7. 简述债券溢价发行、平价发行和折价发行的区别。
8. 说明债券的评级标准。

即测即练　　扫码答题

阅读专栏：信用评级机构

一、国际信用评级机构

国际上最具影响力的三家信用评级机构是标准普尔公司（简称标普）、穆迪投资者服务公司(简称穆迪)和惠誉国际信用评级公司(简称惠誉)。

标准普尔公司是 1941 年由普尔出版公司和标准统计公司合并而成的,总部位于美国纽约市,提供信用评级、独立分析研究、投资咨询等服务。穆迪投资者服务公司 1900 年由约翰·穆迪(John Moody)创办,位于美国纽约市。穆迪投资者服务公司最初是邓白氏的子公司,2001 年邓白氏公司和穆迪公司两家公司分拆,成为独立上市公司。惠誉国际信用评级公司 1913 年由约翰·惠誉(John K. Fitch)创办,起初是一家出版公司,1924 年开始使用 AAA 到 D 级的评级系统对工业证券进行评级。

三家信用评级机构各有侧重:标普侧重企业评级方面,穆迪侧重机构融资方面,而惠誉则侧重金融机构的评级。惠誉在美国市场上的规模比其他两家评级公司小,但在全球市场上,尤其在对新兴市场的评级方面惠誉的敏感度较高,视野比较国际化。

(一)标普评级

标普的长期评级主要分为投资级和投机级两大类。投资级的评级具有信誉高和投资价值高的特点,投机级的评级则信用程度较低,违约风险逐级加大。投资级包括 AAA、AA、A 和 BBB,投机级则分为 BB、B、CCC、CC、C 和 D。信用级别由高到低排列:AAA 级具有最高信用等级;D 级最低,视为对条款的违约。从 AA 至 CCC 级,每个级别都可通过添加"+"或"—"来显示信用高低程度。例如,在 AA 序列中,信用级别由高到低依次为 AA+、AA、AA—。

此外,标普还对信用评级给予展望,显示该机构对于未来(通常是 6 个月至两年)信用评级走势的评价。决定评级展望的主要因素包括经济基本面的变化。展望包括"正面"(评级可能被上调)、"负面"(评级可能被下调)、"稳定"(评级不变)、"观望"(评级可能被下调或上调)和"无意义"。标普还会发布信用观察以显示其对评级短期走向的判断。信用观察分为"正面"(评级可能被上调)、"负面"(评级可能被下调)和"观察"(评级可能被上调或下调)。标普的短期评级共设六个级别,依次为 A-1、A-2、A-3、B、C 和 D。其中 A-1 表示发债方偿债能力较强,此评级可另加"+"号表示偿债能力极强。

(二)穆迪评级

穆迪长期评级针对一年期以上的债务,评估发债方的偿债能力,预测其发生违约的可能性及财产损失概率。而短期评级一般针对一年期以下的债务。穆迪长期评级共分九个级别:Aaa、Aa、A、Baa、Ba、B、Caa、Ca 和 C。其中,Aaa 级债务的信用质量最高,信用风险最低;C 级债务为最低债券等级,收回本金及利息的机会微乎其微。在 Aa 到 Caa 的六个级别中,还可以添加数字 1、2 或 3 进一步显示各类债务在同类评级中的排位,1 为最高,3 为最低。通常认为,从 Aaa 级到 Baa3 级属于投资级,Ba1 级以下则为投机级。穆迪的短期评级依据发债方的短期债务偿付能力从高到低分为 P-1、P-2、P-3 和 NP 四个等级。

此外,穆迪还对信用评级给予展望评价,以显示其对有关评级的中期走势的看法。展望分为"正面"(评级可能被上调)、"负面"(评级可能被下调)、"稳定"(评级不变)及"发展中"(评级随着事件的变化而变化)。对于短期内评级可能发生变动的被评级对象,穆迪将其列入信用观察名单。被审查对象的评级确定后,将从名单中去除。

(三)惠誉评级

惠誉的规模较其他两家稍小,是唯一一家欧洲控股的评级机构。惠誉的长期评级用于衡量一个主体偿付外币或本币债务的能力。惠誉的长期信用评级分为投资级和投机级,其中投资级包括 AAA、AA、A 和 BBB,投机级则包括 BB、B、CCC、CC、C、RD 和 D。以上信用级别由高到低排列:AAA 等级最高,表示最低的信贷风险;D 为最低级别,表明一个实体或国家主权已对所有金融债务违约。惠誉的短期信用评级大多针对到期日在 13 个月以内的债务。短期评级更强调发债方定期偿付债务所需的流动性。短期信用评级从高到低分为 F1、F2、F3、B、C、RD 和 D。惠誉采用"+"或"-"进行主要评级等级内的微调,但这在长期评级中仅适用于 AA 至 CCC 六个等级,而在短期评级中只有 F1 一个等级适用。

惠誉还对信用评级给予展望,用来表明某一评级在一两年内可能变动的方向。展望分为"正面"(评级可能被调高)、"稳定"(评级不变)和"负面"(评级可能被下调)。需要指出的是,正面或负面的展望并不表示评级一定会出现变动;同时,评级展望为稳定时,评级也可能根据环境的变化被调升或调降。此外,惠誉用评级观察表明短期内可能出现的评级变化。"正面"表示可能调升评级,"负面"表示可能调降评级,"循环"表明评级可能调升也可能调低或不变。

二、国内信用评级机构

目前,国内三大信用评级机构是中诚信国际信用评级有限公司、联合资信评估有限公司和大公国际信用评级有限公司。

(一)中诚信国际信用评级有限公司

中诚信国际信用评级有限公司(CCXI)简称中诚信国际。中诚信国际是经中国人民银行、中华人民共和国商务部批准设立,在中国国家工商行政管理总局登记注册的中外合资信用评级机构,股东为穆迪投资者服务公司(占股 49%)和中国诚信信用管理有限公司(占股 51%)。业务范围主要包括企业债券评级、短期融资券评级、中期票据评级、可转换债券评级、信贷企业评级、保险公司评级、信托产品评级、货币市场基金评级、资产证券化评级、公司治理评级等。

中诚信国际正式引进国际评级技术与方法体系,正式公开评级方法和按行业制定不同评级标准。中诚信国际的评级体系的主要特征包括:①定性分析判断与定量分析相结合;②历史考察、现状分析与长期展望相结合(平抑经济周期的扰动);③侧重对评级对象未来偿债能力的分析和评价;④注重现金流的水平和稳定性;⑤以同类企业作为参照,强调评级的一致性和可比性;⑥"看透"不同准则下的会计数字。

(二)联合资信评估有限公司

联合资信评估有限公司简称联合资信,是我国目前唯一一家国有控股的信用评级机构,总部设在北京,注册资本 3 000 万元。股东为联合信用管理有限公司和惠誉信用评级有限公司,前者是一家国有控股的全国性专业化信用信息服务机构,后者是一家全球知名的国际信用评级机构。联合资信评级资质齐全,是中国人民银行、国家发展和改革委员会、中国保险监督管理委员会等监管部门认可的信用评级机构,是中国银行间市场交易商协会理事单位。

联合资信的主要业务领域包括资本市场信用评级和信用风险咨询,主要业务范围包括主体评级和债项评级。主体评级是对金融及非金融企业主体开展的评级。债项评级是对金融及非金融企业主体发行的各种证券开展的评级,主要包括:①非金融企业债务融资工具,如企业债券、短期融资券、中期票据,以及集合短期融资券、集合中期票据和集合企业债券等;②金融机构债务融资工具,如商业银行、财务公司等金融机构发行的金融债券、次级债券、混合资本债券以及资产管理公司设立的基础设施债权投资计划等;③结构化融资工具,即金融及非金融企业发起设立的结构融资产品,如住房抵押贷款支持证券、银行企业贷款支持证券、汽车消费贷款支持证券、不良资产支持证券、企业债权资产支持证券、未来收益支持证券、信托产品等。

（三）大公国际资信评估有限公司

大公国际资信评估有限公司简称大公国际,是 1994 年经中国人民银行和国家经贸委批准成立的信用评级与风险分析研究专业机构。大公国际是中国认可为所有发行债券的企业进行信用等级评估的权威机构。依据国际证券组织、美国证交会、亚洲评级协会和中国监管政策的要求,大公国际针对信用评级共计 60 多项专业制度、业务流程、操作规范和技术标准进行了重新设计和细化,形成了完整的评级管理系统。

大公国际具有国家特许经营的全部资质,拥有银行间和证券业两大债券市场,四个国家政府部门认定的中国全部债务工具类信用评级资质:①中国人民银行认定的全国性企业债券及银行间债券信用评级机构;②中国证监会认定的从事证券市场资信评级业务的机构;③国家发展和改革委员会认定的企业债券、中小企业、担保公司信用评级机构;④中国保监会认定的对保险公司投资债券进行信用评级的机构。大公国际作为多元化的金融信用信息服务商,建立了我国评级业第一个博士后科研工作站,为资本市场提供前沿风险评价技术与研究服务,与天津财经大学联合创建了我国第一所培养信用评级和风险管理高端专业人才的高等院校——大公信用管理学院。

资料来源:根据百度百科、新华网、央视网综合整理。

第四章

股票价值评估

股票最早于晚清时期由西方传入我国上海。20世纪二三十年代,上海作为远东第一金融中心,在世界金融史上扮演了重要角色。1984年11月18日,上海飞乐音响公司成立,面向社会发行每股面值50元的股票1万股。这是我国发行的第一只上市公司股票,使公司能够利用民间资本获得发展动力。作为新兴事物,股票的发行引起了人们热切的关注,引爆了中国的资本市场,也给中国经济的发展注入了无限活力。本章将从股票及股票市场的基础知识入手,介绍股票的估值基础及贴现模型,拓展不同股利增长率的股票估值与乘数估值模型,提供计算案例帮助读者更直观地理解股票估值方法,为公司投融资决策奠定基础。

学习目标

- 了解股票的基本概念
- 辨别普通股和优先股
- 掌握股票发行制度及其条件
- 熟悉股票的不同价值形式
- 解释股票贴现的方法
- 评估不同股利增长率的股票价值
- 说明市盈率模型的优势和局限性

第一节 股票的基础知识

一、股票

(一)股票的含义和特点

股票是股份公司所有权的一部分,也是股份公司发行的所有权凭证,是股份公司为筹集资金而发行给各个股东作为持股凭证并借以取得股息和红利的一种有价证券。每股股票都代表股东对公司拥有一个基本单位的所有权,且每家上市公司都会发行股票。同一类别的每一份股票代表的公司所有权是相等的,每个股东拥有的公司所有权份额的大小取决于其持有的股票数量占公司总股本的比重。

股票是一种无偿还期限的有价证券,投资者认购股票后不能再要求退股,只能在二级市场上交易卖出,转让股票。股票的转让只是意味着公司股东的改变,并不减少公司的资本。从期限上看,只要公司存在,它所发行的股票就存在,股票的期限等于公司存续的期限。股票具有以下基本特征。

(1) 永久性。股票所载有权利的有效性是始终不变的,因为它是一种无限期的法律凭证。股票的有效期与股份公司的存续期是并存的关系。

(2) 流通性。股票的流通性是指股票在不同投资者之间的可交易性。流通性通常以可流通的股票数量、股票成交量及股价对交易量的敏感程度来衡量。可流通股数越多,成交量越大,价格对成交量越不敏感,股票的流通性就越好,反之就越差。投资者不能从公司退股,但二级市场的交易转让为股票提供了变现的渠道。通过股票的流通和股价的变动,可以看出投资者对于相关行业和上市公司的发展前景及盈利潜力的判断。

(3) 风险性。股票在交易市场上作为交易对象,同商品一样,有自己的市场行情和市场价格。由于要受到包括公司经营状况、供求关系、银行利率、大众心理等多种因素的影响,股票价格波动有很大的不确定性,这种不确定性的存在有可能使股票投资者遭受损失。价格波动的不确定性越大,投资风险也就越高。因此,股票是一种高风险的金融产品。

(4) 收益性。收益性是股票最基本的特征。股东凭其持有的股票,有权从公司领取股息或红利,获取投资的收益。股息或红利的大小主要取决于公司的盈利水平和公司的盈利分配政策。股票的收益性还表现在股票投资者可以获得二级市场交易股票的价差收入,即通过低价买入和高价卖出股票,赚取价差利润。

(5) 法定性。股票须经有关机构核准和登记注册后才能发行,且必须以法定形式,记载法定事项。

(6) 权责性。股票作为股权凭证,代表股东对发行股票的公司具有一定的权责,股东的权益大小取决于其持股比例。股权赋予股东参与公司经营管理、索取股息分红等权利,并明确股东对公司承担的责任大小。

《中华人民共和国公司法》(简称《公司法》)和《中华人民共和国证券法》(简称《证券法》)对股票发行、股票交易和信息披露等做出了明确的规定。关于股票发行,《证券法》第十二条规定,公司首次公开发行新股,应当符合下列条件:①具备健全且运行良好的组织机构;②具有持续经营能力;③最近三年财务会计报告被出具无保留意见审计报告;④发行人及其控股股东、实际控制人最近三年不存在贪污、贿赂、侵占财产、挪用财产或者破坏社会主义市场经济秩序的刑事犯罪;⑤经国务院批准的国务院证券监督管理机构规定的其他条件。《公司法》第一百二十八条规定,股票采用纸面形式或者国务院证券监督管理机构规定的其他形式。股票应当载明下列主要事项:①公司名称;②公司成立日期;③股票种类、票面金额及代表的股份数;④股票的编号。关于股票交易,《公司法》第一百三十八条规定,股东转让其股份,应当在依法设立的证券交易场所进行或者按照国务院规定的其他方式进行。关于信息披露,《证券法》第七十八条规定,发行人及法律、行政法规和国务院证券监督管理机构规定的其他信息披露义务人,应当及时依法履行信息披露义务。信息披露义务人披露的信息,应当真实、准确、完整,简明清晰,通俗易懂,不得有虚假记载、误导性陈述或者重大遗漏。

（二）股票的分类

根据股东享受权利和承担风险的不同,股票可分为普通股和优先股。

1. 普通股

普通股是随着公司利润变动而变动的一种股份,是享有普通权利、承担普通义务的股份,是股份公司资本构成中最普通、最基本的股份,是股份公司资金的基础部分。普通股的基本特点是不在购买时约定投资收益,而是事后根据股票发行公司的经营业绩确定收益,公司的经营业绩好,普通股的收益就高;反之,若公司的经营业绩差,普通股的收益就低。根据《公司法》规定,股票的持有者就是股份有限公司的股东。

普通股股东享有以下权利。

（1）公司决策参与权。普通股股东有权参与股东大会,对公司重大问题有建议权、表决权和选举权,也可以委托他人作为代表行使股东权利。普通股股东持有股票数量与投票权利一致,即持有一股股票便有一股的投票权。

（2）利润分配权。普通股股东有权获得股利,但必须是在公司支付了债息和优先股的股息之后才能分得。普通股的股利是不固定的,一般视公司当期盈利状况与利润分配政策而定。

（3）优先认股权。当股份公司需要扩张而增发普通股股票时,现有普通股股东有权按其持股比例,以低于市价的某一特定价格优先购买一定数量的新发行股票,以保持其对公司所有权拥有的份额不变。例如,某股份公司原有 1 万股普通股,某股东拥有 100 股,占比 1%,而公司决定增发 10% 的普通股,即 1 000 股,则原股东有权以低于市价的价格购买其中 1% 即 10 股股票,以保持持股比例不变。

（4）剩余资产分配权。当股份公司因破产或解散而进行清算时,若公司资产在偿还债权人及优先股股东之后还有剩余,普通股股东有权分得公司剩余资产。

（5）股份转让权。股东持有的股份可以自由转让,但必须符合《公司法》等其他法律法规及公司章程中规定的条件和程序。

（6）对公司账目和股东大会决议的审查权及对公司事务的质询权。

（7）请求召开临时股东大会的权利。

（8）公司章程中规定的其他权利。

普通股根据有关法规的规定以及筹资和投资者的需要,可以按以下标准分类。

（1）按上市地区分类,股票可分为 A 股、B 股、H 股、S 股和 N 股。

A 股也称为人民币普通股票、流通股、社会公众股、普通股,是指在中国大陆注册、在中国大陆上市的普通股票,以人民币认购和交易。

B 股也称为人民币特种股票,是指在中国大陆注册、在中国大陆上市的特种股票,以人民币标明面值,只能用外币认购和交易。

H 股是指在中国内地注册,在香港特别行政区上市的股票。

S 股是指主要生产或经营等核心业务在中国大陆,而企业的注册地在新加坡或其他国家和地区,但是在新加坡交易所上市挂牌的股票。

N 股是指在中国大陆注册、在美国纽约上市的外资股。

（2）按是否记载股东姓名，股票可分为记名股票和无记名股票。

记名股票是在股东名册上登记股东姓名和住址，在股票上注明股东姓名的股票，不能私自转让，转让时必须依据法律和公司章程规定的程序进行，而且要服从规定的转让条件。

无记名股票是票面不记载股东姓名的股票，可以自由转让，转让时通过交付生效，不需要办理过户手续。

（3）按是否记明每股金额，股票可分为有票面值股票和无票面值股票。

有票面值股票是指票面上有股份金额的股票，金额表明每一张股票所包含的资本数额。在公司开始营业后，股票的面值与其市场价格脱离。

无票面值股票又称比例股，是指记明股票和公司资本总额，票面上没有股份金额，仅表明占公司全部资产比例的股票。无票面值股票的价值随发行公司的净资产增减而变化，当发行公司的净资产增加时，股价上升，反之则降低。当今世界上很多国家（包括中国）的公司法规定不允许发行这种股票。

（4）按投资主体的不同，股票可分为国家股、法人股和个人股。

国家股是有权代表国家投资的部门或机构以国有资产向公司投资而形成的股份。

法人股是企业法人依法以其可支配的财产向公司投资而形成的股份，或是具有法人资格的事业单位和社会团体以国家允许用于经营的资产向公司投资而形成的股份。

个人股是社会个人或公司内部职工以个人合法财产投入公司而形成的股份。

2. 优先股

优先股是享有优先权的股票，是一种混合性证券，介于债券和普通股之间。优先股的股东对公司资产、利润分配等享有优先权，风险较低，但对公司事务无表决权。优先股通常预先定明由普通股以其可分配的股利来保证优先股的股息收益率，实际上是股份公司的一种类似举债集资的形式。

优先股具有下列特征。

（1）优先股通常预先设定明确的股息收益率。优先股股息收益率事先固定，所以优先股的股息一般不会根据公司经营情况而增减，优先股一般也不能参与公司的分红，但优先股可以先于普通股获得股息。对公司来说，优先股的股息支付不影响公司的利润分配。

（2）优先股的权利范围小。优先股股东一般没有选举权和被选举权，对股份公司的重大经营事项无投票权，但在某些情况下可以享有投票权。

（3）优先股的优先权。优先权主要表现为股息领取优先权和剩余资产分配优先权。股息领取优先权是指公司分配股利的顺序是优先股在前，普通股在后，股份公司无论当期盈利多少，只要股东大会决定分配股利，优先股股东就可以按照事先确定的股息收益率领取股息。剩余资产分配优先权是指当股份公司解散或破产进行财产清算时，优先股股东对公司剩余财产的要求权先于普通股股东，而次于债权人，只有在公司还清债权人债务后，有剩余资产时，优先股股东才有剩余资产的分配权。

（4）优先股可由公司赎回。由于股份公司需要向优先股股东支付固定的股息，优先股实际上是股份公司的一种举债集资的形式，但优先股股票又不同于公司债券和银行贷款，这是因为优先股股东分取收益和公司资产的权利在公司满足了债权人的要求后才能行使。

优先股根据持有者所享有权利的不同,可以分为以下几种类型。

(1)累积优先股和非累积优先股。累积优先股是指在某个会计期间内,若公司盈利不足以分配股利,股东有权在日后要求如数补给该会计期间未给付的股利,这些股利将会被顺延成为一项累积未付股利,且累积的优先股股利与当期股利的支付顺序均在普通股股利之前。对于非累积的优先股,虽然对于公司当年所获得的利润有优于普通股获得分派股息的权利,但若该年公司所获得的盈利不足以按约定的股利分配,非累积优先股的股东不能要求公司在以后年度补发股利。

(2)参与优先股与非参与优先股。当公司利润增加时,参与优先股除享受既定比率的股息外,还可以跟普通股共同参与利润分配。非参与优先股则不再参与除了既定股息的额外利润分配。

(3)可转换优先股与不可转换优先股。可转换优先股允许优先股持有人在特定条件下把优先股转换成一定数额的普通股。否则,就是不可转换优先股。

(4)可收回优先股与不可收回优先股。可收回优先股是指允许发行该类股票的公司按原来的价格再加上若干补偿金将已发行的优先股收回。当公司认为能够以更低股息率的股票代替已发行的优先股时,可行使收回权利。否则,就是不可收回优先股。

普通股和优先股的不同主要体现在股东权利、股东收益、退股规则三个方面。从股东权利的角度看,普通股股东具有对公司重大问题发表意见、建议和进行表决的权利,具有选举权、股息红利分配权、优先认购新股的权利,以及请求召开临时股东大会的权利。优先股股东对公司资产、利润分配等享有优于普通股股东的权利,一般不享有公司经营参与权,没有表决权、建议权和选举权,如果一段时间内没有派发优先股股利,优先股股东在满足股份公司规定的情况下可以获得投票权或者其他权利。在股东收益方面,公司对普通股股东的利润分配视当期经营状况和分配策略而定,股利收益具有较大的不确定性,在公司亏损、盈利较少或将利润再投资等情况下,普通股股东得不到股息。而优先股股息收益率事先固定,优先股股息一般不会随公司经营情况而变化,优先股股东通常也不能参与公司的分红,只是先于普通股股东获得股息。在退股规则方面,普通股不能退回,只能在二级市场上交易变现,而优先股有可赎回的权利,即在一定的时间内,发行公司可以特定的赎买价格收回已发行的优先股。

优先股的回收方式有三种:①溢价回收。公司在赎回优先股时,虽然是按事先规定的价格进行,但由于赎回行为会给投资者带来不便,发行公司一般情况下会加上额外溢价,即高于优先股面值赎回股票。②偿债基金规定法。公司在发行优先股时,从所获得的资金中提出一部分款项创立偿债基金,专门用于定期赎回已发行的优先股。③转换回收。优先股可按公司发行时的规定转换成普通股。虽然可转换的优先股本身构成优先股的一个种类,但国外投资界也常把它看成是一种回收优先股的方式,只是这种回收的主动权在投资者手里。

可转换优先股和可转换债券都是低风险的投资工具,具有事先固定的收益率,都能通过行权转换为公司的普通股,其主要区别在于可转换优先股有票面股息率,一般没有到期期限,而可转换债券需要按票面利率每年支付。在清偿顺序上,可转换债券有比可转换优先股优先偿还的要求权,公司在当期未盈利的情况下,可以不支付优先股的股息,但需支付债券的利息。

二、股票市场

(一)股票市场的功能

随着股份公司的发展,投资者并不满足于长期持有固定的股票,获取固定的股息,对于流动性的需求促进了股票交易的产生。刚开始时股票交易是零散进行的,没有正式的场所和规则,存在信息不对称、价格机制不健全等问题,投资者之间的道德约束已经不能满足日益增加的股票交易行为的需要,场内交易市场应运而生。股票市场是转让、买卖和流通已发行股票的正式场所,给投资者提供变现的渠道,能够满足投资者的投资需求及应付意外的资金需求,股票资产能够马上转化为流通性最强的货币资产。

股票市场一般分为股票发行市场和股票交易市场两部分。股票发行市场又称一级市场,是资本需求者首次直接出售证券,或者通过投资公司、信托公司及证券承销商出售给投资者时形成的市场,是买卖新证券和票据等金融工具的市场。股票发行市场大多无固定的场所,可以通过证券公司或交易网络进行,也没有统一的发行时间,由股票发行者根据自己的需求或市场行情决定。股票交易市场又称二级市场或流通市场,是证券发行后在不同投资者之间买卖流通形成的市场。按照市场的组织形式划分为证券交易所市场和场外交易市场,前者是专门经营股票、债券交易的有组织的市场,根据规定只有交易所的会员、经纪人、证券商才有资格进入交易大厅进行交易,且交易的股票必须是在证券交易所登记并获准上市的股票。场外交易市场是指通过大量分散的诸如投资银行等证券经营机构的证券柜台和计算机网络买卖证券而形成的市场。场外交易市场采取做市商制度的组织方式,以议价方式进行证券交易,因为没有集中的统一交易制度和固定的场所而被统称为场外交易市场。我国的场外交易市场主要由金融市场报价、信息和交易系统(NET)与全国证券自动报价系统(STAQ)组成。

股票市场的基础功能包括优化资源配置、筹集资金及投资增值功能。优化资源配置就是在市场经济条件下,让资源通过有效的配置发挥最大的社会效益,在股票市场中的体现就是将资金从分散的供给者手中聚集起来,分配给资金的需求者,提高公司的产出水平,促进社会效益的提高。筹集资金功能体现在股份公司能够通过股票市场吸收分散的储蓄资金,筹集到公司扩大再生产所需的资金,股票市场为投资者和筹资者提供了便利的场所与规范的机制。投资增值功能体现为股票的增值功能,即投资者投入的资金可以在股票市场上实现增值。股票市场作为风险投资市场,必须有比无风险市场更高的预期回报才能吸引投资者。

股票市场的衍生功能包括促进经济发展、转换公司机制、分散风险和传导信息。股票市场通过筹集分散的社会资金、优化资源配置,提高全社会的资金使用率,改善投资效率,从而提高经济增长质量。股票市场具有促进公司完善治理结构的功能,是公司完善和规范经营管理模式的推动力。公司上市后受到股票市场的约束,出于对投资者权利的保护,公司治理结构会发生变化,体现在公司董事会结构及信息披露机制等方面。分散风险功能体现在投资者和公司两个层面。从投资者层面看,股票市场给投资者提供交易变现的渠道,股票流动性有助于投资者规避长期投资中股市下跌带来的风险,同时股票市场多样化的选择能有效分散投资者的非市场风险。从公司层面看,股票将风险分散转移给投资者,使公司经营风险与市场风险由股东共同承担。信息传导功能即股票市场对于经济的反映功能,股市是一个国家宏观经济的晴雨表,反映该国经济周期的变动趋势。

对于公司来说,成为上市公司,在股票市场发行股票具有很多优势,包括筹集公司发展所需的资金、提升声望与形象、提高公司估值、增强股权流动性、补充员工薪酬、股份化人力资本、规范公司治理、强化合并和收购的能力,以及为最初的投资者提供退出机制等。公司上市带来的优势是多方面的,但上市也是有成本的。股票上市的不利因素包括披露公司专有信息、造成业务泄密、承担受托责任、增加盈利压力、提升控制权转移风险、增加开销和管理层责任等。

(二) 股票发行制度

股票发行是发行人在股票市场上出售代表一定股东权利的新股票的行为。

股票发行制度是发行人在申请发行股票时必须遵循的一系列程序化的规范,其核心内容是股票发行决定权的归属。股票发行制度依据发行决定权归属的不同,可以分为审批制、核准制和注册制。

审批制是在股票市场发展的初期,为了维护上市公司的稳定和平衡复杂的社会经济关系,采用行政和计划的办法来分配股票发行的指标和额度,由地方政府或行业主管部门根据指标推荐企业发行股票的一种发行制度。

注册制是市场化程度较高的成熟股票市场普遍采用的一种发行制度,证券监管部门公布股票发行的必要条件,只要达到所公布条件要求的企业均可发行股票。发行人申请发行股票时,必须依法将公开的各种资料完全准确地向证券监管机构申报。证券管理部门的职责是保证发行人提供的资料没有任何虚假的成分。在注册制下,企业的上市门槛低,利润低或亏损的企业同样具有发行条件。

核准制则是介于注册制和审批制之间的中间形式。它一方面取消了政府的指标和额度管理,引进证券中介机构的责任,判断企业是否达到发行股票的条件;另一方面证券监管机构对股票发行的合规性和适销性条件进行实质性审查,并有权否决股票发行的申请。发行人除了提供全面、准确和真实的资料外,还要符合《公司法》和《证券法》规定的实质性条件,如发行人从事的行业应符合国家政策、连续三年盈利等,将高风险企业排除在发行范围之外。

我国股票市场的发行制度经历了数次演变,在最初的审批制阶段(1993—1999 年),股票上市的额度和指标由证监会下达给各省市政府,由它们选择和推荐拟上市企业,复审后做出批准上市的决定,该阶段新股股价基

拓展阅读 4.1

我国资本市场注册制改革

本由政府指导确定,投资者通过购买认购证投资新股。随着 1999 年《证券法》的落地实施,股票发行制度全面转向核准制,取消了政府推荐的方法,由证券公司和保荐机构推荐企业上市,形成了包含发行上市保荐制度、发行审核委员会制度、询价配售制度等在内的核准制规则体系,新股定价采用市场化定价,实行询价制度。2018 年宣布设立科创板试

点注册制以来,我国资本市场正在进一步向注册制改革。2019 年首批注册制试点企业在科创板上市交易,2020 年深交所创业板开始试点注册制,2021 年北交所按照注册制逻辑稳步运行,全面实行股票发行注册制。2023 年 2 月 17 日,中国证监会发布全面施行股票发行注册制相关制度规则,制度规则的主要内容包括精简优化发行上市条件、完善审核注册程序、优化发行承销制度、完善上市公司重大资产重组制度及强化监管执法和投资者保护等。

(三)股票的发行方式与销售方式

股票的发行方式是指公司通过何种途径发行股票。可以从不同角度对发行方式进行分类。

1. 按发行对象不同,可分为公开发行和不公开发行

公开发行又称公募,是指公司通过中介机构,公开向社会公众发行股票。公开发行股票的优点包括:①发行范围广、发行对象多,易于足额募集资本;②股票的变现性强,流通性好;③股权分散,有助于防止恶意操纵;④有助于提高发行公司的知名度和扩大其影响力。缺点在于手续繁杂,发行成本高。不公开发行又称私募,是指只向少数特定的对象直接发行,无须经由中介机构承销。不公开发行的优势包括不用披露信息、成本低,且发行弹性较大。其劣势在于发行范围小、无法上市流通和股票变现性差。

2. 按发行中职责的不同,可分为直接发行和间接发行

直接发行是发行人直接向投资者推销、出售证券。直接发行可以节省向发行中介机构缴纳的手续费,降低发行成本,但发行风险较高。直接发行适用于有既定发行对象或发行人知名度高、发行数量少且风险低的证券。间接发行是由发行公司委托证券中介机构代理出售证券的发行方式。间接发行能够在较短时期内筹集到所需资金,发行风险较低,但需支付发行费用,发行成本较高。

3. 按发行目的不同,可分为初次发行和增资发行

初次发行是指新组建股份有限公司时,或原非股份制企业改制为股份有限公司,或原私人持股公司要转为公众持股公司时,公司首次发行股票在资本市场上获得融资。增资发行是指随着公司的发展、业务的扩大,公司为达到增加资本金的目的而发行新的股票的行为。按照发行增资股票的形态,增资发行又可分为有偿增资和无偿增资。有偿增资可分为配股与按一定价格向社会增发新股票。无偿增资是指公司股东不向公司缴纳现金或实物,无代价地取得公司发行的股票的一种增资方法,即所谓的送股。

4. 按发行价格与票面金额的关系不同,可分为平价发行、折价发行和溢价发行

平价发行是指发行人以股票票面金额作为发行价格。折价发行是指以低于票面金额的价格出售新股。溢价发行是指以高于票面金额的价格出售新股。

拓展阅读 4.2
绿鞋机制

5. 按是否利用证券系统发行,可分为网上定价发行和网下询价发行

网上定价发行是指主承销商利用证券交易所的交易系统,由主承销商作为唯一卖方,投资者在指定时间内,按照现行委托买入股票的方式进行股票申购的发行方式。广大投资者均可以参与网上定价发行。网下询价发行是指股票发行人与承销机构向股票市场机构投资者征询公司股份发行价格,并且投资者愿意同价同股来入股组建股份制公司的发行方式。承销机构根据询价情况确定一个发行价,并以此发行价发行新股。我国现行股票发行采用网上定价发行与网下询价配售相结合的方式,即网下通过向机构投资者询价确定发行价格并按比例配售,同时网上对公众投资者定价发行。

股票的销售方式是指股份有限公司向社会公开发行股票时所采取的股票销售方法。股票销售方式根据销售主体的不同可分为自销和委托承销。

股票发行的自销方式是指发行公司自己直接将股票销售给认购者。这种销售方式由发行公司直接控制发行过程,实现发行意图,可以节省发行费用,但筹资时间往往较长,发行公司要承担全部发行风险,而且该方式需要发行公司自身具有较高的知名度、信誉和实力。

股票发行的承销方式是指发行公司将股票销售业务委托给证券经营机构代理,这种销售方式是股票实际发行过程中普遍采用的。我国《公司法》规定,股份有限公司向社会公开发行股票,必须与依法设立的证券经营机构签订承销协议,由证券经营机构承销。股票承销又分为代销和包销两种具体方法。代销是指证券经营机构仅替发行公司销售股票,并由此获取一定的佣金,但不承担股款未募足的风险。包销是指证券经营机构按照承销协议商定的价格,一次性全部购进发行公司公开募集的全部股份,然后以较高的价格出售给社会上的认购者。对发行公司来说,代销的费用虽不高,但要承担股款未募足的风险;包销的办法可及时筹足资本,免于承担发行风险,但股票以较低的价格出售给承销商会损失部分溢价。

第二节　股票估值的股利贴现模型

一、股票的价值形式

股票的价值主要体现在每股权益比率及对公司成长的预期上。股票的价值具有不同的表现形式,分为票面价值、账面价值、市场价值、清算价值和内在价值五种。

票面价值是指股份有限公司在所发行的股票票面上标明的价值,用来表明每一张股票所包含的资本数额。票面价值的作用是表明股票的认购者在股份有限公司的投资中所占的比例,作为确定股东权利的依据。此外,股票的票面价值也作为定价发行的一个依据,但股票进入二级市场交易时,股票价格和面值就分离了。

账面价值又称每股净资产,是基于资产负债表用会计统计的方法计算出来的每股股票所包含的资产净值。其计算方法是用公司的净资产(包括注册资金、各种公积金、累积盈余等,不包括债务)除以总股本,得到的就是每股的净值。公司的账面价值越高,股东实际拥有的资产就越多。账面价值是财务统计、计算的结果,数据较精确而且可信度高,因此是股票投资者评估和分析上市公司实力的重要依据之一。

市场价值是指股票在市场交易过程中交易双方达成的成交价。股票的市场价值实际上是投资者对未来的预期,投资者根据自身对当前形势的判断预期股票的价格走向,进行买卖股票的投资选择,从而对股票的市场价值产生影响。

清算价值是指公司破产或倒闭后进行清算时,每股股票所代表的实际价值。从理论上讲,股票的每股清算价值应与股票的账面价值一致,但公司在破产清算时,其财产价值是以实际的销售价格来计算的,而在进行财产处置时,售价一般都会低于实际价值,所以股票的清算价值就会与股票的账面价值不同。股票的清算价值只是在公司因破产或其他原因丧失法人资格进行清算时才被作为确定股票价格的依据,在股票的发行和流通过程中没有意义。

内在价值又称理论价值,是指股票未来现金流入的现值,是综合考虑公司的财务状况、盈利前景及其他影响公司生产经营状况的因素后,股票所真正代表的价值。计算内在价值有多种方式,可能对同一公司得出不同的结论,常用的方式包括股利贴现模型(dividend discount model,DDM)、自由现金流贴现(DCF)模型和市盈率(P/E)模型。本节将介绍如何通过股利贴现模型计算股票的内在价值。

二、股利贴现模型

股票估值比债券估值更加困难,原因至少有三个:第一,对于普通股而言,无法事先知道未来收益现金流;第二,由于普通股没有到期日,投资为无限期,对未来现金流的预测没有终止;第三,市场上的必要报酬率通常需要复杂的测算,无法轻易获得。但对于任何证券估值,都需要确定投资者因拥有证券将得到的期望现金流。虽然不是所有公司都支付股利,如成长迅速的高新科技公司一般将利润再投资,而不是向股东分配利润,但大多数成熟且盈利的公司会向投资者定期支付股利,所以一般情况下,仍然可以得出普通股的未来现金流量,即公司未来支付的每股股利,进而通过股利贴现模型(DDM)确定股票价值。

持有股票有两种可能的现金流来源。第一,公司以股利形式向股东支付现金;第二,投资者在未来某个时点出售股票获得现金,即资本利得。股票的价值等于未来现金股利的贴现值与持有一段期限后出售股票获得的现金贴现值之和。

(一)一年期投资者

设投资者购买股票时,为每股股票支付的市场价格为 P_0,投资者在持有股票的一年期间,有权获得股票支付的现金股利,一年期间内每股股票支付的现金股利总额为 D_1,持有期一年到期后,投资者以新的市场价格 P_1 出售股票。为简化分析,假设现金股利在持有期期末支付,这一投资的时间轴如图 4-1 所示。

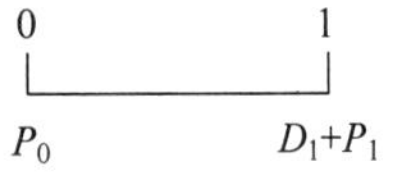

单一持有期的投资回报率 k 表示为

$$k = \frac{D_1 + P_1 - P_0}{P_0} = \frac{D_1}{P_0} + \frac{P_1 - P_0}{P_0} \tag{4-1}$$

图 4-1　持有一年期的投资时间轴

```
0            1
|------------|
P_0        D_1+P_1
```

式(4-1)右边第一项为股利收益率,是股票持有期的现金股利除以当前价格,即投资者从现金股利中赚取的回报。式(4-1)右边第二项反映的是投资者在股票交易中赚取的资本利得,即股票持有期期末价格与期初价格之差,除以股票期初价格,称为资本利得率。

假设 A 公司的股票价格为每股 100 元,投资者预期下一年将会得到每股 5 元的现金股利,并且预期一年后股票价格为 110 元,则持有该股票一年的投资回报率为 15%:

$$k = \frac{110 - 100 + 5}{100} = 0.15$$

在期初时,给定投资者未来现金股利、投资期期末股票价格的预测,以及资本市场上与该公司股票具有相同风险的其他股票的预期收益率 k,即可得到目前的股票价值 P_0:

$$P_0 = \frac{D_1 + P_1}{1 + k} \tag{4-2}$$

假设 A 公司股票的预期收益率 k 为 15%,预期持有一年后得到现金股利 5 元,且股票价格为 110 元,则当前股票价格应为 100 元:

$$P_0 = \frac{110 + 5}{1 + 0.15} = 100$$

如果当前的股票价格低于 100 元,投资 A 公司的股票将有利可图,可以预期投资者的购买会使 A 公司股票的价格上涨,直至失去盈利机会。如果 A 公司股票的价格超过 100 元,投资者出售股票将会获得利润,股票价格将会下跌至 100 元。

(二) 多年期投资者

式(4-1)计算了投资者持有一年期的股价和现金股利的关系,如果投资者计划持有股票两年,则在期末出售股票前将在第 1 年年末和第 2 年年末收到现金股利。若 D_2 表示第 2 年年末每股股票支付的现金股利总额,P_2 表示第 2 年年末出售股票的市场价格,该投资的时间轴如图 4-2 所示。

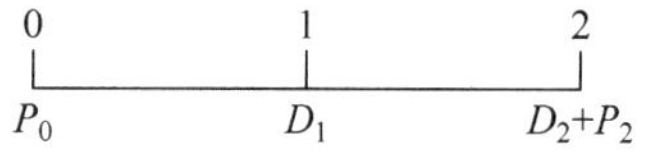

图 4-2　持有两年期的投资时间轴

在投资者持有股票两年期的情况下,在第 1 年年末,股票价格 P_1 满足:

$$P_1 = \frac{D_2 + P_2}{1 + k}$$

将 P_1 的表达式代入式(4-2),则目前股票价格 P_0 等于:

$$P_0 = \frac{D_1 + P_1}{1 + k} = \frac{D_1}{1 + k} + \frac{D_2 + P_2}{(1 + k)^2} \tag{4-3}$$

也就是说,两年期投资者当前股票现值可以用连续两个一年期投资者的股票价值表示。

以 A 公司为例,假设投资者预期公司第 1 年支付现金股利 5 元,第 2 年支付现金股利 5.5 元,第 2 年年末股票价格为 121 元,则可计算出第 1 年年末股票价格为

$$P_1 = \frac{121 + 5.50}{1 + 0.15} = 110$$

则期初股票价格 P_0 为

$$P_0 = \frac{D_1 + P_1}{1 + k} = \frac{5 + 110}{1 + 0.15} = 100$$

也可以代入式(4-3),使用第 2 年现金股利 D_2 和第 2 年年末的预期股票价格 P_2 直接计算:

$$P_0 = \frac{D_1}{1 + k} + \frac{D_2 + P_2}{(1 + k)^2} = \frac{5}{1.15} + \frac{121 + 5.50}{1.15^2} = 100$$

可以按上述计算过程将投资者持有期扩展至多年期,通过将未来无限期的现金股利折现来估计当期股票价值,可推导出股票价值常用的股利贴现模型(DDM):

$$P_0 = \frac{D_1}{1 + k} + \frac{D_2}{(1 + k)^2} + \frac{D_3}{(1 + k)^3} + \cdots = \sum_{t=1}^{\infty} \frac{D_t}{(1 + k)^t} \tag{4-4}$$

其中,D_t 表示股票第 t 年支付的现金股利。式(4-4)表明股票的内在价值是其逐年期望股利的现值之和。由于普通股没有到期日,投资期限可以无穷大,股票可以永远存在,任何一期的股票价格都可以由下一期的现金股利和资本利得求得,随着时间 t 趋于无穷,股票最终价格的现值趋于零,股价可表示为一组永续现金股利的现值。

值得注意的是,每股价格等于一系列每股股利的现值之和,而并非每股盈利的现值之和,因为每股盈利要高于每股股利,公司的部分盈利会用于再投资,投资于新工厂、新技术及支付营运成本。

大多数成熟的大中型上市公司都会支付股利,也有很多公司并不支付股利。标普500 的成分股 Berkshire Hathaway、Facebook 和 Amazon.com 等上市公司均不支付股利。公司不派发股利的潜在理由是,股东要为股息纳税,因此股息对于持有大量公司股份的投资者没有很大的吸引力。巴菲特认为投资者通过每年出售一定比例的股份能够获得更高的收益。

处于生命周期较早阶段的公司,即成长型公司会把所有的现金盈余用于收购其他公司或增加资本支出而不是分配给股东。如果公司投资提供的预期收益率高于股东自己投资的预期收益率,就会最大化股东价值。对于成长型股票,股利贴现模型仍然是正确的,但是难以应用到实际情况中,因为现金股利无法计算,该类股票可采用可比公司法进行计算。

第三节　不同股利增长率的股票估值与乘数估值模型

一、不同股利增长率的股票估值

式(4-4)用公司将支付的期望股利计算股票的内在价值,但通常情况下,公司每年支付的股利并不是固定的,要估计公司未来派发的股利比较困难,在计算中需要对未来股利模式进行一些简化假设。本节考虑如下三种情形:股利零增长、股利稳定增长、股利非稳定增长。

(一)股利零增长

股利零增长即每年支付固定股利。优先股拥有固定的股息率和股利,也就是股利呈零增长。零增长的普通股意味着：

$$D_1 = D_2 = D_3 = D = 常数$$

因此，股票价值为

$$P_0 = \frac{D}{1+k} + \frac{D}{(1+k)^2} + \frac{D}{(1+k)^3} + \cdots$$

因为股利永远是相等的，股票可以被视为每期现金流量等于 D 的普通年金，则股票价值为

$$P_0 = \frac{D}{k} \tag{4-5}$$

其中，k 为股票的预期收益率。

假设 A 公司的股利政策是每年每股派发 10 元的股利，如果该政策无限期地持续下去，当预期收益率为 20% 时，股票价值为 50 元：

$$P_0 = \frac{D}{k} = \frac{10}{0.2} = 50$$

（二）股利稳定增长

有些公司以股利的明确增长为目标，如果公司股利永远按一个恒定的增长率 g 增长，则对于当前的投资者，其现金流的时间轴如图 4-3 所示。

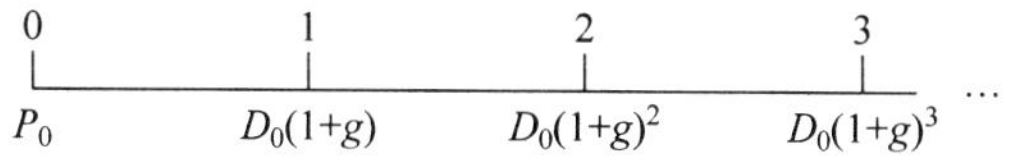

图 4-3　股利稳定增长时的现金流时间轴

如果 D_0 为刚刚派发的股利，那么下一期的股利 D_1 为

$$D_1 = D_0 \cdot (1+g)$$

2 期后的股利为

$$D_2 = D_1 \cdot (1+g) = [D_0 \cdot (1+g)] \cdot (1+g) = D_0 \cdot (1+g)^2$$

通过重复以上过程，计算得到未来任何时间的股利，T 期后的股利 D_T 为

$$D_T = D_0 \cdot (1+g)^T$$

假设 A 公司刚派发了 10 元的股利，且股利将以每年 8% 的固定比率增长，5 年后公司的股利为 14.693 元：

$$10 \times 1.08^5 = 10 \times 1.4693 = 14.693$$

在未来 5 年里，股利将增加 4.693 元。

如果股利以一个固定的比率 g 增长，D_0 为刚刚派发的股利，则股票价值表示为

$$P_0 = \frac{D_1}{1+k} + \frac{D_2}{(1+k)^2} + \frac{D_3}{(1+k)^3} + \cdots$$

$$= \frac{D_0 \cdot (1+g)}{1+k} + \frac{D_0 \cdot (1+g)^2}{(1+k)^2} + \frac{D_0 \cdot (1+g)^3}{(1+k)^3} + \cdots$$

只要增长率 g 小于预期收益率 k，股票价值表示为

$$P_0 = \frac{D_0 \cdot (1+g)}{k-g} = \frac{D_1}{k-g} \qquad (4\text{-}6)$$

固定股利增长模型又被称为戈登增长模型(Gordon Growth Model)。

通过固定股利增长模型可以得出任何时间的股票价值,t 时点的股票价值表示为

$$P_t = \frac{D_t \cdot (1+g)}{k-g} = \frac{D_{t+1}}{k-g} \qquad (4\text{-}7)$$

式(4-7)成立的前提条件是固定股利增长,增长率 g 小于贴现率 k。如果固定的股利增长率大于或等于贴现率,未来股利的现值会越来越大,股票价值将趋于无穷大,这在现实中是不可能存在的。

【例 4-1】 某公司下一期将派发 4 元的股利,投资者要求的预期收益率为 16%,该公司发放固定股利,股利的增长率为每年 6%,则该公司股票目前的价值是多少? 4 年后的价值是多少?

下一期的股利为 4 元,则 D_1 为 4 元,代入式(4-7)得到当前股票价值为

$$P_0 = D_1/(k-g) = 4/(0.16-0.06) = 4/0.1 = 40$$

由于已知下一期的股利即 D_1,则 4 年后的股利为 $D_1 \cdot (1+g)^3 = 4 \times 1.06^3 = 4.764$ 元,可知 4 年后股票价值为

$$P_4 = D_4 \cdot (1+g)/(k-g) = 4.764 \times 1.06/(0.16-0.06) = 5.05/0.1 = 50.5$$

可以发现 $P_4 = P_0 \cdot (1+g)^4$。

$$P_4 = 50.5 = 40 \times 1.06^4 = P_0 \cdot (1+g)^4$$

由于 $D_5 = D_1 \cdot (1+g)^4$,P_4 可写成

$$P_4 = D_1 \cdot (1+g)^4/(k-g) = [D_1/(k-g)] \cdot (1+g)^4 = P_0 \cdot (1+g)^4$$

该例说明,股票价值会和股利以相同的、固定的增长率增长,即当一项投资的现金流量以一个稳定的增长率增长时,该投资的价值也会以相同的增长率增长。

在式(4-6)中,股票价值随着当前的股利水平 D_1 和固定增长率 g 的增加而增加。当公司想实现股票价格最大化的目标时,公司需要提高股利水平和增长率。为了提高增长率,公司需要扩大投资,以期实现更高的利润,而公司提高投资的情况下只能选择降低股利支付,公司面临支付股利还是进行投资的权衡。

股利支付率即代表公司每年将其收益作为股利支付的部分。将第 T 期的股利支付表示为

$$D_T = \frac{T \text{ 期收益}}{T \text{ 期流通股股数}} \times T \text{ 期股利支付率}$$

公司每年支付的股利为当年公司每股收益与股利支付率的乘积。公司有三种增加股利的途径:增加当年公司盈利、提高股利支付率、降低流通股股数。在不回购现有股票的情况下,公司可以选择努力提高盈利或者提高股利支付率。

一般情况下,在期末公司会选择将收益以股利形式发放给投资者或进行再投资,而公司将收益进行再投资可以提高未来的收益。若假定公司没有进行再投资,收益不会增长,则公司当前的收益将保持不变。该情景下,公司所有的未来收益的增加均来自上期收益的再投资,则

$$收益变动量 ＝ 新投资 \times 投资回报率$$

其中,新投资为收益和留存比率的乘积,留存比率为公司留存的收益占总收益的比率,则

$$留存比率 ＝ \frac{新投资}{收益}$$

$$收益变动量 ＝ 新投资 \times 投资回报率 ＝ 收益 \times 留存比率 \times 投资回报率$$

$$收益增长率 ＝ \frac{收益变动量}{收益} ＝ 留存比率 \times 投资回报率$$

当公司股利支付率不变时,固定股利增长率等于收益增长率,则

$$g ＝ 留存收益 \times 投资回报率$$

公司可以通过获得更高的收益提高股利增长率。公司若想提高收益增长率,则需要更高的留存比率,即当期支付更少的股利,公司需通过自身情况衡量收益的留存比率。

【例 4-2】　某公司预计下一期每股收益 6 元,公司将所有收益作为现金股利派发给股东,在公司没有未来增长的预期下,公司当前股价为 60 元。

假设在未来,公司不再将所有收益派发给股东,股利支付率降至 75%,留存收益用于再投资,扩大公司生产,预期新投资的回报率为 12%,股东对于公司的期望收益率不变。公司再投资的政策对股价有什么影响?

首先可以根据当前股价计算股东的预期收益率 $k ＝ \frac{6}{60} ＝ 0.10 ＝ 10\%$,当公司将股利支付率降至 75% 时,政策实施后一年的现金股利为 $6 \times 75\% ＝ 4.5$ 元,公司留存收益比率为 25%,则收益增长率为留存比率与投资回报率的乘积,即 $g ＝ 25\% \times 12\% ＝ 3\%$,则可以运用固定股利增长模型 $P_0 ＝ \frac{D_1}{k-g} ＝ \frac{4.5}{0.10-0.03} ＝ 64.29$ 元。

可知公司将收益用于再投资的决策是正确的。

若要实现提高公司股价的目标,需要保证再投资的回报率为多少?

设定回报率为 a,$g ＝ 25\% \times a ＝ 0.25a$,将股价不变情况下的 P_0 代入等式:

$$P_0 ＝ \frac{D_1}{k-g} ＝ \frac{4.5}{0.10-0.25a} ＝ 60$$

$$a ＝ 10\%$$

可知回报率为 10% 时,股价维持不变,依旧为 60 元,所以当公司的再投资回报率大于 10% 时,公司应选择留存部分收益以扩大投资。

(三)股利非稳定增长

固定股利和固定增长股利都是理想的情况。股利非稳定增长考虑的是允许股利在一段有限时间内"超常"增长。固定股利增长模型中,增长率 g 不能大于等于贴现率 k,但股利非稳定增长模型中,在有限时间内,股利增长率可以大于贴现率,该段时间结束后,股利开始以固定的比率增长。公司也可以选择在有限时间内不发放股利,而后发放固定增长的股利。例如,成功的初创公司通常有较高的初始收益增长率,在高增长时期,公司留存比例为 100%,将全部收益用于再投资扩大生产,公司步入成熟期以后,收益增长开始放

缓,在此阶段公司选择逐步支付固定增长的股利。我们用例 4-3 来说明非稳定增长股利的发放模式。

【例 4-3】 假设 A 公司当前不发放股利,投资者预测它会在 5 年后开始发放股利,每股股利为 5 元,且将按照 10% 的增长率无限期地增长下去。已知投资者对市场上与该公司股票具有相同风险的其他股票的预期收益率为 20%,该公司当前股价应为多少?

根据该公司 5 年后开始固定增长的股利,可以使用固定增长股利模型求出 4 年后股票的价格为

$$P_4 = D_4 \cdot \frac{1+g}{k-g} = \frac{D_5}{k-g} = \frac{5}{0.2-0.1} = 50(元)$$

可知 4 年后的股票价值为 50 元,将 4 年后的股票价值贴现得到当前现值:

$$P_0 = \frac{P_4}{(1+k)^4} = \frac{50}{1.2^4} = 24.11(元)$$

在股利非稳定增长模型中,如果前几年公司也发放现金股利,第 1 年股利为 1 元,第 2 年股利为 2 元,第 3 年股利为 2.5 元,预计 3 年后股利将开始以 5% 的固定增长率增长,其预期收益率为 10%。为了更清楚直观地展示公司的现金流量,我们用图 4-4 来展示其时间轴。

图 4-4　股利非稳定增长时的现金流时间轴

如图 4-4 所示,股利是从时点 3 开始稳定增长的,因此可以利用固定股利增长模型计算时点 3 处的股票价值,再加上前 3 期每股股利的现值。时点 3 处股票的价值为

$$P_3 = D_3 \cdot (1+g)/(k-g) = 2.5 \times 1.05/(0.1-0.05) = 52.5(元)$$

$$P_0 = \frac{D_1}{1+k} + \frac{D_2}{(1+k)^2} + \frac{D_3}{(1+k)^3} + \frac{P_3}{(1+k)^3}$$

$$= \frac{1}{1.1} + \frac{2}{1.1^2} + \frac{2.5}{1.1^3} + \frac{52.5}{1.1^3} = 43.88(元)$$

股票的现值为 43.88 元。

【例 4-4】 某公司刚刚给股东派发现金股利 5 元,由于公司生产快速扩张,预计未来 3 年,股利将以 30% 的增长率增长,随后公司将进入平台期,股利增长率将稳定在 10%。当投资者的预期收益率为 20% 时,该股票的价值是多少?

由于股利在一段时间内超常增长,首先计算出前 3 年的股利额:

$$D_1 = D_0 \cdot (1+g) = 5 \times 1.3 = 6.5(元)$$

$$D_2 = D_1 \cdot (1+g) = 6.5 \times 1.3 = 8.45(元)$$

$$D_3 = D_2 \cdot (1+g) = 8.45 \times 1.3 = 10.985(元)$$

3 年后,股票的价值为

$$P_3 = D_3 \cdot (1+g)/(k-g) = 10.985 \times \frac{1.1}{0.2-0.1} = 120.835(元)$$

此时可以用股利的现值与 3 年后股票的价值求出当前股票的现值：

$$P_0 = \frac{D_1}{1+k} + \frac{D_2}{(1+k)^2} + \frac{D_3}{(1+k)^3} + \frac{P_3}{(1+k)^3} = \frac{6.5}{1.2} + \frac{8.45}{1.2^2} + \frac{10.985}{1.2^3} + \frac{120.835}{1.2^3}$$

$$= 87.58(元)$$

可知该股票的价值为 87.58 元。

两阶段增长模型考虑的是股利非稳定增长的一种特殊情况,即股利先以 g_1 的增长率增长 t 年,随后无限期地以增长率 g_2 增长,此时使用两阶段增长模型,将第一阶段的股票价值写成：

$$P_0 = \frac{D_1}{k-g_1} \cdot \left[1 - \left(\frac{1+g_1}{1+k} \right)^t \right] + \frac{P_t}{(1+k)^t} \tag{4-8}$$

(第一阶段应该用一阶段的增长率计算,可以用等比数列求和公式推导验证。)

式(4-8)中的第一项为增长年金的现值,在第一阶段,股利以 g_1 的增长率增长,增长率可以比贴现率 k 大,式中第二项为 t 时点股票价值的现值,t 时点之后股利以增长率 g_2 增长,其中 t 时点股票价值为

$$P_t = \frac{D_{t+1}}{k-g_2} = \frac{D_0(1+g_1)^t(1+g_2)}{k-g_2} \tag{4-9}$$

根据固定股利增长模型,需要使用 $t+1$ 时点的股利计算 t 时点的股票价值,$t+1$ 时点的股利即当前股利 D_0 按照 g_1 的增长率增长 t 期,按照 g_2 的增长率增长 1 期,第二阶段中增长率 g_2 必须小于贴现率 k。

【例 4-5】　某公司刚刚支付给股东现金股利 2 元,预期未来 5 年内派发的现金股利以 20% 的增长率增长,5 年后公司发展趋于稳定,现金股利将按照 4% 的增长率增长。当投资者的预期收益率为 10% 时,股票的价值是多少?

首先利用式(4-9)计算第 5 年年末的股票价值 P_5：

$$P_5 = \frac{D_6}{k-g_2} = \frac{D_0 \cdot (1+g_1)^5 \cdot (1+g_2)}{k-g_2} = \frac{2 \times 1.2^5 \times 1.04}{0.1-0.04} = 86.26(元)$$

将 5 年后的股票价值代入式(4-8),得到股票价值 P：

$$P = \frac{D_1}{k-g_1} \cdot \left[1 - \left(\frac{1+g_1}{1+k} \right)^5 \right] + \frac{P_5}{(1+k)^5} = \frac{2 \times 1.2}{0.1-0.2} \times \left[1 - \left(\frac{1.2}{1.1} \right)^5 \right] + \frac{86.26}{(1.1)^5}$$

$$= 66.64(元)$$

当前的股票价值为 66.64 元。

二、乘数估值模型

股票的估值方法主要分为绝对估值法和相对估值法两大类。其中绝对估值法就是股利贴现模型法,通过贴现公式用提供给股东的期望未来现金流评估股票的价值,但由于很多公司并不派发股利,这时候需要使用相对估值法进行计算。相对估值法又称乘数估值法,是利用预期未来将产生与待评估公司相似的现金流的其他可比公司的市场价值,确定

待评估公司价值,而不是直接评估公司的现金流。可以在市场上选择一个或几个跟待评估公司类似的其他可比公司,通过将待评估公司的某一变量乘以估值乘数进行估值,以确定待评估公司的市场价值。其中估值乘数为公司价值指标除以衡量公司规模的一些指标形成的比率,包括市盈率、市净率和市销率等。乘数估值法主要由市盈率模型、市净率模型、市销率模型和公司价值模型组成。

应用乘数估值法的过程可分为五个步骤:对待评估公司进行调查研究,选取估值乘数,选取可比公司,计算估值乘数,最后计算股票价值。

第一步是对待评估公司进行调查研究。首先要调查研究待评估公司的内部特征和外部环境。调查研究的目的是对待评估公司的经济状况和外部的经济条件进行充分准确的评估,便于确定选取可比公司和估值乘数。调查的范围主要分为经营状况调查和财务状况调查。经营状况调查主要包括待评估公司所在的行业、提供的产品和服务、产品的生命周期、销售市场、销售渠道、公司规模、市场份额、技术水平、市场竞争状况、国际化水平、管理层能力等。财务状况调查主要是通过公司的会计报表了解公司的资本结构、现金流量、资本盈利能力、未来风险等。在完成对待评估公司的调查研究之后,需要确定合适的估值乘数。

第二步是选取估值乘数。乘数主要分为公司乘数和权益乘数。公司乘数反映的是整个公司具有的价值,是一个与所有对公司财产享有要求权的主体有关的财务指标,如公司价值与销售额之比、公司价值与 EBITDA(税息折旧及摊销前利润)之比等。权益乘数是反映公司股东对公司剩余财产要求权的财务指标,只与股东权益相关,包括市盈率、市净率等。此外,根据不同行业的特点,还有其他很多乘数,如网络公司可以使用公司价值与点击率之比或公司价值与客户数之比,电力行业可以使用公司价值与装机容量之比,采矿业可以使用公司价值与矿产储量之比,连锁零售业可以使用公司价值与门店数量之比等。不同的公司需要根据自身的经营状况进行选择。

第三步是选择可比公司。可比公司通常满足六个特征要求:①具有相似的业务或行业背景,因为如果两家公司在同一行业,它们将反映类似的增长潜力和风险;②具有类似的规模,从而在生命周期中也会处于相近的位置;③具有近似的预期增长率;④具有近似的股权结构,相似的股权结构增加了使用乘数估值的可靠性;⑤具有近似的资本结构;⑥具有类似的地域和收入者来源的特点。综合考虑了公司的业务和产品构成、资本结构、管理水平、账面价值、盈利能力和市场份额等因素的可比公司更具准确性。

拓展阅读 4.3
不同生命周期估值模型的适用性

第四步是计算估值乘数。估值乘数是通过公司价值或股票价值除以公司相关变量进行计算的。计算乘数时,最重要的一点是确定应用哪一年的数据,可以是公司过去的数据,也可以是公司未来时间的预期值。利用公司特别是上市公司过去的数据进行计算,具有相对迅速和简单的优势。但由于公司的投资取决于未来收益的现值,所以选取公司未来的数据进行计算对投资人更有说服力。不论是基于过去数据还是基于未来数据进行计算,都需要避免数据的偶然性和不准确性。

第五步是计算股票价值。乘数估值法在实际的股票价值评估过程中,往往是作为股利贴现法等评估方法的辅助手段使用的。在使用其他评估方法对待评估公司的价值进行估算后,可以通过选取适用的可比公司,运用乘数估值法对目标公司进行价值估算,以便对原有的估值结果做进一步的研究判断和必要的修改。然而在实践中,乘数估值法被高频率地使用,足以证明乘数估值法有着其他评估方法所不具备的优点。只要选取的估值乘数能够准确地反映公司股权价值与其增长驱动因素之间的关系和变动趋势,并通过必要的分析和调整,就能够较准确地对公司价值进行评估。

(一)市盈率(P/E)模型

股票市盈率(P/E)定义为上一年股票价格除以上一年每股收益(EPS),用于反映股票具有的收益和风险。其内在逻辑是:如果投资者愿意为当前收益高的股票支付更高的价格,则可以通过计算可比市盈率或者基准市盈率,使用待评估公司当前的每股收益,乘以可比公司的市盈率的方式,估算公司的股票价值。

在计算可比公司的市盈率时,既可以使用历史收益(上一年度的收益,称为追溯市盈率),也可以使用预测收益(下一年度的期望收益,称为预测市盈率)。一般情况下,出于预测股票价值的目的,计算中通常选择预测市盈率,以得到待评估公司的未来收益价值。

当公司股利支付模式满足固定股利增长模型时,可以使用公司股利支付率对市盈率模型进行调整,以方便理解公司市盈率与股利支付比率的关系:

$$\frac{P}{E} = \frac{P_0}{\text{EPS}} = \frac{D/\text{EPS}}{k-g} = \frac{\text{股利支付率}}{k-g}$$

若待评估公司与可比公司具有相同的股利支付率和 EPS 增长率,且投资者判断其风险一致,要求相同的预期收益率,则两家公司应有相同的市盈率。这也说明具有高股利增长率且能产生超过投资需求的现金从而保持高股利支付比例的公司和行业,应具有较高的市盈率。

【例 4-6】　某公司的每股收益(EPS)是 2 元,如果该行业的平均市盈率为 21,以市盈率为估值乘数,对该公司股票进行估值。

用每股收益 EPS 与行业平均市盈率相乘,$P_0 = 2 \times 21 = 42$ 元,该估值的潜在假设是,该公司在行业中处于平均水平,与很多公司有相似的未来风险和潜在收益增长率。

市盈率模型的优点包括:①模型计算简单,能够直观地把待评估公司的收益状况与股票价值联系起来;②模型在考虑了公司基本面的同时反映市场状况,兼顾宏观和微观两个维度;③可用于计算不发放现金股利的公司的股票价值。市盈率模型的不足之处包括:①公司利润并不是现金,容易受人为因素的影响;②忽视了公司的风险,如在公司债务杠杆比率不同的情况下,若有相同的 P/E,用了高债务杠杆得到的每股收益与低债务杠杆得到的每股收益是不同的,但没有进行区分;③市盈率估值无法顾及远期盈利,不适用于亏损公司、高科技公司、现金流不稳定的公司和收入不稳定的周期性公司。

市盈率模型的适用范围主要是利润稳定的行业,如消费行业的白酒、牛奶、酱油、家电等日常消费品。而周期性行业由于受经济周期的影响,公司库存不稳定,利润呈现周期变化,不适合使用市盈率估值。除此之外,互联网、高科技、生物工程等行业由于科技含量高,早期往往都是高投入,公司经常处于亏损的状态,不适合采用市盈率估值模型。

(二) 市净率(P/B)模型

市净率(P/B)是从公司资产价值的角度估计公司价值,表示为股票价值与每股净资产的比率。国内上市公司收购非上市公司通常采用市净率估值法,而国外则经常用市净率估值法对货币资产较多的金融机构的股票进行估算。

市净率估值法的优点包括:①简单易懂,容易计算;②得出的估值在长期内较为稳定,有利于对公司的发展进行历史分析;③还适用于公司盈利状况不佳、出现亏损的情况。市净率估值法的缺点包括:①受会计政策的影响,由于账面净资产受公司会计制度影响较大,不同公司之间的可比性较差。②以公司账面资产价值为基础,忽略了资产创造盈利的能力高低对股权价值的影响。投资的目的是获取收益,资产的账面价值并不是关键,资产创造盈利的能力才是决定投资价值的关键。③公司账面净资产是采用历史成本核算的,其账面价值并不能完全反映资产的市场价值。

市净率模型的适用范围主要是固定资产较多、账面价值相对稳定的行业,如化工业、钢铁业、航空业、航运业等,或者周期性较强的行业,如证券业、银行业。但市净率模型并不适用于账面价值变动快、不稳定的行业,如固定资产较少、商誉较高的服务行业、互联网信息行业、软件行业等。

(三) 市销率(P/S)模型

市销率(P/S)又称市值营收比或价格营收比,表示公司总市值与主营业务收入之比,或者股票价值与每股销售额之比。使用市盈率进行估值时,可以将市销率作为估值的辅助工具。

市销率估值法的优点包括:①公司在正常情况下的销售收入都是稳定的,没有大起大落,因此公司的市销率基本稳定;②主营业务收入不容易受其他因素的影响,如存货、公司折旧、非常性收支等相对不容易被人为操控;③收入乘数对价格政策和公司战略变化敏感,可以反映这种变化的后果;④市销率不会出现负值,对于亏损公司和资不抵债的公司,也可以使用市销率计算公司价值。市销率估值法的缺点包括:①市销率只能用于同行业对比,不同行业的市销率对比没有意义;②上市公司关联销售较多,市销率不能剔除关联销售的影响;③市销率无法反映公司成本控制的能力,而成本是影响公司现金流量和价值的重要因素之一;④市销率易受公司规模的影响,特别是当公司的规模扩大时,市销率会降低,但这并不代表公司价值的降低。

市销率模型主要适用于成本占销售额比例较低的公司,如互联网和软件行业。

(四) 公司价值乘数

常用的公司价值乘数包括公司价值/EBIT 乘数、公司价值/EBITDA 乘数、公司价值/自由现金流乘数。EBITDA 指标是扣除费用最少的收益指标,是以整个公司为对象的经营绩效指标,排除了不同公司折旧摊销政策不同、财务杠杆不同和税收优惠政策不同对公司收益的影响。由于折旧摊销是最主要的非现金支出,也可以近似地将 EBITDA 视为公司现金流的概念。EBIT 指标扣除了所有的经营性费用,完整地体现了公司的经营业绩。由于没有包含少数股东权益,EBIT 指标体现了整个公司的运营绩效,排除了财务杠杆使用及不同公司所得税政策对公司经营绩效的影响。

总的来说,股利贴现法和乘数估值法在实务中的使用范围都很广,各有利弊。股利贴现法的优点是可以通过一系列系统的、完整的模型运算来全面了解公司的财务状况和经营情况。如果模型建立正确且假设完备,股利贴现法能够得出较为准确的结果。股利贴现法的缺点是结果过多地依赖假设,假设条件比较复杂,而且往往不能得到足够支撑这些假设的信息,因此这些假设的准确性不高。

与股利贴现法相比,乘数估值法最显著的优点是简单、透明。通过选择一个参照公司,以相同的市盈率或市净率来对比计算,能够较快地得出待评估公司的公司价值。不过,使用乘数估值法的难点在于:世界上没有两家完全相同的公司,所以完全可比的公司是不存在的,只能通过更加严苛的条件筛选可比公司以提高准确性;即使找到一组非常相似的公司进行比较,这些可比公司之间的市场定价是否合理,合理的情况下又是否能作为目标公司的参照等问题都无法确定。此外,将大量的信息集中在一个乘数中体现,难以区分不同的价值带动因素所发挥的作用,甚至可能导致严重的错误解释。乘数仅采用可比公司一段时间内或某一时间点的经营情况或财务状况,无法捕捉公司的动态业务发展及变化的竞争情况。而且一组可比公司本身的市场定价可能存在很大的差别,给乘数估值法的准确度造成一定的影响。在实践中,国内证券市场早些年较多采用乘数估值法,而在国外投行的并购业务中,股利贴现法是一个经久不衰的工具。正因为股利贴现法能够全面了解公司,防止分析人员或并购人员采取缺乏支撑的决策,所以近些年来该方法在我国证券市场得到了越来越多的应用。

习题与思考题

1. 说明股票的含义与特点。

2. 说明普通股股东与优先股股东享有的权利。

3. 简述股票市场的功能。

4. 简述我国股票发行制度的变革历程。

5. 说明股票的票面价值、内在价值、账面价值的不同。

6. 说明股利贴现模型中未来现金流的来源。

7. 说明用戈登增长模型对股票进行估值的假设条件。

8. 简述乘数估值模型的方法。

9. 说明市盈率估值模型的局限性。

即测即练

扫码答题

案例分析：相对估值法案例分析

科技、互联网、半导体、通信及智能硬件等是新一代信息技术细分行业,随着国家战略的深入推进,这些行业得到迅猛发展。然而,由于资金密集的产业特性,大多数公司前期资金投入巨大,短期回报率低,面临持续性资金压力。为确保足额投资,业内采用估值法测算公司价值。相对估值法实操性强,已实现盈利且盈利能力持续稳定的公司适合采用市盈率估值法,重资产、高风险公司适合采用市净率估值法,而销售规模大、成本率低的服务类公司适合采用市销率估值法。公司价值倍数(EV/EBITDA)法则适用于能够体现未来一定时期公司获利能力及可能承担风险的公司价值的预测。

T公司是一家集成电路设计公司,基于核心竞争力内生需求,构建以微电子技术研究、芯片研制及产业化为核心的主营业务。为对标优秀同行业公司,明确T公司估值水平,为引入投资者融资奠定基础,根据T公司过往业绩及未来盈利预测,按以下相对估值法进行估值,使之最为接近公司受市场认可的公司价值。

T公司现有财务数据及行业平均指标如表4-1和表4-2所示。

表 4-1 T公司财务数据

2020年每股 收益/元	2020年每股 净资产/元	2020年每股 营业收入/元	2020年EBITDA /万元	注册资本/万元
9.18	22.52	39.09	4 205	450

表 4-2 2020年行业上市公司平均指标

所属行业	行业上市公司 市盈率均值	行业上市公司 市净率均值	行业上市公司 市销率均值	行业上市公司 EV/EBITDA均值
集成电路设计行业	27.78	18.87	44.44	147.07
航天航空与国防 行业	67.94	5.85	13.57	66.97
计算机、通信和其 他电子设备制造业	50.47	7.38	49.17	53.17

实际操作中,第三方评估机构对T公司未来15年的经营情况进行预测,包括订单实现情况、收入及成本水平等,运用绝对估值法中的实体现金流量模型法,评估T公司的股权价值为11.33亿元。

案例分析要点:

(1)根据资料数据计算T公司市盈率估值法、市净率估值法、市销率估值法和公司价值倍数法下的股权价值。

(2)分析哪种相对估值评估方法与T公司股权价值最接近,并分析原因。

资料来源:赵炯.集成电路设计行业相对估值方法应用研究[J].价值工程,2022,41(12):138-140,有改动。

第五章

投资评价方法

如何在复杂的投资环境中准确制定投资决策,是公司管理者需要面对的一个重要问题。一般情况下,在确定投资决策时有目标值作为参考,可以比较不同投资项目的优缺点,以制定公司的投资决策方案。在投资决策过程中,对投资项目进行评价的方法多种多样,投资评价方法的选择直接影响投资决策的效果和投资项目的质量。公司管理者需要根据环境及项目特性选择合适的投资评价方法。本章将介绍投资回收期法和平均会计回报率法两种非贴现评价方法,以及净现值法、贴现回收期法、内部收益率法和盈利能力指数法四种定量贴现评价方法,并根据评价方法的特点介绍其适用范围,为公司的投资决策提供支撑。

学习目标

- 知道投资决策的基本概念
- 熟悉净现值法的计算方式
- 掌握投资回收期和贴现回收期的不同
- 解释内部收益率法存在的问题
- 了解其他投资评价方法
- 说明项目投资评价方法的适用范围
- 比较不同的投资评价方法

第一节　投资决策的基本概念

公司的三大决策为融资决策、投资决策和分配决策,其目标都是使公司价值最大化。就创造价值而言,投资决策是三项决策中最重要的。融资是为了投资,投资的规模和方式决定了融资的形式和时间,投资决策的结果也直接影响公司的分配决策。

一、项目投资

投资在金融和经济方面有数个相关的含义,是指经济主体为获得经济收益而垫付货币或其他资源用于某项事业的经济活动。从技术上说,投资一词意味着将某物品放入其他地方的行为。从金融学的角度来讲,相较于投机而言,投资的时间段更长,更趋向为了在未来一定时间段内获得某种比较持续稳定的现金流收益,是未来收益的累积。投资包含投资股票、债券,购置和建造固定资产,购买和储备流动资产等经济行为。

公司进行的投资行为是决定公司前景的重要因素。项目投资是一种以特定项目为对象,直接与新建项目或更新改造项目有关的长期投资行为,如公司厂房的新建或扩建、设备的开发或更新等金额大、持续期长的投资项目。

与短期投资相比,项目投资具有如下特点:

(1)项目投资的次数相对少、金额较大。与短期投资相比,项目投资并不经常发生,而且金额较大,在公司利润中占比高。因此,在项目决策中,应花费较多的时间进行专门的研究和评价,为项目投资制订专门的资金筹措计划。

(2)项目投资的影响时间长,具有战略性。项目投资大多需要固定资产的投入,寿命较长,决策一旦做出,会在长期发挥作用,一般会使用几年或几十年,对公司的生产经营能力及未来发展影响深远,而且过去和现在的项目投资选择会限制公司未来的投资选择,从而体现了战略性的特征。

(3)项目投资的流动性差,风险相对较高。项目投资的实物形态主要是厂房和大型设备等固定资产,有些设备由于专业程度高、专用性强,购入后难以转让出售,流动性差。因此,项目投资具有不可逆的特性,会对公司的生产经营能力产生长远影响,公司在决策时应考虑其流动性,选择能在较长时期内给公司带来经济效益的项目。此外,由于项目的持续时间长,市场的变化难以预测,项目承担了多种风险,公司在进行项目评价时应将风险控制在自己能够承受的范围内。

二、投资决策

投资决策是指公司在调查、分析、论证的基础上,对投资活动所做的最后决断。投资决策是一个复杂的过程,重大项目决策的成败会直接影响公司未来的发展,未全面评估风险的投资决策可能给公司带来巨大的危害,而延缓的投资决策可能使公司丧失眼前的投资机会。

(一)投资决策的特点

(1)投资决策具有针对性。投资决策要有明确的目标,没有明确的投资目标就无所谓投资决策,而达不到投资目标的决策就是失策。

(2)投资决策具有现实性。投资决策是投资行动的基础,公司的投资经营活动是在投资决策的基础上进行的,没有正确的投资决策就没有合理的投资行动。

(3)投资决策具有择优性。投资决策中必须提供实现投资目标的几个可行方案,因为投资决策过程就是对待评估投资方案进行评判选择的过程。对于公司来说,合理的选择就是优选方案,优选方案不一定是最优方案,但它应是可行投资方案中最合适的投资方案。

(4)投资决策具有风险性。风险就是未来可能发生的损失,投资决策应顾及市场可能出现的各种可预测或不可预测的变化,评估项目在变化中面临的风险。投资中风险的发生具有偶然性和客观性,是无法避免的,但决策者可以依据市场经验和历史信息通过概率统计的方法对风险做出估量,从而控制并降低风险。

（二）投资决策的程序

公司的目标是股东价值最大化,而对公司来说,投资决策的目标就是分析哪些项目会增加股票的价值及会增加多少股票价值。投资决策的程序如下。

（1）确定投资目标。确定投资目标是投资决策的前提。正确确定投资目标必须做到：①有正确的指导思想,要在指导思想中明确公司为什么投资、最需要投资的环节、自身的条件与资源状况、市场环境的状况等。②要有全局观念,公司要考虑把眼前利益与长远利益结合起来,避免因为决策阶段的短视给公司带来不利影响。③要有科学的态度,科学的投资决策是保证投资有效性的前提。决策者要注重对数据资料的分析和运用,避免只依靠经验和套用理论来决定对公司未来发展前景有影响的投资决策。

（2）选择投资方向。在明确投资目标后,就可以进一步拟定具体的投资方向。投资方向的选择对公司发展有较大的影响,决策者需要全面分析市场及公司情况以确定投资方向。

（3）制定投资方案。决定了投资方向后,就要着手制定具体的投资方案,并对方案进行可行性论证。一般情况下,可行性决策应有备选方案,这样可以对不同的方案进行比较分析,保证选定的投资方案相对适合公司。

（4）评价投资方案。这一步主要是对投资风险与回报进行评价分析,由此来判断投资决策方案的可靠性。公司应当把风险控制在所能承受的范围之内,不能有过于投机或侥幸的心理,一旦公司面临的风险超过其承受能力,将会使公司陷入困境,甚至可能破产。

（5）选择投资项目。决策者根据投资项目评价结果,选择符合既定投资目标、适应公司现状且能增加公司价值的投资方案。选择的投资项目应由相应的决策者承担部分风险,落实责任,使具体的决策者能够在避免委托代理问题的同时便利投资项目的推进。

（6）反馈调整决策方案和投资后的评价。投资方案确定后,还必须根据市场环境和公司需求的变化,适时地对决策进行调整,使投资决策更科学、合理。

第二节　投资评价的净现值法

一、净现值法

公司在经营过程中会面临很多投资选择,一项投资是否值得进行,取决于它能否增加公司价值,为股东创造财富。当一项投资在市场上的价值超过所支付的成本时,该投资就创造了价值,而当项目创造的价值超过各部分成本之和时,该投资便是值得的。

我们用一个例子来说明。假设 A 花费 25 000 元购买了一间废弃的房屋,另外支付了25 000 元刷漆和购买家具。A 对房屋的投资总共为 50 000 元。在完工之后,A 通过中介进行二手房售卖,成交价为 60 000 元。此时成交的市场价格(60 000 元)超过成本(50 000元)10 000 元。A 扮演的就是公司管理者的身份,他进行了项目投资,通过投资固定资产房屋,支付酬劳给劳动力和购买材料,创造了额外的 10 000 元价值。

同理,公司的管理者衡量投资项目优劣时,会考虑投资和收益,但项目的现金流量发生在未来的不同时点上,无法进行直接的加总比较。可以通过贴现的方式将未来现金流贴现至当前时点,这样就能将成本与收益通过折算进行比较,即净现值法。净现值(net present value,NPV)法是把项目在整个寿命期内的净现金流量按预定的目标收益率全部换算为等值的现值之和,净现值之和亦等于所有现金流入的现值与所有现金流出的现值的代数和。净现值表示为

$$NPV = -CF_0 + \sum_{t=1}^{n} \frac{CF_t}{(1+r)^t} \tag{5-1}$$

其中,NPV 为项目的净现值;CF_0 为目标项目的期初现金流;CF_t 为目标项目第 t 期预期现金流;r 为贴现率,即项目的资本成本。

根据 NPV 法则,在无资本约束的情况下,公司会选择接受净现值为正的投资方案,而拒绝所有净现值为负的投资方案。如果目标项目的净现值为正,代表该项目预期未来获得的现金流不仅能够完全收回期初的项目投资额,还能获得额外的回报,是具有收益的项目,即可被投资者接受。此外,为了最大化公司价值和股东财富,公司在选择投资项目时,应选择净现值更大的项目,净现值越大,投资获得的回报收益越多,投资方案越好。其中特殊的情况为净现值为零的投资项目,此时接受或拒绝该投资项目并没有区别。

对于公司来说,只要获得每年的现金流量数据和合适的贴现率,项目净现值的计算并不困难。但是贴现率往往是难以精确度量的。贴现率是投资该项目而没有在资本市场上投资的机会成本,即如果不接受该项目,公司可以将留存收益作为现金股利发放给股东,股东可以自己在金融市场上进行投资,获得收益,如图 5-1 所示。

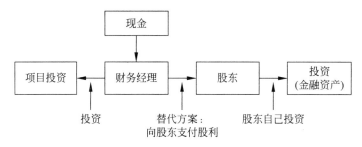

图 5-1 公司项目投资的资金成本

如图 5-1 所示,公司要么选择保留上一年度收益的现金进行再投资,要么将现金发放给投资者。如果现金被用于再投资,接受该项目的机会成本就是股东投资于金融资产所能够得到的预期收益率。需要注意的是,只有比较相同风险的资产时,机会成本才有意义,所以考虑的金融资产的预期收益率是与项目风险相同的资产收益率。当决策者使用金融资产的预期收益率来贴现项目的现金流时,就是在衡量股东愿意为该项目投资的资金。

净现值法具有如下特点。首先,净现值法认为现在的一块钱比明天的一块钱更有价值,即以货币的时间价值理论为基础,认为现在的一块钱可以进行投资,立即开始产生利息。其次,净现值法只依赖项目的预测现金流和资本机会成本,受管理者偏好、公司会计方法的选择、公司已有业务的盈利能力或其他独立项目的盈利能力影响的任何投资法则,

都将导致低质量的决策。最后,现值是以当前价值进行衡量的,是能够进行加总的,如果将两个项目合并投资,其现值为 NPV$(A+B)=$NPV$(A)+$NPV(B),现值的可加性具有重要影响。但若其中一个项目的净现值为负,两个项目的净现值之和一定比单独净现值为正的项目低,因此在看投资组合的净现值时,要注意其中净现值的正负,不能被组合的整体结果误导,接受净现值为负的项目。

净现值法的一个特点是仅与现金流、资本机会成本有关。在实际经营中,公司向股东报告业绩,不仅报告现金流,也会报告账面收入和账面资产。财务经理会根据账面收入计算账面收益率,其计算方法为:账面收益率＝账面收入/账面价值,即预期账面收益率为预期账面收入与公司计划投资的资产的账面价值的比值。

一般情况下,现金流与账面收入的差别很大。例如,会计上将某些现金流计入资本投资,而将另一些计入营运费用,营运费用会从当年的收入中扣除,而资本支出会计入资产负债表,并进行折旧处理,每年计提的

拓展阅读 5.1

EVA 在企业投资决策中的应用

折旧费用从当年收入中扣除,这样账面收益率会受到资本支出和折旧计算方式的影响。

因此,账面收益率并不适合作为度量公司真实盈利能力的指标,其衡量的是公司所有活动的平均情况,且过去投资的盈利性通常也不是衡量新投资的适当标准。若某公司具有 24% 的账面收益率,而股东资金的机会成本为 12%,这家公司肯定不会要求所有新投资项目都达到 24% 的回报率,因为那样做会放弃贴现率为 12%～24% 的所有净现值为正的项目,显然会失去很多投资机会。

二、净现值法的应用

假设某公司正在考虑开展一项新业务来生产和销售一种防火涂料。研发部门可以精确地估计出该项目的启动成本,但是公司管理层不确定该项目是不是一项好的投资,此时管理层可以使用净现值法进行判断。首先,需要估计该项目预期的现金流,并根据股东的投资意愿衡量项目的机会成本。其次,运用贴现现金流法,估计未来现金流的现值。净现值是现金流现值与项目投资成本的差值。

该公司每年能够从涂料业务中获得 28 000 元现金收入,制作涂料每年需要现金成本 16 000 元,预计该项业务将持续 6 年,届时公司的厂房和设备的残值为 5 000 元。为了启动该项业务,公司建设厂房和购买设备的启动资金为 50 000 元。对于该项目,股东要求的贴现率为 15%。公司是否应该进行涂料业务的投资?若当前流通股为 1 000 股,该业务对股票价格会产生什么影响?

首先,通过贴现现金流法计算未来现金流的现值,未来 6 年中每年的净现金流量为现金收益 28 000 元与成本 16 000 元之差。每年的现金流量如图 5-2 所示。

该项目为期 6 年,每年现金流入量为 28 000 元－16 000 元＝12 000 元,第 6 年年末有 5 000 元的一次性流入资金,因此该项目的净现值为

$$\text{NPV} = -50\,000 + \sum_{t=1}^{6}\frac{12\,000}{1.15^{t}} + \frac{5\,000}{1.15^{6}} = -2\,425(\text{元})$$

可见该项目的净现值为负,并不值得投资。投资该项目会使公司股票的总价值减少

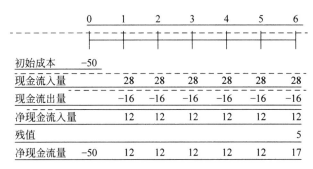

图 5-2 公司项目现金流量(单位:千元)

2 425 元。由于公司当前在外流通股为 1 000 股,投资该项目对每股价值的影响是 $-2\,425/1\,000=-2.245$ 元,即项目将造成每股价值损失 2.245 元。

【例 5-1】 某公司已知投资项目 A、B 的初始投资金额和各期现金流量,其利润额如表 5-1 所示。

表 5-1　项目 A、B 每年的现金流量　　　　　　　　　　　　单位:元

项　　目		年					
		0	1	2	3	4	5
A	初始投入	−5 000					
	现金流入		5 500	5 500	2 800	2 800	2 800
	现金流出		−3 000	−3 000	−1 800	−1 800	−1 800
	净现金流量		2 500	2 500	1 000	1 000	1 000
	净利润		3 000	3 000	1 500	1 500	1 500
B	初始投入	−5 000					
	现金流入		2 400	2 400	2 400	2 400	8 000
	现金流出		−1 500	−1 500	−1 500	−1 500	−1 500
	净现金流量		900	900	900	900	6 500
	净利润		1 400	1 400	1 400	1 400	7 000

若该公司要求的投资者收益为 10%,求项目 A、B 的净现值。

项目 A 的净现值为

$$NPV = -CF_0 + \sum_{t=1}^{n} \frac{CF_t}{(1+r)^t}$$

$$= -5\,000 + \frac{2\,500}{1.1} + \frac{2\,500}{1.1^2} + \frac{1\,000}{1.1^3} + \frac{1\,000}{1.1^4} + \frac{1\,000}{1.1^5}$$

$$= -5\,000 + 2\,273 + 2\,066 + 751 + 683 + 621$$

$$= 1\,394$$

项目 B 的净现值为

$$NPV = -CF_0 + \sum_{t=1}^{n} \frac{CF_t}{(1+r)^t}$$

$$= -5\,000 + \frac{900}{1.1} + \frac{900}{1.1^2} + \frac{900}{1.1^3} + \frac{900}{1.1^4} + \frac{6\,500}{1.1^5}$$

$$= -5\,000 + 818 + 744 + 676 + 615 + 4\,036$$

$$= 1\,889$$

项目 A、B 的净现值均大于零,因此两个项目都是值得投资的。若只能选择一个方案进行投资,根据净现值法则,净现值越大,投资获得的回报收益越多,应选择投资项目 B。

净现值法相比其他投资评价方法的优点为:①净现值对现金流量进行了合理折现,考虑了资金的时间价值,增强了投资经济性的评价;②考虑了项目经营期全部的现金流量,体现了流动性与收益性的统一;③考虑了投资的风险性,风险高则采用高折现率,风险低则采用低折现率;④净现值能够明确地反映从事一项投资会使公司增值(或减值)的数额,正的净现值即表示公司价值的增加值。例如,某公司投资了一个净现值为 30 000 元的项目,由于净现值为当前现值总和,相当于直接为公司增加了 30 000 元的账面价值,便于公司管理层将公司价值最大化目标作为公司的投资基准。

但净现值法也有一定的局限性:①净现值的计算较麻烦,难掌握;②净现金流量的测量及折现率、贴现率较难确定;③不能从动态角度直接反映投资项目的实际收益水平,不能反映方案本身的报酬率;④项目投资额不等时,无法准确判断方案的优劣,不能用于独立方案之间的比较。例如,某公司有两个可供选择的存续期和投资额都不同的项目。项目 A 初始投资 30 000 元,存续期 2 年;项目 B 初始投资 50 000 元,存续期 3 年。两个项目的净现值均为正,但其净现值没有可比性,公司难以判断哪个投资项目更优。

第三节　投资评价的回收期法

一、回收期法

(一)回收期法的定义与法则

现实中公司经常使用回收期(payback period)法对投资项目进行评价。回收期法是根据回收原始投资额所需时间的长短进行投资决策的方法,是指投资引起的现金流入量累计到与投资额相等所需要的时间。回收年限越短,方案越有利。

假设某公司在考虑一个初始投资为 30 000 元的项目是否值得投资。项目前 3 年的现金流入分别为 20 000 元、10 000 元和 10 000 元。项目的现金流量如图 5-3 所示。

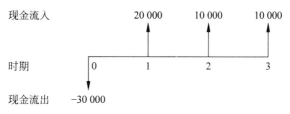

图 5-3　项目的现金流量(单位:元)

本例中假设现金流出和现金流入一年发生一次,第一笔现金流出即投资启动成本发生之前为公司做决策的时点。公司的现金流量可以表示为(−30 000,20 000,10 000,10 000),其中 30 000 元前的负号表示公司期初的成本支出,可以看到公司在运营前两年的现金流入分别为 20 000 元和 10 000 元。现金流入之和等于初始启动成本,意味着公司第 2 年年末就可以收回初始的投资额,该项目的回收期为 2 年。如果该公司要求的回收期大于或等于 2 年,那么这项投资项目是可以接受的。

回收期法的投资法则为:如果一项投资的回收期小于预先设定的年限标准,那么这项投资是可以接受的。

在上面的例子中,投资回收期刚好等于 2 年,但这在现实中是很罕见的。当回收期年数不等于整数时,通常用分数来表示。假设某公司的初始投资成本为 30 000 元,前 3 年的现金流量分别为 20 000 元、5 000 元和 20 000 元。由于前两年的现金流入量不足以覆盖初始投资成本,而前三年的累积投资回报超过了初始成本,在第 2 年年末,该公司还有 5 000 元的初始成本有待回收,5 000 元是第 3 年现金流量的 1/4,假定 5 000 元的现金流量平均分布在该年度中,此时的投资回收期为 2.25 年。

(二)回收期法存在的问题

回收期法存在一些局限性,我们用一个例子来说明。如表 5-2 所示,项目 A、B 和 C 的回收期均为 3 年,但其现金流量存在差别,假设该公司的预期贴现率为 10%。

表 5-2　项目 A、B 和 C 的预期现金流量

	A	B	C
第 0 年的现金流量/元	−100	−100	−100
第 1 年的现金流量/元	20	50	50
第 2 年的现金流量/元	30	30	30
第 3 年的现金流量/元	50	20	20
第 4 年的现金流量/元	50	50	100
回收期/年	3	3	3
NPV/元	14.7	19.4	53.6

(1)未考虑回收期内现金流量的时间序列。首先关注项目 A 和项目 B,可见其回收期均为 3 年。前 3 年中,项目 A 的现金流量从 20 元逐渐增加到 50 元,项目 B 的现金流量从 50 元逐渐降低到 20 元。在未考虑时间价值的情况下,两个项目的现金流量相同,但由于项目 A 的大额现金 50 元回收较晚,而项目 B 于第 1 年年末回收大额现金流,使项目 B 的净现值高于项目 A。但由于回收期法没有考虑现金流量的时间序列,未考虑货币的时间价值,没有体现项目 A 与项目 B 的区别。

(2)未考虑回收期以后的现金流量。对比项目 B 和项目 C,可以看到二者在回收期内,即前 3 年的现金流量完全一致。但项目 C 的净现值远高于项目 B 的净现值,因为项目 C 在第 4 年有比项目 B 更多的现金流入,而回收期法仅考虑了回收初始投资的期限,忽略了项目在回收期以后的现金流量。由于回收期法只顾及项目短期内的收益,会造成一些具有长期回报的项目被拒绝,而净现值法能够考虑长期回报的价值。

尽管投资回收期法有不足之处,该方法还是经常被大公司用来制定投资决策,主要的原因就在于公司没必要对很多次要的投资决策进行细致的分析,因为其成本会超过决策错误时可能遭受的损失。例如,公司的管理层很可能要求低于 10 000 元的投资的回收期都少于两年,而对有更多资金投入的投资项目进行更细致的审查,两年的回收期可能是过于绝对的,但的确对公司投资支出做出了一定的限制,避免了可能发生的损失。在很多情况下,如果一项投资能迅速收回成本并且超过回收时限后仍有收益,那么该投资的净现值往往是正的。

投资回收期法的优点除了计算简单,无须估计贴现率,能够形象地使用未来现金流入弥补投资者付出的成本外,还具有高流动性的优势,因为投资回收期法偏向于进行短期项目的决策,也就是那些能够快速释放现金以作其他用途的项目。这对于小企业和投资业务较多的企业至关重要,在情况更为复杂的现实中应用较多。例如,一家小公司的资金来源于银行短期借款,由于战略性的投资项目回收期很长,而银行由于有更多优质客户,并不会主动了解该公司的长期投资项目,公司很可能为了偿还短期借款不得不选择短期投资项目。除此之外,回收期法忽略回收期后的现金流量,在一定程度上降低了后期现金流量的额外风险,因为项目后期收到的现金流量可能有更高的不确定性。

国内企业选择回收期法还有一个原因是国内经济的高速发展、经济环境的变化和经济体制改革。短短几年市场可能会出现巨大变革,这种情况下对于未来现金流的预测较为困难,远期现金流的预测风险加大。回收期法忽略远期现金流的做法,可以理解为用很高的贴现率进行折现,使远期现金流现值较小,可以忽略不计。

投资回收期法的局限性可以总结为:①回收期法没有考虑货币的时间价值,也没有考虑不同项目风险的差异,只是简单地将今天的一元钱和未来时期的一元钱视为等同价值,没有进行贴现,会造成一定的误差;②回收期法忽略了回收期之后的现金流量,没有比较回收期之后不同项目现金流量的大小,不利于公司决策者做出价值最大化的决策;③不同公司可接受的回收期具有较强的主观性,基准回收期的制定没有相关的理论指导,取决于公司决策者的主观判断,缺乏理论依据;④经常用回收期法评价投资项目会使公司决策者短视,更加重视和愿意接受短期项目,而错失很多具有战略意义的长期项目。

二、贴现回收期法

由于投资回收期法的局限性包括没有考虑货币的时间价值,贴现回收期法对此做出了修正。贴现回收期法是指从贴现的净现金流量中收回原始投资额所需的年限。该方法对期望的现金流量以资本成本进行贴现,考虑了风险因素及货币的时间价值。

贴现回收期的法则为:当贴现回收期小于某个预先设定的年限时,该项目是可接受的。

假定某公司面临一个初始投资成本为 300 元的投资决策,该项目未来 5 年每年现金流入为 100 元,公司要求的预期报酬率为 12.5%。将贴现现金流与未贴现现金流进行对比(如表 5-3 所示),通过累计现金流量,可以看到投资回收期为 3 年,而贴现回收期为 4 年。

表 5-3　回收期法和贴现回收期法的现金流量　　　　单位：元

年	未贴现现金流		贴现现金流	
	现金流	累计现金流	现金流	累计现金流
1	100	100	89	89
2	100	200	79	168
3	100	300	70	238
4	100	400	62	300
5	100	500	55	355

由于回收期是指会计意义上达到盈亏平衡所需花费的时间，贴现回收期包含了货币的时间价值，是指经济意义上达到盈亏平衡所需花费的时间。由于未来的一块钱没有今天的一块钱价值高，贴现回收期比普通回收期更长，本例中需要 4 年才能覆盖公司的初始投资。

图 5-4 与表 5-4 比较了贴现率为 12.5% 的情况下公司 300 元的初始投资和每年现金流的终值对比，则第 1 年年末的初始投资额为 $300 \times 1.125 = 338$ 元，第 2 年年末的初始投资额为 $300 \times 1.125^2 = 380$ 元，以此类推。同理，第 1 年年末的现金流入为 100 元，第 2 年年末的现金流入为 $100 + 100 \times 1.125 = 213$ 元，第 3 年年末的现金流入为 $100 + 213 \times 1.125 = 339$ 元。可观察到两条直线在第 4 年年末相交，说明该项目的现金流量在第 4 年年末收回初始投资成本。

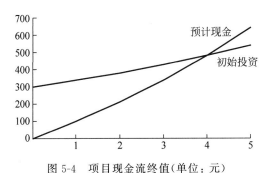

图 5-4　项目现金流终值（单位：元）

表 5-4　项目现金流终值　　　　单位：元

年	现金流终值	
	每期现金流	初始投资
0	0	300
1	100	338
2	213	380
3	339	427
4	481	481
5	642	541

如表 5-4 所示，在考虑资金时间价值的情况下，如果某项目能够收回全部初始成本，

该项目的净现值为正。这也可以在表 5-3 中得到验证,项目现金流的贴现值为 355 元,与初始投资额之差为 55 元,则该项目的净现值为 55 元。这 55 元是发生在贴现回收期后的现金流量的现值。

【例 5-2】　某公司正在进行项目决策,该项目的初始投资成本为 400 元,此后无限期地每年产生 100 元的现金收入,对该项目的预期回报率为 20%。该项目的普通回收期、贴现回收期和净现值分别是多少?

由于将无限期地每年产生 100 元现金流入,相当于永续年金,未来现金流的现值为 $\dfrac{100}{0.2}=500$ 元,其净现值为 $500-400=100$ 元,普通回收期为 $\dfrac{400}{100}=4$ 年。

贴现回收期的计算比净现值更加困难,需要计算当贴现率为 20% 时,多少个 100 元的年金现值能够积累达到 400 元。如表 5-5 所示,通过列出现金流量的现值,可以得出贴现回收期稍短于 9 年。

表 5-5　项目现金流量的贴现值　　　　单位:元

年	贴现现金流	累计现金流
1	83	83
2	69	152
3	58	210
4	48	258
5	40	298
6	33	331
7	28	359
8	23	382
9	19	401

贴现回收期法的优点包括:①在普通回收期的基础上考虑了货币的时间价值,考虑了风险对投资项目决策的影响;②形象地使用贴现现金流弥补投资者付出的初始成本,便于理解;③相比普通回收期,贴现回收期不会接受预期净现值为负的投资;④依旧具有回收期法的优势,可以直观地得到回收初始成本的年限,在决策中会倾向于流动性较高的项目。

从优点来看,贴现回收期法比普通回收期法更加准确且具有优势,但是在现实中贴现回收期法仍然较少被使用,原因在于其与净现值法相比,具有相同的计算难度,都需要估算预期现金流量及股东要求的贴现率,贴现率的确定较为困难。此外,贴现回收期法还存在其他局限性:①只关注初始投资被收回的年限,忽略了回收期后的现金流量,可能因为忽略长期流量错失好的投资机会;②对于公司项目决策者来说,需要主观地确定回收时间段,回收时限点根据公司面临的不同经营状况和财务情况具有不同的选择,没有系统的经济理论支持,主观性过强;③净现值为正的投资可能因为公司时限点设定过短而被拒绝;④公司倾向于拒绝战略性的长期项目,如研究与开发新项目,不利于公司的长久发展。

综合来说,贴现回收期法就是普通回收期法和净现值法的折中,它没有前者的简便计算,也失去了后者的严谨性,增加工作量的同时没有克服回收期法的缺陷,但若需要评估一个项目补偿投资成本所需花费的时间,贴现回收期法比普通回收期法更加准确合理,因为它考虑了风险和货币的时间价值。

第四节 投资评价的内部收益率法

一、内部收益率法

内部收益率(internal rate of return,IRR)法又称内部报酬率法,是用内部收益率来评价项目投资财务收益的方法。内部收益率是资金流入现值总额与资金流出现值总额相等、净现值等于零时的贴现率,该贴现率能体现项目的内在价值。它只依赖于投资项目的现金流量,而不受其他报酬率的影响,是项目的完全内生变量。项目的内部收益率(IRR)用公式表示为

$$-\mathrm{CF}_0 + \sum_{t=1}^{n} \frac{\mathrm{CF}_t}{(1+\mathrm{IRR})^t} = 0 \tag{5-2}$$

内部收益率的法则为:当内部收益率大于该项目所要求的临界收益率水平时,该项目的回报高于项目的资本成本,应该接受该项目,否则应该拒绝该项目。当存在两个或两个以上的项目只能选择一个项目时,选择内部收益率高的项目。

假设某公司在考虑一个初始投资为 200 元的项目是否值得投资,项目前三年每年现金流入量为 100 元,现金流量如图 5-5 所示。

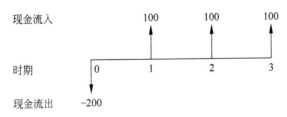

图 5-5 项目的现金流量(单位:元)

在内部收益率的计算中,求解依靠的是试错法和内插法。首先估计一个贴现率,用它来计算项目的净现值。如果净现值为正,说明项目本身的收益率超过该贴现率,应该提高贴现率进行尝试;如果净现值为负,说明项目本身的收益率低于该贴现率。最终经过不断试错找到一个净现值接近零的贴现率,即项目本身的内部收益率(IRR)。

在上例中,首先假设贴现率为 20%,$\mathrm{NPV} = \frac{100}{1.2} + \frac{100}{1.2^2} + \frac{100}{1.2^3} - 200 = 10.65$ 元,由于净现值为正,则 IRR 大于 20%,假设贴现率为 25%,$\mathrm{NPV} = \frac{100}{1.25} + \frac{100}{1.25^2} + \frac{100}{1.25^3} - 200 = -4.8$ 元,由于净现值为负,可知 IRR 小于 25%。通过不断试错计算,得到当贴现率为 24% 时,NPV 为 -1.87 元,当贴现率为 23% 时,NPV 为 1.13 元,所以项目的 IRR 介于 23% 和 24% 之间,再通过内插法得出项目的内部报酬率为

$$23\% + \frac{1.13}{1.13 + (-1.87)} \times (24\% - 23\%) = 23.38\%$$

内部收益率可以利用下面的代数式来计算：

$$0 = -200 + \frac{100}{1+\text{IRR}} + \frac{100}{(1+\text{IRR})^2} + \frac{100}{(1+\text{IRR})^3}$$

图 5-6 说明了净现值与贴现率的关系。图中纵轴代表净现值,横轴代表贴现率。净现值为贴现率的因变量,拥有足够的数据就能得到一条光滑的曲线,即净现值曲线。随着贴现率的增加,净现值平稳下降,曲线在贴现率为 23.38% 时与横轴相交,在该点净现值为零。

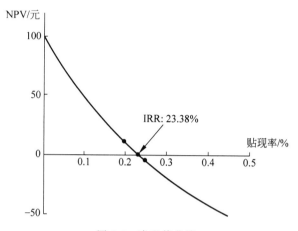

图 5-6　净现值曲线

如图 5-6 所示,贴现率小于内部收益率时,净现值为正;贴现率大于内部收益率时,净现值为负。公司在贴现率小于内部收益率时接受一个项目,也就相当于接受了一个净现值为正的项目,在该点上,净现值法与内部收益率法是一致的。

运用净现值法时,首先需要估计贴现率,然后计算项目的净现值,但项目的净现值对贴现率非常敏感,不同的贴现率将导致不同的净现值,甚至使原本净现值为正的投资项目变为净现值为负的投资项目。而在运用内部收益率法时,并不需要估计贴现率,只需要将内部收益率与预期贴现率进行比较,对贴现率的精确度没有要求。

但是通过净现值法则和内部收益率法则得到的结果可能并不一致,只有满足下面两个条件时,净现值法则与内部收益率法则的结果才会等同:①项目的现金流量必须是符合常规的,也就是项目的初始投资应该是现金流出,为负数,其余的所有现金流量都是正的;②项目应该是独立的,也就是接受或者拒绝项目的决策并不影响其他项目的决策。

二、内部收益率法存在的问题

（一）投融资问题

并不是所有情况下现金流的净现值都随着贴现率的增加而下降,考虑这样一种情况,假设某公司有项目 A 和项目 B(见表 5-6)。公司的预期报酬率为 10%。

表 5-6　项目 A 与项目 B 的项目决策

	项目 A	项目 B
第 0 年的现金流量/元	−100	100
第 1 年的现金流量/元	120	−120
IRR	20％	20％
临界收益率	＜20％	＞20％
NPV/元	9.09	−9.09
项目类型	投资型	融资型

　　项目 A 初始投资 100 元,第 1 年回收现金流为 120 元,其内部收益率为 20％。如图 5-7 所示,项目 A 的净现值曲线向下倾斜,净现值与贴现率负相关,净现值随着贴现率的上升逐渐减小。

　　项目 B 的现金流量与项目 A 恰恰相反。在项目 B 中,公司先获得一笔现金流入 100 元,在第 1 年年末才需要流出现金 120 元,其内部收益率同样为 20％,是一个典型的融资型项目。比如,公司借入资金,第 1 年年末偿还借款;或者公司承办运动会,在运动会召开之前出售转播权及售卖门票,而主要支出则发生在运动会召开期间,即现金流入早于现金流出。

　　项目 B 的净现值为负,其净现值曲线向上倾斜,即净现值随着贴现率的上升逐渐增加。对于此类融资型项目,内部收益率的法则为:当内部收益率小于项目所要求的临界收益率水平时,应该接受该项目;当内部收益率大于项目所要求的临界收益率水平时,应该拒绝该项目。

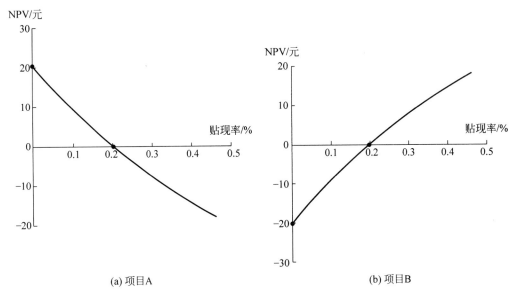

图 5-7　项目 A 与项目 B 的净现值曲线(单位:元)

　　用此例进行说明,假设该公司急需 100 元,则有两种方案:要么执行项目 B,要么向银行借款。项目 B 可以作为向银行借款的替代方案。当项目 B 的内部收益率为 20％时,执行项目 B 相当于按 20％的利率向银行借款,如果公司能够以低于 20％的利率筹资,则应拒绝项目 B,否则应接受项目 B。

与此相反,若该公司有 100 元现金可用于投资,也有两种方案:要么投资项目 A,要么将现金存入银行。项目 A 可以作为将资金存入银行的替代方案。当项目 A 的内部收益率为 20% 时,执行项目 A 相当于银行支付 20% 的利息给公司;当利率小于 20% 时,公司应投资项目 A,否则应拒绝项目 A。

由于项目 A 在首期有现金流出,项目 B 在首期有现金流入,我们称项目 A 为投资型项目,项目 B 为融资型项目。融资型项目的内部收益率法则与投资型项目的内部收益率法则是相反的,在使用内部收益率法时应多加注意。

(二)多个收益率问题

依旧以上述公司为例。假设该公司考虑新的投资项目 C,将项目 A 与项目 C 进行对比分析。

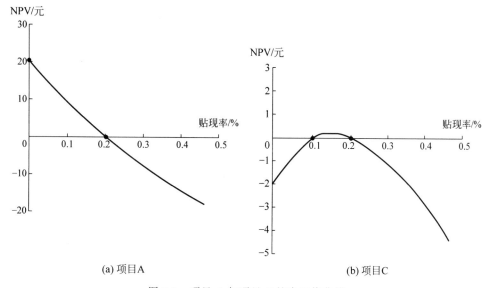

图 5-8　项目 A 与项目 C 的净现值曲线

如表 5-7 所示,对于项目 C,初始投资为 100 元,在第 1 年年末有现金流入 230 元,第 2 年年末又有现金流出 132 元,依次为负的现金流量、正的现金流量和负的现金流量,即项目的现金流量变号两次或两次以上,我们称之为"非常规现金流量"。这类项目可能会有两个乃至多个内部收益率。例如,公司开展餐饮业务,第 1 年年初进行店面装修和设备投资,并于第 1 年年末获得正的现金流收益,但由于疫情不得不暂时关闭餐馆,第 2 年现金流为负值。

表 5-7　项目 A 与项目 C 的项目决策

	项目 A	项目 C
第 0 年的现金流量/元	−100	−100
第 1 年的现金流量/元	120	230

续表

	项目 A	项目 C
第 2 年的现金流量/元	0	−132
IRR	20%	10%与20%
临界收益率	<20%	10%<IRR<20%
NPV/元	9.09	0
项目类型	投资型	混合型

当现金流为非常规时,内部收益率不止一个,若现金流变号 K 次,最多可能有 K 个合理的内部收益率。由于项目 C 的现金流变号两次,其存在两个内部收益率。如图 5-8 所示,项目 C 的内部收益率为 10%与 20%,净现值在贴现率为 10%与 20%时均为零,而在贴现率大于 10%小于 20%时为正,其余情况下为负。因此,当贴现率介于 10%和 20%之间时,该公司应该接受项目 C;如果贴现率在此范围之外,该公司应该拒绝项目 C。

(三)修正内部收益率法

修正内部收益率法可以作为净现值法的替代,通过合并现金流使现金流的正负号只改变一次来解决多重内部收益率问题。修正内部收益率有不同的计算方式,其根本思想都是先修正现金流量,根据修正后的常规现金流量计算内部收益率。

(1)贴现法。贴现法是将所有负的现金流量贴现,转化为现值与初始成本相加,计算内部收益率。假设在贴现率为 15%的情况下,其现金流出的贴现值为 $-100 - \dfrac{132}{1.15^2} = -199.81$,则此时内部收益率为

$$-199.81 + \frac{230}{1 + \text{IRR}} = 0$$

使用贴现法得到的 IRR 为 15.109 3%。

(2)再投资法。再投资法是将所有除第一期外的现金流全部累积计算复利到项目末期,然后计算内部收益率。在贴现率为 15%的情况下,其第 1 年年末和第 2 年年末的现金流量累计值为 $230 \times (1 + 0.15) - 132 = 132.5$,则此时内部收益率为

$$-100 + \frac{132.5}{(1 + \text{IRR})^2} = 0$$

使用再投资法得到的 IRR 为 15.108 6%。

(3)综合法。综合法即贴现法和再投资法的结合,将负的现金流量贴现到现值,将正的现金流量以复利计算到期末,在实务中可以使用不同的贴现率和复利利率进行计算。

项目 C 的现金流出的贴现值为 $-100 - \dfrac{132}{1.15^2} = -199.81$,第 1 年年末的现金流入复利终值为 $230 \times (1 + 0.15) = 264.5$,则此时内部收益率为

$$-199.81 + \frac{264.5}{(1 + \text{IRR})^2} = 0$$

使用综合法得到的 IRR 为 15.05%。

假设该公司贴现率为 15% 的情况下,上述三种计算方法得出的内部收益率均大于 15%,该项目可以接受。

从项目 C 的例子中可以看出不同的计算方法能够得到不同的修正内部收益率,并且没有明确的理论证明哪种方法更好。对于项目 C 中简单的现金流量,三种方法的计算结果都能提供是否投资的结论且相差不大,但对于复杂且具有较多项现金流量的项目来说,修正内部报酬率的差距可能会很大。

此外,尽管修正内部收益率能够求得非常规现金流量的内部收益率,但该方法需要假设贴现率,其结果仅能帮助公司决策者判断一个项目是否值得投资,并不能提供一个能够体现项目内在价值的数值,而内在收益率的优势在于不依靠任何假设求得项目的内在价值。修正内部收益率仅是假设的贴现率的一个函数,在多重收益率的情况下适用。

内部收益率法因为现金流量的不同有不同的应用法则,如表 5-8 所示。

表 5-8 内部收益率法与净现值法投资法则

现金流量	IRR 个数	IRR 法则	NPV 法则
首期为负,其余为正	1	若 IRR>r,接受项目 若 IRR<r,拒绝项目	若 NPV>0,接受项目 若 NPV<0,拒绝项目
首期为正,其余为负	1	若 IRR<r,接受项目 若 IRR>r,拒绝项目	若 NPV>0,接受项目 若 NPV<0,拒绝项目
现金流正负符号变化次数多于一次	一般>1	IRR 无效	若 NPV>0,接受项目 若 NPV<0,拒绝项目

可以看到不管现金流量是何种情况,净现值的投资法则都是一致的,净现值法适用于任何投资决策,相比之下内部收益率法只适用于特定情况。

但内部收益率在实务中应用广泛,最大的原因是其易于理解和交流,比起净现值的具体现值数额,内部收益率更加直观且便于比较。此外,净现值法的准确度取决于贴现率的选择,如果无法准确评估贴现率,公司管理者就无法通过净现值法进行投资评价。但这种情况下,管理者仍能估计出项目的内部收益率,即使公司没有临界报酬率的设定来帮助决策者判断是否应接受项目。例如,某项目具有 30% 的内部收益率,决策者可以通过对比市场上同收益的金融资产的风险,进行项目决策。

三、互斥项目中存在的问题

独立项目是对其接受或放弃的决策不受其他投资项目决策影响的投资项目。例如,某公司打算在一个偏远的小岛开设餐厅,服务当地居民,是否采纳该投资方案并不影响其他地区餐厅的销售额。互斥项目则是不能同时选择的项目。如果进行了这个项目就不能进行另一个项目,可供选择的项目方案之所以可能互相排斥,有的是由于对同一项目提出不同的动工时间,有的是由于资源有限,可以选择项目 A 也可以选择项目 B,或者二者均放弃,但不能同时接受项目 A 和项目 B。例如,项目 A 是在某门面开设餐厅,而项目 B 是在同一门面开设服装店。

内部收益率法应用在互斥项目上可能出现下面两个问题。

（一）规模问题

假设某公司面临两个互斥项目的投资选择,项目 A 为投资 100 元,当日收益为 150 元,而项目 B 为投资 1 000 元,当日收益为 1 100 元。由于时间较短,假设当日的利率为零。两个项目的净现值与内部收益率如表 5-9 所示。

表 5-9　项目 A 和项目 B 的项目决策

	项目 A	项目 B
投资额/元	−100	−1 000
现金流量/元	150	1 100
NPV/元	50	100
IRR/%	50	10

根据净现值法则,可知项目 B 能够实现公司财富最大化,应接受投资项目 B;但是内部收益率法表明项目 A 的内部收益率更高,为 50%,倾向于接受投资项目 A。这是因为内部收益率法忽略了项目的规模,掩盖了投资项目 A 收益绝对值低的不足。

对于规模不同的互斥项目决策,可以根据增量内部收益率法进行决策。

考虑该公司为期一年的互斥项目 C 与项目 D,若公司要求的预期报酬率为 20%,其预期现金流如表 5-10 所示。

表 5-10　项目 C 和项目 D 的项目决策

	项目 C	项目 D
第 0 年的现金流量/元	−100	−500
第 1 年的现金流量/元	400	1 000
NPV/元	233	333
IRR/%	300	100

增量内部收益率的计算需要先得出互斥项目的增量现金流,采纳项目 D 而放弃项目 C,其投资成本的增量现金流为

$$-500 - (-100) = -400(元)$$

第 1 年年末增量现金流为

$$1 000 - 400 = 600(元)$$

则此时增量内部收益率为

$$-400 + \frac{600}{1 + \text{IRR}} = 0$$

通过求解得到增量内部收益率为 50%,是选择项目 D 增加部分投资的内部收益率,此时增量现金流的净现值为

$$\text{NPV} = -400 + \frac{600}{1 + 0.2} = 100(元)$$

增量投资的净现值为正,表明选择项目 D 额外增加的 400 元投资带来的现金流入净现值为 100 元,而且增量投资的内部收益率为 50%,高于贴现率 20%,因此公司在两个项

目互斥的情况下应选择项目 D。

综上,遇到投资规模不同的互斥项目时,内部收益率法则失效,正确的决策步骤为:首先,比较净现值,在上例中,项目 D 的净现值比项目 C 的净现值高 100 元。其次,比较增量净现值,由于增量净现值为 100 元,选择项目 D。最后,比较增量内部收益率与贴现率,该公司的贴现率为 20%,项目增量内部收益率为 50%,因此选择项目 D。

(二)时间序列问题

假设某公司面临互斥项目 E 与项目 F 的投资决策,其现金流量如表 5-11 所示。

表 5-11 项目 E 和项目 F 的项目决策

	项目 E	项目 F
第 0 年的现金流量/元	−1 000	−1 000
第 1 年的现金流量/元	1 000	100
第 2 年的现金流量/元	100	100
第 3 年的现金流量/元	100	1 200
NPV(0%)/元	200	400
NPV(10%)/元	67	75
NPV(20%)/元	−39	−153
IRR/%	16.04	12.94

可以看出项目 E 的大额现金流入发生在第 1 年年末,而项目 F 的大额现金流入发生在第 3 年年末,在贴现率较小时项目 F 的净现值较高,而贴现率较大时项目 E 的净现值较高。两个项目的净现值曲线如图 5-9 所示,当贴现率为 0 时,只要将各期现金流量加总,即可得到项目的净现值。随着贴现率的提高,项目 F 净现值的下降速度更快,且具有更小的内部收益率。

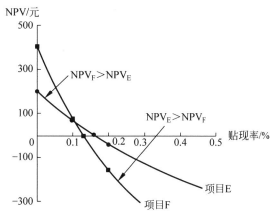

图 5-9 项目 E 与项目 F 的净现值曲线

可以通过计算增量内部收益率进行项目 E 和项目 F 的决策。

首先,比较两个项目的净现值。可借助计算机求得,当贴现率等于 10.55% 时,二者的净现值相等。当贴现率低于 10.55％ 时,公司应选择净现值较高的项目 F；当贴现率大于 10.55％ 时,公司应选择净现值较高的项目 E。

其次,计算增量现金流量的净现值。通过将项目 F 与项目 E 的现金流量作差,得到增量现金流,并求得增量现金流的净现值,如表 5-12 所示。

表 5-12　增量现金流的净现值与内部收益率

	增量现金
第 0 年的现金流量/元	0
第 1 年的现金流量/元	−900
第 2 年的现金流量/元	0
第 3 年的现金流量/元	1 100
NPV(0％)/元	200
NPV(10％)/元	8.3
NPV(20％)/元	−113
IRR/％	10.55

通过计算可知当贴现率为 10.55％ 时,增量现金流量的净现值为零。当贴现率小于 10.55％ 时,净现值为正,选择项目 F；当贴现率大于 10.55％ 时,净现值为负,选择项目 E。

最后,对比增量内部收益率与贴现率。从表中可以发现增量内部收益率为 10.55％,即在贴现率为 10.55％ 时,增量投资的净现值为 0,投资两个项目没有差异。增量内部收益率与两个项目净现值相等时的贴现率一致,是因为两个项目净现值相等时,项目流量差值的净现值一定为零。

综上所述,内部收益率法的优点是提供一个能够包含项目所有信息的收益值指标,能够简便地讨论项目的优劣,便于与同行业基准投资收益率进行对比,确定项目是否值得投资。但由于内部收益率在互斥项目中存在规模问题和时间序列问题,在进行互斥项目选择时,需要考虑增量现金流量的净现值与收益率,在项目决策中,为避免考虑不足的情况,应将内部收益率与净现值结合起来判断。

第五节　投资评价的其他方法

一、盈利能力指数法

盈利能力指数(PI)是指初始投资以后所有预期未来现金流量的现值和初始投资的比率。它表示的是投资项目的相对盈利能力,即每 1 元成本所带来利润的现值。可以表示为

$$盈利能力指数(PI) = \frac{初始投资带来的后续现金流量的现值}{初始投资}$$

我们用一个例子来说明。假设某公司有项目 A 和项目 B 两个投资机会,该公司的贴现率为 10％,其现金流量如表 5-13 所示。

表 5-13 项目 A 和项目 B 的项目决策

	项目 A	项目 B
第 0 年的现金流量/元	−100	−500
第 1 年的现金流量/元	300	2 000
第 2 年的现金流量/元	500	1 000
现金流量的现值/元	686	2 645
PI	6.86	5.29
NPV/元	586	2 145

项目 A 的盈利能力指数计算过程为：先对第 1 年年末及第 2 年年末的现金流入贴现，即

$$\frac{300}{1.1} + \frac{500}{1.1^2} = 686$$

盈利能力指数为现金流量的贴现值与初始投资额之比：

$$\frac{686}{100} = 6.86$$

盈利能力指数的分析决策分为以下三种情况。

（一）独立项目决策

若项目 A 和项目 B 都是独立项目，根据净现值的投资法则，二者的净现值均为正，也就是盈利能力指数均大于 1，则项目 A 和项目 B 都可以接受。

对于独立项目，若盈利能力指数大于 1，项目可以接受；若盈利能力指数小于 1，项目应被拒绝。

（二）互斥项目决策

根据净现值法则，若项目 A 和项目 B 中只能选择一个进行投资，应选择净现值较大的项目，即项目 B。但项目 A 的盈利能力指数大于项目 B，容易对决策产生误导。

盈利能力指数法在互斥项目中面临的问题与内部收益率的规模问题是一致的，均忽略了项目之间的规模差异。项目 A 的投资规模小于项目 B，但由于盈利能力指数是一个比值，结果中无法体现项目 B 的投资额大于项目 A。

盈利能力指数法可以与内部收益率法进行一样的修正，即采用增量现金流分析，使用项目 B 的现金流量减去项目 A 的现金流量，得到的结果如表 5-14 所示，使用同样的方法对增量投资计算盈利能力指数与净现值。

表 5-14 增量现金流的盈利能力指数与净现值

	增量现金
第 0 年的现金流量/元	−400
第 1 年的现金流量/元	1 700

续表

	增量现金
第 2 年的现金流量/元	500
现金流量的现值/元	1 959
PI	4.9
NPV/元	1 559

由于增量现金流量的盈利能力指数大于 1 且净现值为正,公司应选择项目 B,即净现值大的项目,与净现值法则的结果一致。

(三) 资本配置

独立项目决策和互斥项目决策都假设公司有足够的现金进行投资,现在假设公司还面临项目 C 的决策。三个项目的投资决策如表 5-15 所示。

表 5-15 项目 A、项目 B 和项目 C 的投资决策

	项目 A	项目 B	项目 C
第 0 年的现金流量/元	−100	−500	−400
第 1 年的现金流量/元	300	2 000	1 000
第 2 年的现金流量/元	500	1 000	1 500
现金流量的现值/元	686	2 645	2 149
PI	6.86	5.29	5.37
NPV/元	586	2 145	1 749

此时公司没有充足的资金支付所有净现值为正的项目,需要进行资本配置。假设公司面临的三个投资项目相互独立,且公司只有 500 元流动资金可供投资。由于项目 B 的初始投资为 500 元,若选择投资项目 B,则公司不能选择其他投资项目,而项目 A 和项目 C 所需的初始投资成本之和为 500 元,两个项目可以同时接受。公司面临的选择是投资项目 B 还是项目 A 和项目 C。

由表 5-15 可知,项目 A 和项目 C 的净现值都小于项目 B 的净现值,但两个项目的净现值之和大于项目 B 的净现值,由于净现值的可加性,根据净现值法则,公司应选择投资项目 A 和项目 C。

在资金有限的情况下,不能仅依据单个项目的净现值来排序,而应该根据现值和初始投资的比值来排序,即使用盈利能力指数排序。由于项目 A 和项目 C 的盈利能力指数均大于项目 B 的盈利能力指数,在有资本预算限制的情况下,应优先考虑盈利能力指数大的投资项目。

考虑资本限额的另外一种情况,若公司的资本限额为 700 元,则面临的选择为投资项目 A 和项目 B 还是投资项目 A 和项目 C,此时项目 A 和项目 B 的净现值之和更大,但是项目 A 和项目 C 都具有较高的盈利能力指数,此时盈利能力指数法则失效。

1. 盈利能力指数法的优点

盈利能力指数法的计算与净现值的计算有相似之处,其优点包括:

(1)考虑了货币的时间价值,能够更好地识别盈利能力,因为未来的一块钱被视为少于当前的一块钱。

(2)盈利能力指数过程符合股东财富最大化原则,盈利能力指数大于1的项目净现值也为正。

(3)盈利能力指数法是将项目收益现值与初始投资进行比较,在有预算限制的情况下,能够衡量每单位投资的投资回报,帮助公司进行项目评价。

2. 盈利能力指数法的缺点

盈利能力指数法的缺点即局限性包括:

(1)无法处理多个资本限制问题。例如,初始投资期之后公司如果在资金使用上还有其他限制,盈利能力指数法将失效。

(2)盈利能力指数法与内部收益率法相似,通过比率衡量项目的投资回报,存在忽略项目规模的局限性,需要额外使用增量现金流的方式衡量互斥项目的决策。

二、平均会计回报率法

平均会计回报率(average accounting rate of return,ARR)是项目的平均收益与平均账面投资之比。平均收益是指扣除所得税和折旧之后的项目平均收益,而平均账面投资则是指期初投资和期末投资账面价值的平均值。平均会计回报率可以表示为

$$平均会计回报率(ARR)=\frac{平均收益}{平均账面投资}\times100\%$$

根据平均会计回报率法则,在评估投资项目盈利能力时,如果项目的平均会计回报率大于目标平均回报率,公司应接受该投资项目,反之则拒绝该项目。在评价多个互斥投资项目时,在所有超过目标平均会计回报率的项目中,选择平均会计回报率最高的项目。

假设某公司打算投资一个为期5年的项目,其利润如表5-16所示。该项目初始投资50 000元,投资在5年内以直线法计提折旧,残值为0,假设公司所得税税率为30%。

表 5-16　项目利润表　　　　　　　　　　　　单位:元

项　　目	第 1 年	第 2 年	第 3 年	第 4 年	第 5 年
销售收入	60 000	60 000	65 000	70 000	70 000
费用	45 000	45 000	45 000	45 000	45 000
折旧前利润	15 000	15 000	20 000	25 000	25 000
折旧	10 000	10 000	10 000	10 000	10 000
税前利润	5 000	5 000	10 000	15 000	15 000
所得税	1 500	1 500	3 000	4 500	4 500
净利润	3 500	3 500	7 000	10 500	10 500
现金流量	13 500	13 500	17 000	20 500	20 500

项目的平均收益为净利润的平均值,计算为

$$\frac{3\ 500 + 3\ 500 + 7\ 000 + 10\ 500 + 10\ 500}{5} = 7\ 000(元)$$

由于项目未计残值,项目的平均账面价值为

$$\frac{50\ 000 + 0}{2} = 25\ 000(元)$$

则平均会计回报率为

$$ARR = \frac{7\ 000}{25\ 000} \times 100\% = 28\%$$

若该公司的目标平均回报率低于 28%,则可以接受该投资项目;若高于 28%,则应拒绝该项目。

1. 平均会计回报率的优点

平均会计回报率作为投资决策的指标,其优点包括:

(1) 是一种衡量盈利性的简单方法,概念易于理解,且计算简单;

(2) 使用财务报表的数据,易于取得;

(3) 考虑了整个项目寿命期的全部利润;

(4) 揭示了采纳一个项目后财务报表将如何变化。

对于公司管理者来说,能够直观地了解业绩的预期,便于实施项目后评价。

2. 平均会计回报率的缺点

平均会计回报率的缺点即局限性包括:

(1) 平均会计回报率使用账面收益而非现金流量。现金流量在一个项目周期中更重要,会计报表上的账面价值无法反映项目对公司价值的影响,不能帮助公司管理层进行有效的决策。

(2) 平均会计回报率忽视了净收益的时间分布对项目经济价值的影响。该评价方法不论是近期收益还是远期收益都采用简单的算术平均来计算平均净利润,对于项目经济价值的评估不准确。

(3) 平均会计回报率没有考虑项目规模的影响,仅衡量了账面收益与账面投资的比值,在进行互斥项目的投资评价时容易造成误导。

(4) 平均会计回报率指标采用会计数字进行比较,没有考虑时间价值的影响,没有真正的经济意义。

(5) 平均会计回报率没有考虑长期项目增长风险带来的影响,现实中项目投资具有较大的不确定性。

三、市场调查评价法

进行投资决策时不仅要关注项目本身的情况,还需要对未来的市场状况做出预测。市场上影响项目决策的因素包括货币汇率因素变化、国家市场政策变动、投资大环境的波动等,存在较大的不确定性,对公司来说投资长期项目存在较大的风险。市场调查评价法就是针对市场形势的变化及项目的实际情况,对方案是否可行进行判断。

市场调查评价法首先需要收集很多市场信息和数据,将可能出现的风险最大限度地列出来,并借助相关专家的经验和判断力对所投资项目需要承担的风险进行大致的评估与计算,然后依照调查的相关数据和信息给出评分。评分越低说明风险越低,方案实行的可能性就越大。

拓展阅读 5.2
实物期权评价法

市场调查评价法建立在数据支撑和信息提供上,借助专家经验进行风险评估,可以作为投资决策的有效参考。

四、概率分析评价法

概率分析评价法可以预估项目的风险,从而帮助管理者进行投资决策。其做法是把公司在待评估项目中预期能够遇到的风险变量一一列出,将这些变量设置为互不干扰的状态,保持变量的相对独立性。然后,根据不同的环境和因素对风险进行分类,将风险变量进行相应组合,计算项目不同状态下的风险概率,将风险概率绘制成矩阵示意图。最后,通过对比和分析风险概率与公司对项目的预期风险值进行项目投资决策。

概率分析评价法的优点在于将难以预估的风险直观形象地总结为风险概率示意图,使决策者能够清楚地了解不同条件下项目可能存在的风险,利用概率学量化项目的风险,为项目投资决策提供可靠依据,降低投资

拓展阅读 5.3
利用经营杠杆进行固定资产投资决策

决策的风险。此外,风险变量可以重新组合,能够表示不同环境和状态下的项目风险,即使市场出现新的变化,风险概率示意图也可以根据新的信息进行修改,计算新的风险概率,迅速适应新的市场环境。但概率分析评价法的缺点在于风险变量的计算复杂且没有统一的模型,不同的风险类型适用于不同的计算方式,而投资决策的准确度取决于风险变量的计算,因此需要决策者全面考虑与分析风险,提高风险变量计算的准确性。

五、层次分析法

层次分析法是把一些复杂且短时间内无法解决的问题分解成若干部分,然后把这些拆分出来的问题根据各自的包含关系按照相应流程或规律进行排列,形成一个层次分明的结构图。决策者根据所积累的市场经验及前期收集到的信息按照逻辑对结构图中每一层次的问题进行定性和定量分析,根据分析结果与问题的重要程度进行排序与归类,并以此为依据进行分析与评价。

层次分析法的优点是将项目中难以预判和分析的问题细化,能够从多个角度分析项目可能遇到的问题,有效规避投资决策的风险。由于层次分析法运用了定性与定量分析,可以有效量化抽象化的投资风险,并且根据项目风险的重要程度进行排序和分类,提高了投资决策判断依据的准确度。层次分析法与概率分析法具有同样的缺点:由于需要全面考虑项目面临的风险和问题,定量分析同样没有统一的量化方式,需要决策者依据市场经验及已有信息选择合适的量化方案。

第六节　投资评价方法的比较

一、贴现现金评价法与非贴现现金评价法的比较

根据是否对现金流量进行贴现，可以将评价方法分为贴现现金评价法和非贴现现金评价法。非贴现现金评价法是指计算中不考虑货币的时间价值，即将当前的一块钱与未来的一块钱视为等价，项目在不同时点的现金流量无法很好地进行比较，是一种相对静态的方法。非贴现现金评价法包含的主要方法是投资回收期法和平均会计回报率法。投资回收期法是根据项目带来的现金收益计算回收原始投资额所需的时间，通过与目标回收时间进行对比，确定项目是否需要实施。平均会计回报率法则是将项目带来的平均收益与平均投资额进行对比，通过对比项目期间内的平均会计回报率与目标回报率进行项目决策。

贴现现金评价法是以贴现为评价指标进行分析判断，从而做出决策。这种方法考虑了时间价值因素，考虑了货币在不同时期具有的不同价值。贴现现金评价法具体包括净现值法、贴现回收期法、内部收益率法和盈利能力指数法等多种方法，它们彼此之间既有联系，也有区别。

投资决策评价方法中，从一定层面上看，贴现现金评价法和非贴现现金评价法都有其存在的意义，但相对于考虑了货币时间价值的贴现现金评价法来说，非贴现现金评价法对收益情况的预测显得不大精准，往往因存在夸大的情况而使公司管理者做出错误的决策。此外，对于时间跨度不同的投资项目，非贴现现金评价法没有合适的衡量标准，无法用作投资决策的依据。因此，虽然非贴现现金评价法计算更加简便，结果更易于理解，也可以弥补财务会计方面的不足，但贴现现金评价法能更加准确地对项目做出判断，从而制定更好的投资决策。

与贴现现金评价法适用的多种项目类型相比，非贴现现金评价法的适用情况较为有限。投资回收期法一般只在项目初选时使用，因其简便的计算和直观的结果，能够帮助公司在项目数量多时进行初选，多适用于规模较小、初始投资成本低、项目决策中不涉及复杂计算的项目。而平均会计回报率法能够直观地反映预期的业绩，一般在项目后评价中使用，较少用于项目决策。

二、贴现现金评价法的比较

（一）净现值法与贴现回收期法

净现值法是把项目在整个寿命期内的净现金流量按预定的目标收益率全部换算为等值的现值之和。贴现回收期法则是考虑从贴现的净现金流量中收回原始投资额所需的年限。二者均考虑了货币的时间价值，将投资的风险性纳入计算，使用贴现的现金流量进行计算。相比投资回收期法，贴现回收期法不会接受预期净现值为负的投资，这一点与净现值法是一致的。

贴现回收期法的优势在于：①净现值法不能对比不同项目投资额的方案，而贴现回

收期法考虑的是现金流弥补初始成本的年限,能够比较投资额不等的独立方案;②贴现回收期法能够直观地得出回收初始成本的年限,相比净现值法得出的具体金额,贴现回收期法更有利于公司管理者进行决策,在决策中偏向流动性较高的项目。

与净现值法相比,贴现回收期法存在的局限性包括:①贴现回收期法没有考虑回收期以外的现金流量,有可能使公司错过好的投资机会和战略性的长期项目;②贴现回收期法在单独决策中需要与目标回收期进行对比,但目标回收期的设定并没有理论支持,往往由公司管理者主观设定,相比净现值法能够直观地反映项目为公司带来的价值,贴现回收期法更适合独立项目之间的对比决策。

相对来说,净现值法更适合单独项目的决策,方便管理者以公司价值最大化为目标进行项目决策;而贴现回收期法更适合不同规模的独立项目之间的选择。二者各有适用场合,在不同的投资决策中应选择合适的评价方法。

(二)净现值法与内部收益率法

内部收益率就是资金流入现值总额与资金流出现值总额相等,且净现值等于零时的贴现率,该贴现率能体现项目的内在价值。其优势在于,与净现值相比,对于公司管理者来说贴现率的形式更加直观,易于理解。

但内部收益率法在三个方面存在较大的不足:第一,关于再投资的假设。在现实中,未来现金流入的再投资收益率是不确定的,在计算净现值时,假设项目存续期内获得的现金流入是按照投资者要求的贴现率进行再投资,净现值法可以比较恰当地对目标项目的价值进行评价。但在计算内部收益率时,模型假设公司项目寿命期内的现金流量按内部收益率进行再投资,而一般情况下内部收益率远高于项目资本成本,即现金流量的再投资收益率常常被高估,因此内部收益率会高估目标项目的价值。第二,当项目是非常规现金流量时,可能存在不止一个内部收益率,需要计算修正的内部收益率。第三,对于不同规模的互斥项目,内部收益率法和净现值法会得出不同的结果,在没有预算限制的情况下,公司应优先选择净现值高的项目,因为内部收益率高的项目并不能使公司价值最大化。而在需要资本配置的情况下,公司应在满足资本预算限制的条件下选择净现值最大的项目或项目组合。

(三)净现值法与盈利能力指数法

盈利能力指数是指初始投资以后所有预期未来现金流量的现值与初始投资的比率。与净现值法相比,二者都考虑了货币的时间价值,以公司价值最大化为目标,但盈利能力指数法能够在有预算限制的情况下衡量每单位投资的投资回报,帮助公司进行项目评价。

在公司面临的投资项目较多、投资金额大小不一且有预算限制的情况下,净现值法和盈利能力指数法可能会给出不同的投资组合。此时盈利能力指数法是进行项目选择的合适方法,选择步骤为:首先,计算每个项目的盈利能力指数;其次,按照盈利能力指数对所有项目进行排序;最后,从盈利能力指数高的项目开始,选择所有净现值为正的项目,直到达到资本限额。

三、投资评价方法综合比较

本章主要讨论了五种项目投资评价方法：净现值法、回收期法、内部收益率法、盈利能力指数法和平均会计回报率法。净现值法能够满足除了有资本配置限制的项目外的多种投资决策场景，为决策者提供最准确、最直接的项目评价方法。此外，内部收益率法以比率形式刻画的回报率无须事先估计贴现率，在具有常规现金流量的项目中得到广泛的使用。盈利能力指数法衡量了每单位初始投资的盈利能力，适合在资本限制的情况下进行项目评价。回收期法通常适用于在项目评价的初选阶段，简便直观地选择项目。从理论上说，如果能对未来现金流和贴现率进行准确估计，净现值法是最准确的，能够为公司管理者提供该投资项目可以为公司增加价值的准确数值，符合公司价值最大化的投资目标。净现值法作为一种用绝对指标衡量的方式，符合股东的利益，有更普适的应用场景。

即测即练　　　　扫码答题

习题与思考题

1. 说明投资决策的步骤。
2. 说明投资项目的基本特征。
3. 比较净现值法、内部收益率法、回收期法和盈利能力指数法。
4. 说明普通回收期与贴现回收期的不同。
5. 说明内部收益率法存在的缺陷。
6. 对于互斥项目，净现值（NPV）法与内部收益率（IRR）法得出不一致结论的可能原因有哪些？

阅读专栏：企业并购中的投资价值评估

企业并购是企业之间的兼并和收购行为，是法人在平等自愿、等价有偿的基础上，以一定的经济方式取得其他法人产权的行为，是企业进行资本运作和经营的一种主要形式。

随着国内企业并购重组活动的日益活跃，企业更多地从经济利益出发，实施战略并购。一项并购成功与否，并购价格的合理性是一个重要因素。要对目标企业合理定价，不失公允地保障各方的利益，就必须进行合理有效的资产评估。而在企业战略并购中，目标企业的投资价值评估是整个并购活动的核心和成败的关键。如何确定目标企业的投资价值成为战略并购中迫切需要解决的问题。只有对并购后可能产生的协同效应进行较为准确的分析和评估，才能合理地判断并购的必要性和可行性，进而在此基础上确定投资价值,并为并购交易价格提供参考依据。

企业进行并购,主要的动因包括:第一,企业发展动因。在激烈的市场竞争中,企业只有不断发展才能生存下去。并购可以让企业迅速实现规模扩张;可以突破进入壁垒和规模的限制,迅速实现发展;可以主动应对外部环境变化。第二,发挥协同效应。并购后两个企业的协同效应主要体现在经营协同、管理协同和财务协同等方面。第三,加强市场控制能力。通过并购可以提高市场占有率,增强企业竞争力。第四,获取价值被低估的企业。第五,降低经营风险。并购可以使企业迅速实现多元化经营,从而降低投资组合风险。

企业并购的作用主要有:通过企业并购实现经济结构战略性调整;通过企业并购促进资产流动、扩大生产规模、提高经济效益;通过企业并购实现资本和生产的集中,增强企业竞争力;通过企业并购推动国有企业改革;通过企业并购促进文化融合与管理理念的提升。

目前的企业价值评估理论主要是探讨和研究目标企业公平市值的评估,其基本的评估假设是:企业以现有的各种资源进行持续经营给现有股东带来的价值,也就是现有股东目前持有的实际价值,这种价值往往是出售方的价格底线。并购方如果希望出售方出售股权就应当向其支付公平价值以外的补偿,这种补偿又不应当超过并购方通过并购所得到的超额收益,否则并购对并购方就失去了价值。

一项成功的并购在于出售方和并购方都能得到比各自单独经营更多的利益,这种更多的利益来源于并购所产生的协同效应。协同效应是指并购后新企业的价值大于并购前两家企业的价值之和,即 $1+1>2$。并购后企业竞争力增强,导致净现金流量超过两家企业预期现金流量之和,或者合并后企业业绩比两家企业独立存在时的预期业绩高,其主要体现为并购活动的投资价值。

资产评估中关于投资价值的定义是指"评估对象对于具有明确投资目标的特定投资者或某一类投资者所具有的价值估计数额"。在企业并购中就是指被并购方按照并购方的管理战略,考虑并购方特定的协同效应条件下评估的价值。投资价值评估是把目标企业作为并购方的一种具有特定用途、以某种并购方独有的方式运行、对于并购方具有独特价值的资产。因此,当并购方为一类特定的主体,其并购目的是以特定的方式整合目标企业,并把目标企业纳入其战略的一部分,用并购方的方式持续经营下去,也就是说,目标企业对于并购方来说具有特定的意义和价值时,应当选择投资价值来评估目标企业。

所谓投资价值,是指以资产的收益能力为依据确定的评估价值。资产的投入和产出往往存在较大的差异,有的资产投入量高但产出小。投资价值是以产出效率为依据衡量其价值的。

并购中的企业投资价值评估不仅是简单的数值测算,它要求评估者必须考虑目标企业所面对的内部和外部环境的变化以及并购对各方面的影响,对协同效应进行更加详细的分析,进而将这种对协同效应的分析结果调整到实际现金流的测算中,通过细致评估协同效应,得出合理的投资价值,从而合理确定目标企业的评估价值区间,为并购双方确定并购价格提供科学依据。

由于不同企业之间的协同效应不同,其协同效应创造的价值也就不同,同一标的企业对于不同的战略并购企业具有不同的价值,因此在战略并购中,需要提供并购企业对目标企业的"投资价值"评估,即目标企业自身价值加上目标企业与并购企业协同效应的价值。

目标企业自身的价值评估可以采用三种评估方法:资产基础法、收益法和市场法。资产基础法是以净资产作为企业价值的标准,如账面价值法、重置价值法和清算价格法等。收益法是将企业未来收益的折现值作为企业价值,如现金流折现法等。市场法是指将评估对象与可比上市公司或者可比交易案例进行比较来确定企业价值,如价值比率法等。

贴现现金流模型是通过企业自由现金流量计算企业经营所产生的税后现金流量总额,是可以提供给企业资本供应者(包括债权人和股东)的现金流量。选用这一参数充分考虑了目标企业未来创造现金流量的能力。其表示为

自由现金流=EBIT$\cdot(1-T)$+折旧与摊销−资本性支出−净营运资本增加额

为了与现金流量定义相一致,用于现金流量折现的折现率应该能够反映所有资本提供者按照各自对企业总资本的相对贡献而加权的资本机会成本,即加权资本成本。由于个别资本成本的高低取决于投资者从其他同等风险投资中期望得到的报酬率,因此折现率的高低必须能准确反映现金净流量的风险程度。在确定了现金流量和折现率后,下一步就是利用计算出的折现率对现金流量进行贴现。

战略并购追求的是并购交易前后的新增价值,协同效应促使企业核心竞争力形成和扩散,协同效应的价值在战略并购企业价值的评估中意义重大。并购中的协同效应主要体现在经营协同、管理协同、财务协同和无形资产协同等方面。协同效应价值的整体评估以并购的最终效果——企业价值增值为出发点,其理论前提是企业并购后产生规模效应,实现优势互补,提高企业整体价值。具体操作思路是把并购和被并购企业看成一个整体,测算整体企业价值,表示为

$$S = V_{A+B} - (V_A + V_B)$$

其中,S 表示协同效应价值,V_{A+B} 表示并购后联合企业的价值,V_A 表示并购前并购方的价值,V_B 表示并购前目标企业的价值。只有当 $S>0$ 时,并购中的目标企业才具有投资价值。

企业在并购前,应当重视对并购双方的企业文化的调查研究与分析评估,并将评估的重点放在并购双方在国家文化和企业文化之间的差异以及文化能否相互融合等方面。在并购企业的投资价值评估中,还应当考虑外部环境、智力资本、内部风险控制等非财务因素对价值创造的影响。实际操作中很难对这些非财务指标进行定量分析,而只能通过现有的指标体系进行大体的估计。

综上,投资价值评估中,既要重视企业在并购前对并购双方的企业文化的调查研究与分析评估,又要考虑外部环境、智力资本、内部风险控制等非财务因素对价值创造的影响。只有对并购后可能产生的协同效应进行较为准确的分析和评估,才能合理地判断并购的必要性和可行性,进而在此基础上确定投资价值。

资料来源:肖莉红.企业并购中的投资价值评估[J].城市建设理论研究,2012(32).

第六章

资本投资决策

公司将资金投放于生产经营性资产以获取利润,如购置设备、开办厂房、开发新产品等,这些资本投资活动无不与公司的正常经营与扩大利润息息相关。为使公司的每一项资本投资活动都尽可能有利可图,不损害公司价值,管理层需要做出正确的资本投资决策。在资本投资决策的程序中,不仅包含项目评价指标的计算,对项目现金流进行预算分析也至关重要。资本投资决策的现金流分析是对项目价值进行评价的基础。因此,本章重点关注资本投资决策中现金流分析的原则、方法和贴现现金流的特殊情况。

学习目标

- 知道资本投资决策的含义与特点
- 熟悉资本投资决策的程序
- 理解资本投资决策中的实际现金流量与增量现金流量原则
- 熟练进行资本投资决策的现金流量分析
- 处理现金流分析的特殊情况
- 了解通货膨胀对资本投资决策的影响

第一节 资本投资决策程序

一、资本投资决策的含义

公司经营的最终目标是实现公司价值最大化,为了实现这一目标,不断优化公司的生产经营,公司需要积极进行投资决策、融资决策和分配决策。其中,公司的资本投资是指公司投入大量资本获取未来的预期报酬,而且持续时间超过一年的长期投资活动。例如,某食品公司计划新建一条零食生产线。食品公司在当前投入一定成本建设新的工厂和生产线,在未来的几年内便可向市场推出新的零食产品并获得利润,这就是一项资本投资活动。

资本投资决策则是指公司为了实现一定的预期目标,根据主客观条件和拥有的信息,借助科学的方法对资本投资方案进行分析,选择能够实现公司价值最大化目标的资本投资方案。在上述事例中,食品公司需要考虑的是推出新的零食产品所获得的利润能否超过新建工厂和生产线所支出的成本。如果新的零食产品上市后销售额明显较低,不能覆盖公司为此建设生产线的成本,那么这项资本投资活动实际上损害了公司价值。为了避免此类情况发生,公司需要运用市场调研等方法对这项资本投资方案进行分析,判断总投资额及其他各项可能支出、预计的各项收入,以及项目可能的风险,并采用适当的投资评价方法确定是否实施这项资本投资方案。

二、资本投资决策的特点与意义

资本投资决策是公司所有决策中最为关键、最为重要的决策,重大的投资决策失误可能使公司陷入困境,甚至破产。公司中的各级决策者经常要面临与资本投资相关的重大决策。资本投资决策具有下列特点。

（1）耗资大。资本投资作为长期投资,投资的项目规模通常较大,会占用公司大量资金。

（2）风险性。很多投资的收益与利润在投资时是无法完全确定的,即在投资决策中,只能做到评估代表较高或较低收益结果的概率。因此,投资决策存在风险和不确定性。

（3）不可逆转性。投资是完全或至少部分不可逆的,公司一旦做出某项投资决策,一般是不可能收回的,即使收回决策也会产生较大的成本和代价,损害公司价值。例如,公司购入的新机器设备一般不易更改用途,大型设备也难以再次出售,而公司投资建设的房屋、工厂、建筑物等更难再次处置。

（4）决定性。资本投资决策将对公司实现价值最大化目标的能力产生直接影响,因为资本投资通常将对公司未来的现金流量产生重大影响,这对于公司保持和提高自身长期获利能力具有决定性的影响。

（5）选择性。公司在投资时机的选择上有一定的回旋余地,即可以决策是否要推迟行动以获得更多的信息。

综上所述,投资决策决定着公司的未来,正确的投资决策能够使公司降低风险、取得收益,错误的投资决策则会对公司的正常经营和获利造成沉重打击;延缓决策会使公司错过发展机会,仓促决策则可能导致公司面临灭顶之灾。可见,资本投资决策是一个复杂而重要的过程。

三、资本投资决策程序

由于资本投资决策的重要性和复杂性,完整的决策过程需要对项目的成本、收益、产生的现金流及项目风险进行全面的考量和评估。资本投资决策的基本程序包含如下步骤。

1. 提出方案
公司的各级管理者都可以提出新的投资方案以供评估和决策。

2. 评价方案
资本投资方案的评价主要涉及下列工作:

（1）估计备选方案的现金流量。为确定方案在未来各时期的现金流量,需要计算方案相关的各项收入和成本,并预测该投资方案在未来可能形成的现金流量。

（2）确定贴现率水平。在方案评价中需要考虑货币时间价值,将未来的现金流量折现到当前时点以比较方案的现值,因此需要估计预期现金流量的风险,确定贴现率或资本成本的水平。

（3）方案评价。企业需要选取适当的投资方案评价方法，如净现值法、内部收益率法等，并计算相应的评价指标。根据计算出的各种投资评价指标，将各项投资按可行性进行排序。

3. 方案决策

公司管理者通常根据方案评价结果进行资本投资决策。决策一般可分成以下三种：

（1）接受方案，可以进行投资；

（2）拒绝方案，不能进行投资；

（3）发还方案的提出部门，重新调查后，再做评估和处理。

4. 执行方案

公司决定对某方案进行投资后，需要积极筹措资金，实施投资。在投资项目的执行过程中，要对方案进度、质量、成本进行控制，确保投资按预算规定保质如期完成。

5. 方案再评价

在投资方案的执行过程中，应注意跟踪项目实际产生的各项成本、收益，形成的现金流量以及实际的净现值或内部收益率等评价指标，对比方案决策时所预测的评价指标数值，评估原来做出的决策是否合理、正确。

第二节　资本投资决策增量现金流量

之前的章节中讨论了判断项目是否值得投资的评价方法，如净现值法、内部收益率法和回收期法等。在这些方法中都使用了现金流，通过现金流计算项目净现值或内部收益率，进一步通过比较指标大小对投资方案进行评价。在资本投资决策过程中，不仅计算和比较评价指标复杂且重要，在实务中估计项目各期的现金流也是一项复杂而又重要的程序。

一、实际现金流量原则

实际现金流量原则是指在估算投资项目的成本和收益时，采用现金流量而不是会计收益。实际上，在公司金融中运用的通常都是现金流量这一概念，而财务会计则更强调收入和利润。在会计收益的计算中包含了一些非现金因素，如折旧和摊销。这二者在财务会计的计算中被作为一项成本抵减当期的收益，但实际上折旧和摊销并没有实际的现金流出，只是会计中的一种账面记录，因此现金流量与收入和利润是不同的，折旧应加回到收益中才是当期的实际现金流量。如果不加回折旧，将折旧视为一项成本作为现金流出，则会造成固定资产投资支出的重复计算，在期初购买固定资产时计算一次，在每期计提折旧时又计算一次。

例如，某公司支出 100 万元新建一栋新的办公楼作为一项新投资项目的部分支出。按照实际现金流量原则，100 万元就是当前时点的现金流出。但是，在财务会计的计算中，用 20 年直线计提折旧，则当前时点的会计成本仅为 $\frac{1\,000\,000}{20}=50\,000$ 元，当期的利润是收入扣除 5 万元折旧成本后的利润数额，剩余的 950 000 元作为未来 19 年的分期摊销折旧成本。可以看出实际现金流量与会计收益的差异有时是巨大的,在资本投资决策过程中,只能用现金流而不是利润进行折现,因为利润并不代表实际收到的现金流。公司用来购买原材料、支付薪酬的资金都需要用实际的现金流进行支付。

此外,实际现金流量原则还指出,项目未来的现金流量必须用预计未来的价格和成本来计算,也就是在发生通货膨胀或通货紧缩时需要对现金流的实际价值进行调整,不能用当前的价格和成本来计算。

二、增量现金流量

预测现金流量要建立在增量或边际的概念基础上。"增量"的概念强调了资本投资决策中所估算并分析的现金流,是与该项目相关的现金流量,是公司接受一项投资项目所引发的现金流量的变化。根据"有无"的原则,确认有这项投资与没有这项投资时现金流量之间的差额,才是用来分析计算的现金流量。现金流量如果无论投资项目是否被接受都存在,则与投资决策不相关。

在计算和判断增量现金流量时,决策者需要考虑以下几类情况。

(一)沉没成本

沉没成本是指过去已经发生、无法由现在或将来的任何决策所改变的成本。在资本投资决策中,沉没成本属于决策无关成本,因为它在项目决策前发生,不会因为接受或放弃这个项目的决策而改变。2001 年诺贝尔经济学奖得主斯蒂格利茨说,普通人通常不计算"机会成本",而经济学家则往往忽略"沉没成本"。发生在日常生活中的沉没成本就有很多,假设你已经花 70 元买了电影票,你对观看这场电影是否值 70 元表示怀疑。看了半小时后,你觉得这部电影果然很难看。你应该离开电影院吗? 在做这一决策时,你应该忽视这 70 元,因为它是沉没成本,不管是去是留,这项成本已经支出了。

在投资决策中,多数沉没成本是与研发及投资决策前进行的市场调研有关的成本。例如,一家奶制品公司为了评估新建一条新口味牛奶生产线的净现值,向一家咨询公司支付了 10 万元请其开展市场调研。这项支出是在去年发生的。很明显,这项支出与该公司要做的这项资本投资决策并无关系,因为无论公司是否决定投资新生产线,这 10 万元是不可能收回的。公司的某项支出一旦发生,就与将来的任何一项决策无关。

沉没成本的计算对投资决策十分重要。例如,A 公司进行的某投资项目开展前期工程投资支出 25 万元,而要使工程完工,需要追加 25 万元。如果完工后投资项目收益的现值为 30 万元,那么公司应当做出追加投资的决策,因为公司投资 25 万将获得 30 万元收益,净现值为 5 万元,而不是投资 50 万元收回 30 万元。工程前期发生的 25 万元投资属于与决策无关的沉没成本,是一项已发生的支出,因此与公司是否追加投资这一决策无关。可以看出,如果决策者将沉没成本纳入投资成本总额中,则会使一个有利的项目变得无利可图,造成决策失误。

(二)机会成本

机会成本是指在投资决策中,从多种方案中选取最优方案投资,从而放弃次优方案所丧失的收益。对于公司而言,其拥有的某项资产可能正处在待出售或被租赁状态,一旦该资产被用于新的投资项目,公司就会丧失出售、租赁等其他使用方式所能带来的收入。丧失的这些收入可以被看作投资这个新项目的一种成本,因为如果接受了这个新项目,公司就失去了获得收入的机会。例如,某公司在 A 市有一个空仓库可用于存放公司计划生产的一种新产品,那么仓库的成本就应包含在投资新产品的成本中。因为仓库的使用并不是免费的,它存在机会成本,机会成本相当于取消新产品上市的计划,并出售空仓库所能获得的现金。因此,仓库的出售价格就成了投资新产品项目的机会成本。虽然机会成本并未发生现金的实际交割或转让行为,但作为一种潜在的成本需要被考虑在项目的成本内,以便为既定资源寻求最佳的使用途径。机会成本与投资选择的多样性和资源的稀缺性相联系。当存在多种投资机会,而可供使用的资源有时有限的时候,机会成本一定存在。

拓展阅读 6.1

机会成本——克莱普顿/迪伦问题

　　与沉没成本不同,在估算项目增量现金流时需要考虑机会成本。这是因为沉没成本属于已经支出的成本,具有不可逆转性,而机会成本作为一种潜在的成本,具有一定的可控性。公司需要在多种投资机会中进行考量,选择最佳投资项目会相应地产生机会成本,因此机会成本需要被纳入项目成本内。

（三）附加效应

　　公司投资新项目可能会对公司原有项目或业务产生影响,这种影响效果被称为附加效应。附加效应可根据新项目对原有项目影响是积极还是消极而被分为协同效应和侵蚀效应。协同效应是指新项目与原有项目之间存在互补关系,对原有项目有积极影响,增加了公司原有项目的销量和现金流。例如,某汽车公司考虑成立一个车队,尽管公司预期车队在未来是亏损的,净现值预计为−300 万元,但公司同时预测车队的成立会使消费者更加关注公司的汽车产品,经估算成立车队所带来的协同效应净现值为 500 万元。基于此,公司应该成立车队,因为协同效应使投资车队的总净现值为 200 万元。

　　侵蚀效应是指新项目与原有项目之间存在替代关系,对原有项目的影响是消极的,投资新项目将会减少原有项目的销量和现金流。例如,某公司计划投资一种新型号的电视机,但公司必须意识到并非所有新型电视机的销售额和利润都是此项目的增量现金流。因为新型电视机的销售额一部分是从该公司其他型号电视机的销售额中转移而来的,新型电视机的上市对公司原有产品造成了侵蚀效应。假如不考虑侵蚀效应,新型电视机的投资项目净现值为 1 000 万元,而如果考虑新项目会减少原有产品的现金流,侵蚀效应的净现值为−1 500 万元,那么公司应该做出不投资新型电视机的决策,因为侵蚀效应使项目净现值为−500 万元。

（四）成本分摊

　　在确定投资项目的增量现金流时,对于项目成本的计算与会计中的计算方式不同。如果一项费用的收益被多个项目共享,则会计上通过成本分摊将该费用分摊到每个不同的项目中。但是在估算投资项目的增量现金流时,成本分摊只能是当该现金流出作为一个项目的增量现金流时,才被计入项目的成本中,与该投资实施与否无关的成本和费用则不计入项目增量现金流中。

假设某公司办公楼中建造了一间资料室,资料室的维修保养费为每年5万元。公司计划投资一个项目,该项目预测能为公司带来相当于现有销售额10%的收入。公司一位管理者提出在计算新项目的现金流时,应将50 000×10%=5 000元作为项目应分摊的资料室维修保养费计入项目成本中。实际上,这笔费用并不属于新项目的增量现金流。仍根据"有无"原则,分析放弃新项目的公司现金流与实施新项目的公司现金流之间的差异。无论公司是否接受新项目,公司每年都将花费5万元用于资料室的维修保养,接受新项目与否并不影响这部分现金流。因此,在计算新投资项目的增量现金流时,可忽略资料室的维修保养费。这一点十分重要,假设在没有分摊成本的情况下该项目净现值为正,而错误地加入分摊成本使净现值为负,就会使公司拒绝该项目,失去本来可以获得的价值。

第三节 资本投资决策的现金流量分析

一、项目现金流分析

学习了增量现金流量的概念后,计算投资项目的现金流量时考虑的就是公司有无投资决策项目时未来现金流量的差值,即由投资决策引起的公司未来总现金流量的变化。投资项目的增量现金流普遍遵循一类模式,即在项目开始时为项目建设进行投资,表现为公司的现金流出;在项目的生命周期内,产品销售给公司带来现金流入;在项目结束时,与项目有关的厂房和设备被出售,还会产生一笔现金流入。因此,根据以上三种现金流情况,可以按不同时期将项目相关现金流分为三种:项目初期现金流量、项目存续期现金流量和项目终结现金流量。

(一)项目初期现金流量

项目初期现金流量是项目建设过程中发生的现金流量,主要包括以下几项。

1. 项目初始投资

项目初始投资主要是指形成固定资产、无形资产及其他资产的投资。项目投资是形成固定资产的建设投资,如建筑工程费、设备购置费、安装工程费等。与项目相关的无形资产支出主要是指技术转让费或技术使用费、商标权和商誉费等。其他资产的费用主要是指生产准备费、开办费、培训费等。

2. 机会成本

若某项资产被用于新的投资项目中,就相应丧失了出售、租赁等其他使用方式能带来的收入,丧失的这些收入将被看作投资项目的一种成本。机会成本应该在项目初期作为资本预算中的一项现金流出加以考虑。例如,被用于新项目中,而原本可以出售的仓库或相关土地,其出售价格应被看作机会成本。当项目结束时,仓库或土地等固定资产可被公司变价出售。

3. 营运资本

营运资本是指流动资产与流动负债之间的差额。在资本投资决策中考虑营运资本时,应重点关注现金、存货、应收账款与应付账款。营运资本投资一般发生于以下几类情况:在产品销售之前购买原材料及其他存货;为不可预测的支出在项目中保留作为缓冲的现金;发生信用销售,公司得到的不是现金而是应收账款。这三类对营运资本的投资被视为现金流出,因为从公司其他项目产生的现金被该项目占用。此外,该项目中发生信用购买,公司并未支付现金而是增加了应付账款,那么这类情况将被视为现金流入,可以在一定程度上抵消营运资本投资。

营运资本在项目早期一般因业务扩张而增加,按照资本预算的一般性假设,项目后期所有的营运资本将被完全收回,即所有存货全部售出,现金账户全部清算,所有的应收账款都被回收。项目早期营运资本增加所需的资金来源于公司其他项目产生的现金,因此营运资本增加在新项目中被看作现金流出,而且只有当年的增量营运资本才可以作为当年的现金流出。即使营运资本是一个很大的数目,但如果每年的营运资本保持不变,则每年在营运资本上并不会产生现金流出。相反,在项目后期,营运资本的减少将被看作现金流入,即对新项目而言,存货、应收账款的回收和现金账户清算产生了现金流入。

某公司投资项目 2018—2022 年预计营运资本增加额如表 6-1 所示,营运资本投资随着销售收入的变化而变化。以 2018 年为例,管理者为避免突发情况,保留销售收入 2% 的现金作为缓冲;预计销售收入中的 8% 为信用销售,即会产生销售额 8% 的应收账款;预计公司可以利用信用购买的方式延迟支付销售收入 5% 的金额,减少实际现金支出额;管理者决定在当年保留销售收入 10% 的存货以避免库存不足等意外事件。

表 6-1　某公司投资项目营运资本增加额　　　　　　　单位:万元

	基期	2018 年	2019 年	2020 年	2021 年	2022 年
销售收入	5 000	5 500	6 000	5 200	4 000	2 000
现金(销售收入的 2%)	100	110	120	104	80	40
应收账款(销售收入的 8%)	400	440	480	416	320	160
存货(销售收入的 10%)	500	550	600	520	400	200
应付账款(销售收入的 5%)	250	275	300	260	200	100
营运资本	750	825	900	780	600	300
营运资本增加额		75	75	−120	−180	−300

因此,根据 2018 年的销售收入数额,可以计算得出当年的营运资本为 110＋440＋550－275＝825 万元,即公司在其他项目中产生的现金将有 825 万元用来满足该项目营运资本的需要。随着项目的开展,对营运资本的需求将有所扩张,相邻两年之间净营运资本的改变量代表了增减的现金流量,如表 6-1 中 2019 年与 2020 年的负值所示。然而,在项目销售衰减的年份,营运资本逐渐减少。在项目开展到 2021 年时,投入的营运资本被收回。

(二)项目存续期现金流量

项目存续期现金流量是指在项目建成后的生产经营过程中发生的现金流量。为计算存续期现金流量,一般需要确定项目经营过程中的收益和利润。

项目增量收益是指收入与成本的差额。项目收入是指在项目投产后增加的税后现金收入或成本费用节约额。项目成本是指与投资项目有关的以现金支付的各种税后成本费用及税金支出。需要注意的是,因为采用实际现金流量原则,项目成本是一种付现成本,不包括固定资产折旧费及无形资产摊销费等。

假设某公司正在考虑引进一条新的产品生产线,相关预测数据如下:预测初始投资额为 3 000 万元,营销部门预计在未来 5 年内,新生产线的年销售收入为 6 000 万元,年销售成本和管理费用分别为 3 500 万元和 1 000 万元;预计生产线使用年限为 5 年,按直线法计提折旧,5 年后该生产线报废;公司所得税税率为 25%。根据以上预测条件,新生产线项目各期收入与成本如表 6-2 所示。

表 6-2　某公司新生产线项目收入与成本　　　　　　　　　　单位:万元

	第 1 年	第 2 年	第 3 年	第 4 年	第 5 年
销售收入	6 000	6 000	6 000	6 000	6 000
销售成本	3 500	3 500	3 500	3 500	3 500
毛利	2 500	2 500	2 500	2 500	2 500
管理费	1 000	1 000	1 000	1 000	1 000
折旧	600	600	600	600	600
息税前利润	900	900	900	900	900
所得税	225	225	225	225	225
净利润	675	675	675	675	675

根据相关预测数据,可知该项目息税前利润可以通过如下公式计算:

息税前利润＝销售收入－销售成本－管理费用－折旧

每年的息税前利润＝6 000－3 500－1 000－600＝900(万元)

根据息税前利润计算出每年需要缴纳的所得税为

所得税＝息税前利润×所得税税率＝900×25%＝225(万元)

进一步得到

净利润＝息税前利润－所得税＝900－225＝675(万元)

归纳净利润计算公式为

净利润＝(销售收入－成本费用－折旧)×(1－所得税税率)

＝息税前利润×(1－所得税税率)

需要说明的是,计算项目净利润时通常不考虑利息费用,任何增加的利息费用都被视为与项目融资决策有关。项目评价仅考虑项目本身是否可行,而将其与融资决策相分离。公司通常依据全权益融资的假设计算项目的现金流量,债务融资的影响将反映在折现率的调整上,而不涉及现金流量。因此,将表中计算的净利润称为无负债净利润,以表明不考虑任何与负债或杠杆相关的利息费用。

表中计算出的净利润是公司会计收益的一种评价标准,在计算净利润时将折旧视作当期的一项费用支出从销售收入中扣除。但资本投资决策中强调实际现金流量原则,因此需要在所计算出的净利润基础上加回折旧费用,将净利润转化为经营性现金流量:

经营性现金流量＝息税前利润×(1－所得税税率)＋折旧

在上例中,项目存续期每年的经营性现金流量＝675＋600＝1 275(万元)。

在用上述公式估计经营现金流量时,如果项目在经营期内追加营业资本和资本支出,其增量投资额应从当年现金流量中扣除,因此当年项目净现金流量为

项目净现金流量＝EBIT·$(1-T)$＋折旧－资本支出－营运资本增加额

(三)项目终结现金流量

项目终结现金流量是指项目存续期末发生的现金流量,主要包括存续期项目现金流量和存续期末现金流量两部分,即在项目即将终结的时期,除项目生产经营产生的现金流量外,还包括存续期末现金流量,这部分现金流量主要包含营运资本的收回和固定资产残值变价收入以及出售时的税负损益。其中营运资本的收回反映为现金流量的增加,不受税收因素影响;固定资产残值变价收入是指固定资产在报废时的残值收入、回收残料时的变价收入或作价收入、有偿转让时的价款收入,以及遭到毁损而取得的保险赔款等。通常在项目结束时,公司会对与项目相关的固定资产进行出售、转让等处置,一般表现为现金流入。在出售固定资产时会产生所得税效应。所得税效应是指固定资产重置时变价收入的税负损益。按规定,出售资产时如果出售价高于原价或账面净值,应缴纳所得税,多缴的所得税构成现金流出量;若出售价低于账面净值则被视为出售资产时发生损失,可以抵减当年所得税支出,少缴的所得税构成现金流入量。

例如,某公司在某项目即将结束时需要出售项目所使用的生产设备,计划出售时生产设备的账面价值为 5 760 元。若公司能够以 30 000 元的价格出售这台设备,则固定资产出售价格高于账面价值,公司需要针对 30 000 元和 5 760 元的差额缴纳所得税。在 34% 的税率下,公司应缴纳所得税 34%×(30 000－5 760)＝8 242 元,这笔所得税构成现金流出。因此,在以 30 000 元出售生产设备构成现金流入的基础上,公司实际产生了 30 000－8 242＝21 758 元的现金流入。

相对地,若账面价值超过出售价格,则这部分差额将作为税收抵免。假如该公司仅能以 4 000 元的价格出售这台生产设备,则设备的账面价值高于出售价格,可产生 34%×(5 760－4 000)＝598.4 元的税收减免,这笔税收减免构成现金流入,公司实际产生了 4 000＋598.4＝4 598.4 元的现金流入。

二、折旧与项目现金流

在资本投资决策中强调实际现金流量原则,管理者评价一个新项目是否值得投资时更加关注现金流量而不是会计收益,这二者之间显著的区别就是对折旧的计算。在计算项目的经营现金净流量时,折旧由于没有当期实际的现金流出,因此不被视作一种项目成本,需要在净利润的基础上加回。在现金流量的计算中看似剔除了折旧的影响,但这只是在不考虑所得税的情况下。因为所得税是在息税前利润的基础上计算,而计提折旧的大小影响息税前利润的数额,因此在考虑所得税的情况下,折旧额的计提实际影响当年的现金流量。不同的折旧方法下,各年的折旧额不同、税负结余及其现值不同,对资本投资决策和项目评价也有一定影响。

我国常用的折旧方法有四种:年限平均法(直线法)、工作量法、双倍余额递减法、年数总和法。

(一) 年限平均法

年限平均法又称直线法,是计提折旧最简单的一种计算方法。该方法将固定资产的折旧平均分摊到各期,每期计算的折旧额相等。年限平均法的计算公式为

$$年折旧额 = \frac{固定资产原值 - 预计净残值}{预计使用年限} = 固定资产原值 \times \frac{1 - 预计净残值率}{预计使用年限}$$
$$= 固定资产原值 \times 年折旧率$$

例如,2021 年 1 月底,A 公司临时购入一套医疗设备,该设备的成本为 330 万元,预计使用年限为 10 年,预计净残值为 30 万元,则 2021 年应计提折旧额按年限平均法计算为 $\frac{330 - 30}{10} \times \frac{11}{12} = 27.5$ 万元。

(二) 工作量法

工作量法是根据实际工作量计算折旧额的一种方法。该方法可以弥补年限平均法只注重时间,而忽略使用强度的缺点,其计算公式为

$$每单位工作量折旧额 = \frac{固定资产原值 \times (1 - 净残值率)}{预计总工作量}$$

某项固定资产月折旧额 = 该项固定资产当月工作量 × 每单位工作量折旧额

例如,B 公司一辆运货卡车的原价为 60 万元,预计总行驶里程为 50 万公里,预计净残值率为 5%,2021 年 9 月行驶 0.4 万公里,则

$$单位里程折旧额 = \frac{60 \times (1 - 5\%)}{50} = 1.14(元 / 公里)$$

$$2021 年 9 月折旧额 = 0.4 \times 1.14 = 4\,560(万元)$$

(三) 加速折旧法

加速折旧法又称快速折旧法或递减折旧法,其特点是在固定资产有效使用年限的前期多计提折旧,后期则减少折旧的计提,从而相对加快折旧的速度,使固定资产成本在有效使用年限中加快得到补偿。常用的加速折旧法有双倍余额递减法和年数综合法两种。

1. 双倍余额递减法

该方法在不考虑固定资产残值的情况下,根据每一期期初固定资产账面净值和双倍直线法折旧额计算固定资产折旧,且最后两年需要改为直线法。

$$双倍余额递减法折旧率 = \frac{2}{预计使用年限} \times 100\%$$

$$年折旧额 = 期初固定资产账面净值 \times 双倍余额递减法折旧率$$

$$月折旧额 = \frac{年折旧额}{12}$$

最后两年改为直线法:将倒数第二年年初的固定资产账面净值扣除预计净残值后的净额分两年平均摊销。

例如,C公司的一项固定资产原值为10万元,预计净残值为1万元,预计使用年限为5年。该项固定资产采用双倍余额递减法计提折旧,则在折旧年度内:年折旧率$=\dfrac{2}{5}\times100\%=40\%$。

第1年折旧额$=10\times40\%=4$(万元);

第2年折旧额$=(10-4)\times40\%=2.4$(万元);

第3年折旧额$=(10-4-2.4)\times40\%=1.44$(万元);

第4年、第5年折旧额(改为直线法)$=\dfrac{(10-4-2.4-1.44)-1}{2}=0.58$(万元)。

2. 年数总和法

年数总和法又称合计年限法,是通过将固定资产的原值减去净残值后的净值和一个逐年递减的分数来计算折旧额的方法。其中分数的分子代表该固定资产尚可使用的年份数,分母代表该固定资产总使用年份数的逐年数字总和。

$$年折旧额=(固定资产原值-净残值)\times年折旧率$$

例如,D公司一项固定资产原值为10万元,预计净残值为1万元,预计使用年限为5年。该项固定资产按年数总和法计提折旧,则在折旧年度内:年数总和$=5+4+3+2+1=15$。

第1年折旧额$=\dfrac{(10-1)\times5}{15}=3$(万元);

第2年折旧额$=\dfrac{(10-1)\times4}{15}=2.4$(万元);

第3年折旧额$=\dfrac{(10-1)\times3}{15}=1.8$(万元);

第4年折旧额$=\dfrac{(10-1)\times2}{15}=1.2$(万元);

第5年折旧额$=\dfrac{(10-1)\times1}{15}=0.6$(万元)。

客观地讲,折旧年限取决于固定资产的使用年限。由于使用年限本身就是一个预计的经验值,使折旧年限容纳了很多人为成分,从而为公司合理避税筹划提供了可能。缩短折旧年限有利于加速成本收回,可以使后期成本费用前移,使前期会计利润发生后移。在税率稳定的情况下,所得税递延交纳,考虑到货币的时间价值,对投资项目的现金流也会产生一定程度的影响。

例如,某公司新投资项目的固定资产投资中包含一辆价值500 000元的货车,残值按原值的4%估算,估计使用年限为8年。

按直线法每年计提折旧额如下:

$$\frac{500\,000\times(1-4\%)}{8}=60\,000(元)$$

假定该公司的资金成本为10%,则折旧节约所得税支出折合为现值如下:

$$60\,000\times33\%\times5.335=105\,633(元)$$

其中，5.335 为 8 期的年金现值系数。

如果该公司将折旧期限缩短为 6 年，则年计提折旧额为

$$\frac{500\,000 \times (1 - 4\%)}{6} = 80\,000（元）$$

因折旧而节约的所得税支出，折合为现值如下：

$$80\,000 \times 33\% \times 4.355 = 114\,972（元）$$

其中，4.355 为 6 期的年金现值系数。

尽管折旧期限的改变并未从数字上影响公司所得税税负的总和，但考虑到货币的时间价值，后者对公司更为有利。如上例所示，折旧期限缩短为 6 年，可节约资金 114 972 − 105 633 = 9 339(元)。

三、经营性现金流量的计算

在分析项目存续期现金流量时计算了项目的经营性现金流量，分析过程中着重强调了实际现金流量与会计收益的区别，在净利润的基础上加回折旧费用得到了经营性现金流量。实际上，经营性现金流量还有另外一些实用的计算方法，这些方法使用了不同的方式处理项目的销售收入、成本、折旧和税，在公司金融实际分析中都有广泛的应用。

（一）自上而下法

假设某公司新投资项目存续期的年度数据为：销售收入＝2 000 元；成本＝1 200 元；折旧＝500 元；所得税税率＝34%。根据这些信息可以计算出当年的税前利润为

税前利润＝销售收入−现金成本−折旧＝2 000−1 200−500＝300(元)

当年需要支付的税为

税＝税前利润×所得税税率＝300×34%＝102(元)

分析项目当年的现金流，公司将收到销售收入 2 000 元，支付 1 200 元的现金成本和 102 元的税款，注意 500 元折旧费用为非现金支出，因此不考虑在内。相应计算出项目当年的经营性现金流为

经营性现金流(OCF)＝销售收入−现金成本−税＝2 000−1 200−102＝698(元)

这种方法被称为自上而下法，因为使用这种方法时需要从利润表的顶端开始，用销售收入逐渐向下依次减去成本、税或其他现金费用。在自上而下法中不考虑折旧，因为折旧不构成一项现金流出，尽管这是一个会计概念，但它不付现，并不是一项现金流。但是，折旧对现金流的计算产生间接影响，折旧被用于在税款的计算中抵减应税所得，应税所得的降低会导致税款减少，从而增加当期的现金流。

（二）自下而上法

自下而上法首先按照会计的分析方式，计算项目当期的净利润：

净利润＝税前利润−税＝300−102＝198(元)

由于在计算税前利润时扣除折旧使利润减少，但折旧并未真正导致现金流出，因此根据利润计算现金流时应该将折旧加回，得到经营性现金流为

$$经营性现金流（OCF）＝净利润＋折旧＝198＋500＝698（元）$$

将经营利润进一步分解其构成，即可得到更为完整的经营性现金流表达式：

$$经营性现金流＝（销售收入－现金成本－折旧）×（1－税率）＋折旧$$
$$＝（2\,000－1\,200－500）×（1－34\%）＋500＝698（元）$$

这两个计算公式运用的都是自下而上法，在这种方法中，计算从公司的会计报表中的利润最底端，即净利润开始，然后加回非现金支出，如折旧或摊销费用。需要注意的是，这种将经营性现金流定义为净利润加折旧的计算方法，只有在计算净利润时未扣减利息费用才是正确的。自上而下法简单地关注了项目的现金流入量及现金流出量，从现金流量定义的角度计算经营性现金流；而自下而上法则更加关注会计收益和现金流量的区别与联系，将被扣减的非现金支出加回利润中。

（三）税盾法

税盾法实际上是自上而下法的一个变种。在使用自上而下法计算经营性现金流时，计算公式为

$$经营性现金流（OCF）＝销售收入－现金成本－税$$

其中，税的计算公式为税＝（销售收入－现金成本－折旧）×税率。

将两个计算公式合并，可得

$$经营性现金流（OCF）＝销售收入－现金成本－（销售收入－现金成本－折旧）×税率$$

简化为

$$经营性现金流（OCF）＝（销售收入－现金成本）×（1－税率）＋折旧×税率$$

代入上面的实例中，可以得到公司新项目当期经营性现金流为

$$经营性现金流（OCF）＝（2\,000－1\,200）×（1－34\%）＋500×34\%＝698（元）$$

与前两种方法的计算结果是完全一致的。

在税盾法中，经营性现金流被分为两个部分。第一部分就是在没有折旧支出的情况下项目现金流的数额，在本例中，这部分现金流为528元。第二部分为折旧乘以税率，这部分也被称为折旧税盾。因为折旧是一种非现金支出，其在现金流计算中的唯一作用是通过减少税来影响现金流。在目前34%的税率下，每100元的折旧可以带来34元税的减少。因此在本例中，500元的折旧可以带来170元的税盾。

税盾法看似与自下而上法相互矛盾，因为在自下而上法中，经营性现金流是在净利润的基础上加回全部折旧额，而在税盾法中，加回的仅是折旧税盾。其实这两种方法是完全一致的，比较两种方法的计算公式：

$$经营性现金流＝（销售收入－现金成本－折旧）×（1－税率）＋折旧$$
$$经营性现金流＝（销售收入－现金成本）×（1－税率）＋折旧×税率$$

可以看出，自下而上法前一项减去了折旧额，而在税盾法中并未进行相应的增减，所以自下而上法的末尾需要加回全部折旧额。因此，计算经营性现金流的三种方法都可以得到完全一致的计算结果，公司管理者可以根据项目不同的情况和不同的信息选择适用的计算方法。

四、现金流分析的案例

A 公司主要生产冰箱、空调、电风扇等家用电器。公司的管理层正在寻找能够为公司带来潜在现金流量、提升公司价值的机会。最近,公司管理层发现了一个大有潜力而且未被更大的家用电器制造商占领的新兴市场,即智能家具市场。智能家具是在现代时尚家具的基础上,将组合智能、电子智能、机械智能、物联智能巧妙地融入家具产品中,使家具智能化、国际化、时尚化,使家居生活更加便捷、舒适。公司认为凭借自身的成本优势和成熟的市场营销技巧,可以从这个投资项目中获利。

因此,公司决定进一步评估智能家具的市场潜力。公司向市场消费者发出调查问卷,调查结果支持了公司开发这一市场的决定,认为智能家具能够获得 15%～20% 的市场份额。公司的这项市场调研产生了 25 万元的费用。基于此,公司开始考虑投资生产智能家具。智能家具生产厂的厂址计划位于公司拥有的一处厂房中,这处厂房及所占用的土地目前的税后净价为 15 万元。

公司管理者于是开始准备有关新投资项目的分析报告。相关资料总结如下:智能家具生产设备的成本为 10 万元,预计在项目结束的第 5 年年末净残值为 20 000 元,公司估计到时能够以市场价值 30 000 元的价格出售这台设备。该生产设备在项目持续的 5 年内预计能够生产智能家具的产量为:500 个、800 个、1 200 个、1 000 个和 600 个。第 1 年智能家具的价格预计为 200 元,考虑到智能家具市场的竞争性,公司管理层预计智能家具的价格将以每年 2% 的比率增长。然而,制造智能家具的原材料价格也将攀升,因此制造过程中的现金流出预计每年将增长 10%。第 1 年的经营成本为每个 100 元。公司管理层经分析后确定,根据公司现有的应纳税所得额,新增智能家具项目适用的所得税税率为 34%。

公司认为必须保持对营运资本一定的投资额来维持项目正常运行。与其他制造类企业一样,公司必须在生产和销售之前购买原材料并对存货进行投资,还需要为不可预见的支出保留一定的现金,并且信用销售活动也会产生一定的应收账款。因此,管理层预测营运资本的投资在第 0 年总计为 10 000 元,且在项目运行期间会有增减变动(如表 6-3 所示),当项目结束时营运资本投资可以被完全回收,即在第 5 年年末可以减少至 0。

表 6-3　项目净营运资本情况　　　　　　　　　　　单位:元

	第 0 年	第 1 年	第 2 年	第 3 年	第 4 年	第 5 年
净营运资本		10 000	10 000	16 320	24 970	21 220

如上所述是项目的全部前提假设,公司管理层的分析如表 6-4 至表 6-6 所示。在这些表中,所有的现金流都被假定在年末发生。由于表中包含大量数据,明确表与表之间的关系十分重要。表 6-4 列示了有关项目投资与利润的基础数据;表 6-5 列示了有关经营收入和经营成本的明细资料,以说明表 6-4 的数据来源;表 6-6 列示的是依据前两张表计算出的项目现金流。

表 6-4　A 公司的现金流量表　　　　单位：元

	第 0 年	第 1 年	第 2 年	第 3 年	第 4 年	第 5 年
投资：						
生产设备	−100 000					26 600
累计折旧		16 000	32 000	48 000	64 000	80 000
设备纳税调整（年末）		84 000	68 000	52 000	36 000	20 000
机会成本（厂房）	−150 000					150 000
净营运资本（年末）		10 000	10 000	16 320	24 970	21 220
净营运资本变化	−10 000	0	−6 320	−8 650	3 750	21 220
投资的总现金流量	−260 000	0	−6 320	−8 650	3 750	197 820
收入：						
销售收入		100 000	163 200	249 600	212 000	129 600
经营成本		−50 000	−88 000	−145 200	−133 100	−87 846
折旧		−16 000	−16 000	−16 000	−16 000	−16 000
税前利润		34 000	59 200	88 400	62 900	25 754
所得税（34%）		11 560	20 128	30 056	21 386	8 756
净利润		22 440	39 072	58 344	41 514	16 998

表 6-5　A 公司的经营收入和成本　　　　单位：元

年份	产量	价格	销售收入	单位成本	经营成本
1	500	200	100 000	100	50 000
2	800	204	163 200	110	88 000
3	1 200	208	249 600	121	145 200
4	1 000	212	212 000	133.1	133 100
5	600	216	129 600	146.4	87 846

表 6-6　A 公司的增量现金流量　　　　单位：元

	第 0 年	第 1 年	第 2 年	第 3 年	第 4 年	第 5 年
销售收入		100 000	163 200	249 600	212 000	129 600
经营成本		−50 000	−88 000	−145 200	−133 100	−87 846
所得税		−11 560	−20 128	−30 056	−21 386	−8 756
经营现金流量		38 440	55 072	74 344	57 514	32 998
投资的总现金流量	−260 000	0	−6 320	−8 650	3 750	197 820
项目的总现金流量	−260 000	38 440	48 752	65 694	61 264	230 818

A 公司智能家具新项目同样遵循了现金流发生的普遍模式，即公司在项目开始时进行投资，产生现金流出；其次，在项目的生命周期内，产品销售带来现金流入；最后，厂房和设备在项目结束时卖出，产生更多的现金流入。因此，接下来分别讨论项目初期现金流、项目存续期现金流和项目终结现金流。

（一）项目初期现金流

表 6-4 上半部分列示了项目初期公司进行投资而产生的支出费用，包括下面三个

部分。

（1）家具生产设备。这项购买在第 0 年产生了 10 万元的现金流出。当设备在第 5 年卖出时,公司能获得一笔现金流入,而且这项资产售出产生了相应的纳税义务。

（2）不能出售厂房的机会成本。如果公司接受了智能家具项目,它将使用一个原本可以出售的厂房和相关土地。因此,厂房和土地预计的销售价格应该作为机会成本,如表 6-4 投资部分第四项所示。机会成本应该作为资本投资决策时需要考虑的现金流量。同时,当项目结束时,管理层估计厂房将在第 5 年以 15 万元出售。

需要注意的是,市场调研所产生的 25 万元支出在项目初期现金流中不予考虑,因为这项调查支出是在项目决策前发生的,应该被视为沉没成本。

（3）营运资本投资。项目所需营运资本如投资部分第五项所示。营运资本在项目早期因业务扩张而有所增加,最后所有营运资本可假定完全收回。项目早期营运资本增加所需的资金来源于公司其他项目产生的现金,因此营运资本增加被看作现金流出。而且只有当年的增量营运资本投资才可以作为当年的现金流出,如果当年的营运资本保持不变,则当年并不会产生营运资本的现金流出,比如该项目第 0 年与第 1 年年末净营运资本都为 10 000 元,则第 1 年增量营运资本为 0,并未发生现金流出或流入。相反,在项目后期,销售衰减,营运资本逐渐减少并最终为 0,意味着应收账款全部收回,存货全部出售,使后面几年的现金有所剩余,营运资本的减少则作为现金流入,正如第 4 年和第 5 年净营运资本变化量所示。

综上,该项目有三部分需要投资:智能家具生产设备、厂房的机会成本和净营运资本的变化量。以上三部分的总现金流量如表 6-4 中投资的总现金流量一项所示。

（二）项目存续期现金流

项目存续期现金流主要表现为产品销售利润的现金流入和所得税支出。其中,利润的确定列示于表 6-4 下半部分。尽管项目决策更加关注的是现金流量而不是利润,但需要通过计算利润确定相应的所得税支出。表 6-4 下半部分分别列示了销售收入和经营成本,这两行的数字来源于表 6-5 通过产品销量和价格计算得到的销售收入和成本。收入和成本是根据公司管理层规划的假设而做出的估计,这些预测在很大程度上依赖于假设产品价格预计每年增长 2%,成本预计每年增长 10%。

10 万元资本投资部分采用直线折旧法计提,相应计算出的税前利润、所得税和净利润如表 6-4 所示。

拓展阅读 6.2
埃里克·简森公司
投资决策

（三）项目终结现金流

项目终结现金流除销售收入外,还包括对生产设备和厂房的出售而产生的现金流入。其中厂房将以 15 万元出售,而出售生产设备时,公司需要对生产设备的账面价值和售价的差额计算税额。公司估计在第 5 年年末能够以 3 万元出售智能家具生产设备。而在第 5 年年底,这台设备的账面价值为 2 万元,如表 6-4 投资部分第三项所示。如果公司实际上的售出价格为 3 万元,公司将就售价 3 万元与账面价值 2 万元的差额缴纳所得税。在 34% 的税率下,公司应该缴纳的所得税为 $34\% \times (30\,000 - 20\,000) = 3\,400$ 元。因此,该设备的税后残值为 $30\,000 - 3\,400 = 26\,600$ 元,这部分的价值也将作为公司的一项现金流入,如表 6-4 投资部分第一项所示。

最后在表 6-6 中汇总计算了该项目的现金流量,将表 6-4 的销售收入、经营成本和所得税复制到表 6-6 的前三行,经营性现金流量可以依据这三项计算得出,等于销售收入减去经营成本和所得税,列示于表 6-6 的第四行。投资的总现金流量来自表 6-4 投资部分的第七项,将之作为表 6-6 的第五行。来自经营的现金流量加上投资的总现金流量等于项目的总现金流量,如表 6-6 第六行所示。根据此现金流量的计算结果就能估算公司智能家具项目的净现值,如果公司采用的折现率为 10%,该项目的净现值为

$$NPV = -260\,000 + \frac{38\,440}{(1+10\%)} + \frac{48\,752}{(1+10\%)^2} + \frac{65\,694}{(1+10\%)^3} + \frac{61\,264}{(1+10\%)^4} + \frac{230\,818}{(1+10\%)^5}$$

$$= 49\,757(元)$$

净现值为正,A 公司应该接受该项目。

进一步,可根据表 6-6 中分析得出的项目现金流计算项目的回收期。其中,项目静态回收期是指以投资项目经营净现金流量抵偿原始总投资所需的全部时间,项目在第 0 年投资 26 万元,项目存续期前 4 年共回收 214 148 元,还有 45 852 元待回收,这部分待回收金额约为第 5 年现金流量的 $\frac{45\,670}{230\,818} = 0.2$ 倍,因此静态回收期为 4.2 年。若考虑货币时间价值计算项目的动态回收期,对项目存续期现金流以 10% 的折现率计算其折现现金流,则计算结果如表 6-7 所示。

表 6-7 项目贴现现金流　　　　　　　　　　　　　　　　　单位:元

	第 1 年	第 2 年	第 3 年	第 4 年	第 5 年
未贴现现金流	38 440	48 752	65 694	61 264	230 818
贴现现金流	34 945.45	40 290.91	49 356.87	41 844.14	143 319.8
累计贴现现金流	34 945.45	75 236.36	124 593.23	166 437.37	309 757.17

可知截至第 4 年年末,项目累计贴现现金流为 166 437.37 元,还有 93 562.63 元未回收,因此项目的动态回收期为 $4 + \frac{93\,562.63}{143\,319.8} = 4.65$ 年。

第四节　现金流分析的特殊情况

在资本投资决策的现金流分析中,投资项目的现金流普遍呈现初始期产生现金投资、存续期产品销售带来现金流入、终结时出售资产增加现金流入的模式。此外,折现现金流分析还有三种常见的特殊情况:第一种涉及成本节约的投资;第二种为竞价投标;第三种关注不同生命周期的设备投资。

一、成本节约的投资

对公司现有的项目来说,如果公司能够优化更新现有生产设备,让项目的生产效率得

到提升,减少相关材料耗费或管理费用,则可以通过节约成本的方式带来公司价值的提高。在这一问题中公司需要考虑的问题是,更新设备所需的投资支出与节约成本之间的关系,节省下来的费用是否足够弥补必需的资本支出。

例如,某公司想要对其现有项目的生产设备进行自动化升级,购买新的智能生产设备,所需的设备购买费用和安装费用共计 80 000 元。设备更新升级后能够节约的人力成本和材料支出每年达 22 000 元。若假设更新的智能设备可以使用 5 年,采用直线法计提折旧,期末残值为 0,估计该设备 5 年后的市场价值为 20 000 元。在所得税税率为 34%、折现率为 10% 的情况下,公司是否应该购买新的智能设备进行自动化升级?

从现金流量的角度分析,首先计算相关现金流量支出,初始的设备投资费用为 80 000 元。由于第 5 年年末智能设备的账面价值为 0,因此设备税后残值为 $(20\,000-0) \times (1-34\%)=13\,200$ 元。该项目不涉及营运资本和机会成本,因此不考虑净营运资本变化和机会成本这两项现金流出。

其次,对新设备进行投资后,将会产生经营现金流量。由于设备更新使该项目每年可以节约 22 000 元的人力费用和材料成本,因此每年 22 000 元成本节约是项目的增量营运收入。容易被忽略的是,新设备的投资还产生了额外的折旧抵免,由于采用了直线法计提折旧,因此每年的折旧费用为 $\dfrac{80\,000}{5}=16\,000$ 元。因为新设备投资项目的营运收入为 22 000 元,折旧抵免为 16 000 元,因此将使公司的息税前利润每年增加 $22\,000-16\,000=6\,000$ 元,即新设备投资项目的息税前利润为 6 000 元。

相应地,息税前利润增加会导致税款相应增加,增加的税负为 $6\,000 \times 34\%=2\,040$ 元。根据以上信息,可以计算该项目的经营性现金流量为

息税前利润 6 000 元 + 折旧 16 000 元 - 所得税 2 040 元 = 经营性现金流 19 960 元

因此,该项目的经营性现金流为 19 960 元。

公司还可以使用另一种方法计算该项目的经营性现金流。因为设备更新节约的成本可以增加公司 22 000 元的税前收入,公司需要对这部分收入缴税,税款将增加 $22\,000 \times 34\%=7\,480$ 元,即税前节约的 22 000 元在税后实际上节约了 $22\,000 \times (1-34\%)=14\,520$ 元。此外,虽然额外的 16 000 元折旧费用没有产生实际的现金流出,但折旧费用的税收抵免作用实际上令公司减少了 $16\,000 \times 34\%=5\,440$ 元的税款支付。因此,两项节约总和为 $14\,520+5\,440=19\,960$ 元,正是该项目的经营性现金流。这种方法正是运用了此前介绍的税盾法计算经营性现金流,其中 5 440 元是该项目的折旧税盾。

根据如上分析,该项目的相关现金流如表 6-8 所示。

表 6-8　成本节约项目相关现金流　　　　　　　　　　　　　　单位:元

	第 0 年	第 1 年	第 2 年	第 3 年	第 4 年	第 5 年
息税前利润		6 000	6 000	6 000	6 000	6 000
折旧		16 000	16 000	16 000	16 000	16 000
所得税		−2 040	−2 040	−2 040	−2 040	−2 040
经营性现金流		19 960	19 960	19 960	19 960	19 960
资本支出	−80 000					13 200
项目总现金流	−80 000	19 960	19 960	19 960	19 960	33 160

在折现率为10％的情况下，可以计算得出该项目的净现值为3 862元，净现值为正，公司应该接受这一项目，进行设备升级。

$$NPV = -80\ 000 + \frac{19\ 960}{10\%}\left[1 - \frac{1}{(1+10\%)^4}\right] + \frac{33\ 160}{(1+10\%)^5}$$
$$= 3\ 862(元)$$

【例题】　某公司计划对正在使用的信息管理系统进行升级，假设新系统的购买价格为20万元，将于4年内直线折旧至账面价值为0，第4年年末公司可以以40 000元的市场价值出售该系统。更新系统后公司可以节约的相关人力成本和管理费用为每年税前60 000元，而且采用新系统后，公司信息管理效率提高，能够进一步节省净营运资本45 000元。公司所得税税率为34％，在折现率为15％的情况下，该项目的净现值为多少？公司是否应该接受该项目？

解：首先，公司购买新系统将使第0年发生投资现金流出20万元，第4年年末新系统的账面价值为0，因此设备税后残值为$(40\ 000-0)\times(1-34\%)=26\ 400$元。由于系统更新可以节省净营运资本，第0年净营运资本的减少将带来现金流入45 000元。此外，需要在项目的生命周期期末将节省的营运资本重新计算进来，净营运资本增加将带来现金流出45 000元。

其次，计算该项目的经营性现金流。新系统每年计提折旧$\frac{200\ 000}{4}=50\ 000$元，每年的息税前利润为$60\ 000-50\ 000=10\ 000$元，每年需缴纳税款$10\ 000\times34\%=3\ 400$元。因此，每年经营性现金流为

息税前利润10 000元＋折旧50 000元－所得税3 400元＝经营性现金流56 600元

还可以用税盾法计算经营性现金流。该项目税后节约成本为每年$60\ 000\times(1-34\%)=39\ 600$元，折旧税盾为$50\ 000\times34\%=17\ 000$元，经营性现金流为每年$39\ 600+17\ 000=56\ 600$元。

根据如上分析，该项目的现金流量表如表6-9所示。

表6-9　成本节约项目现金流量表　　　　　　　　　　　　　　单位：元

	第0年	第1年	第2年	第3年	第4年
息税前利润		10 000	10 000	10 000	10 000
折旧		50 000	50 000	50 000	50 000
所得税		−3 400	−3 400	−3 400	−3 400
经营性现金流		56 600	56 600	56 600	56 600
资本支出	−200 000				26 400
净营运资本变化	45 000				−45 000
项目的总现金流量	−155 000	56 600	56 600	56 600	38 000

在15％的折现率下，净现值为−4 042.84元，净现值为负说明这项投资并不能为公司带来价值，公司应该拒绝该项目。

$$NPV = -155\ 000 + \frac{56\ 600}{15\%}\left[1 - \frac{1}{(1+15\%)^3}\right] + \frac{38\ 000}{(1+15\%)^4}$$
$$= -4\ 042.84(元)$$

二、竞价投标

净现值法不仅可以用来评估新的项目,还可以用来对一个竞标项目出价。为了解释这一问题,假设某公司计划生产一种新型洒水车。为了生产这种新型洒水车,公司每年租用厂房需要花费 24 000 元,每辆洒水车所需的人工费和材料费等每年共需要 14 000 元。此外,公司还需要投资 60 000 元购买相关生产设备,该设备采用直线法计提折旧,在第 4 年年末账面价值为 0,预计第 4 年年末能以市场价格 5 000 元出售。公司预计需要投资 40 000 元现金用于购买存货和支持信用销售等其他营运资本项目。公司所得税税率为 34%。

若一个本地分销商已经预定在未来 4 年内每年购买 5 台这种新型洒水车,一共 20 台。公司需要解决的问题是如何合理地设定洒水车的出售价格。如果价格设定过低,公司将无利可图,而如果价格设定过高,则可能会竞标失败。因此,公司的目标是计算出能够使该交易达到最低回报率的最低出售价格。假设公司至少需要获得 20% 的回报率,在该回报率上使净现值为 0,此时洒水车的出售价格能够使公司竞标成功。

为解决这一问题,从考虑资本支出和净营运资本投资开始分析。公司当前需要支付 60 000 元购买生产设备,税后残值为 $(5\,000-0)\times(1-34\%)=3\,300$ 元。此外,公司投资营运资本项目还将产生 40 000 元现金流出,并在 4 年后收回。由于此时公司并未确定每台洒水车的售价,因此无法确定项目生命周期内每年的经营性现金流。根据如上分析,得到的现金流量如表 6-10 所示。

表 6-10 项目相关现金流量表（一） 单位:元

	第 0 年	第 1 年	第 2 年	第 3 年	第 4 年
经营性现金流		+OCF	+OCF	+OCF	+OCF
资本支出	−60 000				3 300
净营运资本变化	−40 000				40 000
项目的总现金流量	−100 000	+OCF	+OCF	+OCF	+OCF+43 300

为了确保公司在 20% 折现率下获得净现值为 0 的出售价格,公司首先需要决定使净现值为 0 的各期经营性现金流。算出最后一年非经营性现金流 43 300 元的现值,然后从 100 000 元的初始投资中扣除该项:

$$100\,000-\frac{43\,300}{1.2^4}=79\,118(\text{元})$$

完成上述计算,此时的现金流量表如表 6-11 所示。

表 6-11 项目相关现金流量表（二） 单位:元

	第 0 年	第 1 年	第 2 年	第 3 年	第 4 年
项目的总现金流量	−79 118	+OCF	+OCF	+OCF	+OCF

正如上述现金流量表所示,经营性现金流量变成了计算未知的普通年金。公司要计算使项目净现值为 0 的各期经营性现金流,实际上只需计算现值为 79 118 元的 4 年期普

通年金,代入年金公式,解得 OCF=79 118/(P/A,20%,4)=30 562 元。

或根据表 6-10 直接求解令净现值为 0 的 OCF 值,可列出计算公式为

$$NPV = -100\,000 + \frac{OCF}{20\%}\left[1 - \frac{1}{(1+20\%)^4}\right] + \frac{43\,300}{(1+20\%)^4}$$

解得 OCF 同样为 30 562 元,即每年的经营性现金流应该为 30 562 元。

最后,公司需要确定使经营性现金流为 30 562 元的销售价格。可将经营性现金流看成净利润加回折旧,即采用自下而上法。此问题中每年的折旧额为 $\frac{60\,000}{4}=15\,000$ 元,可以计算出每年净利润为 30 562−15 000=15 562 元。若净利润为 15 562 元,每年所花费的成本合计为 24 000+5×14 000=94 000 元,则利润表如表 6-12 所示。

表 6-12 项目利润表 单位:元

项目	金额
销售额	?
成本	94 000
折旧	15 000
所得税	?
净利润	15 562

可以解得销售额为

净利润 =(销售额 − 成本 − 折旧)×(1 − 税率)

15 562 =(销售额 − 94 000 − 15 000)×(1 − 34%)

销售额 =132 579 元

因此,洒水车每年总销售额应为 132 579 元,由于分销商每年购入 5 台洒水车,所以每台洒水车的售价应设定为 26 516 元,意味着 26 516 元是使公司能够实现每年 20% 回报率的最低价格,若公司以该价格出售洒水车,既可以保证公司收益,又能使竞标成功率最大化。

【例题】 某公司正在为年采购量为 15 000 个的新型音响订单进行竞标。该音响产品预计可销售 4 年,即 4 年后公司将不再生产和销售该音响。该产品的生产设备的购置成本为 340 万美元,同时将直线折旧至残值为 0。净营运资本的投入为 75 000 美元,将在项目期末回收。而生产设备在生产期末可以以 200 000 美元的价格出售。每年的固定成本为 700 000 美元,变动成本为每个产品 48 美元。在合同以外,公司还认为该产品可以在未来 4 年内销售到其他国家,预计销量分别为 4 000、12 000、14 000、7 000 个,定价为 145 美元,所得税税率为 40%,必要报酬率为 13%。同时公司的董事长在净现值为 100 000 美元以下时不会接受该项目。那么竞标价应该设定为多少呢?

解:在这一问题中公司需要计算项目的竞标价,但项目存在额外的现金流,即海外销售价格已确定为 145 美元,这一部分的销售利润是确定的。由于公司目前没有生产新型音响,因此这些额外的现金流属于项目的增量现金流。由于额外销售的数量和价格已知,因此可以计算这些销售的现金流。订单外的销售产生的现金流如表 6-13 所示。

表 6-13 订单外的销售现金流　　　　　　　　　　　单位：美元

	第 1 年	第 2 年	第 3 年	第 4 年
销售额	580 000	1 740 000	2 030 000	1 015 000
成本	192 000	576 000	672 000	336 000
息税前利润	388 000	1 164 000	1 358 000	679 000
所得税	155 200	465 600	543 200	271 600
净利润	232 800	698 400	814 800	407 400

因此，这些市场销售增加的净现值为

$$NPV = \frac{232\ 800}{1.13} + \frac{698\ 400}{1.13^2} + \frac{814\ 800}{1.13^3} + \frac{407\ 400}{1.13^4} = 1\ 567\ 530.66（美元）$$

上述净现值的计算中并未包括购置成本、折旧和固定成本，因为此处仅计算了海外市场销售所增加的净现值而并非整个项目的净现值，公司将在进一步竞标价格的计算过程中包含这些成本费用。

接下来，需要计算生产设备的税后残值，即

$$税后残值 = 200\ 000 \times (1 - 0.40) = 120\ 000（美元）$$

不同于通常情况下设定拍卖价时设定净现值为 0，本题中应该将净现值设定在公司董事长要求的净现值水平上，即 100 000 美元。考虑资本支出及净营运资本变化之后，这个项目的现金流量表如表 6-14 所示。所能够列出的净现值方程为

$$NPV = 100\ 000 = -3\ 400\ 000 - 75\ 000 + 1\ 576\ 530.66 + OCF \times$$
$$PVIFA(0.13, 4) + \frac{120\ 000 + 75\ 000}{1.13^4}$$

解得：$OCF = 1\ 887\ 872.18 / PVIFA(0.13, 4) = 634\ 691.67（美元）$。

因此可以计算竞标价为

$$OCF = 634\ 691.67 = [（竞标价格 - 48）\times 15\ 000 - 700\ 000] \times (1 - 0.40) +$$
$$0.40 \times (3\ 400\ 000 / 4)$$

解得：$P = 127.41（美元）$。

表 6-14 项目现金流量表（三）　　　　　　　　　　单位：美元

	第 0 年	第 1 年	第 2 年	第 3 年	第 4 年
经营性现金流		＋OCF	＋OCF	＋OCF	＋OCF
海外市场销售收入	1 567 530.66				
资本支出	-3 400 000				120 000
净营运资本变化	-75 000				75 000
项目的总现金流量	-1 907 469.34	＋OCF	＋OCF	＋OCF	＋OCF+195 000

三、约当年均成本法

约当年均成本法是在机器设备购买决策中，评估不同经济寿命的互斥投资项目的方法。假设公司需要在两种不同生命周期的机器设备中做出购买决策。这两种机器设备的

功能相同,但经营成本和生命周期不同。如果公司简单地使用净现值法对两个设备进行评估,则会选择成本现值较低的机器设备,然而这种方法可能会造成错误的判断。因为对于成本现值较低的设备而言,其重置时间可能早于另一种设备。因此,在评估不同生命周期的投资项目时通常采用约当年均成本法,分别计算与各个投资项目总成本现值相对应的年等额支付,即每年的实际成本,选择年均成本较低的项目进行投资。

例如,某公司要在具有相同功能的设备 A 和设备 B 中进行选择,其中设备 A 的购买价格比设备 B 便宜,但使用寿命较短,两种设备的现金流出量如表 6-15 所示。

表 6-15　设备 A 与设备 B 的现金流出量　　　　　　　单位:元

	第 0 年	第 1 年	第 2 年	第 3 年	第 4 年
设备 A	2 500	600	600	600	
设备 B	3 000	500	500	500	500

其中,设备 A 的购买价格为 2 500 元,使用期限为 3 年,3 年内每年年末需要支付 600 元的设备维修保养费用;而设备 B 的购买价格为 3 000 元,使用期限可以达到 4 年,每年年末支付的维修保养费用为 500 元。为简化分析,本例假定两台设备每年为公司带来的收入相同,在分析中对收入的分析可以忽略不计,因此表 6-15 中所有数字都表示投资设备带来的现金流出量。

假定折现率为 10%,如果使用净现值法计算两种设备成本的现值,那么得到的计算结果将为

$$PV_A = 2\,500 + \frac{60}{10\%}\left[1 - \frac{1}{(1+10\%)^3}\right] = 3\,992.11(元)$$

$$PV_B = 3\,000 + \frac{500}{10\%}\left[1 - \frac{1}{(1+10\%)^4}\right] = 4\,584.93(元)$$

可以看出,设备 B 具有较高的现金流出量现值,如果按照净现值法的评估结果,公司应当做出购买设备 A 的决策,因为设备 A 具有较低的成本现值。然而,考虑到设备 B 具有较长的使用周期,其实际年均成本可能更低。因此,评估具有不同使用周期的设备购买项目时,使用净现值法可能考虑不够全面。使用约当年均成本法可以对设备使用周期的差别做适当的调整,以年为基础分别分析比较每一台设备。

根据净现值计算公式可知,若购买设备 A 现期支付 2 500 元,并在随后 3 年内每年支付 600 元的支付方式等同于在现期一次性支付 3 992.11 元。公司现在需要计算与设备 A 总成本现值相对应的年等额支付,即每年的实际成本。为计算每年的实际成本,可以使一次性支付的 3 992.11 元与一笔 3 年期的年金相等。运用普通年金现值公式,可以计算得出:

$$3\,992.11 = \frac{A}{10\%}\left[1 - \frac{1}{(1+10\%)^3}\right]$$

解得

$$A = 1\,605.26(元)$$

因此,购买设备 A 现期支付 2 500 元,并在随后 3 年内每年支付 600 元的支付方式等

同于在随后 3 年内每年年末支付 1 605.26 元的年金。1 605.26 元被称为设备 A 的约当年均成本。这种计算方式假定设备 A 只有一次周期,若在多次周期内使用设备 A 则相当于在未来无限期内每年支付 1 605.26 元。

这种方法可以用表 6-16 来表示。

表 6-16 设备 A 实际现金流与约当年均成本 单位:元

	第 0 年	第 1 年	第 2 年	第 3 年
设备 A 实际现金流	2 500	600	600	600
设备 A 约当年均成本		1 605.26	1 605.26	1 605.26

对该公司而言,这两种支付方式没有本质上的区别,两种支付流在当期的现值是完全相等的。或者可以将这两种不同的支付方式理解为,全款购买设备 A 并每年支付维修费,在财务意义上与以年租金 1 605.26 元租赁设备 A 是相同的。

按照上述计算思路,公司可以相应计算设备 B 的约当年均成本:

$$4\,584.93 = \frac{B}{10\%}\left[1 - \frac{1}{(1+10\%)^4}\right]$$

解得

$$B = 1\,446.4(元)$$

购买设备 B 现期支付 3 000 元,并在随后 4 年内每年支付 500 元的支付方式等同于在随后 4 年内每年年末支付 1 446.4 元的年金。这种支付方法可以用表 6-17 来表示。

表 6-17 设备 B 实际现金流与约当年均成本 单位:元

	第 0 年	第 1 年	第 2 年	第 3 年	第 4 年
设备 B 实际现金流	3 000	500	500	500	500
设备 B 约当年均成本		1 446.4	1 446.4	1 446.4	1 446.4

计算出两设备的约当年均成本后再比较设备 A 和设备 B,则能轻松做出购买决策。设备 A 每年需要支付 1 605.26 元,而设备 B 每年需要支付 1 446.4 元,设备 B 每年所支付的成本更低,因此设备 B 是最优选择。

需要注意的是,约当年均成本法适用于比较不同生命周期的设备投资项目,需要以两种设备到期都可以重置为前提,即设备 A 和设备 B 分别达到使用年限后,公司可以继续购买设备使用。如果设备不能重置,比如设备 B 在第 4 年内仍然能带来收入,而设备 A 不能,则对设备的收入和成本同时进行净现值分析即可。

【例题】 某公司正在评估两台功能相同但使用期限不同的设备。设备 1 的成本为 245 000 美元,使用期限为 3 年,每年税前运营成本为 39 000 美元。设备 2 的成本为 315 000 美元,使用期限为 5 年,每年税前运营成本为 48 000 美元。这两台设备都采用直线法计提折旧,在使用期限内折旧至账面价值为 0,同时假定其残值为 20 000 美元。如果公司的所得税税率为 35%,折现率为 9%,计算两台设备的约当年均成本。公司更应该购买哪台设备?为什么?

根据题意可得,设备 1 和设备 2 的税后残值均为 $20\,000 \times (1 - 35\%) = 13\,000$ 美元。对设备 1 而言,其每年计提折旧 $\dfrac{245\,000}{3} = 81\,666.67$ 美元。可以根据题目信息和相关分析列示出设备 1 的现金流量表(见表 6-18)。

表 6-18　设备 1 现金流量表　　　　　　　　单位:美元

	第 0 年	第 1 年	第 2 年	第 3 年
资本支出	−245 000			13 000
运营成本(税前)		−39 000	−39 000	−39 000
折旧		81 666.67	81 666.67	81 666.67

运用税盾法计算设备 1 的经营性现金流,其中税前运营成本为现金支出部分,每年计提折旧为非现金支出部分,可列式为

$$OCF_1 = -39\,000 \times (1 - 35\%) + 81\,666.67 \times 35\% = 3\,233.33\,(美元)$$

购买设备 1 的净现值为

$$NPV_1 = -245\,000 + 3\,233.33 \times PVIFA(0.09, 3) + \frac{13\,000}{1.09^3} = -226\,777.1\,(美元)$$

为计算设备 1 的约当年均成本,使一次性支付 226 777.1 美元和一笔 3 年期的年金相等。运用普通年金现值公式,可以计算得出:

$$约当年均成本 = \frac{-226\,777.1}{PVIFA(0.09, 3)} = -89\,589.37\,(美元)$$

因此,对设备 1 而言,购买设备 1 的支付方式等同于在随后 3 年内每年年末支付 89 589.37 美元的年金。

对设备 2,同样可以列出相关现金流量,如表 6-19 所示。

表 6-19　设备 2 现金流量表　　　　　　　　单位:美元

	第 0 年	第 1 年	第 2 年	第 3 年	第 4 年	第 5 年
资本支出	−315 000					13 000
运营成本(税前)		−48 000	−48 000	−48 000	−48 000	−48 000
折旧		63 000	63 000	63 000	63 000	63 000

计算设备 2 的经营性现金流和净现值为

$$OCF_2 = -48\,000 \times (1 - 35\%) + 63\,000 \times 35\% = -9\,150\,(美元)$$

$$NPV_2 = -315\,000 + (-9\,150) \times PVIFA(0.09, 5) + \frac{13\,000}{1.09^5} = -342\,141.20\,(美元)$$

运用普通年金现值公式计算设备 2 的约当年均成本为

$$约当年均成本 = \frac{-342\,141.2}{PVIFA(0.09, 5)} = -87\,961.62\,(美元)$$

比较两设备的约当年均成本可知设备 2 的成本较低,因此公司应当选择购买设备 2。

第五节　通货膨胀与资本投资决策

一、名义利率与实际利率

利率分为名义利率和实际利率,差别在于是否考虑通货膨胀的影响。实际利率是指
在物价水平和货币购买力不变条件下的利率,在通货膨胀情况下,实际利率剔除了通货膨胀的影响;而名义利率是没有剔除通货膨胀因素的利率,通常是指银行的挂牌利率。

拓展阅读 6.3
通货膨胀下企业投资决策管理

在通货膨胀情况下,利率虽然名义上提高了,但考虑到实际货币购买力,利率可能实际上并没有提高或并未像名义上提高的那么多,因此需要剔除通货膨胀的影响,来判断实际利率是否提高。在没有发生通货膨胀的情况下,名义利率与实际利率没有差别,名义利率就是实际利率。例如,若银行的一年期存款利率为 10%,意味着存款人在今天存入银行 1 000 元,一年后可取出 1 000×(1+10%)=1 100 元现金。若不考虑通货膨胀,当前某商品价格为 1 000 元,则此人当前可以购买 1 单位该商品,一年后可以购买 1.1 单位该商品。如果考虑通货膨胀的情况,设定该年通货膨胀率为 6%,这意味着该年物价水平上涨 6%,某商品的价格一年后将变为 1 060 元,这样一年后此人从银行取出现金后只能购买 $\frac{1\ 100}{1\ 060}=1.038$ 单位该商品。因此,在考虑通货膨胀的情况下,此人将钱存入银行获得 10% 的利息,却只能增加 3.8% 的商品消费,即通货膨胀的影响削弱了实际货币购买力,3.8% 才是存款人通过在银行储蓄所实际赚取的利率,即实际利率。

实际利率与名义利率之间的关系可以用公式表示如下:

$$i = \frac{1+r}{1+p} - 1$$
$$i = r - p$$

其中,i 为实际利率;r 为名义利率;p 为通货膨胀率。

这两种计算方法所得到的计算结果通常有一些差别,例如,当一年期贷款利率为 10%,通货膨胀率为 3% 时,按前式计算得到的实际利率为 6.796%,按后式计算的实际利率为 7%,二者相差 0.204%。因此,后式一般可概略地计算实际利率,前式为目前国际通用的计算实际利率的公式。但是当利率水平较高时,用 $i=r-p$ 计算的准确程度较差,因此两种公式的使用需要视情况而定。

在市场上存在物价水平变动时,我们所见到的各种利率都是名义利率。实际利率不易直接观察到,需要经过计算才能得知,但真正对经济产生影响的是实际利率。因此,在物价水平变动频繁的情况下,区分名义利率与实际利率,为分析利率变动及其影响提供了可靠的依据和有效的工具。不同实际利率水平会导致微观经济主体不同的行为模式,从而引导资金流动,对消费和投资决策产生重要影响。

二、名义现金流与实际现金流

若考虑通货膨胀的影响,可将利率分为名义利率与实际利率。在资本投资决策中,需要分析项目的利率数据与现金流数据。与利率相同,项目的现金流也分为名义现金流和实际现金流两种形式。其中,名义现金流是指项目实际收到或支出的现金,而实际现金流则是指现金流的实际购买力。如果公司对未来现金流量的预测是基于预算年度的价格水平,并去除了通货膨胀的影响,那么这种现金流量就被称为实际现金流量。

例如,某影视公司投资了一部 3D 电影,电影预计在 4 年内拍摄完毕后上映。当前,此类 3D 电影的票价普遍为 50 元。该影视公司认为 4 年中每年的通货膨胀率将为 6%。由于 3D 电影较受欢迎,影视公司预计 4 年中 3D 电影票价的增长速度将比每年的通货膨胀率高 4%。影视公司在不定价过高的情况下,4 年后应当以 $50 \times (1 + 6\% + 4\%)^4 = 73.21$ 元作为这部电影的票价。

若影视公司预计这部电影能售出 10 万张电影票,那么 4 年后电影上映,公司能够收到一笔数目为 $100\,000 \times 73.21 = 7\,321\,000$ 元的期望现金流量,这是一笔名义现金流量,因为这笔现金流量是公司实际收到的,但并未考虑 6% 通货膨胀率对货币购买力的影响。而 4 年后,7 321 000 元现金流量的购买力为

$$\frac{7\,321\,000}{(1 + 6\%)^4} = 579\,817.71(元)$$

579 817.71 元是投资这部 3D 电影的实际现金流量,它是以第 0 期购买力的形式表示的,不包含通货膨胀率。可以相应地归纳出名义现金流与实际现金流之间的换算公式为

$$名义现金流 = 实际现金流 \times (1 + 通货膨胀率)^n$$

三、名义现金流与实际现金流的折现

分析了名义利率与实际利率、名义现金流与实际现金流的区别和联系后,接下来进一步讨论在资本投资决策中如何处理通货膨胀的影响。

一般而言,如果不特殊说明,现金流都是指名义现金流,折现率则为名义利率。引入了实际利率和实际现金流的概念后,对现金流折现的处置原则为:名义现金流用名义资本成本进行折现,实际现金流用实际资本成本进行折现,即折现率与现金流相匹配原则。无论是用名义资本成本折现名义现金流,还是用实际资本成本折现实际现金流,其结果都是实际现金流的现值,也就是说只要现金流与折现率保持一致,上述两种方法的计算结果都是正确的。在选择计算方法时通常需要根据项目情况选择最简单的方法。

例如,A 公司预计其计划投资的项目未来名义现金流如表 6-20 所示。

表 6-20　A 公司项目名义现金流　　　　　　　　　　　　单位:元

	第 0 年	第 1 年	第 2 年	第 3 年
名义现金流	−1 000	400	450	450

若名义利率为 15%，此项目的净现值为

$$NPV = -1\,000 + \frac{400}{1.15} + \frac{450}{1.15^2} + \frac{450}{1.15^3} = -16.03(元)$$

由于净现值为负，该项目不应被接受。

若公司预计未来通货膨胀率为 5%，使用实际量计算项目净现值，则项目实际现金流如表 6-21 所示。

表 6-21　A 公司项目实际现金流　　　　　　　　　　　　　　单位：元

	第 0 年	第 1 年	第 2 年	第 3 年
名义现金流	−1 000	400	450	450
实际现金流	−1 000	380.95	408.16	388.73

其中，第 1 年实际现金流 $=\dfrac{400}{1.05}=380.95$ 元；第 2 年实际现金流 $=\dfrac{450}{1.05^2}=408.16$ 元；第 3 年实际现金流 $=\dfrac{450}{1.05^3}=388.73$ 元。

由于实际现金流需要用实际利率折现，计算实际利率 $=\dfrac{1+15\%}{1+5\%}-1=9.523\,8\%$，计算净现值为

$$NPV = -1\,000 + \frac{380.95}{1.095\,238} + \frac{408.16}{1.095\,238^2} + \frac{388.73}{1.095\,238^3} = -16.03(元)$$

经计算，以名义现金流和实际现金流分别折现计算项目的净现值时，净现值都是相同的，即两种方法表示的结果都是实际现金流的现值。同样可以看出，根据本例所给出的信息，使用名义现金流的计算更为简单，因此选用名义量计算这一项目的净现值是更好的选择。

【例题】　A 公司关于某项目的资本投资决策中所估算的现金流如表 6-22 所示。

表 6-22　A 公司项目现金流　　　　　　　　　　　　　　单位：元

	第 0 年	第 1 年	第 2 年
资本支出	6 050		
销售收入（实际形式）		9 500	10 000
现金费用（实际形式）		4 750	5 000
折旧（直线法）		3 025	3 025

其中，销售收入和现金费用均为实际现金流，公司预计未来年通货膨胀率将为 10%，项目现金流量应当以 15% 的名义利率贴现，公司所得税税率为 40%。计算项目的净现值，并判断公司是否应该接受此项目。

解：根据题意，现金流量表中列示的是实际现金流，而公司预测的折现率为名义利率。根据折现率与现金流相一致原则，计算中不能用名义利率对实际现金流进行折现。本题有两种计算项目净现值的方法：一种是根据名义利率和通货膨胀率计算实际利率，

用实际利率对现金流量表中的实际现金流进行折现；另一种是用通货膨胀率将实际现金流换算为名义现金流，再用名义利率对计算得到的名义现金流进行折现。

方法一：计算实际利率为 $\dfrac{1+15\%}{1+10\%}-1=4.55\%$。需要注意的是，资本支出 6 050 元由于发生在现期，因此其名义量等于实际量，不用进行换算；而按直线法计算得出的每年 3 025 元折旧不是实际现金流，因此将折旧转化为实际现金流为 $\dfrac{3\,025}{1.1}=2\,750$ 元和 $\dfrac{3\,025}{1.1^2}=2\,500$ 元。计算可知，公司实际息税前利润应为 $9\,500-4\,750-2\,750=2\,000$ 元和 $10\,000-5\,000-2\,500=2\,500$ 元，需缴纳所得税 $2\,000\times40\%=800$ 元和 $2\,500\times40\%=1\,000$ 元。经计算后现金流如表 6-23 所示。

表 6-23　A 公司项目实际现金流　　　　　　　　　　单位：元

	第 0 年	第 1 年	第 2 年
资本支出	6 050		
销售收入		9 500	10 000
现金费用		4 750	5 000
折旧		2 750	2 500
息税前利润		2 000	2 500
所得税		800	1 000
净利润		1 200	1 500

可以得到第 1 年和第 2 年的实际经营性现金流分别为 $1\,200+2\,750=3\,950$ 元和 $1\,500+2\,500=4\,000$ 元。项目净现值为 $\text{NPV}=-6\,050+\dfrac{3\,950}{1.045\,5}+\dfrac{4\,000}{1.045\,5^2}=1\,388$ 元。净现值为正，A 公司应当接受该项目。

方法二：将以实际形式列示的销售收入和现金成本换算为名义现金流，根据公式，名义现金流＝实际现金流×(1＋通货膨胀率)^n。经计算后现金流如表 6-24 所示。

表 6-24　A 公司项目名义现金流

	第 0 年	第 1 年	第 2 年
资本支出	6 050		
销售收入		10 450	12 100
现金费用		5 225	6 050
折旧		3 025	3 025
息税前利润		2 200	3 025
所得税		880	1 210
净利润		1 320	1 815

其中，销售收入分别为 $9\,500\times1.1=10\,450$ 元，$10\,000\times1.1^2=12\,100$ 元；现金费用分别为 $4\,650\times1.1=5\,225$ 元，$5\,000\times1.1^2=6\,050$ 元。折旧按名义值 3 025 元计提，得到两年的名义息税前利润分别为 2 200 元和 3 025 元，需缴纳所得税 880 元和 1 210 元，进一

步得到净利润分别为 1 320 元和 1 815 元。因此,两年的名义经营性现金流分别为 1 320+3 025=4 345 元和 1 815+3 025=4 840 元,项目的净现值则为 $NPV=-6\ 050+\dfrac{4\ 345}{1.15}+\dfrac{4\ 840}{1.15^2}=1\ 388$ 元。两种方法的净现值计算结果相同,A 公司应当接受该项目。

即测即练　　　　扫码答题

习题与思考题

1. 试述资本投资决策的含义和特点。

2. 试述资本投资决策程序。

3. 说明机会成本和沉没成本的区别。

4. 阐述资本投资决策过程中实际现金流量原则的应用。

5. 说明实际利率与名义利率的区别和联系。

6. A 公司计划生产一种新产品,预计产品销量为第 1 年 81 000 个、第 2 年 89 000 个、第 3 年 97 000 个、第 4 年 92 000 个、第 5 年 77 000 个。生产该产品需要的初始净营运资本投入为 1 500 000 元,此后每年额外的净营运资本投入为下一年预计销量增长的 15%。每年的固定成本为 1 850 000 元,变动成本为每单位产品 190 元。单位产品的定价为 345 元。生产设备的初始安装费用为 19 500 000 美元,采用直线法计提折旧,5 年后账面价值为 0,公司预计项目结束后该生产设备可以以购置成本的 20% 售出。公司所得税税率为 35%,要求项目回报率为 18%。基于上述描述,求该项目的净现值,并说明是否应该接受该项目。

7. 某公司正考虑购买一台新机器,价格为 750 000 美元。该机器的使用期限为 7 年,将采用直线法计提折旧,机器无残值。该机器生产带来的名义收入预计为第 1 年 635 000 美元,此后以每年 5% 的速率增加。第 1 年年末的名义生产成本为 395 000 美元,此后以每年 4% 的速率增加。该机器的实际折现率为 7%。公司所得税税率为 34%。公司是否应该接受该项目?

案例分析:音响制造厂新建项目投资决策分析

一、案例资料

某音响制造厂是生产音响的中型企业,该厂生产的音响质量优良、价格合理,长期以来供不应求。为扩大生产能力,该厂准备新建一条生产线。负责这项投资工作的总会计师经过调查研究后,得到如下资料。

1. 该生产线的初始投资额 12.5 万元分两年投入：第 1 年年初投入 10 万元，第 2 年年初投入 2.5 万元。第 2 年年末项目完工可以试投产使用，投产后每年可生产音响 1 000台，每台销售价格为 300 元，每年可获销售收入 30 万元，投资项目可使用 5 年，税后残值2.5 万元，垫支流动资金 2.5 万元，这笔资金在项目结束时可全部收回。

2. 该项目生产的产品总成本的构成为：材料费用 20 万元；制造费用 2 万元；人工费用 3 万元；折旧费用 2 万元。

总会计师通过对各种资金来源进行分析，得出该厂加权平均的资金成本为 10%，并计算出该项目的营业现金流量、现金流量、净现值。根据其计算的净现值，总会计师认为该项目可行。有关数据见表 6-25 至表 6-27。

表 6-25　投资项目营业现金流量计算表　　　　　　　　　　　　单位：元

项　　目	第 1 年	第 2 年	第 3 年	第 4 年	第 5 年
销售收入	300 000	300 000	300 000	300 000	300 000
付现成本	250 000	250 000	250 000	250 000	250 000
其中：材料费用	200 000	200 000	200 000	200 000	200 000
人工费用	30 000	30 000	30 000	30 000	30 000
制造费用	20 000	20 000	20 000	20 000	20 000
折旧费用	20 000	20 000	20 000	20 000	20 000
税前利润	30 000	30 000	30 000	30 000	30 000
所得税（33%）	9 900	9 900	9 900	9 900	9 900
税后利润	20 100	20 100	20 100	20 100	20 100
现金流量	40 100	40 100	40 100	40 100	40 100

表 6-26　投资项目现金流量计算表　　　　　　　　　　　　单位：元

项　　目	投资建设期			经营期				
	0	1	2	3	4	5	6	7
初始投资	−100 000	−25 000						
营运资本变动			−25 000					25 000
经营性现金流				40 100	40 100	40 100	40 100	40 100
设备残值								25 000
现金流量合计	−100 000	−25 000	−25 000	40 100	40 100	40 100	40 100	90 100

表 6-27　投资项目净现值计算　　　　　　　　　　　　单位：元

时间	现金流量	10% 贴现系数	现值
0	−100 000	1	−100 000
1	−25 000	0.909 1	−22 727.50
2	−25 000	0.826 4	−20 660
3	40 100	0.751 3	30 127.13
4	40 100	0.683 0	27 388.30
5	40 100	0.620 9	24 898.09
6	40 100	0.564 5	22 636.45
7	90 100	0.531 2	47 861.12
净现值			9 523.59

3. 该厂中层干部意见

经营副总认为,在项目投资和使用期间,通货膨胀率大约为 10%,将对投资项目各有关方面产生影响。

基建处长认为,由于受物价变动的影响,初始投资将增长 10%,投资项目终结后,设备残值也将增加到 37 500 元。

生产处长认为,由于物价变动的影响,材料费用每年将增加 14%,人工费用也将增加 10%。

财务处长认为,制造费用每年将增加 4%,折旧费用每年仍为 20 000 元。

销售处长认为,产品销售价格预计每年可增加 10%。

二、案例分析

音响制造厂的总会计师应根据中层干部的意见,找出影响投资项目的各因素后,再进行投资项目的现金流量及净现值的重新测算,以便为厂领导提供更为有力的决策依据。

要求:

1. 分析、确定影响音响制造厂投资项目决策的各因素。

2. 根据影响音响制造厂投资项目的各因素,重新计算投资项目的现金流量、净现值等。

3. 根据分析、计算结果,确定音响制造厂项目投资决策。

4. 探讨音响制造厂投资决策中为什么要分析计算"现金流量"。

资料来源:https://www.guayunfan.com/lilun/382393.html,有修改.

第七章

融 资 决 策

融资决策是指公司以何种方式募集多少资金的决策,它在目的、市场环境、变更成本等方面都不同于投资决策。本章主要介绍股权融资、债务融资和短期融资。从公司融资方式的比较来看,债务融资成本相对低,约束多,投资者要求的收益率也低一些,而股权融资面临的风险高,投资者要求获得的收益率较高。公司在发展的不同时期,应结合内外部环境,使用不同的融资方式。

学习目标
- 了解公司投融资决策的差异
- 知道市场有效的含义与类型
- 熟悉股权融资方式
- 知道不同种类的债务融资方式
- 掌握不同融资方式的优缺点

第一节 融资决策与资本市场有效性

一、融资决策

(一) 投资决策与融资决策的差异

融资决策是指公司为实现经营目标,在预测资金需要量的基础上,通过对各种融资方式、融资条件、融资成本和融资风险的比较,合理选择融资方式及确定各种融资量即融资结构的过程。简单来说,公司的融资决策就是公司需要多少资金、资金来源于哪里、通过什么方式获得。在发达的资本市场上,融资方式多种多样,其融资成本和特点也各有不同。通过不同融资方式的组合,降低公司的平均融资成本(加权平均资本),而降低资本成本能提高公司的市场价值。这就是公司融资决策的主要目标。

大多数公司的主要融资方式是权益融资和债务融资,而权益融资的成本通常比债务融资的成本高,即股东要求的回报率高于债权人要求的利率。对大多数公司来说,优化融资方法的决策就变成:较多地使用债务融资能否降低融资成本;是否存在一个最优的负债率,使融资成本降到最低或实现股东财富最大化。

投资决策和融资决策在以下三个方面存在差异。

1. 投资决策与融资决策的目的不同

投资决策追求公司价值最大化,决定了公司创造收益的能力大小。而融资决策追求低资本成本,决定了公司能否获得投资的资金及资金获取成本的高低。同时,不同的融资决策决定了公司不同的资本结构,会对公司未来的融资、价值创造能力产生一定影响。

2. 投资决策与融资决策的市场环境不同

投资决策的市场环境是不完全竞争市场,在产品市场和服务市场上可能存在垄断与经济租金(economic rents)。有能力的人获得垄断优势,可以从中获取超额利润。而融资决策的市场环境接近完全竞争市场,资金市场上有大量的资金供给者和需求者,没有参与者能够进行价格垄断,每一类资本都形成其完全竞争下的价格,融资者只能选择其中符合自身风险收益状况的资金用于公司发展。

3. 投资决策与融资决策的变更成本不同

投资决策变更成本高,融资决策变更成本低。投资决策一旦做出,往往难以变更,改变投资决策的代价高昂。相比之下,融资决策变更较为容易。如果公司认为公司权益资本过高,可以发行债券、回购股票,减少权益资本,同时增加债务资本的比重;如果公司认为债务资本过高,可以通过发行股票来偿还债务,达到降低债务比例的效果。在发达的资本市场上,这些融资决策行为的变更成本是较低的。

(二)直接融资和间接融资

公司融资按照有无金融中介分为直接融资和间接融资两种方式。

直接融资是指不经过任何金融中介机构,由资金短缺的一方直接与资金盈余的一方协商进行借贷,或通过有价证券及合资等方式进行资金融通,如公司债券、股票、合资合作经营、公司内部融资等。直接融资主要通过融资者发行股票或债券来完成(见图7-1)。

图 7-1　直接融资的关系表示

间接融资是指以金融机构为媒介进行的融资活动,如银行信贷、非银行金融机构信贷、委托贷款、融资租赁、项目融资贷款等。在这种融资方式下,投资者并不直接投资于公司等融资需求方,不与融资者发生直接的经济关系,而是将手中多余的资金以存款的形式投资于金融机构,金融机构以借款的形式向公司发放资金(见图7-2)。

图 7-2　间接融资的关系表示

直接融资方式的优点是资金流动比较迅速,成本低,受法律限制少;缺点是对交易双方筹资与投资技能要求高,而且有些直接融资需要双方会面才能成交。相对于直接融资,间接融资通过金融中介机构,可以充分利用规模经济降低成本、分散风险,实现多元化负债。但直接融资是发展现代化大公司、筹措资金必不可少的手段,因此两种融资方式都不能偏废。

公司的融资渠道很广,包括股权融资、债券融资、长期借款融资等。融资决策考虑的一个重要问题是各种不同的融资方式对公司加权平均资金成本的影响。表 7-1 和表 7-2 中列举了近年来发达资本市场上常用的一些融资渠道及其融资成本,即投资者要求的回报率。

表 7-1 发达资本市场融资渠道

证券的种类	资金来源的渠道
优先债券 次级债券	银行
	公司债券市场
	租赁公司
	共同基金
	保险公司
	资产证券化
股权	风险投资基金
	私人股权基金
	公开增发股票

表 7-2 发达资本市场融资成本

融资种类	投资者一般预期的回报率
长期国债	$<6\%$
银行贷款	$4\%\sim10\%$
次级或垃圾债券	$7\%\sim15\%$
上市公司股权	$8\%\sim20\%$
私人股权基金	$>20\%$
风险投资基金	$>25\%$

(三)公司融资的目的

公司融资是为了自身的维持和发展。融资是公司基本的财务活动,如何掌握融资规模、如何控制融资结构将会对公司的经济效益产生直接的影响。

(1)依法创立公司。公司要实现其设立的目标和承担相应的民事责任,需要在创建时筹集有关法规规定的资本金。

(2)扩大经营规模。按照战略规划扩大生产经营规模、更新设备、提高技术、开拓新的发展项目、增加员工人数和提高员工素质等需要资金投入,必须筹集资金。

(3)偿还原有债务。公司为了偿还某项已经到期的债务而产生的融资动机,即以新债还旧债。它主要适用于那些试图改变债务结构或因现有支付能力不足而被迫举债还债的公司。这种动机不会改变资产总额。

(4)支付日常经营需求。为了满足日常经营业务活动的正常波动所形成的支付需要而产生的融资动机。

(5)调整财务结构。公司为使财务结构符合财务目标,需要通过主动选用不同的融资方式筹集资金,使财务结构趋于合理。

(6)应付偶发事件。公司在经营中时有偶发事件,如临时接到大订单、供货方急需现款、金融危机导致某些计划筹资中止、被迫进行反收购等,迫切需要融资以化解偶发因素带来的不利影响,增强公司处理偶发事件的能力。

(四)影响融资决策的因素

1. 融资收益

公司进行融资,首先应该考虑融入资金预期产生的投资收益。因为融资需要支付成本,融资成本既包括资金的利息成本,还有可能包括昂贵的融资费用和不确定的风险成本。因此,只有确信利用筹集的资金预期实现的总收益大于融资的总成本,才有必要考虑。这是公司进行融资决策的首要前提。

2. 融资规模

公司在筹集资金时,首先要确定公司的融资规模。筹资过多,可能造成资金闲置浪费,增加融资成本;或者可能导致公司负债过多,使其无法承受偿还的压力,增加经营风险。而筹资不足又会影响公司投融资计划及其他业务的正常进行。因此,公司在制定融资决策之初,要根据公司对资金的需要、自身的实际条件及融资的难易程度和成本情况,量力而行地确定公司合理的融资规模。

3. 融资机会

一般来说,要充分考虑以下几个方面:第一,公司融资决策要有超前预见性,公司要能及时掌握国内外利率、汇率等金融市场的各种信息,了解宏观经济形势、货币和财政政策以及国内外政治环境等外部环境因素,合理分析和预测未来可能影响公司融资活动的各种有利和不利条件及变化趋势,以寻求最佳融资时机,果断决策。第二,考虑具体的融资方式的特点,并结合本公司的实际情况,适时制定合理的融资决策。

4. 融资成本

融资成本是决定公司融资效率的决定性因素。在公司的融资实践中,融资存在优先顺序。一般认为的优先顺序是:①公司自筹资金。如果投资额较小,优先考虑从存款账户提取现金,然后才考虑短期投资变现。②公司自有资金不足时,一般优先考虑减少发放股利。③外部融资。公司首先考虑银行贷款,其次是发行债券,最后是发行股票。从融资方式的优选顺序可以看出,内部融资其实是首选的融资方式,而外部融资中的股票融资是公司的最后选择。

5. 资本结构

资本结构是指公司全部资本中债权融资与股权融资的比例关系,即债权融资占全部资本的比重。资本结构是公司融资决策的核心问题,其实质是资本成本在最小时,必须保持适度的负债比率。举债对公司融资有着重要影响:①税收优惠。由于债权融资利息费用可以抵税,随着公司债务增大其抵税效果也会更加明显。②财务杠杆效应。无论公司实现多少利润,每一元盈余所负担的固定利息费用都会相应减少,这就会给每一元普通股带来更多的收益。③增加破产成本和代理成本。公司举债越多,破产的概率就越高,相应地就会增加破产成本;同时,举债使公司股东和债权人在融资、投资和股利分配决策上存在冲突,增加其代理成本,这会迫使管理层在项目选择上更加谨慎。应根据公司的实际情况,权衡举债的效应和风险,合理确定公司的最佳资本结构,应用公司价值估计法、权衡资本成本法和类比法等方法,通过重组、公司治理重构和激励制度再造等配套策略,确保实现资本结构优化。

6. 公司战略管理

公司战略是为完成公司使命,实现公司目标而确定的整体行动规划。战略管理是围绕公司战略目标而采取的一系列措施。融资决策是战略管理在财务活动过程中的具体体现。中小公司应根据自身的发展,判断是否需要进行融资、采取何种方式融资及融资规模的大小,这是融资决策的根本出发点。从融资的视角来看,有三种类型:一是快速扩张型战略。这是以实现资产规模快速扩张为目的的战略,公司不得不进行大量融资,除了内部融资,往往还需要进行大量的外部融资。二是稳健发展型战略。这是与实现公司业绩的稳定增长目标相匹配的资产规模平稳扩张的战略,公司融资不仅要满足弥补资本短缺的需要,而且要实现一种合理的资本结构和股利政策,促使公司健康发展。三是防御收缩型战略。这是以预防出现财务危机和谋求生存为目标的发展战略,这类公司一般难以取得现金流入,财务管理的重点是监督现金的有效收回,监督内部资本有效配置和使用,避免因财务拮据而破产。

二、有效资本市场的基本概念

有效资本市场是指资产的现有市场价格能够充分反映所有相关的可用信息的资本市场。这意味着证券的现有市场价格反映了证券的基本现值和内在价值,因此不存在利用相关的可用信息赚取超常或者剩余利润的任何方法。

有效资本市场的存在意味着公司失去了许多常用的"增值策略",因此这一概念对于公司管理层来说具有深远的意义。在有效的资本市场中:

(1)财务经理无法选择债券和股票发行的最佳时机;

(2)增加股票发行不会压制公司现行股票的价格;

(3)公司发行的股票和债券价格不会因为会计核算方法的选择而受到影响。

(一)资本市场有效性的体系架构

效率是现代经济学的核心概念。在金融领域,可以将资本市场效率定义为资本市场的市场价格对相关信息迅速做出无偏的反应,引导并调节金融资源实现优化配置。资本市场效率体系可以分为三个层次:运作效率、信息效率(信息有效性)和资源配置效率(资源配置有效性)。

运作效率是指证券市场的交易运营效率。可以衡量证券市场是否具有运作效率的直接指标有两个:一是价格能否自由地根据有关信息变动;二是与证券相关的信息能否充分披露、均匀分布,使每个投资者在同一时间内得到等量和等质的信息。价格的变动方式、信息的完整性与时效性影响着证券市场的资金调节和分配效率。如果证券价格被人为操纵,或者信息披露不完整、分布不均匀,就会误导资金流向,不利于资本市场发挥资金融通的功能。

信息效率是指证券价格已经充分吸收和反映了所有相关的公开信息,在考虑了风险因素和交易成本后,投资者无法通过公开信息获取超额利润。在富有效率的证券市场上,证券的价格能充分反映所有相关信息,并根据新的信息做出迅速调整。因此,证券的市场价格成为证券交易的准确信号。

资源配置效率是指证券价格对资源配置的引导效率。从资本市场和实体经济的关系看,资本市场只是具有信息有效性还远远不够,资本市场效率的三个层面具有逻辑上的联系。运作效率是信息有效性和资源配置有效性的微观基础。从市场运作层面考察,交易时间和交易费用决定了资本市场的运作效率,从而影响资产价格对新信息的反应能力。而从信息流动的层面考察,只有证券价格充分反映了股票的内在价值,才有可能实现资源配置的有效性。因此,信息有效性是资本市场效率体系的基石。

从本质上讲,资本市场有效性理论探讨的是证券价格对相关信息的反应速度和强度。如果相关信息能够立即且充分地反映在证券价格中,那么该市场就是有效的。市场效率越高,价格对信息的反应速度也越快。要理解信息与证券价格波动的关系,必须弄清楚什么是信息集及信息的效用价值。信息集是指包含了未来各种

拓展阅读 7.1
导致市场有效的
因素——四类投
资人和四种有效
市场机制

可能事件的集合,这个集合对不同的投资者有不同的价值。价值的不同主要取决于:投资者是否基于这一信息采取行动;这一系列行动给投资者带来的净收益是多少。

事实上,并不是所有信息都会影响证券价格,只有那些涉及决定公司价值的预期因素发生变化的信息才会反映在证券价格中,如公司的财务状况、股利分配政策、产品的质量、宏观经济政策等。这些信息的出现会立即改变人们对公司未来现金流和贴现率的预期。

(二)有效市场的定义

有效市场(efficient market hypothesis,EMH)的概念最初是由法玛(Fama)在 1970年提出的。法玛认为,当证券价格能够充分反映投资者可以获得的全部信息时,证券市场就是有效市场,即在有效市场上,无论随机选择何种证券,投资者都只能获得与投资风险相当的正常收益率。

具体而言,有效市场是指这样一种市场,在该市场上,所有信息都会很快地被市场参与者领悟并立刻反映到市场价格中。例如,一家石油公司在开发地内发现石油,这个消息是在星期二上午 11 点 30 分宣布的。该石油公司股票的价格将会在什么时间上涨呢?有效市场理论认为这一消息会立即反映到价格上。市场参与者会立即做出反应,并将该石油公司股票的价格抬高到应有的高度。简言之,在每一个时点上,市场都已经消化了可以得到的全部最新消息,并且将它包含在股票价格、相关商品价格或其他金融产品中。

在有效市场上,投资者无法利用可获得的信息获取更高的报酬,同时,因为证券市场对新市场信息的反应迅速而准确,证券价格包含了全部的信息。市场竞争使证券价格从旧的均衡过渡到新的均衡,而与新信息相应的价格变动是相互独立或随机的。

有效市场的存在必须满足下面四个前提条件:

(1)市场上存在大量证券,每种证券都有"本质上相似"的替代证券,这些替代证券在价格上不能与原证券同时被高估或低估,在数量上要足以将原证券的价格拉回其内在价值的水平。

(2)市场允许卖空。

(3)市场上存在以利润最大化为基本目标的理性套利者,他们可以根据现有的信息对证券价值做出合理判断。

(4)不存在交易成本和税。

(三)有效市场的基本假设

有效市场包含下面三个基本假设:

(1)理性人假设,即市场上的每个参与者都是理性人。金融市场上每只股票所代表

的公司都处于理性人的严格监视之下,理性人每天都在进行基本分析,通过预期未来的盈利性来评价公司的股票价格,把未来价值折算成今天的现值,并谨慎地在风险与收益之间进行权衡取舍。

(2)股票的价格反映了理性人之间的供求平衡,即认为股价被高估的人与认为股价被低估的人正好相等。假如有人发现二者不等,市场存在套利的可能性,他们会立即买进或卖出股票,使股价迅速变动到能够使二者相等为止。

(3)股票价格能充分反映该资产的所有可得信息,即"信息有效",当信息变动时,股票的价格一定会随之变动。一个利好消息或利空消息刚刚传出时,股票的价格就开始异动,当它已经路人皆知时,股票的价格也已经涨或跌到适当的价位了。

有效市场假说实际上意味着"天下没有免费的午餐"。在一个正常的、有效率的市场上,每个人都不能指望发意外之财。当然,有效市场假说只是一种理论假说,实际上,并非所有人都是理性的,也并非在每一时点上都是信息有效的。

(四)有效市场假设条件的逐步放松

有效市场理论是建立在下面三个逐渐弱化的假设条件之上的:

(1)投资者是理性的,他们可以理性地评估证券的价值。这是一个最强的假定,投资者理性意味着在相同风险条件下,投资者不可能赚取超额收益率。因此,由完全理性的投资者构成的竞争市场必然是有效市场。如果投资者是理性的,他们认为每种证券的价值都等于其未来的现金流按一定风险水平的贴现率贴现后的净现值,即内在价值。当投资者获得有关证券内在价值的信息时,他们就会立即做出反应,买进价格低于内在价值的证券,卖出价格高于内在价值的证券,从而使证券价格迅速调整到与新的内在价值相等的水平。

(2)虽然部分投资者是非理性的,但他们的交易是随机的,这些交易会相互抵消,因此不会影响价格。这是一个较弱的假定。有效市场假说的支持者认为,投资者非理性并不能否定有效市场的存在。他们认为,即使投资者是非理性的,在很多情况下市场仍然可以保持理性。因为非理性投资者的交易是随机的,交易策略具有独立性,只要这类投资者数量足够多,非理性交易就会被相互抵消,从而不干扰市场正常运行,以保证市场效率。

(3)虽然非理性投资者的交易行为具有相关性,但理性套利者的套利行为可以消除这些非理性投资者对价格的影响。这是一个最弱的假定。当非理性投资者连续买进某一种证券时,会使该证券的价格高于其内在价值。此时,套利者会卖空该证券,同时买进其他相似的证券以对冲风险。这种套利是无风险的,但是套利者从中获取了超额收益。套利活动的存在使证券价格迅速回归其内在价值。

三、有效资本市场的类型及检验

(一)有效资本市场的类型

1. 弱式有效市场

在弱式有效市场上,证券价格充分反映了历史上一系列交易价格和交易量中所隐含的信息,投资者不可能通过分析以往价格获得超额利润。也就是说,使用当前及历史价格对未来做出预测是徒劳的。要想获得超额利润,必须寻求历史价格以外的信息。

在该市场上,信息从产生到被公开的效率受到损害,即存在"内幕信息",投资者对信息进行价值判断的效率也受到损害。并不是每一位投资者对所披露的信息都能做出全面、正确、及时和理性的解读与判断,所有投资者推断价格位置时运用的是历史数据,现行的价格充分反映了过去价格和收益的一切信息。在弱式有效市场上,技术分析失效,因为技术分析以过去的价格、成交量变化等历史数据为基础,然而这些已经反映在当前价格中了。

弱式有效市场假说认为市场价格已充分反映了所有历史的证券价格信息,包括证券的成交价、成交量、卖空金额、融资金额等。这些信息已全部免费地向市场参与者公开,假如这些历史信息中隐藏有关证券未来表现的信息,则投资者会迅速地挖掘这些资料,采取买卖交易行为导致股价变动,以充分地反映这些信息。

2. 半强式有效市场

半强式有效市场上所有公开的可用信息都反映在证券价格中,这些信息不仅包括证券价格序列信息,还包括公司财务报告信息、经济状况的通告资料及其他公开可用的有关公司的信息,而且公布的宏观经济形势和政策方面的信息也包含在内。

如果市场是半强式有效的,那么仅以公开资料为基础的分析将不能提供任何帮助,因此就当前已公开的资料信息来说,价格是合适的,未来的价格变化依赖于新的公开信息。在半强式有效市场上,依靠公司的财务报表等公开信息进行的基本面分析也是无效的。在这一市场上,完全利用公开信息的投资者扣除他们购买信息的成本后,无法获得超额利润,除非价格调整对信息的反应存在滞后性,但利用非公开信息的投资者可以获取超额收益。与弱式有效市场相比,证券价格反映的信息更为广泛,不仅包括过去的信息,也包括当前已经公开的信息,因而价格更加全面。

半强式有效市场假说认为价格已充分反应了所有已公开的有关公司营运前景的信息。这些信息包括成交价、成交量、盈利资料、盈利预测值、公司管理状况及其他公开披露的财务信息等。假如投资者能迅速获得这些信息,股价应迅速做出反应。

3. 强式有效市场

强式有效市场上的证券价格充分反映了所有信息,包括公开信息和内幕信息,如公司内部高级管理人员所掌握的内部信息。如果强式有效市场假设成立,上述所有的信息都已经完全反映在当前的价格中,所以即便是掌握内幕信息的投资者也无法持续获取超额收益。

强式有效市场是信息处理能力最强的证券市场。在该市场上,有关证券产品的任何信息一经产生,就会得到及时公开、处理和反馈,这些环节几乎是同时进行的,且信息公开具有真实性,对信息的处理与反馈具有准确性。在强式有效市场上,每一位交易者掌握的有关证券产品的所有信息具有一致性,且对该证券产品的价值判断也是一致的,并且都能将自己的投资方案不折不扣地付诸实施。因此,对于强式有效市场来说,不存在因证券发行者和投资者的非理性所产生的供求失衡而导致的证券产品价格波动,证券的价格反映了所有即时信息。

强式有效市场假说认为证券价格中包含了一切公开的和非公开的信息,投资者即使掌握内幕信息也无法获得超额收益,任何专业投资者的边际市场价值为零。

(二) 三类有效市场的关系

历史价格的信息集是公开可用信息集的一个子集,反过来,公开可用信息集又是所有相关信息集的一个子集。这三类信息之间的关系如图 7-3 所示,强有效包含着半强有效,半强有效包含着弱有效。

图 7-4 展示了股票价格对于坏消息三种可能的调整方式。实线表示股票价格在强式有效市场状况下的调整防线。在这种情况下,股票价格依据新的信息及时进行调整,价格因此出现了明显的变化。另外两条虚线均表示在无效市场上股票价格的反应情况,包括滞后反应和过度反应。在滞后反应的情况下,市场用了 30 天才完全消化吸收信息。在过度反应的情况下,证券价格可经过修正回归真实水平。值得注意的是,出现后两种

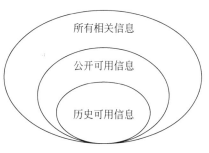

图 7-3 信息集之间的关系

情况时,如果市场需要耗费多日进行价格调整,那么投资者在信息公布时买入股票,在价格回归均衡时卖出股票,就可以获得交易利润。

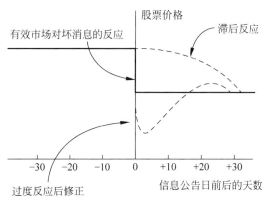

图 7-4 股票价格对信息的反应

(三) 有效资本市场的检验

1. 弱式有效市场的检验

对于弱式有效市场,主要是检验过去的价格对未来价格的预测能力,信息集为历史价格。如果弱式有效市场假说成立,那么投资者无法利用过去股价所包含的信息获得超额收益。随机游走是指基于资产过去的表现,资产价格的波动具有随机性,投资者无法预测资产价格未来的发展趋势和方向。在股票市场上的随机游走意味着股票价格短期趋势的不可预知性。因此,如果价格包含了所有历史信息,任何人都无法通过分析历史价格准确预测股票未来走势,此时市场达到弱式有效。游程检验、符号检验、序列相关性检验等统

计检验方法常被用来分析历史价格序列是否服从随机游走,以此来判断市场是否达到弱式有效。

2．半强式有效市场的检验

对于半强式有效市场,主要检验证券价格对公开发布信息的反应程度,信息集是所有公开的信息。如果半强式有效市场假说成立,那么投资者不仅无法从历史信息中获取超额利润,而且无法通过分析当前的公开信息获得超额利润。经济学家一般采用事件研究法进行检验。以一段时间为窗口期,以这段时间内股票的累计超额收益和一些会计指标为观察值,来确定该事件是否引起投资者对公司未来现金流量的期望值发生改变,是否会引起股价的显著变动。

3．强式有效市场的检验

对于强式有效市场,主要研究投资者或者机构是否拥有垄断力量,是否垄断了与价格形成相关的信息,信息集除了所有公开的信息,还有尚未完全反映在市场价格上的内幕信息。如果这个假设成立,则说明投资者即使拥有内幕信息也无法获得超额利润。这一检验的对象是专业投资者或内幕人士的收益率。如果发现某一专业投资者具有重复的超常表现,则表明专业投资者有预测证券价格未来走势的能力,内幕信息能够帮助投资者获取超常收益。

第二节 股 权 融 资

股权融资是指公司的现有股东愿意让出部分公司所有权以引进新股东为公司增资的融资方式。股权融资融入的资金,公司无须还本付息,但新股东将与老股东共同分享公司的盈利。股权融资主要有普通股融资和优先股融资两种方式。股权融资的特点决定了其用途的广泛性,既可以充实公司的营运资金,也可以用于公司的投资活动。股权融资相较债务融资而言,融资成本更高,但是不需要归还本金,可以为公司的长期稳定发展提供资本金。

一、股票发行上市

(一) 首次公开发行

股票的首次公开发行(initial public offering,IPO)是指股份公司申请在证券交易所上市前第一次通过公开发行股票募集资金的行为。

1．首次公开发行上市的要求

(1) 主板:针对较为成熟的大中型公司,IPO门槛较高。

(2) 中小板:与主板条件完全一致,主要针对流通股本规模相对较小的公司。

(3) 创业板:针对初创阶段、资本金规模较小、成长迅速的小型公司,创业板对公司的盈利能力、营业规模和资产规模要求相对较低。

2．股票首次公开发行的程序

(1) 股票发行的具体方案等由股东大会批准。

（2）制作申请文件，由保荐人保荐并向中国证监会申报。

（3）中国证监会收到申请文件后，应在 5 个工作日内做出是否受理的决定。

（4）股票发行申请经核准后，发行人应自中国证监会核准发行之日起 6 个月内发行股票；超过 6 个月未发行的，核准文件失效，须重新核准。

（5）发行申请核准后、股票发行结束前，发行人发生重大事项的，应当暂缓或者暂停发行，并及时报告中国证监会，同时履行信息披露义务。影响发行条件的，应当重新执行核准程序。

（6）对已做出的核准证券发行的决定，发现不符合法定条件或者法定程序时采取相应措施。中国证监会或者国务院授权的部门对已做出的核准证券发行的决定，发现不符合法定条件或者法定程序，尚未发行证券的，应当予以撤销，停止发行。已经发行尚未上市的，撤销发行核准决定，发行人应当按照发行价并加算银行同期存款利息返还证券持有人；保荐人应当与发行人承担连带责任，但是能够证明自己没有过错的除外；发行人的控股股东、实际控制人有过错的，应当与发行人承担连带责任。

（7）发行股票。

3. 绿鞋机制

绿鞋机制又称绿鞋期权（green shoe option or over-allotment option），是指根据中国证监会 2006 年颁布的《证券发行与承销管理办法》第 48 条规定："首次公开发行股票数量在 4 亿股以上的，发行人及其主承销商可以在发行方案中采用超额配售选择权"，这其中的"超额配售选择权"俗称绿鞋机制。该机制可以稳定大盘股上市后的股价走势，防止股价大起大落。

绿鞋机制由美国波士顿绿鞋制造公司在 1963 年首次公开发行股票（IPO）时率先使用而得名，是超额配售选择权制度的俗称。绿鞋机制主要在市场环境不佳、对发行结果不乐观或难以预料的情况下使用，目的是防止新股发行上市后股价下跌至发行价或发行价以下，增强参与一级市场认购的投资者的信心，实现新股股价由一级市场向二级市场的平稳过渡。采用绿鞋机制可以根据市场情况调节融资规模，使供求平衡。

绿鞋机制的功能主要是承销商在股票上市之日起 30 天内，可以择机按同一发行价格超发预定规模 15%（一般不超过 15%）的股份。

这一功能的作用体现在：如果发行人股票上市后的价格低于发行价，主承销商用事先超额发售股票获得的资金（事先认购超额发售投资者的资金），按不高于发行价的价格从二级市场买入，然后分配给提出超额认购申请的投资者；如果发行人股票上市后的价格高于发行价，主承销商就会要求发行人增发 15% 的股票，分配给事先提出认购申请的投资者，增发新股资金归发行人所有，增发部分计入本次发行股票数量的一部分。

显然，绿鞋机制的引入可以起到稳定新股股价的作用。因此，对于使用绿鞋机制的新股，自上市之日起的 30 天内，其价格快速上涨或下跌的现象将会受到抑制，其上市之初的价格波动会有所收敛。

4. 后市

禁售期是指公司的员工取得限制性股票后不得通过二级市场或其他方式进行转让的期限。根据我国《上市公司股权激励管理办法（试行）》的规定，限制性股票自授予日起，禁售期不得少于1年。

静默期是公司在首日上市交易前的一段时间内或上市后的几周内对外不发布任何信息。这是惯例,不是规定。根据《中国证监会行政许可执法监督暂行规定》,审核过程中实行静默期制度,即自受理申请文件至出具第一次反馈意见之间的这段时间以及在发行部形成初审报告意见后至发审会召开期间设定为"静默期",负责该审核事项的工作人员不得与申请人及有关中介机构接触,这项措施称为"静默期"制度。

5. IPO路演

路演(road show)是国际上通用的证券发行推广方式,是指证券发行商在发行前针对可能的投资者进行的巡回推介活动。活动中,发行商昭示将发行证券的价值,加深投资者的认知程度,并从中了解投资者的投资意向,发现投资者的需求及对该证券的价值定位,确保证券的成功发行。此外,路演还可以向投资者就公司的业绩、产品、发展方向等做详细介绍,充分阐述上市公司的投资价值,帮助准投资者深入了解具体情况,并回答机构投资者关心的问题。在海外股票市场上,股票发行人和承销商要根据路演的情况决定发行量、发行价和发行时机。

IPO路演具有下列目的:

(1) 充分进行资本市场带有指向性的"促销",明确资本市场对该证券的价值定位;

(2) 通过路演,在定性和定量两个层面上明确潜在的投资需求量和可能的价格区间;

(3) 基于前面两点,形成更为准确的发行定价,确保证券的成功发行,甚至实现超额认购的效果;

(4) 促进投资者与股票发行人之间的沟通和交流,以保证股票的顺利发行,为上市以后的价格表现和再融资打下良好的基础。

(二)股票发行价格

股票发行价格是股票发行时所使用的价格,也就是投资者认购股票时需要支付的价格。股票发行价格通常由发行公司根据股票面额、股市行情及其他有关因素决定。以募集设立方式设立公司首次发行的股票价格,由发起人决定;公司增资发行新股的股票价格,由股东大会做出决议。

股票发行价格可以与股票的面额一致,但多数情况下并不一致。股票发行价格一般有以下三种:

(1) 等价。等价就是以股票的票面金额为发行价格,也称为平价发行。这种发行价格一般在股票的初次发行或在股东内部分摊增资的情况下采用。等价发行股票利于推销,但发行人无法从中取得股票溢价收入。

(2) 时价。时价就是以本公司股票在流通市场上买卖的实际价格为基准来确定股票发行价格。其原因是股票在第二次发行时已经发生了增值,且收益率也已经发生了变化。选用时价发行股票,充分考虑了股票的现行市场价值,对投资者具有较大的吸引力。

(3) 中间价。中间价就是以时价与等价的中间值确定的股票发行价格。

按时价或中间价发行股票,股票发行价格会高于或低于其面额。前者称为溢价发行,后者称为折价发行。如属溢价发行,发行公司所获得的溢价款列入资本公积。我国《公司法》规定,股票发行价格可以等于票面金额(等价),也可以超过票面金额(溢价),但不得低于票面金额(折价)。

(三) 股票上市

股票上市是指股份公司公开发行的股票经批准在证券交易所进行挂牌交易。经批准在交易所上市交易的股票称为上市股票。按照国际通行做法,非公开募集发行的股票或未向证券交易所申请上市的非上市证券,应在证券交易所外的柜台交易市场(over-the-counter market,OTC market)上流通转让;只有公开募集发行并经批准上市的股票才能进入证券交易所流通转让。

股份公司申请股票上市,一般出于下列目的:

(1) 资本大众化,分散风险。股票上市后,会有更多的投资者认购公司股份,公司则可将部分股份转售给这些投资者,再将得到的资金用于其他方面,从而分散风险。

(2) 提高股票的变现力。股票上市后便于投资者购买,自然提高了股票的流动性和变现力。

(3) 便于筹措新资金。股票上市必须经过有关机构的审查批准并接受相应的管理,执行各种信息披露和股票上市的规定,这就大大增强了社会公众对公司的信赖,投资者更倾向于购买上市公司的股票。同时,由于一般人认为上市公司实力雄厚,也便于公司采用其他方式(如负债)筹措资金。

(4) 提高公司知名度,吸引更多顾客。上市公司广为社会所知,并被认为业绩优良。股票上市会给公司带来良好的声誉,吸引更多的顾客,从而增加销量。

(5) 便于确定公司价值。股票上市后,公司股价依市价可循,便于确定公司的价值,有利于促进公司价值最大化。

但股票上市也有对公司不利的一面,主要包括:公司将负担较高的信息披露成本;各种信息公开的要求可能会暴露公司的商业秘密;股价有时会歪曲公司的实际状况,特别是股价暴跌时会丑化公司声誉;可能会分散公司的控制权,造成管理上的困难。

二、普通股融资

普通股票所筹资本是公司永久性资本,除非公司清算否则不需偿还。因此,普通股本是公司资本中最为稳定的资金来源。与其他融资方式相比,普通股融资具有如下优点:

(1) 发行普通股融资具有永久性,无到期日,不需归还。这对保证公司对资本的最低需要、维持公司长期稳定发展极为有利。

(2) 发行普通股融资没有固定的股利负担,股利的支付与否和支付多少,视公司有无盈利和经营状况而定,经营波动给公司带来的财务负担相对较小。

(3) 利用普通股融资的风险小。由于普通股没有固定的到期日,也不用支付固定利息,公司没有到期还本付息的压力,也就不存在无法偿还的风险。

(4) 发行普通股融资属于公司主权资本的筹措,可以使公司免受债权人及优先股股东对公司经营所施加的各种限制,保证公司经营的灵活性。

(5) 发行普通股融资是公司最基本的资金来源,它反映了公司的实力,可作为其他融资方式的基础,尤其可为债权人提供保障,增强公司信誉。

（6）由于普通股的预期收益较高并可在一定程度上抵消通货膨胀的影响（通常在通货膨胀期间，不动产升值时普通股也随之升值），因此普通股融资容易吸收资金。

但是，运用普通股融资也有下面一些缺点：

（1）资本成本较高。从投资者的角度来看，投资于普通股风险较高，相应地要求有较高的投资报酬率。对于融资公司来说，普通股股利从税后利润中支付，不像债券利息那样作为费用从税前支付，因而不具有抵税作用。普通股的发行费用一般也高于其他证券。

（2）分散公司的控制权。普通股融资会增加新股东，使公司原有股东的参与淡化，削弱原有股东对公司的控制。

（3）增发新的普通股股票，可能被投资者视为消极信号，从而导致股票价格下跌。

拓展阅读 7.2
中国农业银行发行境内资本市场首只优先股

三、优先股融资

优先股综合了债券和普通股的优点，既无到期还本付息的压力，也不必担心股东控制权的分散。与其他融资方式相比，优先股融资具有如下优点：

（1）财务负担轻。优先股筹集的资本属于权益资本，通常没有到期日，即使股息不能到期兑现也不会引发公司的破产，因此优先股融资不会增加财务风险，反而使融资能力增强，可以减轻公司的财务负担。

（2）财务上灵活机动。由于优先股没有规定最终到期日，它实质上是一种永续性借款。优先股的收回由公司决定，公司可在有利条件下收回优先股票，具有较大的灵活性。

（3）财务风险低。从债权人的角度看，优先股属于公司股本，能够改善公司的财务状况，提高公司的举债能力，因此财务风险低。

（4）不减少普通股的收益和控制权。与普通股相比，优先股每股收益是固定的，只要公司净资产收益率高于优先股成本率，普通股的每股收益就会上升；此外，优先股无表决权，因此不影响普通股股东对公司的控制权。

但发行优先股的税后资金成本要高于负债的税后资金成本，且优先股股东虽然负担了相应比例的风险，却只能取得固定的报酬，所以发行效果上不如债券。具体来说，优先股融资具有以下缺点：

（1）资金成本高。通过发行优先股融资的最大缺点在于资金成本高。优先股融资的成本比债券融资的成本高，这是由于股息是在税后支付的，不能冲抵税前利润，也就不具备债券的抵税功能。有些优先股（累积优先股、参与优先股等）要求分享普通股的剩余所有权，会稀释其每股收益。

（2）股利支付的固定性。公司可以不按规定支付股利，但这会影响公司形象，进而对普通股的市价产生不利影响，损害普通股股东的利益。当然，在公司财务状况恶化时，这是不可避免的；但当公司盈利水平高，想保留更多的利润来扩大经营时，由于股利支付的固定性，便成为一项财务负担，会在一定程度上阻碍公司的扩大再生产。

四、股权再融资

股权再融资是指向原普通股股东按其持股比例、以低于市价的某一特定价格配售一定数量新发行股票的融资行为。公司股权再融资的发行方式主要有两种：向现有股东配股融资和向市场增发新股。配股又可分为非承销配股(公司自己发行)和承销配股(由投资银行或证券商承销)。增发新股又可分为公开增发和非公开增发。

(一) 配股

配股是上市公司根据公司发展需要,依照有关法律规定和相应的程序,向原股东按其持股比例,以低于市价的某一特定价格配售一定数量新发行股票的融资行为。按照惯例,公司配股时新股的认购权按照原有股权比例在原股东之间分配,即原股东拥有优先认购权。

1. 配股条件

上市公司向原股东配股的,除了要符合公开发行股票的一般规定外,还应当符合下列规定:

(1) 拟配售股份数量不超过本次配售股份前股本总额的 30%;

(2) 控股股东应当在股东大会召开前公开承诺认购股份的数量;

(3) 采用证券法规定的代销方式发行。

2. 配股权价值

一般来说,老股东可以低于配股前股票市价的价格购买所配发的股票,即配股权的执行价格低于当前股票价格,此时配股权是实值期权,因此配股权具有价值。配股权实质是短期的看涨期权。

配股的一大特点是新股的价格是按照发行公告发布时的股票市价做一定的折价处理来确定的。所折价格是为了鼓励股东出价认购。在市场环境不稳定的时候,确定配股价是非常困难的。在正常情况下,新股发行的价格为按发行配股公告时股票市场价格折价 10%~25%。理论上的除权价格是增股发行公告前原股票与新股的加权平均价格,它应该是新股配售后的股票价格。

$$配股除权参考价 = \frac{配股前股票市值 + 配股价格 \times 配股数量}{配股前股数 + 配股数量}$$

$$每股股票配股权价值 = \frac{配股除权参考价 - 配股价格}{购买一股新股所需的股数}$$

【例 7-1】 A 公司有普通股 10 000 股,拟采用配股的方式进行融资,每 10 股配 2 股,配股价为 16 元/股,股权登记日收盘市价为 20 元/股。假设共有 1 000 股的股东放弃配股权,其他股东全部参与配股,每股股票配股权价值是多少?

$$配股数量 = \frac{10\,000 - 1\,000}{10} \times 2 = 1\,800(股)$$

$$配股除权参考价 = \frac{20 \times 10\,000 + 16 \times 1\,800}{10\,000 + 1\,800} = 19.39(元)$$

$$每股股票配股权价值 = \frac{19.39 - 16}{5} = 0.68(元)$$

(二) 增发新股

股票增发配售是指已上市的公司通过向指定投资者(如大股东或机构投资者)或全部

投资者额外发行股份募集资金的融资方式,发行价格一般为发行前某一阶段的平均价按某一比例折算得到。

1. 公开增发

公开增发的发行对象为所有投资公众。上市公司申请增发新股,必须符合一系列相关法规的规定,并报请证券监管部门批准,由一家或多家投资银行承销,发行公司与承销商协商决定发行价格。增发后,原股东持有的股票并不增加,但是因为增发之后,公司的注册资本、权益资本等诸多财务数据发生了变化,每股权益和收益也相应发生了变化。

【例 7-2】 假设 B 公司的总股本数为 10 亿股,现采用公开增发的方式发行 2 亿股,增发前股票市价为 5 元/股,老股东认购了 1 亿股,若增发价格为 5.5 元/股,老股东财富将发生什么变化?

$$增发后每股价格 = \frac{5 \times 10 + 5.5 \times 2}{10 + 2} = 5.083(元 / 股)$$

$$老股东财富变化 = 5.083 \times (10 + 1) - (5 \times 10 + 5.5 \times 1) = 0.413(亿元)$$

即老股东财富增加了 0.413 亿元。

2. 非公开增发

非公开增发股票又称定向增发,是指上市公司采用非公开方式向特定对象发行股票的行为。中国证监会发布的《上市公司证券发行管理办法(2020 年修订版)》规定:非公开发行的对象不能超过 35 人;发行价不得低于定价基准日前 20 个交易日市价均价的80%;发行的股份自发行结束之日起 6 个月内(控股股东、实际控制人及其控制的企业认购的股份 18 个月内)不得转让;募集资金使用应满足募资用途且需符合国家产业政策等规定;上市公司及其高管不得有违规行为等。非公开发行并无盈利要求,即使是亏损企业也可申请发行。

非公开发行的"特定对象"主要是自我保护能力较强的投资者,一般包括:金融机构;具有一定规模的企业和产业投资基金;公司内部董事、监事及高管人员;富裕的自然人及具备相当财经专业知识与投资经验的投资人。

上市公司向特定投资者非公开发行股票,不但有助于减小公司融资对市场的压力,也有助于吸引场外机构的资金进入市场,还可以为包括亏损上市公司在内的所有公司引入新的战略股东、注入新的优质资产、进行收购兼并等提供新的工具和渠道,有利于提高上市公司质量,促进上市公司结构调整。

(三) 股权再融资对公司的影响

1. 对公司资本结构的影响

权益资本成本通常高于债务资本成本,采用股权再融资会降低资产负债率,并可能使资本成本增大;但如果股权再融资有助于公司目标资本结构的实现,增强公司的财务稳健性,降低债务的违约风险,就会在一定程度上降低公司的加权平均资本成本,增加公司的整体价值。

2. 对公司财务状况的影响

在公司运营及盈利状况不变的情况下,采用股权再融资方式筹集资金会降低公司的财务杠杆水平,并降低净资产报酬率。但公司如果能将通过股权再融资筹集到的资金投资于具有良好发展前景的项目,获得正的投资活动净现值,则有可能改善公司的资本结构,降低资本成本,从而有利于增加公司的价值。

3. 对公司控制权的影响

由于全体股东具有相同的认购权,控股股东只要不放弃认购权,就不会削弱控制权。公开增发会引入新的股东,股东的控制权将受到增发认购数量的影响。非公开增发相对复杂,若对财务投资者和战略投资者增发,则会降低控股股东的控股比例,但财务投资者和战略投资者大多与控股股东有良好的合作关系,一般不会对控股股东的控制权形成威胁;若面向控股股东的增发是为了收购其优质资产或实现集团整体上市,则会提高控股股东的控股比例,增强控股股东对上市公司的控制权。

第三节 债务融资

一、长期负债融资

负债融资是指通过负债筹集资金。负债是公司一项重要的资金来源,几乎没有一家公司是只靠自有资本,而不运用负债就能满足资金需要的。负债融资与普通股融资的性质完全不同。相较于普通股融资,负债融资的特点表现为:筹集的资金在使用时间上受限,需按期偿还;不论公司经营好坏,都需要支付固定的债务利息,从而形成公司固定的偿债负担;但其资本成本一般比普通股融资成本低,且不会分散股东对公司的控制权。

按照所筹资金可使用时间的长短,负债融资可分为长期负债融资和短期负债融资两类。长期负债是指期限超过1年的负债。筹措长期负债资金可以解决公司长期资金不足的问题,如满足发展长期性固定资产的需要。同时,由于长期负债的归还期限长,筹资成本一般较高,长期负债的利率通常高于短期负债的利率。当然,债权人为了保障借出资金的安全,通常会向债务人提出一些限制性的条件以保证其能够及时、足额偿还债务本金和支付利息,从而形成对债务人的种种约束。目前在我国,长期负债融资主要有长期借款和债券融资两种方式,此外还有一种比较新的债务融资方式——可转债融资。

二、长期借款融资

长期借款是指公司向银行或其他非银行金融机构借入的使用期超过1年的借款,主要用于购建固定资产和满足长期流动资金占用的需要。

(一)长期借款的种类

长期借款的种类很多,各公司可根据自身的情况和各种借款条件选用。目前我国各金融机构的长期借款主要有以下三种分类方式:

(1)按照用途,分为固定资产投资借款、更新改造借款、科技开发和新产品试制借款等。

(2)按照提供贷款的机构,分为政策性银行贷款、商业银行贷款等。此外,公司还可以从信托投资公司取得实物或货币形式的信托投资贷款,从财务公司取得各种中长期贷款等。

（3）按照有无担保,分为信用贷款和抵押贷款。信用贷款是指公司无须提供抵押品,仅凭其信用或担保人信誉而发放的贷款。抵押贷款是指要求公司以抵押品作为担保的贷款。长期贷款的抵押品一般是建筑物、机器设备、股票、债券等。

（二）长期借款融资的特点

与其他长期负债融资相比,长期借款融资具有下列特点:

（1）筹资速度快。长期借款的手续比发行债券简单,得到借款所花费的时间较短。

（2）借款弹性较大。借款时公司与银行直接交涉,有关条件可经谈判确定;用款期间发生变动,也可与银行再协商。而债券筹资面对的是广大社会投资者,协商改善筹资条件的可能性很小。

（3）借款成本较低。长期借款利率一般低于债券发行利率,且由于借款只需要直接与某一家银行沟通,无其他烦琐的环节,沟通成本较低,筹资费用也较少。

（4）长期借款的限制性条款比较多,制约着借款的广泛使用。

（三）取得长期借款的条件

金融机构对公司发放贷款的原则是按计划发放、择优扶植、有物资保证、按期归还。公司申请贷款一般应具备下面六个条件:

（1）独立核算、自负盈亏、有法人资格。

（2）经营方向和业务范围符合国家产业政策,借款用途属于银行贷款管理办法规定的使用范围。

（3）借款公司有一定的物资和财产作为保证,担保单位具有相应的经济实力。

（4）具有偿还贷款的能力。

（5）财务管理和经济核算制度健全,资金使用效益及公司经济效益良好。

（6）在银行设有账户,办理结算。

具备上述条件的公司欲取得贷款,应向银行提出申请,陈述借款原因与金额、用款时间与用途、还款期限与计划。银行根据公司的借款申请,针对公司的财务状况、信用情况、盈利的稳定性、发展前景、借款投资项目的可行性等进行审查。银行审查同意贷款后,再与借款公司进一步协商贷款的具体条件,明确贷款的种类、用途、金额、利率、期限、还款的资金来源及方式、保护性条件、违约责任等,并以借款合同的形式将其法律化。借款合同生效后,公司便可取得借款。

（四）长期借款的成本

长期借款的利率通常高于短期借款,但信誉好或抵押品流动性强的公司仍然可以争取到较低的长期借款利率。长期借款利率有固定利率和浮动利率两种。浮动利率通常有最高、最低限制,并在借款合同中明确载明。对于借款公司而言,若预测市场利率将上升,应与银行签订固定利率合同;反之,则应签订浮动利率合同。

除了利息之外,银行还会向借款公司收取其他费用,如实行周转信贷协定所收取的承诺费,要求借款公司在本银行中保持补偿余额所形成的间接费用。这些费用会增加长期借款的成本。

（五）长期借款的偿还方式

长期借款的偿还方式不一,包括下面几种:

（1）纯贴现贷款。借款人在当期得到贷款金额,并在未来某个时点一次性偿还本金和利息给贷款人。

（2）纯利息贷款。要求借款人的偿还方式为按期支付利息,并在贷款到期时一次性偿还本金。

（3）分期偿还贷款。要求借款人分期偿还的金额包括本期应还本金和未还本金部分所产生的应付利息。分期偿还贷款又分为等额本金和等额本息两种形式。

（六）长期借款的保护性条款

由于长期借款的期限长、风险高,按照国际惯例,银行通常对借款公司提出一些有助于保证贷款按时足额偿还的条件。这些条件写进贷款合同中,形成了合同的保护性条款。归纳起来,保护性条款大致有如下两类。

1. 一般性保护条款

一般性保护条款应用于大多数借款合同,但根据具体情况会有不同内容,主要包括:

（1）对借款公司流动资金保持量的规定,其目的在于保障借款公司资金的流动性和偿债能力;

（2）对支付现金股利和再购入股票的限制,其目的在于限制现金外流;

（3）对资本支出规模的限制,其目的在于减小公司日后不得不变卖固定资产以偿还贷款的可能性,仍着眼于保障借款公司资金的流动性;

（4）限制其他长期债务,其目的在于防止其他贷款人取得对公司资产的优先求偿权;

（5）借款公司定期向银行提交财务报表,其目的在于及时掌握公司的财务状况;

（6）不准在正常情况下出售较多资产,以保持公司正常的生产经营能力;

（7）如期缴纳税费和清偿其他到期债务,以防被罚款而造成现金流失;

（8）不准以任何资产作为其他承诺的担保或抵押,以避免公司过重的债务负担;

（9）不准贴现应收票据或出售应收账款,以避免或有负债;

（10）限制租赁固定资产的规模,其目的在于防止公司负担巨额租金以致削弱其偿债能力,同时能够防止公司以租赁固定资产的方法摆脱对其资本支出和负债的约束。

2. 特殊性保护条款

特殊性保护条款是针对某些特殊情况而在部分借款合同中约定的,主要包括:

（1）贷款专款专用;

（2）不准公司投资于短期内不能收回资金的项目;

（3）限制公司高级职员的薪金和奖金总额;

（4）要求公司主要领导人在合同有效期内担任领导职务;

（5）要求公司主要领导人购买人身保险等。

此外，短期借款筹资中的周转信贷协定、补偿性余额等条件，同样适用于长期借款。

三、债券融资

债券是经济主体为筹集资金而发行的，用以记载和反映债权债务关系的有价证券。由公司发行的债券称为公司债券或企业债券。这里所说的债券，是指期限超过 1 年的公司债券，其发行目的通常是为建设大型项目筹集长期可用资金。

（一）债券融资发行程序

1. 做出决议或决定

股份有限公司、有限责任公司发行公司债券，由董事会制定方案，股东大会做出决议；国有独资公司发行公司债券，应由国家授权的投资机构或者国家授权的部门做出决定。

2. 申请发行

公司在做出发行公司债券的决议或者决定后，必须依照《公司法》规定的条件，向国务院授权的部门提交规定的申请文件，报请批准，所提交的申请文件必须真实、准确、完整。向国务院授权的部门提交的申请文件包括公司登记证明、公司章程、公司债券募集办法、资产评估报告和验资报告等。

3. 发行公司债券的批准

国务院授权的部门依照法定条件负责批准公司债券的发行，该部门应当自受理公司债券发行申请文件之日起三个月内做出决定；不予审批的，应当出具说明。

4. 公告募集办法

发行公司债券申请经批准后，应当公告债券募集办法，在募集办法中应当载明下列事项：①公司名称；②债券总额和债券的票面金额；③债券的发行利率；④还本付息的期限和方式；⑤债券发行的起止日期；⑥公司净资产额；⑦已发行但尚未到期的公司债券总额；⑧公司债券的承销机构。

5. 公司债券的载明事项

公司债券上必须载明公司名称、债券票面金额、利率、偿还期限等事项，并由董事长签名，公司盖章。

6. 公司债券存根簿

债券发行人应当置备公司债券存根簿。发行记名公司债券的，应当在公司债券存根簿上载明下列事项：①债券持有人的姓名或者名称及住所；②债券持有人取得债券的日期及债券的编号；③债券总额、债券的票面金额、债券的利率、债券还本付息的期限和方式；④债券的发行日期。

7. 发行中不当行为的纠正

国务院授权的部门对已做出的审批公司债券发行的决定，发现不符合法律、行政法规规定的，应当予以撤销；尚未发行的，停止发行；已经发行公司债券的，发行人应当向认购人退还所缴债款并加算银行同期存款利息。

（二）债券融资的优势

债券融资和股票融资是公司直接融资的两种方式,在成熟的国际资本市场上,债券融资往往更受公司的青睐,公司的债券融资额通常是股权融资额的3～10倍。之所以会出现这种现象,是因为公司债券融资同股票融资相比,在财务上具有如下优势。

1. 债券融资的税盾作用

债券的税盾作用来自债务利息和股利的不同支出顺序,世界各国税法基本上都准予利息支出在税前列支,而股息则在税后支付。这对公司而言相当于债券筹资成本中的很大一部分是由国家负担的,因而负债经营能为公司带来节税的效果。我国公司所得税税率为25%,也就意味着公司举债成本中有将近1/4的份额是由国家承担的,因此公司举债可以合理地避税,从而使公司的每股税后利润增加。

2. 债券融资的财务杠杆作用

财务杠杆是指公司负债对经营成果具有放大作用。股票融资可以增加公司的资本金和抗风险能力,但股票融资同时也使公司的所有者权益增加,其结果是通过股票发行筹集资金所产生的收益或亏损会被全体股东所均摊。

债券融资则不然,公司发行债券除了按事先确定的票面利率支付利息外,其余的经营成果将为原来的股东所分享。如果纳税付息前利润率高于利率,负债经营就可以增加税后利润,从而实现财富从债权人向股东的转移,使股东财富增加。

3. 债券融资的资本结构优化作用

罗斯的信号传递理论认为,企业的价值与负债率正相关,越是高质量的企业,负债率越高。

（三）债券的偿还

债券是一种债权债务关系的凭证,除永久性债券外,其他所有的债券到期都必须偿还本金。以新债还旧债是债券偿还的常用方式之一,指的是用到期日更远的债券来替换即将到期的债券,一般是用新发债券兑换未到期或已到期的旧债券。按照偿还方式的不同,债券的偿还可分为期满偿还、期中偿还和延期偿还三种。

1. 期满偿还

期满偿还是指按发行所规定的还本时间在债券到期时一次全部偿还债券本金。我国发行的国库券、公司债券都采用这种偿还方式。

债券在期满时偿还本金是由债券的内在属性决定的,是买方和卖方在一般情况下不言自明的约定。如果债券的发行人在发行债券时考虑到不一定能在债券到期时一次偿还本金,就必须在发行时事先予以说明,且订好特殊的还本条款。

2. 期中偿还

期中偿还是指在债券到期之前偿还部分或全部本金。在采取期中偿还方式时,部分偿还就是经过一段时间后按发行额的一定比例偿还给投资者,一般是每半年或一年偿还一笔,其目的是减轻债券发行人一次偿还的负担。部分偿还按时间划分又可分为定时偿还和随时偿还。定时偿还是在债券到期前分次在规定的日期按一定的比例偿还本金。定时偿还的偿还日期、方式、比例都是在债券发行时就已确定并在债券的发行条件中加以注明。随时偿还是一种由发行者任意决定偿还时间和金额的偿还方式,这种偿还方式完全凭发行者的意愿,有时会损害投资者的利益,在实际中并不常用。

全额偿还是在债券到期之前一次偿还本金的偿还方式。采取这种偿还方式的原因包括:发债者在发债后由于种种原因出现资金过剩,提前一次偿还可以避免不必要的利息负担;发债后由于市场利率下调,发债时的利率过高,在这种情况下提前偿还旧债,重新发行利率较低的新债可以降低筹资成本。全额偿还通常对投资人不利,因为高利率的旧债被偿还后,往往难以在市场上重新找到高利率的债券,难以寻找新的投资机会。

3. 延期偿还

债券的延期偿还是在债券发行时就设置了延期偿还条款,赋予债券的投资人在债券到期后继续按原定利率持有债券直至一个指定日期或几个指定日期中一个日期的权利。这一条款对债券的发行人和购买者都有利,它在筹资人需要继续发债和投资人愿意继续购买债券时省去了发行新债的费用,债券持有人也可据此灵活地调整资产组合。

(四)股权融资与债券融资的区别

1. 风险高低

对公司而言,股权融资的风险通常低于债券融资,股票投资者的股息收益通常是由公司的盈利水平和发展状况决定的,与发行公司债券相比,公司无须承担固定的付息压力,且普通股也没有固定的到期日,因而不存在还本付息的融资风险。公司发行债券则必须承担按期付息和到期还本的义务,这种义务是公司必须履行的,与公司的经营状况和盈利水平无关,当公司经营不善时,有可能面临巨大的付息和还债压力导致资金链破裂甚至破产,因此公司发行债券面临的财务风险更高。

2. 融资成本

股权融资的成本一般高于债务融资。从投资者的角度看,投资于普通股的风险较高,要求的投资报酬率也较高;从筹资公司的角度看,股利从税后利润中支付,不具备抵税作用,而且股票的发行费用通常高于其他证券,而债务性资金的利息费用在税前列支,具有抵税的作用。因此,股权融资的成本通常高于债务融资的成本。

3. 对控制权的影响

与股权融资相比,债务融资除在一些特定的情况下可能带来债权人对公司的控制和干预问题,一般不会对公司的控制权产生影响。债券融资虽然会增加公司的财务风险,但不会削减股东对公司的控制权;相反,进行股权融资会稀释公司的控制权,因此公司一般不愿意通过发行新股融资,而且随着新股的发行,流通在外的普通股数目必将增加,从而导致每股收益和股价下跌,对现有股东产生不利的影响。

4. 对公司信誉的影响

发行普通股是公司的永久性资本,是公司正常经营和抵御风险的基础,主权资本增多有利于增加公司的信用价值,增强公司的信誉,可以为公司发行更多的债务融资提供强有力的支持。公司发行债券可以获得资金的杠杆收益,无论盈利多少,公司只需要支付给债权人事先约定的利息并到期支付本金,而且利息可以作为成本费用在税前列支,具有抵税作用。当公司盈利增加时,公司发行债券可以获得更高的资本杠杆收益,而且公司还可以发行可转换债券和可赎回债券,从而更加灵活主动地调整公司的资本结构,使资本结构趋向合理。

四、可转换债券融资

（一）可转换债券的要素

可转换债券,又称可转换公司债券(简称可转债),是指发行人依照法定程序发行,在一定期间内可依据约定的条件转换成股票的公司债券。可转换债券基本特征的必要因素主要包括如下七个方面,它们表明了可转换债券与普通债券的区别。

1. 标的股票

可转换债券对股票的可转换性,实际上是一种股票期权或股票选择权,其标的物就是可以转换成的股票。可转换债券的标的股票一般是发行公司自己的股票,但也有其他公司的股票,如可转换债券发行公司的上市子公司的股票。

2. 转换价格

可转换债券发行时明确了以怎样的价格转换为普通股,这一提前规定的价格就是可转换债券的转换价格(也称转股价格),即转换发生时投资者为取得每股普通股需支付的实际价格。按照我国《可转换公司债券管理暂行办法》的规定,上市公司发行可转债的,以发行可转债前1个月股票的平均价格为基准,上浮一定幅度作为转换价格;重点国有公司发行可转债的,以拟发行股票的价格为基准,折扣一定比例作为转换价格。

【例7-3】 某上市公司拟发行5年期可转换债券,面值1 000元,发行前1个月其股票平均价格经测算为每股40元,预计公司股价未来将明显上升,故确定可转换债券的转换价格比前1个月的股价上浮25%。于是该公司可转换债券的转换价格应为

$$40 \times (1 + 25\%) = 50(元)$$

例题中讲的是以某一固定的价格(50元)将可转换债券转换为普通股,此外还有可转换价格是变动的情况。

【例7-4】 在例7-3中的可转换债券发行公司也可以这样规定:债券发行后的第2～3年,可按照每股50元的转换价格将债券转换为普通股股票(每张债券可转换为20股普通股股票);债券发行后的第3～4年,可按照每股60元的价格将债券转换为普通股股票(每张债券可转换为16.67股普通股股票);债券发行后的第4～5年,可按照每股70元的转换价格将债券转换为普通股股票(每张债券可转换为14.29股普通股股票)。

因为转换价格越高,债券能够转换成的普通股股数越少,所以这种逐期提高可转换价格的目的就在于促使可转换债券的持有者尽早进行转换。

3. 转换比率

转换比率是债权人通过转换可获得的普通股股数。比如例7-4中的第2～3年每张债券可转换为20股普通股,第3～4年每张债券可转换为16.67股普通股,第4～5年每张债券可转换为14.29股普通股,就是可转换债券的转换比率。显然,可转换债券的面值、转换价格、转换比率之间存在下列关系:

$$转换比率 = \frac{债券面值}{转换价格}$$

4. 转换期

转换期是指可转换债券转换为股票的起始日至结束日的期间。可转换债券的转换期可以与债券的期限相同,也可以短于债券的期限。例如,某种可转换债券规定只能在其发行一定时间之后(如发行若干年之后)才能进行转换,这种转换期称为递延转换期,短于其债券期限。还有的可转换债券规定只能在一定时间内(如发行日后的若干年之内)行使转换权,超过这段时间转换权失效,因此转换期也短于债券的期限,这种转换期被称为有限转换期。超过转换期后的可转换债券不再具有转换权,自动成为不可转换债券(或普通债券)。

5. 赎回条款

赎回条款是指可转换债券的发行公司可以在债券到期日之前提前赎回债券的规定。赎回条款包括下列内容。

(1)不可赎回期。不可赎回期是可转换债券从发行时开始不能被赎回的那段期间。例如,某债券的有关条款规定,该债券自发行日起 2 年之内不能由发行公司赎回,则债券发行日后的前 2 年就是不可赎回期。设立不可赎回期的目的在于保护债券持有人的利益,防止发行公司滥用赎回权,强制债券持有人过早转换债券。不过,并非所有可转换债券都设有不可赎回条款。

(2)赎回期。赎回期是可转换债券的发行公司可以赎回债券的期间。不可赎回期结束之后,即进入可转换债券的赎回期。

(3)赎回价格。赎回价格是事前规定的发行公司赎回债券的出价。赎回价格一般高于可转换债券的面值,二者之差为赎回溢价。赎回溢价随债券到期日的临近而减少。例如,2018 年 1 月 1 日发行面值为 100 元、期限为 5 年、不可赎回期为 3 年、赎回期为 2 年的可赎回债券,规定到期前 1 年(2021 年)的赎回价格为 110 元,到期年度(2022 年)的赎回价格为 105 元等。

(4)赎回条件。赎回条件规定了可转换债券发行公司在什么样的情况下才能赎回债券。赎回条件分为无条件赎回和有条件赎回。无条件赎回是在赎回期内发行公司可随时按照赎回价格赎回债券。有条件赎回是对赎回债券有一些条件限制,只有在满足了这些条件之后发行公司才能赎回债券。

6. 回售条款

回售条款是在可转换债券发行公司的股票价格达到某种恶劣程度时,债券持有人有权按照约定的价格将可转换债券卖给发行公司的有关规定。回售条款也包括回售时间、回售价格等内容。设置回售条款是为了保护债券投资人的利益,使他们能够避免遭受过大的投资损失,从而降低投资风险。合理的回售条款可以使投资者有安全感,从而有利于吸引投资者。

7. 强制性转换条款

强制性转换条款是在具备了某些条件之后,债券持有人必须将可转换债券转换为股票,而无权要求偿还债券本金的规定。设置强制性转换条款的目的在于保证可转换债券顺利地转换成股票,实现发行公司扩大权益筹资的目的。

（二）可转换债券融资的优缺点

1．可转换债券融资的优点

（1）筹资成本较低。可转换债券给予了债券持有人以优惠的价格转换公司股票的好处，因此其筹资成本低于同一条件下的不可转换债券（或普通债券）的利率水平，降低了公司的筹资成本。此外，在可转换债券转换为普通股时，公司无须另外支付筹资费用，节约了股票的筹资成本。

（2）便于筹集资金。可转换债券一方面可以使投资者获得固定利息；另一方面，又向其提供了进行债权投资或股权投资的选择权，对投资者具有一定的吸引力，有利于债券的发行，便于筹集资金。

拓展阅读 7.3
为什么要发行可转债

（3）有利于稳定股票价格和减少对每股收益的稀释。由于可转换债券规定的可转换价格一般要高于其发行时的公司股票价格，因此在发行新股或配股时机不佳时，可以先发行可转换债券，然后通过转换实现较高价位的股权筹资。事实上，一些公司正是认为当前其股票价格太低，为避免直接发行新股而遭受损失，才通过发行可转换债券变相发行普通股的。这样做既不至于因为直接发行新股而进一步降低公司股票市价，又因为可转换债券的转换期较长，即使在将来转换股票时，对公司股价的影响也较温和，从而有利于稳定公司股票价格。可转换债券的转换价格高于其发行时的股票价格，转换成的股票股数会较少，相对而言就降低了增发股票对公司每股收益的稀释程度。

（4）减少筹资中的利益冲突。由于日后会有相当一部分投资者将其持有的可转换债券转换成普通股，发行可转换债券不会过多地增加公司的偿债压力，所以其他债权人对此的反对较小，受其他债务的限制性约束较少。同时，可转换债券持有人是公司的潜在股东，与公司有着较大的利益趋同性，而冲突较少。

2．可转换债券融资的缺点

（1）股价上涨风险。虽然可转换债券的转换价格高于其发行时的股票价格，但如果转换时股票价格大幅上涨，公司只能以较低的固定转换价格事先约定的低价换出股票，而这么做会降低公司的股权筹资额。

（2）财务风险。发行可转换债券后，如果公司业绩不佳，股价长期低迷，或虽然公司业绩尚可，但股价随大盘下跌，债券持有人没有如期转换普通股，则会增加公司偿还债务的压力，加大公司的财务风险，特别是在规定了回售条款的情况下，公司短期内集中偿还债务的压力会更明显。

（3）丧失低息优势。可转换债券转换成普通股后，其原有的低息优势不复存在，公司需要承担较高的普通股成本，从而可能导致公司的综合资本成本上升。

第四节　短　期　融　资

短期融资是指筹集公司生产经营过程中短期内所需要的资金。短期融资的使用期限一般规定在 1 年以内，主要用于满足公司流动资产周转中对资金的需求。

短期融资的特点包括：融资速度快，容易取得；融资弹性大，限制条款少；融资成本低；融资风险高，需要公司具有较强的财务调控能力等。

一、短期融资的方式

短期融资的方式主要有商业信用、短期借款、商业票据、短期融资券和典当抵押融资。

（一）商业信用

商业信用是指在商品交易中由于延期付款或延期交货而形成的借贷关系，是公司之间的一种直接信用行为，也是商品运动与货币运动相脱离后形成的一种债权债务关系。

1. 商业信用的具体形式

商业信用的具体形式包括应付账款、应付票据、预收账款等。

应付账款是公司在赊购货物时形成的短期债务，即卖方允许买方在购买货物后的一定时间内支付货款的一种形式，是一种典型的商业信用。

应付票据是在应付账款的基础上发展起来的，是公司进行商品交易的过程中采用延期付款方式时开具的反映债权债务关系的票据。应付票据又分为商业承兑汇票和银行承兑汇票。商业承兑汇票是由收款人开出，经付款人承兑，或由付款人开出并承兑的汇票。银行承兑汇票是由收款人或承兑申请人开出，由银行审查同意承兑的汇票。应付票据的利率一般比银行借款的利率低，且不用保持相应的补偿余额和支付协议费，其筹资成本低于银行借款成本。但应付票据到期必须归还，否则要支付罚金，因此风险较高。

预收账款是指卖方按照购销合同或协议的规定在发出商品之前向买方预收部分或全部货款的信用行为。它等同于卖方向买方先借一笔款项，然后用商品偿还。

2. 商业信用产生的原因

商业信用产生的根本原因是在商品经济条件下，在产业资本循环过程中，各公司之间相互依赖，但它们在生产和流通时间上往往存在不一致的情况，从而使商品运动与货币运动在时间和空间上脱节。公司之间相互提供商业信用，可以满足公司对资本的需要，从而保证整个社会的再生产得以顺利进行。

此外，商业信用产生的原因还包括：满足产业资本循环和周转的需要；满足商业资本存在和发展的需要。

3. 商业信用的特点

商业信用的特点包括：①商业信用的主体是从事商品交换的具有法人地位的企业；②商业信用的客体主要是商品资本，因此它是一种实物信用；③商业信用与产业资本的变动是一致的，即商业信用的数量和规模与工业生产商品流通的数量、规模是相适应的，在动态趋向上是一致的。

4. 商业信用的优缺点

商业信用的优点包括：①商业信用易于取得，即公司无须办理任何复杂的手续即可取得商业信用，且自主权较大。②无须担保。在商业信用融资方式下，公司无须将自有资产抵押给债权方，不存在由于无法偿付而使抵押资产被迫拍卖或处置的风险。

商业信用的缺点包括：①商业信用规模的局限性。受个别公司商品数量和规模的影响。②商业信用方向的局限性。一般是由卖方提供给买方，受商品流转方向的限制。

③商业信用期限的局限性。受生产和商品流转周期的限制,一般只能是短期信用。④商业信用授信对象的局限性。一般局限在公司之间。此外,它还具有分散性和不稳定性等缺点。

(二) 短期借款

短期借款是指公司从银行或非银行金融机构借入的,期限在一年以内的借款。在我国,短期银行借款主要用于满足公司生产周转性资金、临时资金和结算资金等需求。短期借款按目的和用途可分为生产周转借款、临时借款和结算借款;按偿还方式可分为一次偿还借款和分期偿还借款;按有无担保可分为抵押贷款和信用贷款。

银行在发放短期贷款时,为降低贷款风险,需要公司提供担保。由于短期借款的期限短,因此短期借款的担保品一般是流动性强的资产,如应收账款、存货、应收票据等。

应收账款担保借款是指借款公司以其应收账款作为担保品而取得的贷款。应收票据贴现借款是指以公司票据作为担保品向银行取得的银行信用贷款。存货担保贷款是指公司以存货作为担保品的借款。短期借款的成本主要体现在借款利率的高低方面,特别要考虑不同偿还方式下应付的实际利率。公司应根据不同情况,确定短期借款成本,以便做出合理的选择。

(三) 商业票据

商业票据是指金融公司或某些信用较高的公司开出的无担保短期票据。商业票据一般是指在商业活动中由出票人签发,无条件约定自己或要求他人支付一定金额,并可进行流通转让的有价证券,是持有人索取权的凭证。商品票据具有期限较短、发行金额较大、利率较高和风险较低等特点。商业票据的成本主要取决于票面利率,往往高于银行存款利率,低于银行贷款利率,这也是大多数公司乐于发行商业票据融资的原因。

商业票据的可靠程度取决于发行公司的信用程度,对出票公司信誉审查十分严格,可以背书转让,但一般不能向银行贴现。商业票据的期限在 9 个月以下,由于风险较高,利率高于同期银行存款利率。商业票据可以由公司直接发售,也可以由经销商代为发售,如果由经销商发售,本质上是其对所售商业票据进行了担保。商业票据有时也以折扣的方式发售。

1. 商业票据的主要种类

(1) 按出票人不同,可分为银行汇票和商业汇票。

银行汇票是由出票银行签发的,由其在见票时按照实际结算金额无条件支付给收款人或持票人的票据,多用于办理异地转账结算和支取现金。银行汇票的出票银行为经中国人民银行批准办理银行汇票的银行。银行汇票有使用灵活、票随人到、兑现性强等特点,适用于先收款后发货或钱货两清的商品交易。

商业汇票是出票人签发的,委托付款人在指定日期无条件支付确定的金额给收款人或持票人的票据。商业汇票的付款期限最长不得超过 6 个月(电子商业汇票可延长至1 年)。

(2) 按承兑人不同,可分为商业承兑汇票和银行承兑汇票。

商业承兑汇票是指收款人开出经付款人承兑,或由付款人开出并承兑的汇票。使用汇票的单位必须是在商业银行开立账户的法人,要以合法的商品交易为基础,而且汇票经承兑后,承兑人(付款人)便负有到期无条件支付票款的责任。汇票可以向银行贴现,也可以流通转让。

银行承兑汇票是指由在承兑银行开立存款账户的存款人签发,向开户银行申请并经银行审查同意承兑的,保证在指定日期无条件支付确定的金额给收款人或持票人的票据。对出票人签发的商业汇票进行承兑是银行基于对出票人资信的认可而给予的信用支持。银行承兑汇票折价销售,其主要投资者是货币市场共同基金和市政实体。

(3)按付款时间不同,可分为即期汇票和远期汇票。

即期汇票又称见票即付汇票,是指在汇票上无到期日的记载,而在收款人或者持票人向付款人提示汇票、请求付款之时,即为到期,付款人应即时付款的汇票。这种汇票的持票人可以随时行使自己的票据权利,在此之前无须提前通知付款人准备履行义务。

远期汇票是付款人于出票后一定期限或特定日期付款的汇票。远期汇票付款日期的确定一般有以下几种形式:付款人承兑后若干天付款;出票后若干天付款;提单日期后若干天付款;议付后若干天付款;按指定日期付款等。按国际惯例,远期汇票的付款期限一般为 30 天、60 天、90 天、120 天,最长不超过 180 天,其中以 30 天、60 天约期付款的较多。远期汇票在到期前可以背书转让、流通,使之成为支付工具和流通手段。若持票人在远期汇票到期前急需用款,经过付款人承兑亦可提交贴现公司或银行通过贴现提前取得票款净额。

(4)按有无附属单据,可分为光票和跟单汇票。

光票是指不附带商业单据的汇票。银行汇票多是光票。光票一般用于偿债、赠与、留学支出等。由于光票签章不一定能鉴定,必须寄送国外代收银行才可收到票款,因此许多银行的外汇部门皆开办“光票托收”(clean collection)业务,即受顾客委托,将汇票、支票、本票或付款收据等财务单证寄往国外付款地代收银行并代为向付款人收取票款。

跟单汇票是随附全套货运单据的汇票,是有关关系人的信用凭证和物权凭证。即期跟单汇票和托收项下付款交单(D/P)的跟单汇票,均以付款作为物权的转移条件,远期跟单汇票和托收项下承兑交单(D/A)的跟单汇票,则以付款人承兑作为物权转移的条件。在当代国际贸易结算中,大多使用跟单汇票作为国际结算的信用工具和支付凭证。

2. 商业票据的特征

(1)票据是具有一定权利的凭证,具体包括付款请求权、追索权。

(2)票据赋予持票人的权利与义务不依赖于任何原因,只要持票人取得票据,就已经获得了票据所赋予的全部权利。

(3)各国的票据法都要求票据的形式与内容保持标准化和规范化。

(4)票据是可流通的证券。除了票据本身的限制外,可以凭背书进行交付和转让。

商业票据的请求权包括:①持票人对票据的主债务人有付款请求权;②持票人对参加承兑人有付款请求权;③参加付款人对票据承兑人、被参加付款人及其前手取得持票人的一切权利;④持票人对保证人有付款请求权。

商业票据的追索权包括:①持票人及背书人对前手有追索权;②已经付款的保证人对被保证人及其前手有追索权。

前手是指在现有的持票人之前曾经持有该票据并在票据上签章的人。

（四）短期融资券

短期融资券是指中华人民共和国境内具有法人资格的非金融公司依照规定的条件和程序,在银行间债券市场发行并约定在一定期限内还本付息的有价证券。中国人民银行依法对短期融资券的发行、交易、登记、托管、结算、兑付进行监督管理。

根据发行主体划分,短期融资券属于公司信用债券分类下的非金融公司债务融资工具。短期融资券具有以公司信用为基础、发行利率经市场询价、强化信息披露等市场化特点。短期融资券的发行对象仅限于银行间债券市场的机构投资人,只在银行间债券市场交易,不对社会公众发行。

1. 短期融资券的优势

（1）发行便捷,一次注册可多次发行。短期融资券的发行实行注册制,在中国银行间市场交易商协会(以下简称"协会")进行注册并获批后,由公司自主选择的承销商负责发行,注册获批的总发行额度可以在两年内根据资金需求情况分次滚动发行,相较于公司债避免了层层审批流程。短期融资券的发行周期明显缩短且发行方式更加灵活。

（2）发行规模大,利率低。短期融资券的发行实行余额管理制,公司可以一次性大额度注册,待偿还债券余额不超过公司净资金的40%即可,由公司提出额度申请,协会核定注册额度。虽然发行规模大,但是短期融资券的发行利率普遍低于同期银行贷款利率,因为发行利率由市场询价产生,对于信用好的公司发行短期融资券市场要求较低的风险溢价,从而可以获得较低的发行利率。

（3）无须担保。短期融资券发行以公司信用为基础,没有强制担保要求。但是信息披露要求贯穿发行始终,减少了信息不对称。公司在发行前要公布发行方案、公司主体信用评级报告、债项信用评级报告、法律意见书和募集说明书等,在债券存续期间要提供跟踪评级报告、披露重大事项和财务报表等。

2. 短期融资券的风险

（1）发行风险。发行风险是指公司申请注册发行短期融资券的风险。短期融资券的申请发行需要经过协会的受理,由注册会议决定能否发行注册。只有当会议中5名注册专家均发表"接受注册"意见时,协会才能接受发行注册。如果2名及以上专家发表"推迟接受注册"意见,短期融资券必须推迟发行注册;除此以外,公司需要进一步修改完善注册文件,等待协会接受发行注册。注册文件如果不能获得会议批准,就会影响短期融资券的及时注册发行,带来融资压力。

（2）短融长投风险。短融长投风险是指公司短债长用引起期间错配的财务风险,主要存在于资金使用过程中。短期融资券可以一次注册分次发行,符合条件的情况下也可以多次注册,由此实现滚动发行,以达到短债长用的目的。但是短融长投所导致的期间错配很可能引发现金流中断和经营危机,从而带来财务风险。

（3）信用风险。信用风险是指债务到期时无法偿付的风险,主要存在于到期偿付环节。短期融资券在兑付日前需按照要求将本息全额划拨指定账户,偿付债权人。如果公司无法及时偿付债权人本息,可能造成债券违约事件,使公司的信用风险提高,影响公司日后的融资活动,并对短期融资券市场造成负面影响。

（五）典当抵押融资

典当抵押融资，简称典当，是指当户将其动产、财产权利作为当物质押或者将其房产作为当物抵押给典当行，交付一定比例费用，取得当金，并在约定期限内支付当金利息、偿还当金、赎回当物的行为。

典当行作为国家特许从事放款业务的特殊融资机构，与作为主流融资渠道的银行贷款相比，其市场定位在于：针对中小公司和个人，对解决短期融资需要发挥辅助作用。典当行因为能在短时间内为融资者提供更多的资金，日益受到创业者的青睐。

1. 典当抵押融资的特点

（1）具有较高的灵活性。典当融资方式的灵活性主要表现在四个方面：①当物的灵活性。典当行一般接受的抵押、质押品包括金银饰品、古玩珠宝、家用电器、机动车辆、生活资料、生产资料、商品房产、有价证券等，这就为中小公司的融资提供了广阔的当物范围。②当期的灵活性。典当的期限最长可以是半年，在典当期限内当户可以提前赎当，经双方同意也可以续当。③当费的灵活性。典当的息率和费率在法定最高范围内灵活制定，通常根据淡旺季节、期限长短、资金供求状况、通货膨胀率、当物风险及债权人与债务人的交流次数和关系确定。④手续的灵活性。对一些明确无误、货真价实的当物，典当的手续可以十分简便，当物当场付款；对一些需要鉴定、试验的当物，典当行则会争取以最快的速度为当户解决问题。

（2）融资手续简单便捷。通过银行申请贷款手续繁杂、周期长，而且银行更愿意对大客户放款而不愿意接受小额贷款。作为非主流融资渠道的典当行，向个人及中小公司提供的质押贷款手续简单快捷，除了房地产抵押需要办理产权登记以外，其他贷款最快可以做到 1 小时放款，比如股票典当、汽车典当在华夏典当行、民生典当行等大型典当行都可以实现。这种经营方式正是商业银行不愿做或想做却无法做到的。

（3）融资限制条件较少。典当融资方式对中小公司的限制较少，主要体现在以下两个方面。

第一，对客户所提供的当物限制条件较少。中小公司只要有值钱的东西，一般都能从典当行获得质押贷款。我国 2001 年 8 月正式实施的《典当行管理办法》对典当行收当财产的限制较少，不得收当的财产包括：依法被查封、扣押或者已被采取其他保全措施的财产；易燃、易爆、剧毒、放射性物品及其容器；赃物和来源不明物品或其他财物；法律、法规及国家有关规定禁止买卖的自然资源或者其他财物。中小公司所拥有的财产，只要不在上述范围之内，经与典当行协商，经典当行同意，便可作为当物获得典当行提供的质押贷款。

第二，对公司的信用要求和贷款用途的限制较少。通常，典当行对客户的信用要求几乎为零，对贷款用途很少过问。典当行向公司提供质押贷款面临的风险较低，如果公司不能按期赎当和交付利息及有关费用，典当行可以通过拍卖当物来避免损失。这与银行贷款情况截然不同。银行对中小公司贷款的运作成本太高，因此对中小公司贷款的信用条件和贷款用途的限制较为严格。

2. 典当融资的优缺点

典当是以实物为抵押品，以实物所有权转移的形式取得临时性贷款的一种融资方式。

与银行贷款相比,典当贷款成本高、贷款规模小,但典当也有银行贷款所无法比拟的优势。

（1）对客户的信用要求低。与银行对借款人的资信条件近乎苛刻的要求相比,典当行对客户的信用要求几乎为零,典当行只注重典当物品是否货真价实。此外,商业银行通常只做不动产抵押,而典当行可以同时接受动产与不动产质押。

（2）典当行典当物品的价格起点低。到典当行典当物品的起点低,千元、百元的物品都可以当。与银行相反,典当行更注重为个人客户和中小公司服务。

（3）典当贷款手续简便。与银行贷款手续繁杂、审批周期长相比,典当贷款手续十分简便,大多立等可取,即使是不动产抵押,也比银行便捷许多。

（4）资金使用自由。客户向银行借款时,贷款的用途不能超越银行指定的范围。而典当行则不过问贷款的用途,资金使用起来十分自由,大大提高了资金的使用效率。

典当也有一定的缺点,借款人除需要支付贷款月利息外,还需要缴纳较高的综合费用,包括保管费、保险费、典当交易的成本支出等,因此其融资成本一般高于银行贷款。

除上述五种主要的短期融资方式外,涉及进出口业务的还有进口额度、出口打包放款、出口押汇、银行承兑汇票贴现等短期融资方式。公司可根据自身业务特点,选择合适的融资方式。

二、短期融资的管理原则

短期融资的管理原则主要有以下三种类型,并形成三种不同的资产负债组合。

（1）稳定型融资原则。公司不但用长期资金融通永久性资产,还融通部分波动或者全部波动性资产。

（2）积极型融资原则。公司通过长期融资满足一部分永久性资产,余下的永久性和全部波动性资产完全靠短期融资来满足。积极性融资具有较高的风险,除了旧债到期可能借不到新债偿还外还面临利率上升的风险。高风险也可能伴随高收益,如果公司经营正常,融资环境比较宽松,恰逢利率下调,那么利息成本就会降低。这也是一些公司采取积极型融资原则的原因。

（3）中庸型融资原则。对波动性资产通过短期融资来满足,对于永久性资产则通过长期融资来满足。这种融资原则可以避免因融资期限短而引起的还债风险,也可以减少由于过多地借入长期资金而支付的高额利息,从而实现资产和负债在期限结构上的相互匹配。

三、短期融资与长期融资的比较

短期融资与长期融资的区别为灵活性不同、用途不同、来源不同。

（1）灵活性不同。短期融资灵活性较强,发行手续相对简单,发行周期明显缩短;长期融资灵活性较弱,发行手续相对复杂,发行周期明显拉长。

（2）用途不同。短期融资主要用于解决筹资者的短期资金使用和周转的需要,投资者主要用它来满足资产流动性管理的需要;长期融资主要用于解决筹资者扩展资本的需要,投资者主要用它来满足公司经营管理的需要。

（3）来源不同。短期融资主要来自货币市场,货币市场上完全是债权交易;长期融资主要来自资本市场,资本市场上既有债权交易又有产权交易。

以金融工具的期限作为市场分类的标准,货币市场上金融工具的期限在一年或一年以下,资本市场上金融工具的期限都在一年以上。由于金融工具的期限不同,产生的作用和效益不同,筹资者为追求低成本和低风险,就需要对不同的筹资方式、筹资种类进行成本和风险的权衡,实现效用最大化。短期融资与长期融资既有区别也有联系。通过金融工具的纽带使它们的效用得到转换和改变。

第五节　融资选择的啄食顺序

一、啄食顺序理论

美国经济学家梅耶(Mayer)1984年提出了著名的啄食顺序原则:①内源融资;②外源融资;③间接融资;④直接融资;⑤债券融资;⑥股票融资。也就是说,在内源融资和外源融资中首选内源融资;在外源融资的直接融资和间接融资中首选间接融资;在直接融资的债券融资和股票融资中首选债券融资。

当公司要为自己的新项目融资时,应优先考虑使用内部盈余,其次是采用债券融资,最后才考虑股权融资。也就是说,内部融资优于外部债权融资,外部债权融资优于外部股权融资。

二、不同融资方法的优劣势比较

表7-3总结了公司的经营者和管理者对常见的融资方式的看法。相对而言,债务融资的成本较低,而股权融资的成本较高。虽然内部股权融资不需要向股东支付股息、分红,但实际上存在机会成本,公司本可以把内部股权融资获得的资金用于其他用途,这也体现为融资的一种成本。除了债券发行设置了一些限制条款,对公司有硬约束之外,其他的融资方式对公司的约束较小。从融资手续费来看,债务融资的手续费较低,而外部股权融资由于繁杂的手续和信息披露要求,导致费用较高,内部股权融资无须手续费。

表7-3　不同融资方式优缺点比较

融资方法	说明	对公司的约束	投资者面临的风险	要求的回报率	融资手续费
流通公司债券	利率低	硬	低	低	低
银行贷款	利率较低	较软	较低	较低	低
可转换债券	可转成股权	中	中	中	中
优先股	固定分红	较软	较高	较高	较高
普通股	剩余价值	软	高	高	高
内部股权融资	留存收益	软	高	高	无

一般来说,对公司约束比较硬的融资方法(如借债)对投资者来说风险较低,所以投资者要求的回报率(显性的融资成本)相对较低。高风险投资要求获得高收益,低风险投资对应低收益。融资方式对公司造成的过硬或过软的约束都会带来不同的隐性融资成本。一般来说,硬约束容易造成财务困境成本,而软约束容易造成权益融资的代理成本。

三、公司不同生命周期的融资特点

表 7-4 列举了公司生命周期的不同阶段及伴随产生的各种要素(包括融资的特点)变化。公司在发展的不同时期,结合内外部环境,倾向于使用不同的融资方式。

对于创业期的公司来说,公司面临的不确定性高,产品市场还处于一个从无到有的阶段,公司体量小,发展速度快,但也面临巨大的风险,同时公司还没有成为上市公司,在现金流缺乏的情况下,采用较多的融资方式是私募股权融资。而对于上市公司来说,此时公司初步形成了自己的产品市场,营业收入增长率高,但缺乏发展所需的现金流,急需通过资本市场获得资金,此时较多采用股权融资方式。公司发展到成熟期后,需要投资的项目变少,公司风险也降低,有较高的毛利率,但营业收入增速放缓,此时公司发展不需要过多的资金,更倾向于使用内部股权融资。在成熟期过后的中年期,公司面临的竞争加剧,风险由低转高,公司基本没有增速,为了控制风险,一般采用保守的债务融资方式。而在公司衰退期,愿意对公司进行股权投资的投资者几乎没有,如果此时公司缺乏现金流,在现有资产的抵押担保下,公司可以获得一定的债务融资,但是公司负债越来越多,风险也就越来越高。

表 7-4 公司不同生命周期融资特点变化

	创业期	上市期	成熟期	中年期	衰退期
产品市场	无	初建	竞争者少	竞争加剧	竞争激烈
预期增长率	极高	高	放慢	低	负
风险	极高	高	低	增高	高
现金流	无	少	多	减少	少
主营毛利率	无	高	较高	中	低
融资特点	私募	股权	内部股权	负债增多	负债较高

值得注意的是,并不是每一家公司都会经历这些阶段,也不是每一家公司的要素和特点都会发生同样的变化。这里只是列举了一些常见的特点。

即测即练  扫码答题

习题与思考题

1. 说明公司投资决策和融资决策之间的差异。
2. 说明资产价格的不同信息集的反映及有效资本市场的类型。
3. 说明普通股融资的优缺点。
4. 试述股权再融资对公司的影响。

5. 列举长期借款的保护性条款。

6. 试比较长期融资与短期融资。

7. 试述啄食顺序原则。

阅读专栏：我国上市公司融资偏好与资本结构优化

一、我国上市公司股权融资偏好的成因分析

融资决策是一个复杂的过程，要求企业具有全面准确地把握企业自身情况、融资工具特点、资本与货币市场动态信息的能力，但我国上市公司却不能很好地运用各种融资信息与融资工具，其融资以股权交易为主导，整体融资格局严重失衡。我国上市公司当前这种不合理融资偏好的形成，是外部环境与内部因素双重作用下的产物。

1. 外部原因分析

得益于股票市场的快速发展。在我国，股票市场是国有企业股份制改革的产物。20世纪80年代中期，我国经济体制改革与机制转换过程中产生的各种问题和矛盾日益显现，在金融领域，因长期实行单一的银行信用体制和国有企业普遍存在的"预算软约束"，国家银行独自承受的金融风险日渐增大，其他国家不时爆发的区域性金融危机也一再给我国敲响警钟。为了解决这些矛盾和问题，我国先后进行了一系列改革尝试，但是这些改革效果都不太理想。在这种情况下，处于改革开放前沿阵地的经济特区先行尝试进行了股份制改革，并在较短的时间内取得了成功。随后，在地方政府及中央政府的大力推广下，股份制改革被推到了我国整个社会经济体制改革的前台，股票市场成为国人关注的焦点。改制后的企业和地方政府亦感受到股份制改革带来的巨大利益，地方政府和企业发现进行股份制改造是一条迅速获取大笔资金并借此使企业迅速摆脱困境的捷径。在这种背景下，我国股票市场诞生并得到快速发展。

2. 内部原因分析

一是债券融资风险与成本较高。我国债券市场发展缓慢，市场准入标准高，债券产品品种少，债券发行条件严格，这导致上市公司进入债券市场的积极性不高。此外，商业银行发展不够成熟，风险防范能力不够强，致使高风险的长期贷款受到严格的控制，使企业债券市场融资渠道不畅通。如果拿债券融资与股权融资相比较，股权融资的成本远远低于债券融资的成本。同时，目前我国债券市场的发展远不及股票市场，上市公司在进行融资时更倾向于采取融资成本相对较低的股权融资方式。特别是对我国市场中一些大规模的长期实施股权融资的上市公司来说，成本效益更是关系公司日后的生存与发展，这也促使这些公司更加偏重股权融资。

二是内部控制因素。内部控制因素是指上市公司管理层自身对融资方式的决定权。一般情况下，上市公司的主管有着较大的自主权，在很大程度上会根据自己的价值取向来决定公司的融资偏好。在多数情况下，内部人出于对自身利益的考虑，尽可能地降低自己在经营管理中的破产风险，会更加倾向于选择股权融资的方式而不是具有破产风险的债券融资方式。这样的内部人的融资倾向，客观上导致了上市公司对债券融资的排斥。

二、股权融资偏好对于我国上市公司的不利影响

1. 不利于上市公司的治理水平与经营能力提升

上市公司的治理水平与经营能力是确保股权投资者获得回报的前提与基础。然而，上市公司如果过度偏好股权融资，就会给上市公司治理水平与经营能力的提升带来诸多不利影响。

首先，过度的股权融资会导致股权转让的盲目性，造成大量的廉价权益资本流入上市公司。这些资本由于流通性上的缺陷，无法真正地全部被应用于上市公司的生产经营中，使公司资本的利用效率下降，并导致整体的资本结构僵化，从而阻碍上市公司健康快速发展。其次，股权融资的资金来源具有不确定性，任何投资者都可以通过股权交易市场获得公司的股权，他们可以根据市场变化随时抛售股权，这就导致公司的资金流动性也不稳定，从而严重影响公司经营能力的提升。而且，新加入的股东所享有的股权会稀释原始股东对公司的控制权及削弱原始股的净收益率，不利于公司的可持续发展。再次，股权融资偏好会造成上市公司财务杠杆作用的下降，使公司资金使用效率低下，阻碍上市公司竞争力的提升及其价值与规模的扩大。最后，由于我国上市公司发展起步较晚，相关风险规避机制并不健全，这就使我国上市公司的市场盈利水平较低，导致上市公司股本的保值和增值功能弱化，在这种环境下，投资者的积极性一次又一次被打压，上市公司想要通过股票市场来筹集大量资金也变得愈发困难。

2. 导致资金融通渠道狭窄与长线投资比重下降

融资渠道是指利用什么途径来获得资金，是寻找银行还是基金公司或者上市等。长线投资则是指投资者持有股权的年限在一年以上的融资数额。从实际情况来看，我国很多上市公司通过股权融资取得所需资金后，就会受到市场多方的诱导，为了追求短期利益最大化而盲目地将资金投入自己不熟悉或者不相干的产业领域，当行业环境发生变化时，则随意地变更资金的投资方向。这种以获得短期利益为目的而未考虑公司长期发展的投机行为，不仅造成资金上的浪费，也会导致我国资本市场无法发挥资源优化配置的功能。正是基于上述原因，投资者大都不希望将大量的资金长时间投入某一个上市公司，而是根据上市公司的发展现状，适时地抛弃手中持有的股权，以达到短期获利的目的，实现资金不被套牢又获得了投资收益的双重目标。同时，当前的股权融资偏好会造成上市公司财务部门的职能被削弱，阻碍上市公司价值创造效率的提升。我国上市公司对于融资方式的选择按照股票融资、举债融资、自有资金融资的顺序，这很容易导致内部人控制融资，最终致使公司治理水平下降，从而增加上市公司获得长期投资的难度。

3. 影响股票市场资源配置的功能发挥与股权投资收益的稳定性

股票市场的存在就是为了利用市场运行机制，将社会闲置资金吸引到市场上来，发挥市场的资源配置功能，促进整个市场经济的持续发展。融资方式的选择对市场资源配置功能的发挥与股权投资收益的稳定性都会产生影响，但是单一的股权融资方式不利于资源配置功能的发挥。首先，股权融资偏好会造成我国股票市场资源配置功能的减弱甚至丧失。股票市场的核心功能之一就是起到资源配置的作用，其功能的发挥需要公平、自由的空间，需要多种融资方式并举。但是，我国上市公司的股权融资偏好造成了公司资产收益率不高，资源在各公司之间未得到合理分配。其次，上市公司的股权融资偏好加重了我

国股票市场上的投机行为。一方面,由于投资者通过股票市场获得的收益以股票股利为主,而获得的现金分红较少,投资者通过正规渠道获取收益难度高,因此他们往往通过投机行为来保证自己的收益率;另一方面,投资者秉承股票、基金快进快出的短线投资理念,都希望通过短时间的投资来获取巨大的投资收益,上市公司一有"风吹草动",股票市场就跟着涨伏起落,使股票市场上的价格波动加剧,不利于我国股票市场的健康有序发展。

资料来源:谷娟.我国上市公司融资偏好与资本结构优化[J].江西社会科学,2014,34(10):34-38.

第八章

股利和股利政策

公司通过生产经营和项目投资产生自由现金流,需要决定如何使用这笔资金。如果是具有投资机会的新兴公司,可以将现金流再投资以扩大公司生产,增加公司价值。成熟的具有较强盈利能力的公司则面临派发股利或者将其作为留存收益的选择。股利政策就是关于公司是否发放股利、发放多少股利及何时发放股利等方面的方针和策略。不同的公司根据市场环境不同、所处行业差异及自身特点制定了不同的股利政策。本章将从公司利润分配的内容入手,介绍不同的股利政策,在了解不同股利支付方式的基础上拓展不同的股利分配政策,最后总结各种股利支付方式的优缺点。

学习目标

- 解释公司利润分配的内容与顺序
- 知道现金股利支付的程序与方式
- 区分不同的股利支付方式
- 掌握四种股利政策的主要内容
- 辨别股票股利和股票分割的区别
- 熟悉公司制定股利分配政策时考虑的因素
- 说明股票回购的优势和局限性

第一节　利润分配与股利支付

股利分配是指公司制企业向股东分派股利的行为,是企业利润分配的一种形式。股利分配涉及的方面很多,不同的公司有不同的股利分配政策,如股利支付程序中各日期的确定、股利支付形式的确定、股利支付比率的确定、支付现金股利所需资金的筹集方式的确定等。其中最主要的是确定股利支付形式和支付比率,这可能会对投资者的选择产生影响,进而影响公司的股票价格。

一、利润分配的项目与顺序

利润是指公司在一定时期内生产经营的财务成果,等于总收益与总成本的差额。净利润是指公司当期利润总额减去所得税后的金额,是衡量公司经营效益的主要指标。净利润的高低反映了公司为股东创造收益的能力大小,净利润的增加必然会导致所有者权益的增加。公司实现净利润后,应按照国家财务制度规定的分配形式和分配顺序进行利润分配,净利润的分配不仅关系所有者的合法权益,还关系公司能否长期、稳定和健康地发展。

根据《公司法》的规定,公司利润在弥补亏损、提取公积金后,将按照股东持有的股份比例进行分配。公司利润分配项目的顺序如下:

(1)弥补亏损。公司亏损是指一个会计年度内,公司的盈利低于公司全部的成本、费用及其他损失的总和。在公司有利润时,应首先用当年利润弥补以往年度的亏损。

(2)提取法定盈余公积金。将抵减年初累计亏损后的本年净利润计提法定盈余公积金。我国《公司法》明确规定,公司的净利润应按其10%提取法定盈余公积金。盈余公积金可用于弥补亏损、扩大公司生产经营或转增资本等。例如,当公司发生较大亏损时,可以使用盈余公积金弥补公司产生的亏损;当公司当年没有利润时,为维护公司的信誉,经股东大会特别决议,公司可以使用盈余公积金进行股利支付。

(3)提取任意盈余公积金。公司是否需要任意盈余公积金及需要多少由股东自行决定,如果股东认为公司的发展需要资金,可以在国家要求提取10%的法定公积金的基础上再多提取一定比例。

(4)应付股利。在扣掉任意盈余公积金部分后,剩下的净利润作为未分配利润可以分配给股东,且公司上一年度的未分配利润也可以并入本年度向股东分配。除了公司章程另有规定外,股利的分配应以各股东持有的数额为依据,每位股东取得的股利应与其持有的股份数成正比。一般公司进行利润分配的程序为:首先由公司经营者提出利润分配的预案,交给公司董事会审批,董事会把利润分配方案提交股东大会最终审议,最终股东大会批准的方案就构成了公司的利润分配方案,财务部门将按照该方案进行利润分配。

此外,《公司法》规定,若股东大会或董事会违反公司利润分配的顺序,在公司弥补亏损和提取法定公积金之前向股东分配利润,股东必须将违反规定分配的利润退还给公司。

二、股利支付的程序与方式

(一)股利支付的程序

公司股利的发放必须遵守相关的要求,按照日程安排进行。在不同的国家,公司每年发放股利的次数有差异,我国发放股利的上市公司都是一年发放一次,美国上市公司每年会派发四次正常现金股利。一般情况下,公司的股利分配方案先由董事会提出,然后提交股东大会决议通过才能进行分配。股东大会决议通过分配预案后,要向股东宣布发放股利的方案,其过程主要经历股利宣告日、股权登记日、除息(除权)日和股利支付日,如图 8-1 所示。

图 8-1　公司发放股利的时间轴

(1)股利宣告日(announcement date)。股份公司董事会根据定期发放股利的周期举行董事会会议,讨论并提出股利分配方案,由股东大会讨论通过后,正式宣告股利的发放方案。宣布方案的这一天被称为股利宣告日,即董事会将股利支付情况予以公告的日期。

公告中将宣布每股支付的股利、股权登记期限、除去股息的日期和股利支付日期。

(2) 股权登记日(date of record)。股权登记日是指董事会规定的登记有权领取股利的股东名单的截止日期。股权登记日通常在股利宣告日的两周以后,在此日期收盘前的股票为"含权股票"或"含息股票",在股权登记日拥有公司股票的人能够分得股利,在该日收盘后持有公司股票的投资者没有享受分红配股的权利,股利归原股东所有。股权登记日当天收盘前买入股票,可以享受分红派息。

(3) 除息(除权)日(ex-dividend date)。除息日是指领取股利的权利与股票相分离的日期,即将股票中含有的股利分配权利予以解除。在除息日前,股利权从属于股票,持有股票者即有领取股利的权利,从除息日开始,股利权与股票相分离,新购入股票的人不能分享股利。我国上市公司的除息日一般是股权登记日的下一个交易日。除息日对股票价格有显著的影响,一般来讲,除息日当天的股市报价就是除息参考价,也就是除息日前一天的收盘价减去每股股息后的价格。

(4) 股利支付日(payable date)。股利支付日是指公司按照公布的分红方案向股权登记日在册的股东实际支付股利的日期。

【例 8-1】 假定某公司 2023 年 1 月 15 日发布公告:"本公司董事会在 2023 年 1 月 5 日的会议上决定,本年度发放 4 元的股利;本公司将于 2023 年 3 月 25 日将上述股利支付给已在 2023 年 2 月 17 日登记为本公司股东的人士。"请问该公司的股利宣告日、股权登记日、除息日和股利支付日分别是什么时间?

2023 年 1 月 15 日为股利宣告日;2023 年 2 月 17 日为股权登记日;2023 年 2 月 18 日为除息(除权)日(遇节假日将顺延);2023 年 3 月 25 日为股利支付日。

(二)股利支付的形式

股利支付的形式多种多样,不同的股利支付形式对公司的股票价格、现金流量及公司将来的投资发展有着重要影响。常见的股利支付形式包括现金股利、财产股利、负债股利和股票股利。

1. 现金股利

现金股利是最常见的股利发放方式,是公司以现金形式将净利润的一部分分配给股东。公司采用现金股利形式能够消除股东对未来收入不确定性的疑虑,增强股东对公司的信心。对于公司来说,支付现金股利除了要有累积盈余外,还要有足够的现金,因为需要在较短的时间内支付大量的现金,现金支出会影响公司资金的正常周转,降低公司的短期偿债能力。在公司董事会看来,为了公司的可持续发展,需要保留足够的现金以增置设备和补充周转资金。董事会更希望把股利限制在较低水平。因此,股东能否得到现金股利、能得到多少现金股利,取决于公司面临的市场环境、当期的盈利状况及董事会的决策。

现金股利又分为正常股利、额外股利和清算股利。

正常股利是公司按照既定股利政策向普通股股东定期支付的股利。

额外股利是公司向股东一次性派发的股利,是指股份公司除了按股份向股东分配股利外,在经营状况较佳、盈利较大时额外给股东增加的股利,或者公司希望对业务的财务结构进行重大调整,额外派发股息。

清算股利是指股东获得的现金股利超过公司在接受投资后产生累积净利润的部分。清算股利采用公司的资本金发放,其价值等于获得的股利与累计净收益之差,视作初始投资成本的返还而非投资带来的收益。

2. 财产股利

财产股利是以现金以外的资产支付的股利,常见的有实物股利和证券股利两种形式。实物股利是指公司以实物形态的资产(如产成品等)作为股利支付给股东。采用实物股利的支付形式不会增加公司的现金流出,能够扩大公司产品的销路,适合公司在当期盈余少、现金支付能力较低时采用。证券股利是指以公司持有的其他公司的有价证券作为股利支付给股东,主要是其他公司的股票、债券、票据等,包括政府债券、金融债券。证券股利是财产股利中最常见的一种形式。对于投资者来说,有价证券的流动性和安全性较好,获利能力超过现金,因而一般愿意接受。

对公司来讲,将有价证券作为股利发放给股东,可能有四种情况:第一,公司可在现金不足时选择发放财产股利,以保持股利政策的稳定性。相比公司出售资产再将现金作为股利分配给股东,直接发放财产股利避免了公司出售财产的交易成本。第二,公司需要调整资产结构。若公司持有的有价证券比例过高,而现金资产不足,可以发放财产股利,将本应分派给股东的现金留存在公司,以减少有价证券的持有量。与通过金融市场调整资产结构相比,财产股利无须支付交易成本。第三,一些大量持有其他公司股票的控股公司为了回避有垄断行为的嫌疑,采用内部转移的方法将其他公司的股票作为股利派发给股东,以间接维持对其他公司的控制。第四,母公司经常用财产股利分拆资产或将附属公司分拆出去成为独立公司。

3. 负债股利

负债股利是指公司以应付票据、公司债券等作为股利来代替现金发放给股东的一种股利支付形式。公司采用负债股利支付形式时,股东既是投资者又是债权人。对公司来说,负债股利只是推迟了支付现金的时间,但增加了利息支出和到期还本付息的偿债压力,所以一般情况下较少采用。

4. 股票股利

股票股利也称送股,是指股份公司对原有股东采取无偿派发股票的行为。股票股利是公司经股东大会批准同意,以增发股票的方式,按股东持有股份的比例向股东发放股票,以代替现金发放的一种股利支付形式。公司向股东赠送股票,是将公司的税后利润转化为实收资本和资本公积,发行与股东应得股利相等金额的新股票,并不会导致现金流出公司,股东权益的账面价值总额也不会发生变化,只是在股东权益内部将留存收益转化为股本,增加了公司的永久性股本。发放股票股利将增加发行在外的普通股股票数量,按股东的持股比例进行分派,获得股票股利的股东虽然持有的股数增加但持股比例并未发生变化,其持有股票的市场价值总额也保持不变,而由于股数的增加,每股股票拥有的股东权益变小,每股净收益减少,引起公司股价的下跌。

【例8-2】假定某公司目前流通在外的股份为100万股,每股价格为11元,公司股票总市值为1 100万元,公司将发放10%的股票股利,即持有10股股票的股东可以无偿分到 1 股。派发股利前,该公司资产负债表中的股东权益部分如表 8-1 所示。

表 8-1　公司资产负债表(派发股利前)　　　　　　　　　　　单位:万元

普通股股本(面值 1 元/股)	100
资本公积	600
未分配利润	600
股东权益合计	1 300

派发股票股利之后,相当于公司发行 10 万股新股,普通股总股本达到 110 万股,由于股票面值为 1 元/股,股本增加到 110 万元。

股票价格为 11 元,高出股票面值 10 元,10 万股股票的溢价为 100 万元,计入资本公积,则资本公积变为 700 万元。

由于没有实际的现金流入和流出,公司总股东权益不变,未分配利润减少 110 万元,剩下 490 万元。

因此,公司派发股利后资产负债表中的股东权益部分如表 8-2 所示。

表 8-2　公司资产负债表(派发股利后)　　　　　　　　　　　单位:万元

普通股股本(面值 1 元/股)	110
资本公积	700
未分配利润	490
股东权益合计	1 300

在例 8-2 中,送股会使公司普通股总数上升,每股的净资产下降、市场价值减少,股票的市场价格下跌。从理论上说,分配股票股利只增加了流通中的股份数,没有增加股东权益的市场价值,每股股票的市场价值被稀释,股票价格下跌的幅度应与股票股利分配的比例相同,但股票价格的市场变化幅度取决于市场对该消息的反应程度。股票股利发放后,若股票价格下跌幅度小于股票分配的比例,股东会受益。

公司增加股本的行为还有转增股和配股,二者均不属于股利支付的范畴。

拓展阅读 8.1
上市公司高送转现象

转增股是上市公司在股东权益内部把资本公积金和盈余公积金转为股本并按照投资者所持公司股份额比例分到各投资者的账户中,以增加每个投资者的股份数量。与送股一样,转增股同样没有改变资产、负债和股东权益的总额结构,只是增加了股本规模,使每股净资产降低。转增股与送股的程序也是一致的,为宣布日、股权登记日、除息日和红股(转增股)上市日。其区别在于,第一,转增股用公司资本公积金按权益折成股份转增,并不是利润分配,是上市公司为增加股本采取的行为,而送股是由公司的未分配利润以股票的形式送给股东的股利。第二,送股来自公司的年度税后利润,只有在公司有盈余时,才能向股东送股,而转增股本来自资本公积,可以不受公司本年度可分配利润额和时间的限制,可在任何情况及时间转增股本。第三,送股是将上市公司的未分配利润转为股本,作为利润分红的一种方式,需缴纳相关税费,而转增股是用上市公司的公积金转增股本,不属于利润,不用缴纳相关税费。

配股是上市公司根据公司发展需要,依照有关法律规定和相应的程序,向原有股东按其持股比例、以低于市价的某一特定价格配售一定数量新发行股票的融资行为。公司以一定比例按优惠价格将新股配给原有股东,如"10股配3股,配股价5元",即持有10股股票的股东有权以15元的价格购入3股股票。不管是配股还是送股,都会使股票的流通股本增加,会对股价产生一定的影响,其区别在于:①配股赋予原有股东优先以优惠价格购买股票的权利,是向原有股东进一步发行新股、筹集资金的行为;而送股是股利支付形式,是净利润的一部分。②送股是无偿的,不需要投资者出资认购,非股东不享有;而配股需要出资认购,股东可选择购买、放弃购买或者转让。③送股属于分红,是净利润的一部分,需要缴纳红利税。④送股不增加股东权益,送股资本本身是股东权益的一部分;而配股资金来自股东追加的投资,增加股本的同时股东权益也会增加。

(三)股票分割

股票分割是指公司将额外的股份按现有持股比例分配给各股东。股票分割不属于股利支付方式,但产生的效果与发放股票股利相似。股票分割会使公司的股份数量增加,股票的市场价格下跌,但股东权益未发生变化。宣布分割时,每一股都被分割形成额外的股份,如在一个2:1的股票分割中,每一股都被分割成了2股新股。

股票分割与股票股利在理念上是相似的,股票分割通常用比例表示,如3:2的股票分割意味着股东原来持有的2股股票分割为3股,则3:2的股票分割等同于50%的股票股利,投资者每两股股票均得到额外一股股票。二者的相同点是公司在外流通的普通股股数均上升,每股收益和每股市价下降,但每位股东的持股在公司中所占的百分比没有变化,且公司的资产总额、负债总额、股东权益总额不变。

股票股利和股票分割的不同点在于:第一,实质不同。股票股利的实质是股份公司以股份方式向股东支付的股利,通常由公司将股东应得的股利金额转入资本金,发行与此相等金额的新股票,按股东的持股比例进行分派。而股票分割的实质是将额外的股份按现有持股比例分配给各股东。当发生股票分割时,公司购回其发行在外的股份,再将原来的一股换成两股或更多,目的是防止股价过高,便于其交易流通。第二,面值不同。公司发放股票股利后的股票面值不变,而股票分割后的股票面值按分割比例变小。第三,股东权益结构不同。公司发放股票股利后股东权益结构会改变,获得股利的股东将拥有更大的权益,而股票分割后的股东权益结构不会改变。

股票股利和股票分割在会计处理上也并不相同。

【例8-3】 假定某公司发行面额为2元的普通股100万股,公司拟进行一个2:1的股票分割,分割前资产负债表的股东权益部分如表8-3所示。

表8-3 公司资产负债表(股票分割前)　　　　　　　　　　单位:万元

普通股股本(面值2元/股)	200
资本公积	500
未分配利润	200
股东权益合计	900

股票分割后,流通在外的股数将加倍,变为200万股,但每股股票面值变为1元,其股本总数不变,依旧为200万元,分割后的股东权益结构并不发生变化,分割后资产负债表的股东权益部分如表8-4所示。

表 8-4　公司资产负债表(股票分割后)　　　　　　　　　　单位:万元

普通股股本(面值 1 元/股)	200
资本公积	500
未分配利润	200
股东权益合计	900

股票分割并不属于股利支付,公司进行股票分割的原因包括如下几点:

(1)股票分割会在短时间内降低股票的价格,可以使更多资金预算有限的潜在股东变成持股的股东,促进股票的流通和交易,提高股票的流动性。

(2)股票分割可以向投资者传递公司发展前景良好的信息,表明公司股票价格可能进一步上升,有良好的发展潜力,有助于增强投资者对公司的信心。

(3)在新股发行之前,利用股票分割降低股票价格,可以促进新股的发行。

(4)股票分割有助于公司并购政策的实施,增加对被并购方的吸引力。

(5)股票分割带来的股票流通性的提高和股东数量的增加会在一定程度上加大其他公司对本公司恶意收购的难度。

(6)股票分割在短期内不会给投资者带来太大的价值波动,而是会带来今后可多分股息和更高收益的希望,是利好消息,对除权日后股价上涨有刺激作用。

【例 8-4】　假设某投资者持有A公司10%的流通在外的股票,每股股价为50元,流通在外的普通股为10 000股,该公司管理层宣布进行4:1的股票分割计划,则股票分割后该投资者的股票总价值将如何变化? 若管理层相信股票分割后市场有正面反应,股价只会下跌40%,则投资者的获利情况如何?

股票分割前总价值为 $50 \times 10\% \times 10\ 000 = 50\ 000$ 元,股票分割后总价值为 $\dfrac{50}{4} \times 10\% \times (10\ 000 \times 4) = 50\ 000$ 元,则股票分割前后持有股票的总价值保持不变。

若股票分割后,股票市场价值只下跌40%,则新的股票价格为 $50 - (1 - 40\%) = 30$ 元,股票分割后的总价值为 $30 \times 10\% \times (10\ 000 \times 4) = 120\ 000$ 元,则投资者因为股票分割获利 $120\ 000 - 50\ 000 = 70\ 000$ 元。

与股票分割相反的操作为反向分割,即股票合并。股票合并是指将数股旧股合并为一股新股并增加新股票每股面值的行为。股票合并可以减少流通在外的股票数量,提高新股的票面价值和内在价值,使股票的市场价格上涨。例如,1:6的股票合并意味着股东每6股原来持有的股票合并为1股,股票面值变为原来的6倍。

进行股票合并的意义包括:①提高股票价格。股票合并与股票分割一样,可以将股票价格维持在最优的价格区间,有利于股东财富的最大化。公司的股票价格过低也会影响股票的流通性和市场性,通过股票合并可以提高股票的市场价格,提高其流动性。②降低交易成本。当公司的股票市场价格过低时,股票的交易成本会上升,如我国证券登记公司向上市公司收取的证券登记费用就是按照公司发行在外的股票数量收取的。③提高公司的声誉和形象。股价过低可能会导致投资者不看好公司的风险水平、成长性和稳定性，而公司股票的市场价格提高能够在一定程度上起到维护声誉和改善形象的作用。

（四）股票回购

股票回购是指公司按一定的程序利用现金等方式购回发行在外的股票，以此代替现金股利。回购股票的资金来源主要有两个：一是内部资金，包括公司日常经营获得的净利润或者政府减税、返税等现金来源，以及公司原有的留存收益等自有资金；二是外部资金，通过发债等方式借钱加杠杆实现股份回购。

根据回购价格确定方式的不同，股票回购一般可以分为公开市场回购、要约回购、协议回购和可转让出售权回购四种基本方式。

公开市场回购是上市公司直接在公开市场上按照当前市场价格进行股票回购。该方式下的股票回购较为灵活，上市公司能够根据自身情况自由决定回购的时间、数量等因素，而且在该方式下进行的股票回购不需要支付额外的溢价。

另一种较为普遍的股票回购方式是要约回购。公司通过要约回购股票的定价方式，一般有两种：一是使用固定价格在约定期限内向股东发出要约以购买一定数量的股票，上市公司一般是在短期内需要大量公司股票的情况下选择这种定价方式。但短期内需求的大幅升高会导致回购股票需要支付一定的溢价。要约回购下的另一种定价方式是荷兰式拍卖回购。这种方式在回购价格方面可以给予公司更大的灵活性，因此被广泛采用。在荷兰式拍卖回购中，上市公司制定回购价格的范围和计划回购的数量，随后股东表示在价格区间范围内某一水平下愿意出售的股票数量，最后上市公司将汇总所有股东意愿并按照从低到高的价格排序进行股票回购，直至达到上市公司既定的回购数量。

与公开市场回购和要约回购相比，协议回购的透明度较低。上市公司直接与部分股东进行私下协议，按照协议商定的价格和数量进行股票回购。协议回购在定价、交易时间及支付方式等方面均较为自由，而且协议价通常低于市场价。

可转让出售权回购是一种特殊的股票回购方式，实施股票回购的公司给予股东在一定期限内以特定价格向公司出售股票的权利，而且权利一旦形成，就可以同依附的股票分离并进行交易。上市公司向其股东发行可转让出售权，不愿意出售股票的股东可以单独出售该权利，以满足各类股东的不同诉求。

股票回购作为现金股利的有效替代方式，公司在拥有超额现金留存且缺少投资机会时会以高于市场价格的溢价向股东回购一定数量的股份，变相发放现金股利。现金股利和股票回购都会使公司现金和所有者权益减少。其不同点在于收益的稳定性不同，对于投资者来说，现金股利更具稳定性。此外，投资者缴纳的税额不同，股东从股票交易中获得的利益为资本利得，直接获得的现金股利为个人所得，当资本利得税低于个人所得税时，股票回购有效地降低了股东纳税额，比直接发放现金更能最大化股东财富。因此，在公司不愿意承担高现金股利发放率时，股票回购一方面能将多余的现金返还给股东，另一方面可以减少股数，减轻公司未来现金流的压力。

公司购回发行或流通在外的股票有不同的意图，主要可以分为以下几种情况。

（1）股票回购能传递公司的信息。由于市场上存在信息不对称和预期差异，公司股票价格可能被低估，过低的股价会对公司产生负面影响。公司在认为股价被低估时，可以进行股票回购，向市场和投资者传递公司真实的投资价值，以稳定或提高公司的股价。

（2）股票回购能调节股票供应量，实现股票的价值回归。公司在股票被低估时进行回购可以减少每股净收益的计算基数，在盈利增长或不变的情况下维持或提升每股收益水平和股票价值，减轻经营压力。

（3）股票回购是有效调度的手段。公司手中有多余的资金，而没有良好的投资机会时，可以考虑买回公司的股票，作为库藏股份。这样除了可以减少股利的发放，还可以在公司股价上涨、公司缺乏资金时抛出或增发，实现融通资金、调度财务收支的目的。

（4）股票回购是现金股利的替代手段。股东收益包括分红收入与资本利得收入。现金股利有较高的红利税，而资本利得税较低。若公司分派现金股利，股东需缴纳红利税；而公司进行股票回购时，股东拥有选择权，具有流动性偏好的股东可以通过转让股票取得现金形态的资本利得，而继续持股的股东由于所持股票的每股盈余提升，个人财富增加，相关的资本利得税递延到股票出售时缴纳。因此，基于税费的考虑，公司常以股票回购替代现金红利的分配。

（5）股票回购是激励员工的手段。员工持股计划和股票期权制度是较为有效的内部激励机制。由于新股发行手续烦琐，程序复杂，成本较高，因此解决员工持股计划与股票期权制度的股票来源的途径就是股票回购，上市公司可以将回购股票作为奖励，以解决员工的激励问题。

（6）股票回购有利于股权的优化调整，实现资产剥离和产业转型目的。在我国，同时发行 A、B 股或 A、H 股的公司可以在沪深两市之外的股票市场回购股票，同时在国内市场增发 A 股，从而调整股权结构。此外，股票回购具有财务杠杆作用，可以改变公司的资本结构。公司在回购股票并注销后，在负债不变的前提下减少权益资本，能够提高公司的净资产收益率、资产负债率等财务指标，进而影响公司的股价，既可以调整和优化财务结构，又可以达到降低未来权益融资成本的目的。

拓展阅读 8.2
美股回购的经验
与借鉴

（7）股票回购可以有效防止敌意收购。储备大量现金的公司易受对手并购的威胁，在此情况下，公司将大量现金用于股票回购，可以减弱收购者的兴趣，这就是反收购策略中的"焦土战术"。

【**例 8-5**】 假定某公司有 200 万股流通股，当前股价为每股 30 元，公司无债务，管理者认为股价被市场低估，真实股价应为 35 元，公司打算用 600 万元现金按照市价回购股票。假设回购交易完成后，公司新消息立即被公开，投资者据此修正对公司的看法，并认同管理者对公司价值的评估。新消息被公开后，股价将如何变化？如果公司等到新消息公开后再回购股票，此时股价与之前有何差别？

该公司的股票市值为 30×200＝6 000（万元），则总市值对应公司的 600 万元现金和 5 400 万元的其他资产。公司的 600 万元现金可以以市价回购股票 20 万股。交易前后的资产负债表如表 8-5 所示。

表 8-5　公司资产负债表(股票分割前)

	回购前	回购后	新消息公开后
现金/万元	600	0	0
其他资产/万元	5 400	5 400	6 400
资产总市值/万元	6 000	5 400	6 400
股数/万股	200	180	180
股价/元	30	30	35.56

管理者认为股价被低估,公司市值应为 $35 \times 200 = 7\,000$(万元),其中有 600 万元现金,则其他资产为 6 400 万元。若公司在消息公开前进行股票回购,新消息公开后股价将上升到 35.56 元。

如果公司等新消息公开后进行股票回购,其回购价格为每股 35 元,则 600 万元现金可回购 171 428 股,回购完成后剩余普通股 1 828 572 股,其他资产价值为 6 400 万元,则回购后股价为 $\dfrac{64\,000\,000}{1\,828\,572} = 35$(元)。公开消息后进行股票回购,股价为每股 35 元。

股票在被低估时,通过股票回购,与之前的真实价值相比,股价上升 0.56 元,共获利 $0.56 \times 180 = 100.8$(万元),来自以低于真实值 5 元回购 20 万股的收益,也是那些以低于真实值 5 元出售股票的投资者的损失。

由例 8-5 可知,股票价格在被低估时,公司买回股票获得的收益能促使公司的长期股价上涨,因此股票回购具有实现股票价值回归的作用。

公司进行股票回购也有一定的局限性,主要包括:第一,股票回购体现公司对未来现金流量的信息不足,必然会使投资者对公司的经营进行重新评价,从而对公司股票的价格和公司价值产生不利的影响。因此,公司在进行股票回购时,应详细说明股票回购的原因。第二,政府对股票回购有严格的限制。政府如果认为公司回购是为了帮助股东避税,或者是为了操控股价,会对公司进行调查或惩罚。我国《公司法》规定,公司不得收购本公司的股票,但为了减少公司资本而注销股份或与持有本公司股票的其他公司合并时除外。

股票合并是将数股旧股合并为一股新股,与股票回购具有相同之处:二者都是通过减少流通在外的股份数,使股票票面价值上升,股票市场价格上涨。二者的区别在于:股票回购是通过购买方式减少流通在外的股票,从公司的角度看,发生了实际的现金流出,从股东的角度看,投资者获得了实际的现金利益,只不过由现金股利收益转变为资本收益;而股票合并只是股数的以多合少、股票面值的以小变大,公司没有发生任何现金流出,股东也没有直接获得实际的收益。从会计处理来看,股票回购必须进行账务处理,而股票合并则不需要进行账务处理,只是在股东权益账户中的备注栏将普通股票的面值按照比例增加调整而已。

第二节　股利分配政策

股利分配政策是指公司股东大会或董事会对一切与股利有关的事项所采取的较具原则性的做法,是关于公司是否发放股利、发放多少股利及何时发放股利等方面的方针和策略,所涉及的主要是公司对其收益进行分配还是留存以用于再投资的策略问题。公司应根据自己的经营情况、所处的发展阶段及其他实际情况确定最佳的股利政策。常见的股利分配政策包括剩余股利政策、固定股利或稳定增长股利政策、固定股利支付率政策和低正常股利加额外股利政策四种。

一、剩余股利政策

剩余股利政策是公司在有良好的投资机会时,根据目标资本结构测算出必需的权益资本与既有权益资本的差额,首先将税后利润满足权益资本需要,然后将剩余部分作为股利发放的政策。

剩余股利政策的决策步骤为:

(1) 根据公司的投资计划确定公司的最佳资本预算。

(2) 根据公司的目标资本结构及最佳资本预算预计公司资金需求中所需的权益资本数额。

(3) 尽可能用留存收益来满足资金需求中所需增加的股东权益数额。

(4) 留存收益在满足公司股东权益增加的需求后,如果有剩余再用来发放股利。

剩余股利政策的优点在于留存收益优先保证了再投资的需要,从而有助于降低再投资的资金成本,保持最佳的资本结构,实现公司价值的长期最大化。其局限性在于如果完全执行剩余股利政策,股利发放额就会每年随投资机会和盈利水平的波动而波动。即使在盈利水平不变的情况下,股利也将与投资机会的多少呈反方向变动:投资机会越多,股利发放越少;投资机会越少,股利发放越多。而在投资机会维持不变的情况下,股利发放额将因公司每年盈利的波动而同向波动,剩余股利政策不利于投资者安排收入与支出,也不利于公司树立良好的形象。

【例 8-6】　假定某公司上一年度税后盈利 400 万元,预计今年公司要增加投资资本 600 万元,公司的目标资本结构是权益资本占 50％、债务资本占 50％,今年将保持该比例。法律规定公司至少提取 10％的公积金,公司采用剩余股利政策。请问公司应分配多少股利?

为了实现目标资本结构,公司需要的权益资本为 600×50％＝300(万元)。即使用 300 万元利润转增资本,这 300 万元满足了至少提取 10％公积金的要求,则公司可用于股利分配的金额为 400×300＝100(万元),公司还应当筹集负债资金 300 万元。

剩余股利政策适用于有良好的投资机会、对资金需求比较大、能准确地测定出目标资本结构,并且投资收益率高于股票市场必要报酬率的公司,同时也要求股东对股利的依赖性不强,在股利和资本利得方面没有偏好或偏好资本利得。

从公司的发展周期考虑,剩余股利政策适合初创和成长中的公司,也适合处于衰退期且需要投资进入新的行业以求生存的公司。从筹资需求的角度看,如果在高速成长阶段公司分配股利的压力比较大,可以采用剩余股利政策以寻求资本成本最低。实践中很少有公司长期运用或是机械地照搬剩余股利理论,公司一般倾向于运用这种理论来帮助建立一个长期的目标发放率。

二、固定股利或稳定增长股利政策

固定股利或稳定增长股利政策是公司将每年派发的股利固定在某一特定水平或是在此基础上维持某一固定增长率从而逐年稳定增长,然后在一段时间内不论经济状况如何,不论公司的盈利情况和财务状况如何,派发的股利额或增长率均保持不变。

固定股利政策是将每年发放的股利固定在某一相对稳定的水平上并在较长的时期内不变,只有当公司认为未来盈余将会显著地、不可逆转地增长时,才提高年度的股利发放额。稳定增长股利政策是每年发放的股利在上一年度的基础上按固定增长率稳定增长。

【例 8-7】 A 公司有 100 000 股流通在外的普通股,且股权资本不含优先股。在一次失败的项目投资之后,市场上估计该公司将进入一个持续低增长时期,吸引的投资将减少。此前该公司认为有必要将其收益的大部分进行再投资,以保持公司平均每年 12% 的增长率。在发生投资失败事件后,公司倾向于保守经营,认为 5% 的增长率比较切合实际,但这会要求公司增加股利的分配。该公司股东要求的回报率为 14%,2023 年公司投资项目的总额为 800 000 元,预计 2023 年公司的净收益为 2 000 000 元,如果现行 20% 的股利支付率保持不变,2023 年留存收益将为 1 600 000 元。假定该公司 2023 年投资项目全部通过留存收益筹集,若公司采用剩余股利政策,公司 2023 年的每股股利和股利支付率为多少?若公司保持 5% 固定增长的股利支付率,普通股的内在价值是多少?若公司继续保持 20% 的股利支付率,普通股的内在价值有什么不同?

若公司采用剩余股利政策,2023 年用于股利发放的现金为 $2\,000\,000-800\,000=1\,200\,000$ 元,则每股股利为 $\dfrac{1\,200\,000}{100\,000}=12$(元)。每股收益为 $\dfrac{2\,000\,000}{100\,000}=20$(元)。股利支付率为 $\dfrac{12}{20}=0.6=60\%$。

若公司保持 5% 固定增长的股利支付率,则普通股价值为

$$P_0=\frac{D_1}{r-g}=\frac{12}{14\%-5\%}=133.3(\text{元})$$

若公司继续保持 20% 的股利支付率,股利变为 $D_1=20\times20\%=4$(元),普通股价值变为

$$P_0=\frac{D_1}{r-g}=\frac{4}{14\%-12\%}=200(\text{元})$$

采用该政策的理论依据是"一鸟在手"理论和股利信号理论。其中股利信号理论认为:

(1)股利政策向投资者传递重要信息。如果公司支付的股利稳定,说明公司的经营业绩较稳定,经营风险较低,有利于股票价格上升。如果公司的股利政策不稳定,股利随经营状况变化,会给投资者传递公司经营不稳定的信号,降低投资者信心,使股票价格下降。

(2)稳定的股利政策更有利于投资者有规划地安排股利收入。普通投资者一般不愿意投资于股利支付额不稳定的股票,这种股票的价值也相对不稳定。

(3)固定股利或稳定的股利增长率可以消除投资者内心的不确定性,等于向投资者

传递了该公司经营业绩稳定或稳定增长的信息,从而有助于公司股票价格上升。

固定股利或稳定增长股利政策的主要目的是避免出现由于经营不善而削减股利的情况。采用这种股利政策的理由在于:第一,稳定的股利向市场传递公司正常发展的信息,有利于树立公司的良好形象,增强投资者对公司的信心,稳定股票价格。第二,稳定的股利有利于投资者安排股利收入,特别是那些对股利有很强依赖性的股东。第三,考虑到公司股票价格的变化受多种因素的影响,包括投资者的心理预期和其他要求,若公司有一个稳定的股利增长率,投资者在评估股票价值时会提高心理预期,降低投资者的风险,使股票价格稳定或得以提高。为了使股票价格维持在稳定的水平上,即使推迟公司投资项目或暂时偏离目标资本结构,也可能比降低股利或降低股利增长率更为有利。

固定股利或稳定增长股利政策的缺点在于:第一,股利的支付与公司的盈余水平脱节,无法根据公司的盈利状况决定股息数。第二,在公司现金不足的情况下,会给公司造成较大的财务压力,公司为了保证股利的正常支付,很可能面临财务状况的恶化。第三,不能像剩余股利政策那样保持较低的资本成本。

固定股利或稳定增长股利政策适合成熟的、生产能力扩张的需求减少、盈利充分并且获利能力比较稳定的公司。从公司发展的生命周期考虑,处于稳定增长期的公司可以采用稳定增长股利政策,处于成熟期的公司可以采用固定股利政策。

三、固定股利支付率政策

固定股利支付率政策是指公司先确定一个股利占税后净利润的比率,然后每年都按此比率拿出一部分净利润向股东发放股利,每年发放的股利额等于净利润乘以固定的股利支付率,净利润与股利支付同向波动,净利润高的会计期间,股东领取的股利多。采用固定股利支付率政策发放股利时,股东每年领取的股利额是变动的,股利多少主要取决于公司净利润的多少及股利支付率的高低。

固定股利支付率政策的优点包括:第一,采用固定股利支付率政策,股利支付可以随公司盈利变化而变化,具有更高的灵活性,体现多盈多分、少盈少分、不盈不分的原则。第二,采用固定股利支付率政策,公司每年按固定的比例用净利润支付现金股利,从公司支付能力的角度看,这是一种稳定的股利政策。第三,股东与公司共担风险、共享收益。

固定股利支付率政策的缺点包括:第一,股利支付额波动较大,股利的波动很容易给投资者传递经营状况不稳定、投资风险较高的不良信号,成为影响公司股价的不利因素。第二,容易使公司面临较大的财务压力。因为公司实现的盈利多,并不代表公司有充足的现金派发股利,而只是表明公司盈利状况较好。第三,选择合适的固定股利支付率难度较大。固定股利支付率确定得低,不能满足投资者对投资收益的要求;支付率确定得高,没有足够的现金派发股利时会给公司带来巨大的财务压力。此外,当公司发展需要大量资金时,也会受到股利支付率的制约。

四、低正常股利加额外股利政策

低正常股利加额外股利政策是公司事先设定一个较低的经常性股利额,一般情况下,公司每期都按此金额支付正常股利,只有公司盈利较多时,再根据实际情况发放额外股利。

低正常股利加额外股利政策的理论依据是"一鸟在手"理论和股利信号理论。将公司派发的股利固定地维持在较低的水平,当公司盈利较少或需要用较多的保留盈余进行投资时,公司仍然能按照既定的股利水平派发股利,体现了"一鸟在手"理论。而当盈利较多且有剩余现金时,公司可以派发额外股利,体现了股利信号理论。公司将派发额外股利的信息传播给股票投资者,有利于提高股票价格。

低正常股利加额外股利政策的优点包括:第一,赋予公司一定的灵活性,使公司在股利发放上具有较大的财务弹性,每年可以根据公司的具体盈利状况选择不同的股利发放水平,以完善公司的资本结构,进而实现公司的财务目标。第二,低正常股利加额外股利政策有助于稳定股价,增强投资者信心。由于公司每年固定派发的股利维持在一个较低的水平上,在公司盈利较少或需要用较多的留存收益进行投资时,公司仍然能够按照既定承诺的股利水平派发股利,有助于维持公司股票的现有价格。当公司盈利状况较好且有剩余现金时,可以在正常股利的基础上再派发额外股利,而额外股利信息的传递有助于提高股票价格,增强投资者信心。第三,公司派发固定的经常性股利有利于吸引依赖股利生存的投资者。

拓展阅读 8.3
我国上市公司股利政策的选择

该政策的局限性表现在:第一,公司的盈利波动使额外股利不断变化,造成股利发放缺乏稳定性,会给投资者传递公司盈利不稳定的信号。第二,公司在较长时期持续发放额外股利,可能会被股东误认为是"正常股利",而一旦不发放这部分额外股利,可能会使股东认为是公司财务状况恶化的表现,进而引起公司股价下跌。

低正常股利加额外股利政策适用于处于高速增长阶段的公司。因为公司在这一阶段迅速扩大规模,需要大量资金,而由于已经度过初创期,股东往往又有分配股利的要求,该政策能够较好地平衡资金需求与股利分配两方面的要求。

实务中,公司应根据所处的发展阶段,综合考虑面临的各方面具体影响因素,以保证公司的总体目标。公司在不同发展阶段所采用的股利政策如表 8-6 所示。

表 8-6　公司股利分配政策的选择

公司发展阶段	特　　点	适用的股利政策
初创阶段	经营风险高,有投资需求但融资能力差	剩余股利政策
快速发展阶段	公司快速发展,需要持续追加投资	低正常股利加额外股利政策
稳定增长阶段	公司业务稳定增长,盈利水平稳中有升	固定或稳定增长股利政策
成熟阶段	产品市场趋于饱和,公司盈利水平稳定	固定支付率股利政策
衰退阶段	公司获利能力和股利支付能力下降	剩余股利政策

第三节　股利政策理论

影响公司股利政策即利润分配的核心问题是在其他条件不变的情况下,股利政策对股票价值是否有影响。公司发放股利后,投资者得到现金收入,投资者和社会公众给予公司正向反馈,有利于维持公司稳定经营的形象,但如果现金股利发放过多,公司留存收益不足以进行投资,也会使投资者担忧公司的投资机会和发展前景。因此,研究股利政策与股票价格和公司价值的关系,能够为公司股利政策的选择提供理论支持。

一、传统股利理论

20 世纪六七十年代,学者们研究股利政策理论主要关注的是股利政策是否会影响股票价值,其中最具代表性的是"一鸟在手"理论、MM 股利无关论和税差理论。这三种理论被称为传统股利政策理论。

(一)"一鸟在手"理论

关于股利政策研究最早的理论是"一鸟在手"理论,也是流行最广泛、最持久的股利理论。该理论初期表现为股利重要论,是根据对投资者心理状态的分析而提出的,后经威廉姆斯(Williams)、林特纳(Lintner)、华特(Walter)和戈登(Gordon)等发展为"一鸟在手"理论。

该理论认为在投资者心目中,股利收入要比由留存收益带来的资本收益更为可靠。由于用留存收益再投资给投资者带来的收益具有较大的不确定性,而且随着时间的推移,投资风险将增加,因此投资者更偏好现金股利。公司支付的股利越多,股价就越高,公司价值也就越高,所以需要公司定期向股东支付较高的股利。

"一鸟在手"理论源于谚语"双鸟在林不如一鸟在手",即对于投资者而言,现金股利是抓在手中的鸟,而公司留存收益则是躲在林中的鸟,随时可能飞走。公司通过保留利润再投资而获得的资本利得的不确定性要高于股利支付的不确定性,即相对于股利支付而言,资本利得风险更高。公司如果用留存收益再投资,投资者在承担市场平均风险的同时还要承担额外风险,投资者不仅要求获得市场水平的投资回报,而且要求公司为其承担的额外风险支付报酬。由于投资者一般为风险厌恶型,他们宁愿现在收到较少的股利,也不愿承担较高的风险,所以投资者偏好股利而非资本利得。股利政策影响股票价格、公司价值。当公司提高其股利支付率时,投资者承担的风险较低,要求的必要报酬率相应地较低,股价较高,企业价值较大;反之,当公司降低其股利支付率或延付股利时,投资者风险增加,投资者要求更高的必要报酬率,以此作为承担额外风险的补偿,使公司股票价格降低。

"一鸟在手"理论从投资者的心理状态出发进行研究,得出股利支付影响公司价值的结论,强调了股利支付的重要性,为股利政策的多元化发展奠定了理论基础。但该理论也存在以下局限性。

(1)混淆了投资决策和股利政策对股票价格的影响。如果公司将利润进行再投资,投资的未来收益具有很大的不确定性,市场之所以对低股利的股票采取高贴现率,是因为公司投资决策的风险,而不是源于股利政策。因此,留存收益再投资形成的资本利得风险取决于公司的投资决策,投资决策既定的情况下,股利的支付并不能改变公司承担的风险即资本利得贴现率。

(2)该理论只是一种定性描述,并没有确切分析股利政策是如何引起股票价格变动的。

(二)MM 股利无关论

MM 股利无关论是由股利政策的理论先驱米勒(Miller)和经济学家莫迪利安尼(Modieliani)于 1961 年在其论文《股利政策、增长和公司价值》中对"股利之谜"进行探讨时提出的,即股利政策与公司价值和股票价格是无关的,公司的投资决策与股利决策彼此独立,投资者并不关注其收益是以现金股利形式还是资本利得形式获得。公司价值仅依赖于公司资产的经营效率,股利分配政策的改变仅意味着公司的盈余如何在现金股利与资本利得之间进行分配。

MM 股利无关论有下面三个严格的假设条件。

(1)完美资本市场假设。完美资本市场假设具体包括四个子假设:第一,市场中买卖双方都是价格接受者,投资者和公司都无法通过交易影响股票价格;第二,市场中没有信息不对称的现象,信息取得成本为零,任何投资者都可以免费平等地获取信息;第三,证券市场是完善的,没有发行成本、交易成本、经纪人佣金及其他交易费用;第四,分配利润和留存收益没有税收差异,即现金股利和资本利得之间没有税收差异。

(2)理性行为假设。投资者都追求个人财富的最大化,至于增加的财富是股利还是资本利得则无偏好差异。

(3)完全确定性假设。市场中的每个投资者都了解每一家公司的投资计划和收益情况,对每一家公司的未来投资机会和利润完全确定。

MM 股利无关论可以用数学方法证明。假设公司没有负债,资金来源全部为权益资本,NP_t 表示公司 t 期的净收益,D_t 表示公司 t 期现金股利的金额,I_t 表示公司 t 期的投资额,N_t 表示公司 t 期发行在外的股数,S_t 表示公司股东权益的价值,P_{t+1} 表示公司 $t+1$ 期股票的价值,R 表示贴现率,则

$$R = \frac{D_{t+1} + P_{t+1} - P_t}{P_t}$$

$$S_t = \frac{D_{t+1} + N_t P_{t+1}}{1+R} \tag{8-1}$$

即 t 期股票的价格为下一期的现金股利与股票总价值的贴现值之和,由于公司资金的来源和去向相等,则对于 $t+1$ 期来说,公司资金来源为 $t+1$ 期净收益及 $t+1$ 期新发行的股票权益价值,资金去向为现金股利支付与公司投资额。

$$NP_{t+1} + (N_{t+1} - N_t) P_{t+1} = D_{t+1} + I_{t+1} \tag{8-2}$$

将 D_{t+1} 用式(8-2)表示,代入式(8-1),得

$$S_t = \frac{NP_{t+1} + (N_{t+1} - N_t) P_{t+1} - I_{t+1} + N_t P_{t+1}}{1+R}$$

$$= \frac{NP_{t+1} - I_{t+1} + N_{t+1} P_{t+1}}{1+R}$$

其中,$N_{t+1} P_{t+1}$ 表示公司在第 $t+1$ 期期初的市场价值 S_{t+1},则有

$$S_t = \frac{NP_{t+1} - I_{t+1} + S_{t+1}}{1+R} \tag{8-3}$$

式(8-3)的结果中,公司价值的计算不涉及现金股利,则只要公司的投资决策不随现金股利的发放而变化,公司的股利政策就与公司股票的价值无关,而取决于公司的投资决策,所以公司能否创造预期的收益取决于公司是否正确投资。

假设某公司的董事会决定在两年后解散该公司,包括清算所得,公司资金来源全部为权益资本,公司在未来 2 年能产生的现金流量是每年 10 000 元,公司有 100 股流通股,假设必要报酬率为 10%。

当前每股派发的现金股利为 100 元,则每股股票的当前价值为

$$P_0 = \frac{100}{1.10} + \frac{100}{1.10^2} = 173.55(元)$$

此时公司价值为 $100 \times 173.55 = 17\,355$ 元。

若董事会对当前股利政策不满,要更改股利政策,需要在第 1 年年末派发每股 110 元,此时需要支付的总股利为 11 000 元,由于现金流不满足股利的支付,公司需要发行 1 000 元的股票筹资,该股票在第 2 年年末要求的必要报酬率为 10%,即回报为 1 100 元,则对于老股东来说,第 2 年年末的现金流量为 8 900 元,可知每股股票的当前价值为

$$P_0 = \frac{110}{1.10} + \frac{89}{1.10^2} = 173.55(元)$$

即使公司通过发行新股票来筹资,股票价格也没有受到股利政策变化的影响,即某时点增加的现金股利会被其他时点减少的现金股利所抵消,因此股利政策没有给公司价值带来影响。

但 MM 股利无关论的假设条件过于理想化,与现实资本市场情况有较大出入,以致其结论与现实并不吻合:第一,信息对称性。MM 股利无关论假设公司的经营者与投资者之间不存在信息不对称,但在现实资本市场上存在信息不对称,且无法避免,公司的经营者拥有更多的内部信息。第二,发行成本与交易成本。MM 股利无关论假设公司可以无代价地进行外部融资,资本利得可以转化为等额的现金股利。这与现实资本市场上存在外部融资成本和交易成本的情形是相背离的。第三,税收差异。MM 股利无关论假设现金股利与资本利得无税收差异,而实际现金股利的税率远高于资本利得的税率,投资者对二者有偏好差异。第四,确定性。MM 股利无关论是建立在完全确定性假设基础上的,而现实资本市场中存在较多的不确定因素,无法对公司的投资机会和未来现金流进行确定的预测。股利政策之所以不影响公司价值,是完全依赖于上述非现实的假设条件,当逐步放宽这些假设条件时,股利政策与公司价值是存在相关关系的,这一观点也是 MM 理论的价值所在,此后人们对公司股利政策的探索便围绕放宽 MM 股利无关论的假设条件展开。

(三)税差理论

税差理论的基础是各个国家对不同收益索取的所得税不同。该理论是法拉(Farrar)和塞尔文(Selwyn)于 1967 年在 MM 股利无关论的基础上放宽无税假设后形成的。税差理论有一个重要的前提,即资本利得的所得税税率低于股利的所得税税率,投资者能够通过延迟实现资本利得而延迟缴纳所得税。在其他条件不变的情况下,无论税前收益以及

个人或公司的债务额大小,税后资本利得一定大于税后股利所得,因此投资者往往偏好资本利得收益。

布伦南(Brennan)通过创立一个股票评估模型,将法拉和塞尔文的模型扩展到了一般均衡情况。通过最大化投资者的预期财富效用,得出股利较高的股票比股利较低的股票有更高的税前收益,公司最好的股利政策就是根本不发放股利的结论。由此可见,在存在差别税赋的前提下,公司选择不同的股利支付方式,不仅会对公司的市场价值产生不同的影响,而且会使公司和投资者的税负出现差异。即使在税率相同的情况下,由于资本利得只有在实现之时才缴纳资本增值税,相对现金股利而言,资本利得收益仍然具有延迟纳税的好处。

税差理论强调投资者由于避税需要而对股票股利的偏好,强调高股息收益率伴随高投资收益率的收益率效应。税差理论的两点结论为:①股票价格与股利支付率成反比;②权益资本成本与股利支付率成正比。

税差理论在实际中也存在一定的问题:第一,其成立的前提是资本利得所得税税率低于股利所得税税率,投资者可以通过延迟实现资本利得而延迟缴纳资本利得所得税。而该条件在现实中时常存在例外,如西方国家的机构投资者及退休和养老基金既不用对股利也不用对资本利得纳税,或在税收优惠的条件下,公司投资者可享受股利的税收优惠,使公司投资者实际适用的股利税率比资本利得的税率还要低。第二,根据该理论,支付率为零时股票价值最高,但税差理论无法解释现实中公司依旧支付股利,甚至某些公司总是维持较高的股利支付率的现象。

二、现代股利理论

上述三种理论主要集中在股利政策与公司价值和股票价格是否有关的讨论中,分别认为股利无关、正相关和负相关。在放松 MM 股利无关论严格假设的条件下,股利相关理论有更多学者研究,进入 20 世纪 70 年代以来,信息经济学的兴起使古典经济学产生了重大的突破。信息经济学改进了过去对于企业的非人格化的假设,而代之以经济人效用最大化的假设。这一突破对股利分配政策研究产生了深刻的影响,财务理论学者改变了研究方向,并形成了现代股利政策的两大主流理论——股利政策的信号传递理论和股利政策的代理成本理论。

(一)追随者效应理论

追随者效应理论又称客户效应理论,实际上是对税差理论的进一步发展,也可以说是广义的税差理论。追随者效应理论最先也是由米勒和莫迪利安尼提出的,后来许多经济学家对此进行了系统的研究。

该理论从股东的边际所得税税率出发,认为每个投资者所处的税收等级不同:有的边际税率高(如富有的投资者),而有的边际税率低(如养老基金等)。由此引致投资者对待股利的态度不同,前者偏好低股利支付率或不支付股利的股票,后者偏好高股利支付率的股票。据此,公司会相应调整其股利政策,使股利政策符合股东的愿望。高股利支付率的股票将吸引处于低边际税率等级的投资者,低股利支付率的股票将吸引处于高边际税率等级的投资者。这种股东聚集在满足各自偏好的股利政策的公司的现象,被称为"追随者效应"。

【例 8-8】　若 A 公司有 10 000 元未分配利润,公司面临两种现金的使用方式,既可以将该利润留存,投资于收益率为 8% 的国债,也可以以现金股利的形式发放给股东。股东同样可以选择将股利投资于国债以获取相同的 8% 的收益。若公司所得税税率为 34%,个人所得税税率为 28%,股利的税率为 15%,两种策略下股东 5 年后得到的现金分别是多少?

若公司现在发放股利,股东将得到 $10\,000 \times (1-0.15)=8\,500$ 元现金,股东将现金投资于国债需缴纳个人所得税,则股东投资国债的税后收益率为 $8\% \times (1-0.28)=5.76\%$,股东在 5 年后的收益为 $8\,500 \times 1.057\,6^5=11\,246.73$ 元。

若公司保留现金并将其投资于国债,则公司投资国债的税后收益率为 $8\% \times (1-0.34)=5.28\%$,5 年后公司收益为 $10\,000 \times 1.052\,8^5=12\,933.9$ 元;若 5 年后公司将利润发放给股东,则股东得到的税后现金为 $12\,933.9 \times (1-0.15)=10\,993.82$ 元。这意味着若公司立即发放现金,股东能得到较多的现金。

上例表明,当公司拥有剩余现金时,股利支付率应取决于公司所得税利润和个人所得税的高低:若个人所得税税率高于公司所得税税率,公司倾向于降低股利支付率;若个人所得税税率低于公司所得税税率,公司则倾向于提高股利支付率,将剩余现金作为股利发放给股东。

但税法有时规定了税收优惠政策,如公司投资于其他公司股票获得的股利,其中的 70% 可以免征所得税,而个人投资者无法享受该优惠。公司是立即发放现金还是投资于金融资产的决策取决于公司所得税税率、投资者边际税率和税收优惠政策。根据该理论,公司的任何股利政策都不能同时满足所有股东对于股利的期望,公司股利政策的变化只是吸引了偏好这一股利政策的投资者,而另一些不偏好该股利政策的投资者将抛售股票,投资其他具有符合其预期股利政策的公司。根据投资者偏好的不同,市场机制会达到动态的平衡,一旦市场处于均衡状态,没有公司能够通过改变股利政策而影响股票价格,即该理论认为市场均衡时股利政策与公司价值是无关的。

(二)信号传递理论

信号传递理论是在 MM 股利无关论基础上放松了信息对称假定而发展形成的。该理论认为,公司的管理层与外部投资者之间存在信息不对称,管理者拥有更多的有关公司投资机会和盈利能力的信息。在股利政策方面,信号传递理论认为股利政策能传递有关公司未来发展前景的信息,股东及潜在投资者对该信息的解读将影响他们对股票投资价值的判断,金融市场会对公司根据股利政策传递的信息做出反应。如果管理者预计公司发展前景良好,未来盈利将大幅增长,就会通过增加股利支付这一方式将这一利好信息传递给股东和潜在投资者。而减少股利支付将传递公司陷入长期财务危机的信号,投资者倾向于抛售股票,从而引起股价下跌。

信号传递理论虽然作为股利分配政策的主流理论被人们广泛接受,但同时也存在局限性:第一,市场对股利增减做出的相应反应,不仅信号理论可以解释,其他理论如代理成本理论也可以解释。第二,信号理论不能对不同行业、不同国家的股利差别进行有效的解释和预测,如股利支付水平高的公司盈利能力不一定强,且股利支付并不一定总是积极的信号,对于从未支付股利但是具有高投资回报的成长型公司,开始发放股利可能被视为投资机会减少或盈利能力下滑的信号。第三,信号理论不能解释为什么公司不采用其他效果相当而成本更低的方式传递信息,如公司公告、分析报告等或许能更有效地传递公司信息。第四,在市场变得越来越有效、信息手段不断增强的情况下,信号理论不能解释支付股利为什么被用作恒定的信号手段。第五,高速成长型公司的股利支付率一般都很低,这类公司往往有很好的业绩,而有些公司由于没有正现值的投资项目,会采取高派现的股利政策,信号理论却做出了相反的解释和预测。

对于我国金融市场,信号传递理论的启示为:第一,股利政策应注重现金股利的作用,现金股利有传递公司信息的功能,应予以重视。第二,股利政策应保持长期稳定性,股利分配随意性大会使投资者无法正确理解股利变化所传递的信号,限制了股利信号传递作用的发挥,不利于减少资本市场中的信息不对称问题。第三,处于不同发展阶段的公司适用不同的股利政策,如快速增长型公司适用较低的股利支付率。第四,股利信号的作用取决于它的性质而非变化方向,并不是所有的股利增加都是好消息,传递利空信息的股利增加反而会导致负的市场反应。

(三)代理成本理论

随着市场经济的产生与发展,公司规模逐渐扩大,需要雇佣经理人负责公司的经营管理,使公司所有权与经营权分离。这种社会分工从总体上提高了社会效率,实现了所有者和经理人的双赢,但两权分离导致委托代理关系的产生,代理成本问题也随之而来。代理成本是指股东与经理人之间订立、管理、实施那些或明或暗的合同的全部费用,包括委托人的监督成本、代理人的担保成本和剩余损失。代理成本产生的一个重要原因是所有者和经理人之间存在严重的信息不对称,经理人从事一线经营活动,占有大量的内部信息,处于信息优势,而所有者相对处于信息劣势,经理人有可能也有能力利用信息优势为自身谋取额外收益。代理成本产生的另一个原因是,经理人不持有公司股份,其辛勤工作创造的利润完全由股东占有,经理人只能得到约定报酬,容易导致经理人丧失工作积极性。

代理成本理论就是放松了MM股利无关论中"委托人和代理人目标一致"的假设,使理论研究与现实更加吻合。詹森(Jenson)和麦克林(Meckling)于1976年提出的代理成本理论认为股利支付可以减少代理成本:一方面,股利的支付使代理人可支配的自由现金流减少,减少了机会主义行为,降低其利用公司资金进行私人投资或过度投资的程度,从而降低了代理成本;另一方面,高额股利的发放会导致公司的留存收益减少,公司必须通过外部融资满足新的资金需求,这相当于向公司引入了外部监督者,增加了对公司管理层的监管压力,从而降低了代理成本。

代理成本、自由现金流量概念的引入拓宽了股利政策研究的范围。代理成本理论视股利政策为缓解委托代理关系所带来的利益冲突的方法,将股利政策与公司治理的研究结合了起来。但是,代理成本理论也有局限性:第一,该理论是在股权高度分散的背景下开展研究的,并假定股东是同质的,关注的是经营者与所有股东之间的代理问题,并没有关注大、小股东直接的利益冲突；第二，该理论以市场的监督机制完全有效为前提，即市场能够迅速地识别股利政策所传递的信号，并据此对股票进行合理定价，但现实中资本市场的监督机制并不是完全有效的。

（四）股权结构理论

股权结构理论以信息经济学为基础，认为股权结构从下面两个方面影响股利政策。

1. 同盟型联合控制

股权结构通过两种方式对公司的股利支付方式产生影响：第一，股权结构集中，主要依靠银行融资的公司，如国有企业等，决策者集中，信息传递迅速可靠，信息不对称程度较低，对股利传递信息的要求程度也较低，倾向于采取低股利支付政策；而股权分散，主要依靠资本市场融资的公司，倾向于采取高股利支付政策。第二，股权结构集中度与两权分离度影响股利政策。在股权结构比较集中的公司，所有权与管理权之间的分离程度较低，股东要求支付股利的动机不强；而在股权结构分散的上市公司，所有权与管理权的分离程度高，管理者过度投资获取私人收益的动机更强，股东要求公司支付股利以监督管理者的要求更为强烈。

2. 股利政策的捆绑机制

高额的代理成本促使管理者寻找一种策略，将自身利益与公司价值最大化捆绑在一起。一个有效的捆绑机制就是固定股利政策，该政策能说明公司运营良好，比管理者对外提供的报告更可信。这种股利政策能督促管理者，因为任何企图通过削减股利粉饰报表的行为都可能导致股票价格迅速下跌。

股权结构影响股利政策还表现在，欧美资本市场上主要的投资者为机构投资者，股利支付对机构投资者的重要性比私人投资者低，随着机构投资者的比例增加，投资者对股利支付的需求较低，使低股利支付的公司相对高股利支付的公司增加了价值，进一步导致所有公司平均股利减少，即"正在消失的股利"现象，从而促进了行为理论的产生。

三、行为理论

（一）股利迎合理论

20 世纪 90 年代，财务理论学者们发现美国上市公司中支付现金股利的公司比例呈现下降趋势，这一现象被称作"正在消失的股利"。在这种背景下，贝克（Baker）和沃格尔（Wurgler）于 2004 年提出的股利迎合理论将行为财务学的投资者心理特征因素引入股利政策研究。

股利迎合理论试图从投资者需求的角度研究公司管理者发放股利的动机，通过放松MM 股利无关论中的"有效市场"假说，认为实际中只存在有限套利，解释了公司在制定股利政策时会考虑迎合投资者的需求，当投资者偏好股利且愿意提供股利溢价时，管理者就会支付股利；而当投资者不偏好股利，不愿支付股利溢价时，管理者就会停止支付股利。

股利迎合理论要满足三个基本要素：第一，基于心理和制度的原因，一些投资者对支付股利的股票的需求有变动，表现为投资者有时喜欢发放股利的股票，有时喜欢不发放股利的股票。除此之外,由于不完全市场存在的交易成本、税收和制度对投资的限制,制度的变化会使投资者对股利发放的需求发生变化。第二,由于市场进行套利是有成本和风险的,有限套利的存在使投资者的需求能够影响当前的股票价格。第三,理性的管理者能够权衡当前股票被错误定价所带来的短期收益与长期运行成本之间的利弊,从而为迎合投资者的需要制定股利政策。当投资者对公司股票价格给予很大溢价时,说明投资者需要股利,公司将发放股利;反之公司将不发放股利。

与传统的股利理论不同的是,股利迎合理论侧重研究投资者对股利的需求,考虑了投资者对股利的需求受到其情绪影响的可能性,认为现实中的投资者对股利的需求会受到情绪的影响,管理者派发股利的倾向取决于投资者不断变动的股利需求所导致的股票溢价。股利迎合理论也存在局限性:第一,股利迎合理论假设管理者能够理性地权衡股票被错误定价所带来的短期收益与长期运行成本之间的利弊,从而迎合投资者的偏好,制定现金股利政策。该假设过于理想,现实中管理者不完全理性。第二,股利迎合理论忽略了对风险的考虑。

(二)理性预期理论

理性预期理论认为,市场对管理层所做决策的反应不仅取决于决策本身,更取决于投资者对管理者决策的未来绩效的预期。管理者宣布股利政策前,投资者通常会预测股利支付水平和支付方式。当公司宣布股利政策时,投资者会将其与预期进行比较:若二者相同,即使发放的股利比上一期多,股票价格也不会变化;若二者存在差异,投资者就会重新评估公司价值及股票价格,股票价格有可能发生变化。

(三)自我控制理论

自我控制理论认为,现实中受情绪等心理因素影响,人的行为不可能是完全理性的,有些事情即使会带来不利的后果,人们还是不能自我控制。因此,即使不存在税和交易成本,股利收入与资本利得也不可能相互完全替代。投资者一方面对未来有自己的规划与目标,另一方面又要解决当前需求。由于人在现实生活中往往缺乏意志力,因此需要借助外在约束进行自我控制。自我控制理论对投资者偏好现金股利的现象给出了解释,认为老年人需要定期现金收益以供晚年生活,因此老年人会选择股利收益率较高的股票投资组合,而年轻投资者由于很难自我控制消费,为了强迫自我储蓄,会选择股利收益率较低的股票投资组合。

(四)后悔厌恶理论

后悔厌恶是指投资者做出错误的决策后,会对自己的行为感到后悔,且这个决策越是不平常,投资者的后悔感就越强。该理论认为,投资者需要对行动的最终结果承担责任的情形下引起的后悔程度比无须承担责任时强烈,即出售股票导致后悔的可能性更大,因为他们设想本来可以不采取这一行动而获取更高利润。由于投资者一般都是后悔厌恶型的,所以更偏好现金股利。

20世纪80年代以来,理论界有关股利政策的研究更加深入,虽然信号传递理论、代理成本理论、行为理论都从不同角度进行了研究,但每种理论的解释能力都是有限的。针对已有理论的缺陷,学者把生命周期理论引入股利政策研究,将公司自身特征、外部经营环境和股东的预期相结合分析股利支付行为,更加合理地解释了上市公司的股利政策。股利生命周期理论认为初创期的公司由于投资机会多而自身资源较少,倾向于将收益留存用于投资,不支付股利,而成熟期的公司由于盈利能力更高、投资机会更少,倾向于支付股利。公司的规模越大、盈利能力越强、留存收益占股东权益的比重越高,支付股利的可能性就越高。股利生命周期理论综合考虑了信息的不对称和代理成本,实现了信号传递理论与代理成本理论的融合,为公司制定有利于其长期发展且能有效保护股东利益的股利政策提供了理论指导。

股利政策的制定不仅会影响公司股票价格,而且与维护股东权益以及公司的融资决策和投资决策密切相关,但至今学者对股利变化具体如何影响公司价值还远未达成一致,有关股利政策的研究依然在进行。回顾股利政策研究的进展,从传统股利理论到现代股利理论实现了从完全市场研究到不完全市场研究的飞跃,逐步放宽了传统理论的严格假设。从现代理论到行为理论实现了理性范式到行为范式的飞跃,将行为科学、心理学和社会学等学科的研究成果引入与应用于股利政策研究中。股利政策研究从本质上说是一项系统工程,影响股利政策制定的各种因素之间存在复杂的、非线性的内在联系,股利政策乃至公司金融中更加深入的研究都必将融合社会学、心理学、行为科学、管理学、金融学、信息经济学等多个学科的知识。

四、股利政策的影响因素

(一) 法律因素

1. 资本保全

法律规定公司不能用资本(包括股本、资本公积和盈余公积)发放股利。资本是由股东投资形成的,如果将资本作为股利发放给股东,债权人的利益会受到损害。资本保全的目的在于保护投资者的利益,保全公司的股东权益资本,以维护债权人的利益。

2. 公司积累

公司应按照净利润的一定比例提取法定盈余公积金和法定公益金。我国《公司法》第177条规定,公司分配当年税后利润时,应当先提取利润的10%列入公司的法定公积金。公司法定公积金累计额为公司注册资本的50%以上可以不再提取。公司股利的支付不能超过当期与过去的留存盈利之和,但它并不限制公司股利的支付额大于当期利润。我国《公司法》第179条规定,法定盈余公积金转增股本,即股份有限公司经股东大会决议将公积金转为股本时,按股东原有股份比例派送新股或增加面值,但法定公积金不得少于注册资本的25%。

3. 公司利润

公司可以用利润来发放股利,但在公司以前年度的亏损没有全部弥补时,不能发放股利。只有利润弥补完全部亏损后,才能用剩余的利润分配股利。

4. 超额累积利润

为了鼓励公司积累资本更好地投资与发展,很多国家对资本利得征税的税率很低,有的公司不发放现金股利,帮助股东避税,因此许多国家规定公司不得超额累积利润,一旦公司的保留盈余超过法律认可的水平,将被加征额外税额。我国法律对公司累积利润尚未做出限制性规定。按照我国个人所得税法的规定,对个人拥有的股权取得的股息、红利征收 20%的所得税,并根据持股期限实施差别化个人所得税政策。

5. 偿债能力

公司分配股利不能只看到利润表上的净利润的数额,还必须考虑公司的现金是否充足,基于对债权人的利益保护,要求公司具有充分的偿债能力,如果公司已经无力偿还债务,或股利支付会导致公司失去偿债能力,则不能支付股利。

(二)契约限制

公司通过长期借款、债券、优先股、租赁合约等形式向外部筹资时,常应对方要求,接受一些有关股利支付的限制条款,如长期借款协议、债券契约、优先股协议和租赁合约等。例如,协议通常规定:未来股利只能用协议签订后的新收益支付,即限制动用以前的留存收益;营运资本低于一定标准时不得支付股利;规定每股股利的最高限额;只有在流动比率和利息保障倍数超过规定的最小值后,才可以支付股利等。优先股的协议通常也会申明在累积的优先股股息付清之前,不得派发普通股股息。确立契约性限制条款的目的在于促使公司把利润的一部分按条款的要求进行再投资获取利润,从而保障债款的如期偿还,维护债权人的利益。

(三)公司因素

1. 盈余的稳定性

公司能否获得持续且稳定的盈余和未来发展前景,是制定股利政策的重要基础。一般情况下,盈利越稳定或收益越有规律的公司越容易预测和控制未来的盈利,其股利支付率通常也越高;盈利越不稳定的公司越有可能采取低股利政策,以减少因盈余下降而造成的股利无法支付的情况,而且可以将更多的盈余进行再投资,以提高公司权益资本的比重,减少财务风险。

2. 投资机会

投资机会直接决定股利支付比率。如果公司再投资的收益高于股东的平均期望收益率,即公司再投资给股东带来的收益超过股东拿这部分现金去做其他投资的收益,股东会愿意将这部分利润留存公司,此时公司可采取低股利政策。因此,当公司有较多的有利可图的投资机会时,处于成长中的公司应多采取低股利政策;当公司缺乏良好的投资机会,保留过多的盈余会造成资金闲置时,公司应采取高股利政策。

3. 资金流动性

公司资金的流动性也是影响股利政策的重要因素。资金的灵活周转是公司生产经营的必要条件,因此股利政策应以保证公司资金流动性为前提。若公司流动资金充足,资产有较强的变现能力,现金收支状况良好,则可以采取高股利政策;若公司因扩充或偿债已消耗大量现金,资金流动性低,公司的经营风险加大,为避免财务危机,公司应减少股利支付。

4．筹资能力

不同的公司由于经济能力、公司信誉不同,其筹资渠道和筹资能力也不同。股利政策的制定也需要考虑公司的筹资能力。若公司进行投资时,留存收益不足,需考虑外部筹资方式,如发行股票、债券或从银行借款;若外部筹资成本高于内部筹资成本,公司应根据自身筹资成本,选择支付少量股利或不支付股利的政策。

5．资金成本

公司可以通过改变债权和股权的比例来优化资本结构,使资金成本最低,实现公司价值最大化。由于股利政策带来留存收益的变化会使公司资本结构中权益资本比例偏离最优资本结构,所以公司在决定股利分配政策时要考虑股利支付对公司负债比例和杠杆比率的影响。负债比例较高的公司可以通过减少股利支付,增加保留利润的方式提高股权比例,以达到最优资本结构。

6．债务约束

支付股利会对公司的偿债能力造成影响,具有较高债务偿还需要的公司一般采取低股利政策。

7．生命周期

公司处于不同的生命周期阶段,应选择不同的股利政策。按照增长水平和投资机会可以把公司划分为四个阶段:初创期、成长期、成熟期和衰退期。处于初创期的公司需要投入大量的资金,生产经营和销售能力有限,盈利为负或较少,公司往往选择不发放股利。随着经营规模的扩大,进入成长期的公司盈利水平逐渐提高,但由于处于上升期,有较多投资机会和选择,对于资金需求量大,公司适合选择低股利政策或者不分配股利。进入成熟期的公司盈利水平趋于稳定,市场中投资机会减少,资金需求降低,适合采用固定股利支付或固定增长股利支付政策。进入衰退期的公司规模收缩,适合采用低股利政策,或支付清算股利及财产股利。

(四) 股东因素

股利政策制定的重点在于维护投资者利益,增强股东的信心。股东基于自身利益的考虑会对公司的股利分配产生影响。

1．对现金及避税的需求

公司股东大致有两类:一类是希望公司能够支付稳定的股利,来维持日常生活;另一类是希望公司多留存收益以扩大投资而少发放股利,以求少缴个人所得税。由于现金股利和资本利得都应缴纳个人所得税,目前我国现金股利需缴纳税率为20%的个人所得税,股票股利免于征税,股票转让交易双方需缴纳 2‰ 的印花税。因此,选择股利政策时还应考虑股东的构成,如果绝大部分股东属于低收入阶层,则宜采用发放较高现金股利的政策;而若大部分是高纳税等级的富有股东,这些人更偏好资本利得和股票股利,可考虑少发放现金股利。

2．控制权的稀释

股东对公司控制程度的强弱取决于持有股票份额的多少。发放较高的股利,会导致公司留存收益的减少,意味着将来发行新股的可能性大。如果公司大量发放现金股利,再发行新的普通股以融通所需资金,现有股东的控制权会被稀释,随着新股的发行,流通在外的普通股数量必将增加,最终会导致普通股的每股盈利和每股市价下降,从而影响现有股东的利益。

除了上述因素,还有其他各种因素会影响股利政策,如通货膨胀因素,使公司需要更多的利润用于内部积累,采取较低的股利发放政策是必要的。此外,历史性因素也是必须考虑的,股利政策的重大调整一方面会给投资者留下公司经营不稳定的印象;另一方面,股利是部分投资者日常生活的消费来源,该部分股东不愿意持有股利大幅波动的股票,因此股利政策最好保持一定的稳定性和连续性。

由于多种因素都对股利政策的制定有影响,这些因素往往是相互联系、相互制约的,且难以定量进行衡量,所以股利政策的制定主要取决于对公司所处具体环境的定性分析,以期实现利益关系的均衡。

即测即练　　　扫码答题

习题与思考题

1. 说明现金股利的发放程序。
2. 说明四种股利政策的内容。
3. 说明股票股利与股票分割的异同。
4. 说明股票回购与现金股利的区别。
5. 说明股票回购与股票分割的意义。
6. 说明公司采用低正常股利加额外股利政策的原因。
7. 如果你是某公司的一名小股东,你希望得到现金股利还是股票股利?
8. 如果你是某公司的管理者,你更倾向于哪种股利政策?
9. 试述股利理论的演变及主要的股利理论。

阅读专栏:双层股权结构下股利分配困境的成因及其破解方案

在传统的公司法理论中,一股一权是股份公司中股东行使表决权与剩余索取权最基础的原则性模式,每名股东所掌握的表决权与其投入公司的资本是成正比的,投入的资本越多,对公司决策的影响力也就越大。而双层股权结构则是将股东手中的股票划分为两种类型,两种类型的股票所代表的表决权并不相同,由此使部分股东能够获得与其投入的资本并不相称的表决权,在理论上被称为现金流权与控制权的分离。在这种股权结构模式下,通常会形成一名或者少数几名股东通过较少的资本投入便能掌握公司超过50%的投票权的情形。

一、双层股权结构下股利分配困境的成因分析

（一）股利代理理论的影响

股利代理理论认为，公司管理者手中掌握的自由现金流越多，其滥用公司资金的可能性就越大，中小股东利益受损的可能性也越大，而采取较高比例的现金股利分配政策可以通过压缩闲置资金空间降低管理者滥用公司资金的风险，进而将股权代理成本控制在一个较低的水平。同时，分配现金股利还将迫使公司进行外部融资，从而接受更严格的外部监督，这些都有助于缓解此类代理冲突。

在双层股权结构公司中，公司的控制权集中于少数经营性股东手中，相比单一股权结构公司，由于手中所掌握的表决权降低，投机性股东与投资性股东对公司决策的影响能力大打折扣，这两类股东对于公司经营信息的了解意愿会有所降低，而长期游离于公司经营管理之外，也会使其获取公司实际经营信息的能力显著降低，信息不对称的状况在双层股权结构公司中会更加突出。此外，在股东异质化的现实下，对公司进行实际经营管理的经营性股东与另外两类股东在目标利益上的差别也更为显著。在双层股权结构公司中，掌握强大的控制权的经营性股东同时作为公司管理者，其在公司中天然地获得了极高的个人权力与地位，这为其追求更高的在职消费提供了便利条件。

相比单一股权结构公司，在双层股权结构公司中，代理问题更加突出，而减轻代理问题带来的负面影响的可行方案之一便是分配现金股利。因此，双层股权结构公司中的中小股东会有更强烈的意愿要求公司实施较高比例的股利分配政策。

（二）股利信号理论的影响

股利信号理论的基本前提是资本市场中存在信息不对称的现象。由于股利政策是由管理者制定的，而管理者掌握着更多的公司信息，如果公司的股利支付率提高，则表明管理者对公司的未来发展持有乐观预期，预示着公司未来业绩将大幅增长，公司股票价格也会随之上涨；而当公司的股利支付率下降时，则表明管理者对公司的发展前景存有疑虑，甚至预期可能出现衰退，公司股票价格也会随之下跌。

短期持股的投机性股东主要希望通过购进卖出股票赚取差价，而中长期持股的投资性股东也希望公司股价保持稳定上涨的趋势以使其在出售股票时获取更多的收益。因此，股利信号理论认为，投机性股东和投资性股东都会更加希望公司通过提高股利支付率发放高额股利以向公司外部传递公司发展势头良好的信号，从而拉动公司股价上涨，使自己能够在出售股票的行为中获取更多的投资收益。

（三）中小股东就股票估值下降及代理成本升高而要求的补偿

相比单一股权结构公司，在双层股权结构公司的特殊股权安排下，未持有特别表决权股份的中小股东出让了较多的投票表决权，其通过出资获取的股权并不是通常意义上的完整股权，而是在权能上打了折扣的股权，外部市场中处于观望状态的投资者同样会因为普通表决权股权权能有所减损而降低对公司股票价格的估值。因股权权能的不完整性导致的股票价格下跌的这一段差额需要实行双层股权结构的公司予以补偿，这种补偿通常体现在公司于首发上市时在股票发行价格上向股东做出的让步。

在双层股权结构公司中，少数个人股东牢牢把控住了公司的经营决策权，现金流权与

控制权的背离使两类股权代理成本显著升高,对于为实施双层股权结构而出让表决权导致的股权代理成本的提高,中小股东亦会对公司提出补偿要求。因此,基于双层股权结构本身的特性带来的公司股票估值下降及股权代理成本升高,中小股东会要求公司提高股利支付率以补偿其潜在损失。

（四）国内"半强制分红政策"的影响

我国证监会发布的《上市公司证券发行管理办法》将近三年发放现金股利不低于一定水平作为上市公司增发股票的条件之一,该规定使有股权再融资需求的上市公司不得不在增发股票前保持较高的现金股利分配水平,被称为我国的"半强制分红政策"。

上海证券交易所(简称上交所)发布的《科创板上市公司持续监管办法(试行)》第6条也明确要求科创板公司通过现金分红等方式积极回报股东。在目前上交所并未对科创板公司增发股票的条件做出特别规定的情况下,科创板公司同样必须遵守发行管理办法的相关规定。在再融资的巨大压力下,在科创板上市的双层股权结构公司不得不保持较高的股利支付率。

（五）科创公司快速成长期的特殊发展需求

一家科创公司由初创到逐渐发展壮大,并经过上市前的数轮融资达到上市标准时,仍然处于快速成长期。在这一时期,公司或出于快速拓展市场的需要,或出于扩大生产的需要,仍然有较强的资金需求。而且,刚达到上市标准的公司往往手中握有良好的投资机会,投资机会转变为公司的收入意味着需要更强大的资金支持。因此,处于快速成长期的公司对资金的流动性要求依然很高,而保持资金流动性的有效手段之一便是降低现金股利的支付水平。

同时,公司能否获得长期稳定的盈余以及公司的举债能力强弱是影响公司股利政策的重要因素,盈余稳定、举债能力强的公司更有信心与能力向股东发放高额的现金股利。而当公司处于快速成长阶段时,由于公司的发展前景并不明朗,公司无法准确地预计未来收益,其面对的经营风险与财务风险较高,由此也导致公司对外举借债务的能力较弱,通常无法实际获得稳定的盈余,因此决策者会更多地考虑缩减现金股利的支付比例,甚至选择不支付现金股利。

二、双层股权结构下股利分配困境的破解方案

破解双层股权结构公司中的股利分配困境应当坚持的总体思路是寻找中小股东利益保护与公司发展需求的平衡点。

（一）破解现金流权与控制权的分离导致的股利分配困境

现金流权与控制权的分离是双层股权结构实施必然的后果,也可以说现金流权与控制权的分离正是实施双层股权结构的目标之一,因此双层股权结构公司中股权代理成本的上升是无法避免的。破解股权代理成本的上升导致的股利分配困境可以从以下两个方面着手:

（1）公司在确定股利分配方案时,可以考虑对中小股东进行更多的倾斜,使每一普通表决权股份分得的现金股利高于特别表决权股份,以股利分配上的优待弥补股权代理成本上升给中小股东带来的潜在损失。由于实施双层股权结构安排后,公司股利分配方案的制定主要由创始投资人把控,因此较为稳妥的方式是在准备实施双层股权结构安排时便在公司章程中对这种股利分配的倾斜性安排提前进行约定。

（2）在科创板上市的首家双层股权结构公司，即优刻得公司在其公司章程中做出了具有较高参考价值的示例。该公司的章程中规定，制定利润分配政策时应当充分考虑独立董事、外部监事和公众投资者的意见，具体包括由独立董事和监事会对董事会制定的利润分配方案进行审核并提出审核意见，并且独立董事有权征集中小股东意见以提出分红方案，此外还要求管理层对股利分配政策的制定及其执行情况进行详细披露等。在股利分配政策的制定及执行中引入独立董事与监事会的制约并强化信息披露可以在一定程度上降低中小股东对股利分配政策表示不满的可能性。

（二）破解异质化股东不同投资目的导致的股利分配困境

双层股权结构符合股东异质化的发展趋势，可以满足多样化投资主体的不同投资需求。破解异质化股东不同投资目的导致的股利分配困境的关键在于根据公司不同发展阶段的实际情况采取灵活的股利分配政策以协调各方利益。

对于刚上市的处于快速成长阶段的科创公司而言，其最迫切的需求是继续维持高速的增长，而维持高速增长的前提之一是公司掌握充足的现金储备。因此，在这一阶段，中小股东的短期利益需要让位于公司的整体发展需求，应当允许公司在成长期实施较低的股利分配政策。

当公司发展至成熟阶段后，公司应当提高股利支付率以回报股东，尤其是对于持股期限较长的投资性股东，可以进行适当的倾斜性分配。原因在于投资性股东的出资是公司最重要的资本来源，也是在实施双层股权结构过程中实际出让权利最多的一方，并且若公司在成长期中实施较低的股利分配政策，投资性股东亦会在陪伴公司成长的过程中损失较多的现金股利收益。

此外，经营性股东对公司长远发展的关注也应当得到肯定。科创板公司提升创新能力，实施长期发展战略，不仅符合公司投资者的期待，亦符合国家战略规划和社会公众的期待，具有天然的正当性。因此，在公司管理层能够提出具体可行的科研开发计划及长期发展规划并得到历史执行经验的支持时，应当允许公司适当降低股利支付率以保证公司能够维持较高的科研开发水平和持续发展潜力。

（三）破解"半强制分红政策"导致的股利分配困境

"半强制分红政策"使计划进行再融资的公司不得不采取高比例的现金股利分配方案，而处于成长期的双层股权结构公司既有较高的再融资需求，又希望实施较低的股利支付政策，维持较高的资金流动性以满足发展需要。

对于这种困境，可以考虑由监管机构针对科创板公司出台增发新股条件方面的区别对待方案，适当降低对处于成长期的科创板公司的分红要求。在法律位阶较高的公司法要求股份公司必须遵守"一股一权"原则的情况下，科创板尚可作为试验田允许"同股不同权"公司的出现，面对法律位阶较低的发行管理办法，科创板更有足够的底气通过制定相关规则允许科创板公司在实施较低的股利支付率的情况下进行再融资，这样的做法符合科创板公司的特殊发展需要，有利于保障科创板公司的快速发展，同时也符合我国资本市场对科创板的特殊定位要求。

　　《科创板上市公司持续监管办法(试行)》第 6 条中规定的科创板公司可以根据自身条件和发展阶段制定并执行现金分红政策实际上已在一定程度上体现了区别对待的态度，更加具体的监管规则的落实是值得期待的。

　　资料来源：肖圣军.双层股权结构下股利分配困境的成因及其破解方案.《上海法学研究》集刊(2020 年第 7 卷,总第 31 卷)——中国政法大学、西南政法大学文集 2020 年.上海市法学会，2020：167-177.

第九章

资 本 预 算

资本预算是分析投资机会并决定接受哪些投资项目的过程。资本预算列出了公司来年计划从事的项目和投资,决策者需要根据一系列指标和分析方法,判断投资项目能否为公司创造价值。第五章讨论的净现值分析就是一种较为可靠的资本预算分析方法,这一分析建立在对项目未来现金流量的预测之上。由于现金流量预测总是存在不确定性,投资决策分析的结果可能导致投资决策风险。因此,本章将考虑未来现金流量的预测风险,介绍资本预算的不确定性分析方法,以增加投资决策的胜算。

学习目标

- 知道资本预算的含义与类型
- 了解资本预算过程
- 掌握敏感性分析、情景分析及盈亏平衡分析的运用
- 说明敏感性分析和情景分析的局限性
- 区分会计盈亏平衡分析和净现值盈亏平衡分析
- 理解蒙特卡罗模拟过程

第一节 资本预算的含义与类型

一、基本概念

(一) 资本预算的含义及特点

资本预算又称建设性预算或投资预算,是公司为了今后更好地发展,获取更多的回报而制订的资本支出计划。资本预算主要是公司选择长期资本(一般长于一年)投资的过程,是综合反映建设资金来源与运用的预算。通过分析投资项目未来现金流量,对投资方案进行评价、甄选和决策,强调的是资本预算对于项目的评价过程。资本预算还包括对选定的投资项目在实施过程中进行资本的筹划、支出控制和预算考核。

资本预算具有以下特点:

(1) 资本预算的次数少,金额大。与短期投资项目相比,这种长期投资过程并不经常发生,特别是大规模、战略性的项目,一般要若干年甚至十几年才发生一次。但是资本预算每次投资的资金量较大,在公司总资产中占比较高。

(2) 资本预算的影响周期长。资本预算所计划从事的项目和投资的实物形态主要是厂房和机器设备等固定资产。固定资产的寿命较长,资本预算决策一旦做出,将会在相当

长的一段时间发挥作用,对公司的生产经营活动产生重大影响。因此,公司需要小心决策,认真地进行可行性研究。

（3）资本预算的时效性强,因此变现能力较差。由于固定资产具有流动性差的特点,决策一旦完成,要改变其原始用途或将其出售都很困难。这也要求公司的财务经理在资本预算过程中注意时效性,避免盲目性。

（4）资本预算的风险较高。一方面,资本预算的资金量大、影响周期长、时效性强,一旦决策错误,将会使公司面临巨大的甚至是毁灭性的风险;另一方面,资本预算所考虑的未来收益的影响因素很多,如税收、折旧等,使资本预算比其他形式的项目投资承受了更高的风险。

（二）资本预算的原则

公司做出任何决策都以公司价值最大化或是股东财富最大化为目标。为了实现这一目标,高层管理者在决定公司应该接受和从事哪些项目或投资时,应遵循下列原则。

1. 资源有效配置

这一原则强调以有利于公司价值最大化为基本目标。公司筹集的资金应配置到最能产生收益的项目中,项目未来的高收益将增加公司价值,反之将造成公司价值的减损。

2. 战略目标导向

资本预算是长期资本投资的过程,应遵循公司发展战略和长期生产经营计划,以战略目标为导向,把战略目标落实到财务目标,再将财务目标分解到投资项目的资本预算目标,从而使预算目标成为指导投资项目评价和资本预算全过程的基本目标。任何资本预算都应该具有战略导向,因此经营战略等因素必须成为资本分配的重要依据。

3. 风险与收益匹配

资本预算具有风险高的特点。风险与收益匹配,一方面旨在防止因资本预算投向项目和融资渠道选择中冒过高风险而造成公司财务危机;另一方面旨在防止公司因不敢冒风险而失去发展机会。这一原则要求投资项目具有较强的盈利能力,要求公司在资本预算期内具有承担风险的胆略和风险管理能力,也要求公司在制定资本预算时研究风险来源并加以规避,将投资风险控制在公司所能承受的范围之内。

二、资本预算的类型

（一）按投资目的分类

按投资目的可以将资本预算项目划分为扩充型项目、调整型项目和研发型项目。

扩充型项目是指使公司能够扩充已有产品和项目或进入一个新的市场生产新产品的项目。这类项目经常要开拓一个新的销售或分销渠道,因此必须设法准确评估对于产品和服务的需求。例如,一家手机公司准备针对老年人推出一款新型老年手机,该公司必须提前评估老年群体对于手机的服务需求。扩充型项目从某种意义上讲风险是最高的,因为它要进入一个从未涉猎的领域。因此,一般情况下扩充型项目的评估往往使用一个相对较高的、要求最低的收益率,同时也会取得高于其他项目的回报。

调整型项目就是与法律法规相一致的项目。社会责任的约束与调整型项目的决策有很大的关系。例如,在很多情况下环保部门会制定空气和水的清洁标准,任何项目都必须遵守这些标准。调整型项目并不是简单地追求股东权益的最大化,而是要首先遵守政府部门制定的行为标准。这样一般的追求股东权益最大化的现金流分析方法和追求公司长期生存发展的方法在调整型项目中的适用性会大大降低,这类项目最优先考虑的应该是将遵守规则的成本降到最低。

研发型项目是许多公司保证长期发展能力的关键,特别是那些生产科技产品和提供科技服务的公司。在研发型项目上的支出所能带来的效益估计起来也是十分困难的,很多情况下要在将来某个时刻才能实现,所以这样的项目也需要相当大的投资规模。由于现金流量的不确定性和较高的投资水平,研发型项目被列为最具风险性的资本项目之一。

(二)按关系分类

按投资项目间的关系,可以将资本预算划分为相互独立项目、相互排斥项目和相互关联项目。

相互独立项目之间相互独立,项目的现金流量与其他项目的现金流量无关,选择其中一个项目不影响对其他项目的选择,决策者只需要根据目标项目本身的优劣决定是否接受该项目。如果所有相互独立的项目都满足决策标准并且可行,则这些方案都可以被接受。例如,某公司准备推出一种新的产品,同时也准备对员工进行培训,如果这两个项目都是有利可图且可行的,公司可以同时选择这两个项目。

相互排斥项目是指为达到投资目的,可供选择的投资项目有两个以上,而公司在一定时期的投资规模是有限的,或存在其他的资源限制,不可能将可行的项目全部实施,只能选取公司需要的最佳项目。例如,在一块土地上可以建造不同的项目,既可以建设住宅,也可以建设商场或是体育场馆,这些项目都能带来可观的收益,但由于场地有限,最终只能选择其中一个项目。

相互关联项目处于相互独立项目与相互排斥项目之间,项目之间既存在某些影响又不能完全排斥对方。相互关联项目中一个项目的现金流量会影响其他项目的现金流量,这种影响可能会给其他项目带来收益,也可能使它们遭受损失。例如,如果项目 A 是生产台式电脑,项目 B 是生产笔记本电脑,两个项目都可以接受并进行生产,然而台式电脑的一部分潜在顾客可能会被吸引购买笔记本电脑。这两个项目是相互关联的,一个项目收入的增加会使另一个项目的收入减少。

第二节　资本预算过程——项目分析

资本预算是分析投资机会并决定接受哪些投资项目的过程。资本预算列出了公司来年计划从事的项目和投资,为了确定项目和投资列表,公司要对备选项目进行分析,并确定接受哪些项目,这一过程也叫作项目分析。

一、资本预算过程

现代企业的经营目标是使投资者获得良好回报,企业的决策者需要知道什么样的投资项目可以给股东创造价值。对于上市公司来说,资本预算决策的目标是分析哪些项目能增加股票的价值以及能增加多少。这就需要对投资项目进行分析、评估、甄选。资本预算过程一般可以分为以下五个步骤。

(一)确定决策目标,并提出各种可能的投资方案

资本预算决策目标的确定应遵循战略目标导向原则,根据公司的长远发展战略、生产经营计划、投资环境的变化,在把握良好投资机会的情况下提出各种可能的投资方案。决策目标是资本预算的基础,资本应该如何合理分配也以此为依据。

(二)估算各种投资方案的预期现金流量

现金流量是项目决策的依据,由于投资决策是事前决策,所有的现金流量都发生在将来,因此必须对各种投资方案的资本支出、销售价格、销量和生产成本等做出预测,估算项目的现金流量,通过分析评估投资的经济效益,为选择决策提供必要的经济指标。

(三)估计预期现金流量的风险程度,并据此对现金流量进行风险调整

由于资本预算是一个长期的投资过程,现金流量的预测存在很大的不确定性,所以决策者需要在考虑预期现金流量概率分布的基础上,预计未来现金流量的风险程度,并对预期现金流量进行适当调整,将风险控制在公司可承受的范围内。

(四)根据选择方法对各种投资方案进行比较选优

假定项目投资贴现率给定的情况下,决策者会选择合适的项目评价指标进行计算,选择预期收益大于成本(时间和风险因素调整后)的投资方案。计算投资方案的价值指标包括净现值法、内部收益率法、盈利指数法和回收期法等。决策者通过指标来权衡项目的风险和收益,选择能为公司增加价值的最佳投资方案。

(五)对已接受的方案进行再评估

选出最优方案为公司提供了资本预算的决策方向。在项目实施的具体过程中难免会出现不可控因素而导致偏差,这时对项目进行再评估就显得尤为重要。项目的再评估也是事后评价,可以指出预测中的偏差及出现偏差的环节,改善项目执行过程中的问题,有助于指导未来决策。

二、项目的基本情况分析

投资项目的现金流量是资本预算决策的依据。现金流量是投资项目在其计算期内各项现金流入量和流出量的统称,是评价投资方案是否可行时必须事先计算的一个基础性数据。投资项目的现金流量是基于项目预测的收入和成本估计的未来期望现金流量。通

过现金流量分析,可以得出项目的净现值,决策者会接受净现值大于零的项目,拒绝净现值小于零的项目。这种现金流量分析是对项目基本情况的分析,是公司做出资本预算决策的基本依据。

考虑一个新的投资项目:一家公司打算推出一款新型卷笔刀。该公司通过市场调研,预计每年能以 8 元的价格销售 30 000 个卷笔刀。已知每个卷笔刀的制作成本为 4.5 元。类似这样的新产品通常有 4 年的生命周期(可能由于这类产品的更新速度非常快)。对新产品要求的贴现率为 20%。项目的固定成本为每年 21 000 元。生产新型卷笔刀需要重新购置一批设备,这批设备共需投资 90 000 元,其中包括设备运输成本、安装调试费用。简便起见,假设这 90 000 元在 4 年内 100% 被折旧。同时假定 4 年后处理这些设备的成本恰好等于届时设备的实际价值,即这些设备的残值为 0。这个项目启动时需要的净营运资本为 40 000 元,相关税率为 21%。

1. 项目经营现金流量

根据以上对新型卷笔刀项目未来 4 年各类收入和成本的预测,编制卷笔刀项目的预计利润表(见表 9-1)。

表 9-1 卷笔刀项目预计利润表

	年 度			
	1	2	3	4
单价/元	8	8	8	8
销量/个	30 000	30 000	30 000	30 000
销售收入/元	240 000	240 000	240 000	240 000
变动成本/元	135 000	135 000	135 000	135 000
固定成本/元	21 000	21 000	21 000	21 000
折旧/元	22 500	22 500	22 500	22 500
息税前收益/元	61 500	61 500	61 500	61 500
税费(21%)/元	12 915	12 915	12 915	12 915
净利润/元	48 585	48 585	48 585	48 585

经营现金流量的计算方法包括自上而下法、自下而上法和税盾法,无论采用哪种方法得到的结果都是一致的,这里以自上而下法为例。经营性现金流=销售收入-变动成本-税费=240 000-135 000-21 000-12 915=71 085 元,即卷笔刀项目每年预计的经营现金流量为 71 085 元。

2. 项目资本性支出和净营运资本

项目的总现金流量由经营现金流量、资本性支出和净营运资本变动共同构成,因此下面将继续处理固定资产和净营运资本的需求。已知在项目初始时期需要购置一批设备,加上设备运输成本、安装调试费用,共花费 90 000 元,因此在期初存在一笔购置固定资产的现金流出 90 000 元;由于固定资产被 100% 折旧,且 4 年后处理这些设备的成本恰好等于届时设备的实际价值,所以在项目期末固定资产无残值。此外,项目初始需要投资 40 000 元在净营运资本上,属于期初现金流出量;在项目存续期间没有净营运资本的变动;到项目期末,公司可以收回原先投资在净营运资本上的这笔钱,即在最后一年有

40 000 元的现金流入。表 9-2 中也列出了这一计算结果。

需要注意的是,在项目期间对净营运资本的投资,在未来的某个时刻,都会收回同样的投资额。

3. 预计项目的总现金流量和价值

现在卷笔刀项目所有的现金流量已经全部得出,其结果综合列示在表 9-2 中。除了项目总现金流量,还计算了累计现金流量和贴现现金流量。通过以上的分析结果,可以计算出项目的净现值、内部报酬率、回收期,并初步判断该项目是否值得投资。

将各期的贴现现金流和项目期初的投资成本相加,可以得到在 20% 的贴现率下,该项目的净现值为 73 310 元。显然,卷笔刀项目的净现值大于零,因此可以初步预测,该项目在未来能够给公司带来大于成本的收益,为公司创造价值,是值得投资的。内部收益率是项目净现值等于零时的贴现率,因为净现值为正,所以内部报酬率是大于 20% 的,可以计算出该项目的内部报酬率约为 45.65%,大于项目所要求的贴现率,这再次表明该项目是可以接受的。

该项目的初始投资为 −130 000 元,第 1 年和第 2 年总的现金流量均为 71 085 元,第 1 年的现金流量不足以覆盖初始投资成本,而前两年的累积投资回报超过了初始成本,从项目的累计现金流量也可以看出这一点。在第 1 年年末,卷笔刀项目还有 58 915 元的初始成本有待回收,58 915 元在第 2 年的现金流量中所占比例为 58 915 元/71 085 元 ≈ 0.83,假定这一现金流量平均分布在第 2 年中,那么该项目的投资回收期为 1.83 年。同样,根据项目的贴现现金流量来计算项目的贴现回收期,卷笔刀项目在第 2~3 年已经几乎回收初始成本,在第 2 年年末,还有 21 398 元的现金流量待回收,21 398 元/41 137 元 ≈ 0.52,因此该项目的贴现回收期为 2.52 年。

表 9-2　卷笔刀项目的预计总现金流量　　　　　　　　单位:元

	年　度				
	0	1	2	3	4
经营现金流量		71 085	71 085	71 085	71 085
净营运资本变动	−40 000				40 000
资本性支出	−90 000				
项目的总现金流量	−130 000	71 085	71 085	71 085	111 085
累计现金流量	−130 000	−58 915	12 170	83 255	194 340
贴现现金流量(贴现率为 20%)	−130 000	59 238	49 365	41 137	53 571
累计贴现现金流量	−130 000	−70 763	−21 398	19 739	73 310
净现值	73 310				
内部报酬率	45.65%				
投资回收期	1.83 年				
贴现回收期	2.52 年				

以上是对这个卷笔刀项目初步的现金流量分析,也就是项目的基本情况分析。根据净现值大于零这个结果,公司可以做出投资该项目的决策。但是以上一系列的现金流量

分析都是基于预测的未来现金流量的分析,项目实际的未来现金流量可能会与预测出现偏差,如此一来项目就存在并未分析到的风险。正的净现值的确传递了一个好的信号,但是对于决策者来说,还需要对项目进行进一步研究,分析预测中可能存在的偏差。

三、资本预算的不确定性

进行资本预算决策时,净现值大于零预示着该项目能为公司创造价值。但是 NPV>0 是否意味着该项目确实可以给公司带来收益?

可能这个项目的确有正的净现值,选择投资该项目将给公司带来收益。但还有一种不好的可能性,由于项目现金流量预测可能不准确,拥有正净现值的项目实际存在预测风险。预测风险就是在资本预算过程中,对项目现金流量和资本成本的预测可能出现的失误,这种失误会导致看到的净现值为正的项目实际上并不能给公司创造价值,甚至会带来亏损,从而导致公司做出糟糕的决策。由于过度乐观,预测的现金流量未能实际反映可能的未来现金流量,项目的风险往往被低估。人们都希望项目可以被接受,在预测现金流量时或许只看好的方面,这种预测误差是不可避免的,但是这也提醒决策者在对项目进行预测时应谨慎细致,尽量减小预测的偏差。

在资本预算中,预测的偏差不可避免,估算可能不准确或者会受到外界条件变化的影响,从而使投资项目不能获得预期的利润甚至造成亏损。因此,利用这些预测的数据做出的投资决策可能并不是真正的最佳决策。在资本预算中,引入不确定性分析是十分必要的,通过不确定性分析,一方面可以帮助高层管理者做出更合理的决策,另一方面也可以提高公司承受项目风险的能力。

第三节　资本预算的敏感性分析与情景分析

不确定性分析是对生产、经营过程中各种事前无法控制的外部因素变化与影响所进行的估计和研究。经济发展的不确定因素普遍存在,如基本建设中就存在投资是否超出、工期是否拖延、原材料价格是否上涨、生产能力能否达到设计要求等问题,这些问题都会影响决策的结果。为了正确决策,需要进行技术经济综合评价,计算各因素发生的概率及对决策方案的影响,从中选择最佳方案。不确定性分析的基本分析方法包括敏感性分析、情景分析和盈亏平衡分析。

一、敏感性分析

拓展阅读 9.1
资本预算中的净现金流量预测十项规则

敏感性分析是对项目可能的不确定因素进行分析,以评估各项因素的变化对项目评价指标(如项目净现值、内部收益率、投资回收期等)的影响程度,找出项目中有重要影响的敏感因素。敏感性分析法可以使决策者全面掌握项目的盈利能力和潜在危险,从而制定相应的对策。敏感性分析的主要分析思路是:改变分析中的一个变量,并保持其他变量不变,观察项目评价指标的估计值随着该变量变动而变动的敏感程度。

进行敏感性分析前,首先要对变量进行乐观估计和悲观估计,有时候也被称为最好的情境和最坏的情境。从广义上讲，如果考虑的是变量的合理波动范围，那么乐观估计值对应的就是合理波动范围的上限，而悲观估计值则是合理波动范围的下限。

（一）运用

对于一个项目来说，围绕收入和成本的每项假设都可能存在很大的不确定性。现在继续考察上节中的卷笔刀项目，说明如何进行敏感性分析。

卷笔刀项目的总收入取决于卷笔刀的销售单价和销量。根据对类似项目市场表现的分析，可以假设单价的变动范围为 7～10 元，也就是在悲观情境下，可以以每个卷笔刀 7元的价格出售；而对单价的乐观估计是 10 元。假设销量的变动上限为 40 000 个，下限为20 000 个。在这个卷笔刀项目中考虑的影响收入的因素是单价和销量；而在某些项目中可能会考虑市场份额、市场规模和销量的变动对收入的影响，这种考虑通常会认为市场份额和市场规模共同影响了销量。

接着对项目成本的变动进行悲观估计和乐观估计。在资本预算分析中，影响项目成本的不确定因素主要是变动成本和固定成本。变动成本随产量变动而变动，当产量为 0时，变动成本也为 0。在卷笔刀项目中，以单位变动成本作为主要变量。固定成本是指在一个特定时间范围内成本是固定的，与变动成本不同，在一定时间内（至少在项目存续期间），固定成本不会随着生产的产品或者提供的服务的数量的变化而变化。表 9-3 列出了卷笔刀项目几个主要变量的悲观情境、乐观情境和基准情况的假设。

表 9-3　卷笔刀项目在乐观情境和悲观情境下的变量假设

变量	悲观情境	基准情况	乐观情境
单价/元	7	8	10
销量/个	20 000	30 000	40 000
单位变动成本/元	5.5	4.5	4
固定成本/元	24 000	21 000	18 000

为了确定项目的净现值对这些变量的敏感程度，分别对每个参数的悲观估计和乐观估计重新进行现金流分析，计算卷笔刀项目的净现值。在对项目进行敏感性分析时，只有一个变量发生改变，其他变量均保持不变。例如，估计项目净现值对单价的敏感程度，如果销售单价为 10 元，其他变量不变，项目的净现值将变为 196 016 元；如果单价下降到7 元，净现值将下降到 11 957 元。对剩下的每个变量都重复这一计算，结果如表 9-4所示。

表 9-4　基于乐观情境和悲观情境下变量假设的项目净现值　　　　　　　　单位：元

变量	NPV		
	悲观情境	基准情况	乐观情境
单价	11 957	73 310	196 016
销量	−12 584	73 310	216 467
单位变动成本	11 957	73 310	103 987
固定成本	67 175	73 310	79 446

　　为了便于观察,将上述结果表示在如图 9-1 所示的龙卷风图中,以说明卷笔刀项目的敏感性分析结果。龙卷风图用于描述敏感性分析中不确定因素的敏感程度,在龙卷风图中有一个中心纵轴和一系列向左右伸展的横条,中心纵轴表示敏感性分析中的基准结果(此例中为基准情况下的项目净现值),横条长度反映了各因素对基准结果的影响,横条越长,表明不确定因素对基准结果的影响越大。

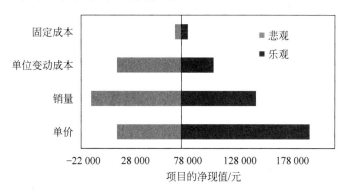

图 9-1　卷笔刀项目的敏感性分析结果(龙卷风图)

　　在图 9-1 中,深色横条表示基于乐观情境下的变量假设,项目净现值的改变;而浅色横条表示基于悲观情境下的变量假设,项目净现值的改变。从上至下,图中横条分别表示由于固定成本、单位变动成本、销量、单价的不确定性引起的项目净现值的变动范围。由卷笔刀项目敏感性分析的龙卷风图可见,固定成本的变动对项目净现值的影响最小,其不确定性对项目净现值估计值的影响比较温和;而销量和单价的变动引起了项目净现值较大的波动,即项目净现值对这两个变量的敏感程度较高。

　　另一个更为直观地表示项目净现值对变量敏感程度的方法是将每个变量假设所对应的净现值画在一条线上,并比较代表每个变量的线条的陡峭程度。线条越陡峭,就代表项目净现值的估计值对该变量变动越敏感。如图 9-2 所示,4 个变量中,销量对应的线条最陡峭,这意味着项目净现值对销量的变动最为敏感,在项目分析中应该对该变量给予更多的关注,尽量防止这一变量变动给项目带来的风险。

(二) 评价

　　敏感性分析通过计算关键项目变量错误估计的后果,并比较这些变量对项目净现值的影响程度,确定影响项目经济效益的敏感因素;变量的乐观估计和悲观估计分别求得的项目净现值构成了项目变动导致项目经济效益变动的范围。此外,对不同项目的敏感性分析进行比较,还可以区分出敏感程度大或敏感程度小的方案,指出在哪些方面需要搜集更多的信息。这都为决策者确定可行的投资方案提供了可靠依据。

　　尽管如此,敏感性分析还存在一些局限性。首先,敏感性分析只允许一个假设(或变量)发生改变,而其他假设必须保持不变,而实际情况中,敏感性分析中的主要变量之间是相关的,会相互影响,变量常常同时变动。例如,如果销售价格上升至产品价格上限是由通货膨胀推动的,很可能产品的成本也已经上升至相应水平。再者,敏感性分析存在很大

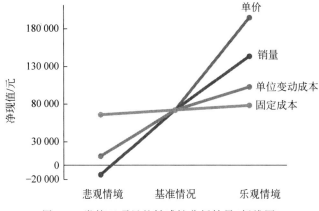

图 9-2　卷笔刀项目的敏感性分析结果（折线图）

的主观性。针对同一个项目，不同部门对乐观和悲观的看法并不一样，甚至过度乐观或过度悲观很容易给经理们造成安全错觉；或者对于敏感性分析最终的结果，不同的决策者也可能持有不同的态度。这种差别可能是由对项目风险的厌恶程度引起的。

二、情景分析

情景分析是针对不同情况下投资项目的效益进行分析，它衡量的是当一组假设变量变化时，项目的净现值如何变化。情景分析是公司从自身角度出发，通过综合分析整个行业环境甚至是社会环境，评估和分析自身及竞争对手的核心竞争力等，衡量项目未来可能出现的变化。情景分析中，每一组变量变化的情况都成为一个情境。考虑三种情境：基准情况、悲观情境、乐观情境。通过对悲观情境进行分析，可以得到项目净现值的最小值，如果这个最小值仍然是一个正值，则说明该项目情况非常好，可以使公司对项目的开展更有信心。

（一）运用

现在假设在上节敏感性分析中的主要变量同时变动，即把卷笔刀的销售单价、销量、单位变动成本、每年的固定成本的不确定性同时考虑在内。表 9-5 列示出了悲观情境、乐观情境及基准情况下的变量假设。

表 9-5　卷笔刀项目不同情境下的变量假设

	单价/元	销量/个	单位变动成本/元	固定成本/元
基准情况	8	30 000	4.5	21 000
悲观情境	7	18 000	5.5	24 000
乐观情境	10	40 000	4.0	18 000

根据以上信息，可以计算出不同情境下的净利润、现金流量、净现值和内部报酬率。计算结果如表 9-6 所示。

表 9-6　不同情境下的情景分析结果

	净利润/元	现金流量/元	净现值/元	内部报酬率/%
基本情况	48 585	71 085	73 310	45.65
悲观情境	−15 405	7 095	−92 343	−16.91
乐观情境	157 605	180 105	355 534	135.39

在悲观情境下,项目的现金流量依然为正的 7 095 元,这一结果预示该项目情况较好。但同时,在悲观情境下,项目的内部报酬率为−16.91%,净现值为−92 343 元。综合以上分析结果认为在悲观情境下,不利于项目的实施,决策者也可能因此而拒绝该项目。

(二)评价

情景分析是基于对投资项目内部环境的了解,确定项目中主要的不确定因素,然后对项目进行定性和定量分析,即分别对悲观情境和乐观情境的变量组合的变动进行现金流量分析。情景分析注重了解内部环境,注重对项目起主要作用的关键因素及其协调一致性关系的分析。对悲观情境和乐观情境的估计需要决策者的主观判断,这导致情景分析与敏感性分析一样具有很强的主观性。情景分析考察了多个变量的组合变动情况,认为未来的发展有多种可能的趋势,其预测结果具有多样性,能有效降低预测误差对项目决策的影响,对投资决策有较为可靠的参考性。

情景分析考虑了变量的同时变动,这弥补了敏感性分析的一些缺陷,但是它仍然存在一些局限性。第一,对有些项目来说,某些假设存在较大的不确定性,有些情境可能不够现实,因此无法发现不切实际的结果。第二,数据的有效性难以保证,而且决策者开发现实情境的能力有限,可能无法同时发现所有的不切实际的结果,这一点很多时候依赖于决策者的经验积累。对情景分析来说,数据的有效性和决策者开发现实情境的能力是情景分析的主要难点。

第四节　资本预算的盈亏平衡分析

盈亏平衡分析是根据项目中产品的销量、成本、利润之间的相互关系等方面的综合分析,预测利润,控制成本,判断经营状况,衡量经济效益的一种重要方法。它是通过盈亏平衡点分析项目成本与收益平衡关系的方法。由于生产经营中各种不确定因素的变化会影响投资项目的经济效果,当这些因素的变化达到某一临界值时,就会影响投资项目决策。盈亏平衡分析就是要找出这种临界值,即盈亏平衡点。

在上节对卷笔刀项目的敏感性分析中,结果显示项目的净现值对销量的变动是比较敏感的。事实上,销量通常被证明是一个项目的关键变量。例如,对于一个扩张型项目,最难预测的就是未来究竟能卖出多少产品。由于这些变量难以预测,敏感性分析和情景分析就会失效,这时可以对项目进行盈亏平衡分析,说明当销售水平恶化到什么程度时项目开始亏损。盈亏平衡分析是分析销量与盈利能力之间相互关系的一种流行且常用的工具,它是敏感性分析方法的有效补充。盈亏平衡分析可以分为会计盈亏平衡分析和净现值盈亏平衡分析。

一、会计盈亏平衡分析

会计盈亏平衡分析是确定项目净利润为零时的销量,即确定某一产品或服务的销量,在该销量上收入正好弥补成本,达到会计意义上的盈亏平衡。

项目的成本可以分为固定成本和变动成本,定义变动成本为销量和单位变动成本之积。在投资决策分析中已经学习过项目净利润的计算,以下是与项目净利润相关的全部变量:

P——产品销售单价;

v——单位变动成本;

Q——总销量;

S——总销售收入 $=P \cdot Q$;

VC——总变动成本 $=v \cdot Q$;

FC——固定成本;

D——折旧;

T_C——税率。

项目的净利润可以表示为

$$净利润 = (销售收入 - 变动成本 - 固定成本 - 折旧) \times (1 - 税率)$$
$$= (S - VC - FC - D) \cdot (1 - T_C) \tag{9-1}$$

当项目达到会计盈亏平衡时,项目的净利润为0,这时式(9-1)可以简化为

$$S - VC - FC - D = 0 \tag{9-2}$$

当净利润为0时,项目的息税前收益也为0。对式(9-2)重新整理后,将 $S = P \cdot Q$ 和 $VC = v \cdot Q$ 代入,并重新整理后,可以解出盈亏平衡点的销量:

$$S - VC = FC + D \tag{9-3}$$

$$P \cdot Q - v \cdot Q = FC + D \tag{9-4}$$

$$(P - v) \cdot Q = FC + D \tag{9-5}$$

$$Q = \frac{FC + D}{P - v} \tag{9-6}$$

即

$$会计盈亏平衡点 = \frac{固定成本 + 折旧}{销售单价 - 单位变动成本} \tag{9-7}$$

其中,销售单价和单位变动成本之间的差额被称作单位边际贡献,因此盈亏平衡点的销量就等于固定成本和折旧费用之和除以单位边际贡献。下面通过一个例子说明会计盈亏平衡分析。

某公司计划投资 120 万元生产净水机,假设该项目将存续 10 年,初始投资将会以直线折旧法在 10 年内全部被折旧。公司将以 1 500 元的价格出售这种净水机,每生产一台净水机需要 1 000 元的成本,另外还有 20 万元的固定成本。假设该项目要求的报酬率为 20%,相关税率为 21%。公司每年需要销售多少台净水机才能保持盈亏平衡(净利润为 0)?

当净利润为 0 时,税后收入等于税后成本。对会计盈亏平衡点的公式推导显示,达到盈亏平衡时,息税前收益也为 0,因此本例在计算时不再考虑税费。

每售出一台净水机,公司都可以获得 1 500－1 000＝500 元的收益,即单位边际贡献为 500 元。销售价格与单位变动成本之间 500 元的差异需要用来补偿其他费用(固定成本和折旧费用),因此在该项目中必须补偿共 200 000＋120 000＝320 000 元的会计费用。每出售一台净水机可以得到 500 元的补偿,要补偿所有其他会计费用,就需要出售 $\frac{320\ 000}{500}=640$ 台净水机。

对结果进行验算,当销售水平为 640 台时,公司获得总收入 1 500×640＝960 000 元,变动成本为 640 000 元。因此可以得到如表 9-7 所示的利润表。

表 9-7　项目的利润表　单位:万元

销售收入	96
变动成本	64
固定成本	20
折旧	12
息税前收益	0
税费(21%)	0
净利润	0

显然,当销量为 640 台时,项目达到会计盈亏平衡,息税前收益和净利润都为零。从会计角度来看,该项目的收入等于成本,而且没有税费。

用图 9-3 来呈现这种盈亏平衡,总成本等于变动成本和固定成本的水平加总,当总收入等于总成本时,就达到了盈亏平衡。总收入线与总成本线的交点即为盈亏平衡点,在此例中,盈亏平衡点的销量为 640 台。

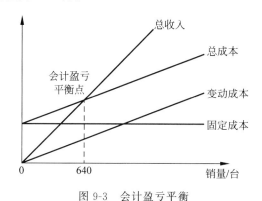

图 9-3　会计盈亏平衡

与盈亏平衡点相关的一个重要概念是公司的安全边际。安全边际是指公司正常销量超过盈亏平衡点销量的部分,它表明销量下降多少公司仍然不会发生会计上的亏损。计算公式为

$$安全边际 = 正常销量 - 盈亏平衡点销量 \tag{9-8}$$

通常情况下,安全边际越大,公司发生亏损的可能性越小,安全边际实际上代表公司

盈利部分的值,是公司会计利润的来源。

二、净现值盈亏平衡分析

在进行项目分析时,会计盈亏平衡是一种非常有用的工具。然而,公司在进行项目分析时,最终关心的是项目的现金流量而不是会计利润,因此还需要分析销量与现金流量之间的关系。决策者希望知道当销量达到何种水平时,投资项目未来的现金流入正好弥补现金流出时的销量,或者说要寻求项目的净现值为零时所必需的销量,这就是净现值盈亏平衡分析。

继续分析前面的净水机项目,计算该项目的净现值盈亏平衡点。

假设当每年的销量为 Q 时,净水机项目实现净现值盈亏平衡,即项目的净现值为零。

首先,计算项目的经营现金流量,根据税盾法,经营现金流量=(销售收入-成本)×$(1-T_C)$+折旧×T_C。结合上面给出的项目相关信息,可以进行如下计算:

$$
\begin{aligned}
\text{经营现金流量} &= (\text{销售收入}-\text{变动成本}-\text{固定成本}) \times (1-T_C)+\text{折旧} \times T_C \\
&= (1\,500Q-1\,000Q-200\,000) \times (1-21\%)+120\,000 \times 21\% \\
&= (500Q-200\,000) \times 0.79+25\,200 \\
&= 395Q-132\,800
\end{aligned}
$$

显然,在第 1~10 年,项目的经营现金流量都为 $(395Q-132\,800)$ 元。除了经营现金流量之外,项目在期初有 1 200 000 元的初始投资,即在第 0 年存在 1 200 000 元的现金流出。那么,对于项目的总现金流量来说,在第 0 年为 $-1\,200\,000$ 元,第 1~10 年为 $(395Q-132\,800)$ 元。将这些现金流量分别贴现到期初并加总,就是项目的净现值。第 1~10 年的现金流量可以看作是每期现金流量为 $(395Q-132\,800)$ 元,贴现率为 20% 的普通年金。因此,这 10 年的现金流量贴现到项目期初的现值就可以用年金公式计算,即

$$\text{PV}=C \times \text{年金系数} \tag{9-9}$$

其中,$C=395Q-132\,800$,年金系数 $=\dfrac{1-\left(\dfrac{1}{1+r}\right)^{t}}{r}$。在 20% 的必要报酬率下,10 年的年金系数为 4.192 5。

得出项目的净现值为

$$\text{NPV}=\text{PV}-1\,200\,000$$

如果 NPV=0,即 PV=1 200 000。将以上所得数据代入等式,通过整理得出净现值盈亏平衡点的销量 Q:

$$(395Q-132\,800) \times 4.192\,5=1\,200\,000$$

解得,$Q=1\,061$ 台。

净现值盈亏平衡点是项目净现值为零的销量,根据已知的预测数据,可以计算出项目每期的经营现金流量。如果将初始投资额 1 200 000 元分摊到以后的 10 年中,将得到每年的现金流出量,即投资额的等值年度成本。当经营现金流量等于等值年度成本时,项目的净现值为零,也就达到了净现值盈亏平衡。其中,等值年度成本的计算公式为

$$\text{等值年度成本(EAC)}=\frac{\text{初始投资额}}{\text{年金系数}} \tag{9-10}$$

回到本例中,可以得到:

$$EAC = \frac{1\ 200\ 000}{4.192\ 5} = 286\ 227(元)$$

要达到 NPV＝0,需要满足经营现金流量＝等值年度成本,即

$$395Q - 132\ 800 = 286\ 227$$

解得,$Q = 1\ 061$ 台。

结果显示,净水机的年销量为 1 061 台时,该项目的净现值为零,达到净现值盈亏平衡;当年销量超过 1 061 台时,项目的净现值为正,项目才是可行的,如图 9-4 所示。

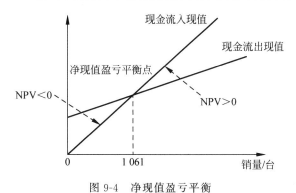

图 9-4 净现值盈亏平衡

这个例子说明了如何确定项目的净现值盈亏平衡点,现在将例子一般化,总结这一分析过程。

根据税盾法,经营现金流量表示为

经营现金流量＝(销售收入－变动成本－固定成本)×(1－税率)＋折旧×税率

$$= (P \cdot Q - v \cdot Q - FC) \cdot (1 - T_C) + D \cdot T_C$$

$$= (P - v) \cdot Q \cdot (1 - T_C) - FC \cdot (1 - T_C) + D \cdot T_C \tag{9-11}$$

当经营现金流量与每年支付的成本现值之和为零时,达到净现值盈亏平衡。也就是说,需要知道投资额的等值年度成本(EAC)。等值年度成本是项目的现金流出量,当项目经营现金流量等于等值年度成本时,达到净现值盈亏平衡。即

$$EAC = (P - v) \cdot Q \cdot (1 - T_C) - FC \cdot (1 - T_C) + D \cdot T_C \tag{9-12}$$

整理得到

$$Q = \frac{EAC + FC \cdot (1 - T_C) - D \cdot T_C}{(P - v)(1 - T_C)} \tag{9-13}$$

即

$$净现值盈亏平衡点 = \frac{投资额的等值年度成本＋固定成本×(1－税率)－折旧×税率}{(销售单价－单位变动成本)×(1－税率)}$$

$$\tag{9-14}$$

其中,投资额的等值年度成本＝初始投资额/年金系数。

三、对盈亏平衡分析法的评价

通过净水机项目的盈亏平衡分析发现,项目的会计盈亏平衡销量为 640 台,净现值盈

亏平衡销量为1061台。为什么会计盈亏平衡点与净现值盈亏平衡点不相等呢？用会计利润计算盈亏平衡点时,每年剔除了12万元的折旧,每年只要生产640台净水机,来自项目的收入就可以弥补经营成本,但这种销售水平无法弥补投资的机会成本。如果公司没有选择接受这个项目,而是将这笔资金投资到其他项目,获得20%的利润,那么投资的等值年度成本就不是12万元,而是286 227元。这样一来,实现了会计盈亏平衡点销量的公司仍然亏损,因为它忽略了初始投资的机会成本。

盈亏平衡分析本身不能最终确定某项目是否可行,但它可以为项目决策的制定提供一些有用的信息。盈亏平衡点销量越低,说明项目盈利的可能性越大,亏损的可能性越小,项目有较强的抗经营风险能力。

(一) 对会计盈亏平衡分析的评价

假设一家拥有严密的区域分销系统的小型专业冰激凌制造商正在考虑拓展新的市场。基于对现金流量的估计,该制造商发现拓展计划的净现值为正。分析发现拓展计划的关键因素是销量。假设该制造商基于行业环境、公司的核心竞争力已经确定了冰激凌的销售价格。此外,该制造商还能合理地推算出相关的生产成本和分销费用,但对于冰激凌未来的销量不能做出准确的估计。

给定成本和销售价格,可以计算出会计盈亏平衡点。通过会计盈亏平衡分析,该制造商发现,需要占有30%的市场份额才能达到会计盈亏平衡。假如目前该制造商只占有10%的市场份额,那么30%的市场份额这一结果就不大可能发生,不过这也提醒制造商,项目实际的净现值可能为负。反过来说,如果冰激凌项目目前所拥有的买家承担的购货量已经大致等于盈亏平衡点的销量,那么制造商一定能卖出更多的冰激凌。在这种情况下,预测风险很低,对于估计值也更有信心。因此,尽管实现会计盈亏平衡的公司可能仍然出现亏损,但会计盈亏平衡分析仍然是有用的,因为它为项目决策提供了依据。

会计盈亏平衡分析的优点主要包括:

(1) 会计盈亏平衡和投资回收期法是非常类似的计量方法。与投资回收期法一样,会计盈亏平衡容易计算和解释。

(2) 管理者关注的往往是项目对公司总会计盈余的贡献。一个项目如果不能在会计意义上达到盈亏平衡,那么实际上它会降低公司的总盈余。

(3) 一个在会计计量基础上刚刚达到盈亏平衡的项目,从财务或机会成本的角度来看,可能是赔钱的。这是事实,因为公司可以将资金投资于其他项目并由此获得收益。这种项目损失的钱并不是真正意义上的付现。正如刚才讨论的那样,从项目中获得的收入刚好等于经营成本。由于一些非经济性的原因,这种机会损失可能比实际的付现损失更容易发生。

(二) 对净现值盈亏平衡分析的评价

会计盈亏平衡分析以净利润为零作为盈亏平衡点,并没有考虑货币的时间价值,这种盈亏平衡实际上意味着项目已经损失了基准收益水平的收益,项目存在潜在的亏损。净现值盈亏平衡分析在会计盈亏平衡分析的基础上,将货币的时间价值考虑在内。净现值盈亏平衡分析不仅考虑了货币的时间价值,而且可以根据公司所要求的不同的必要报酬率确定不同的盈亏平衡点,使公司的投资决策和经营决策更全面、更准确,从而提高项目投资决策的科学性和可靠性。

(三)盈亏平衡分析的局限性

盈亏平衡分析作为一种不确定性分析方法,对敏感性分析和情景分析有所补充,但在实际分析中,这一方法仍存在下列不足。

(1)盈亏平衡分析假设产量等于销量,也就是默认了生产的所有产品都被售出。但实际上,生产的产品并不一定被全部售出,产品销量和产量常常不同。

(2)盈亏平衡分析假设单位变动成本不变。在实际生产经营中,产品的单位变动成本会随着产量的变化而变化。例如,在一个实现规模经济的制造公司,随着产量的增加,单位产品的变动成本会降低。

(3)盈亏平衡分析假设产品的销售单价不变。事实上,由于市场供求关系及一些宏观经济因素的影响,产品的价格可能会变化。

(4)盈亏平衡分析仅考虑销量这一不确定因素。项目的各个变量之间是有相关性的,一个变量的变动会影响其他变量的变动,这也是敏感性分析存在的缺陷。

四、经营杠杆

(一)经营杠杆的定义

经营杠杆是指在公司生产经营中由于存在固定成本而使息税前利润变动率大于产销量变动率的规律。经营杠杆反映的是销量与息税前利润的杠杆关系。只要公司存在固定成本,就存在经营杠杆效应的作用。在

拓展阅读 9.2
关于经营杠杆的
误读与厘析

一定时期和一定业务量范围内,公司固定成本占比越大,成本控制弹性越小,经营杠杆效应的作用越大,此时产销量变动引起的息税前利润变动率较大。

在一定销量范围内,销量的增加不会影响固定成本总额,但会使单位产品固定成本降低,从而提高单位产品利润,使利润增长率大于销量增长率;销量减少会使单位产品固定成本升高,从而降低单位产品利润,使利润下降率大于销量下降率。经营杠杆是一个项目或公司负担的固定成本的水平。固定成本越高的项目或公司,经营杠杆就越高。对于任何一家公司来说,厂房和设备上的投资都属于项目投资,这些项目被称为资本密集型项目。资本密集型项目具有较高的经营杠杆程度。经营杠杆的程度越高,预测风险的潜在危险就越高。这是因为在对销量进行预测时,相对较小的错误可能被放大,造成现金流量预测的较大偏差。

(二)经营杠杆系数

经营杠杆系数(DOL)是利润变动率(息税前收益的变动率)与销量(或销售收入)变动率的比值,通常用会计利润来测量:

$$\text{DOL} = \frac{\text{利润变动率}}{\text{销量变动率}} \tag{9-15}$$

用息税前收益来表示利润,可以得到

$$\text{DOL} = \frac{\Delta \text{EBIT}/\text{EBIT}}{\Delta Q/Q} = \frac{(P-v)\Delta Q}{\text{EBIT}} \div \frac{\Delta Q}{Q}$$

$$= \frac{(P-v)Q}{\text{EBIT}} = \frac{\text{EBIT} + \text{FC} + D}{\text{EBIT}}$$

$$= 1 + \frac{\text{FC} + D}{\text{EBIT}} \tag{9-16}$$

根据 $\text{DOL} = \dfrac{(P-v)Q}{\text{EBIT}}$,可以将经营杠杆系数简化为基期边际贡献与基期息税前收益之比。经营杠杆反映了公司的利润如何随销量的变动而变动。固定成本是影响经营杠杆系数的根本因素,产销量、单价、单位变动成本对经营杠杆系数也有影响。其中,固定成本、单位变动成本对经营杠杆系数有正向影响,当固定成本或是单位变动成本增加时,项目的总成本增加,引起息税前收益减少,从而导致经营杠杆系数增加;经营杠杆系数与产销量和单价反向变动,当产销量或销售单价增加时,项目的销售收入将增加,息税前收益也随之增加,最终引起经营杠杆系数减小。

在上面的净水机项目中,固定成本为 20 万元,折旧为 12 万元,当销量为 1 000 台时,息税前收益 = $1\,000 \times (1\,500 - 1\,000) - 200\,000 - 120\,000 = 18$ 万元。可以求出此时的经营杠杆为

$$\text{DOL} = 1 + \frac{20 + 12}{18} = 2.78$$

若固定成本不变,销售收入减少 1%,项目的利润将下降 2.78%。

总的来说,公司经营风险的大小通常使用经营杠杆来衡量。经营杠杆具有以下特点:

(1) 它体现了利润变动与销量变动之间的变化关系;

(2) 经营杠杆系数越大,经营杠杆作用和经营风险越高;

(3) 固定成本不变,销售额越大,经营杠杆系数越小,经营风险越低,反之则相反;

(4) 当销售额达到盈亏临界点时,经营杠杆系数趋于无穷大。

(三)经营杠杆的作用

1. 经营杠杆反映了公司的经营状况

规模大的公司的固定成本很高,这就决定了其利润变动率远远大于销售变动率。公司要想多提高盈利能力,就必须不断增加销量,以成倍获取利润。单位变动成本较高,销售单价较低,经营杠杆同样会偏大,利润变动幅度仍然大于销售变动幅度。也就是说,获利能力与利润增长的快慢之间不存在直接的关系。

2. 经营杠杆反映了公司的经营风险

在经营杠杆率较高的情况下,当销量减少时,利润将以经营杠杆率的倍数成倍减少;销量增加时,利润将以经营杠杆率的倍数成倍增长。这表明经营杠杆率越高,利润变动越剧烈,公司的经营风险越高;反之,经营杠杆率越低,利润变动越平稳,公司的经营风险越

低。通常情况下,经营杠杆高低只反映公司的经营风险高低,不能直接代表其经营成果的好坏。

3. 经营杠杆能够预测公司未来的业绩

通过计算公司的经营杠杆可以对公司未来的利润及销售变动率等指标进行合理的预测。通过计算公司计划期的销售变动率来预测公司的销售,可以较快地得出预测结果。与此同时,可以进行差别对待,针对不同的产品预测不同的销售变动率,有利于公司进行横向和纵向的比较。

(四) 经营杠杆与盈亏平衡

盈亏平衡分析是一种保本分析,它为公司在从事生产经营过程中实现经营决策等相关决策提供了基础。在进行盈亏平衡分析时,需要对公司的经营风险和安全程度进行定位,明确在一定条件下公司愿意且必须承担的经营风险程度,而经营杠杆反映公司经营风险的高低。在已知经营杠杆系数的条件下,会计盈亏平衡点销量可以表示为

$$Q = \frac{\mathrm{DOL} - 1}{\mathrm{DOL}} \cdot Q_0 \tag{9-17}$$

其中,DOL 表示销量为 Q_0 时的经营杠杆系数。

销售收入处于盈亏平衡点前段时,经营杠杆系数随销售收入的增加而递增;销售收入处于盈亏平衡点后段时,经营杠杆系数随销售收入的增加而递减;当销售收入达到盈亏平衡点时,经营杠杆系数趋于无穷大,此时经营风险最高。

第五节　资本预算的蒙特卡罗模拟

资本预算是为了通过对项目进行投资决策分析,判断项目在经济上是否可行。项目会受到其本身及项目内外部环境的影响,在实际决策过程中往往与预测结果存在偏差,项目管理者需要了解各种因素变化对项目经济效果的影响程度,了解投资方案对各种因素变化的承受能力。然而影响项目未来经济效果的不确定因素多种多样,这加大了项目管理者进行投资决策分析的难度,蒙特卡罗模拟借助计算机技术,有效地解决了这一问题。

蒙特卡罗模拟是一种在对随机因素做出主观概率估计的基础上,通过随机模拟实验产生一组随机数,用来模拟由这些随机因素所确定的随机函数的概率分布的模拟实验分析方法。蒙特卡罗模拟利用多次随机抽样,得出随机变量的概率分布,随着随机抽样次数的不断增加,这一概率分布更接近实际分布。在这个过程中,可以同时考虑多个不确定因素,并且将不确定因素的变化规律考虑进来,对项目进行不确定性分析。

蒙特卡罗模拟是对现实世界的不确定性建立模型的进一步尝试。例如,掷一个无偏硬币,正面朝上和反面朝上的概率都是 50%,那么在掷 100 次之后,正面朝上和反面朝上一定都会出现 50 次吗?答案是否定的。重复掷这枚硬币并记录每次正反面的情况,可能在记录大量数据后(或许 500 次,或许 1 000 次),会发现正面和反面出现的概率都接近 50%。如果使用蒙特卡罗方法模拟掷硬币,得到的结果会有更高的准确性。这就是为什么资本预算中要使用蒙特卡罗模拟。

蒙特卡罗模拟的基本思想是：现实中的某个变量总是服从某个特定的概率分布（如资本预算未来某一期的收益可能服从正态分布），这样可以利用计算机软件模拟出服从这种分布的大量随机数据；这些数据可以视为未来资本预算对应的各种可能"实验"的结果，进而可以得出资本预算的"实验真实值"，并通过模拟收益计算其方差来测定"模拟出的真实值"的风险。

一、蒙特卡罗模拟过程

一般情况下，蒙特卡罗模拟主要有以下四个步骤。

1. 建立基本模型

蒙特卡罗模拟的第一步是要给计算机一个精确的项目模型。例如，某项目总的现金流量由经营现金流量和初始投资构成，但在该蒙特卡罗模拟中，假定只有经营现金流量中存在不确定性，因此这一项目的蒙特卡罗模拟将以下面的现金流量模型为基础。

经营现金流量 =（销售收入 － 成本）×（1 － 税率）＋ 折旧 × 税率

销售收入 = 市场规模 × 市场份额 × 单位价格

成本 =（市场规模 × 市场份额 × 单位可变成本）＋ 固定成本

其中，市场规模是指项目中的产品整个行业的销量，市场份额是该公司项目在整个行业所占份额。一般来讲，项目的销量就等于市场规模与市场份额之积。

2. 确定变量分布

在该模型中，市场规模、市场份额、单位价格、单位可变成本都具有很大的不确定性，就像前面敏感性分析和情景分析中考虑的那样。首先需要确定这些变量的概率分布，用来表示变量的不确定性程度。除了考虑这些不确定性变量，在蒙特卡罗模拟中，还要重点考虑变量之间是如何相互影响的。

假设在该模型中，公司预测项目第一年的市场规模是 1 500 万单位，但决策者并不知道事实到底如何，实际的市场规模可能超过也可能低于预期，这就产生了预测误差。假设通过分析，决策者认为有 20％ 的概率市场规模为 1 800 万单位，有 15％ 的概率市场规模为 1 000 万单位。同样，也需要确定市场份额类似这样的概率分布。

现在来看看变量之间是如何相互影响的。决策者通过分析发现，销售单价的变动受市场规模的影响。市场规模越大，也就是市场需求量大的时候，可以制定更高的价格；反之，市场规模小的时候，销售单价会趋于降低。例如，某项目的市场部门通过考察，并经过一番定价模型的筛选，将产品的价格模型定为

产品的销售单价 = 160 ＋ 2 × 市场规模（以百万为单位）± 3

在该定价模型中，产品的销售单价受市场规模的影响，并且通过"±3"来模拟随机变量的浮动，表示＋3 或 －3 出现的概率均为 50％。例如，当市场规模达到 1 500 万单位时，每单位产品的销售价格将有两种概率：

$$160 ＋ 2 × 15 ＋ 3 = 193(元)(50％ 的概率)$$

$$160 ＋ 2 × 15 － 3 = 187(元)(50％ 的概率)$$

当然，除了变量之间可能相互影响，变量自身不同期之间也有影响，在对项目进行蒙特卡罗模拟时需要根据具体情况分析设定。

3. 通过随机抽样，模拟现金流量

在第一步的模型构建中，假定下一年的销售收入由市场规模、市场份额、销售单价构成。通过计算机随机抽取样本，可以得出该产品下一年的销售收入和销售成本。重复这一过程，模拟未来每一年的销售收入和销售成本。通过对模型中的每个变量进行模拟，即可得到未来每一年的现金流量。

但是，此时生成的现金流量只是众多可能结果中简单的一种，还需要对它们重复进行大量的随机抽样以得到现金流量的分布。依据特定的条件，计算机会随机生成成千上万个结果，从中得到现金流量的平均值、标准差、最大值、最小值等统计数据。

拓展阅读 9.3
蒙特卡罗模拟在财务预测中的运用

标准差反映数据的离散程度，标准差越大，说明数据偏离均值越大，风险也就越高；反之，标准差越小，说明数据偏离均值越小，风险就越低。根据这些信息，可以绘制出现金流量的累计频率分布图，得出未来每一年现金流量的分布。

4. 计算净现值

通过模拟得出未来每一年现金流量的分布后，可以根据这些分布更加精确地计算预期现金流量。最后根据适当的报酬率，对预期现金流量进行贴现，得到项目的净现值。

二、对蒙特卡罗模拟分析的评价

蒙特卡罗模拟分析在敏感性分析和情景分析的基础上，明确将变量间的相互作用和变量不同期间的自身影响考虑在模型之中，因此通常被认为是一种更优的方法。而且项目通过大量的模拟，预测结果更贴近实际，可以给决策者提供更为精准的参考。运用蒙特卡罗模拟分析，可以一次性解决各种因素存在不确定性时的经济效果值与风险情况，而不必单独对每个不确定因素进行分析。蒙特卡罗模拟通过计算机，可以在很短的时间内对变量进行多次模拟实验，不仅减少了决策者的大量烦琐工作，还提高了工作效率。

蒙特卡罗模拟成功的关键是如何估计出项目不确定因素的可能分布，目前主要有主观估计方法和客观估计方法。客观估计方法是依据历史数据，通过拟合分析建立不确定因素的概率分布；主观估计方法是利用专家的知识和经验，对不确定因素的概率分布做出推测和判断。不论是客观估计还是主观估计，其估计的概率分布还是会与实际情况出现偏差。此外，模拟的数据变量被要求是独立的，如果必须输入一个模式中的随机数并不是设想的那样，就可能构成非随机模式，那么最后得到的结果就会具有误导性，影响决策者的正确判断。

即测即练  扫码答题

习题与思考题

1. 说明资本预算的含义及资本预算的原则与过程。

2. 说明敏感性分析及敏感性分析的局限性。

3. 与敏感性分析相比,情景分析具有哪些优点?

4. 会计盈亏平衡与净现值盈亏平衡有何区别?

5. 说明蒙特卡罗模拟分析及步骤。

6. 某铅笔制造商准备推出一款新型铅笔,该公司正在分析这一项目的可行性。项目的初始投资为 120 万元,预计项目会存续 10 年。通过分析,决策者估计每年将以 5 元的单价卖出这款铅笔,产品的单位变动成本为 2 元,每年的固定成本为 9 万元。假设该项目的必要报酬率为 15%,相关税率为 25%。试计算:

(1) 项目的净利润为零时,该制造商生产的铅笔量;

(2) 项目的净现值为零时,该制造商生产的铅笔量;

(3) 比较以上两个结果,试述它们之间的区别和联系;

(4) 当销量处于净现值盈亏平衡点时,求项目的经营杠杆。

阅读专栏:新兴行业公司估值的不确定性与对策

每当对一家公司进行估值时,了解其所处宏观经济环境和行业特点,理解其历史财务状况和运营模式都至关重要。统计数据显示,新兴行业公司的估值普遍较高,这也成为市场投资者关注的焦点。以下在归纳了新兴行业公司特征的基础上,对新兴行业公司的估值方法进行简要的介绍,并分析如何识别和应对收益法中的不确定性。

1. 估值方法的选择

一般而言,新兴行业公司具有三个特征:①处于公司生命周期的初期阶段。新兴行业公司通常为初创公司或处于生命周期的初期阶段,发展前景巨大但产业环境还不成熟。该阶段的特征主要包括:投资可能不产生现金流,甚至产生负向现金流;未来增长难以确定,产品的市场渗透率无法评估,甚至是没有产品,市场空间无从得知;公司的竞争能力未知,如果该行业的投资回报率高,理论上接下来会有多家公司接踵而至,竞争分割市场份额。②独特性。在日新月异的发展环境中,新兴行业公司无论从行业地位、发展潜力、掌握或可借助的资源、人力资本等方面都有着自己的特点。从整个行业的角度来看,特性大于共性。③轻资产。新兴行业公司的主要长期投资通常为研发支出,其核心资产往往为内部形成的无形资产,如商标、客户关系、著作权、专利权及技术等。根据现行会计准则的要求,研究阶段的支出需要做费用化处理而开发阶段的支出只有符合条件的才能资本化。因此,这类无形资产虽然可能是公司的核心价值,却往往无法体现在资产负债表中。

公司估值有三种常用方法:成本法、市场法和收益法。成本法是通过对目标公司资产负债表上的各项资产进行估价来评估其价值的方法。由于新兴行业拥有轻资产的特征,在现行会计准则下,这些轻资产往往并未体现在资产负债表上,所以成本法通常不适用于新兴行业的估值。市场法是指比较被评估资产与类似资产的异同,并对其市场价格进行调整,从而确定被评估资产价值的资产评估方法。新兴行业公司往往各具独特性,可比公司难以选定;而且,新兴行业公司通常处于生命周期的前期,各项财务数据易呈现不稳定性(营收巨幅增长、前期经营净亏损等),导致可比乘数的选择很难具有代表性,因此市场法的运用并非主流。收益法(现金流折现法)是对目标公司的预期收益进行折现以确定估值时点的公司价值。与成本法和市场法相比,运用收益法对新兴行业公司进行估值有诸多优势:首先,依托自由现金流,是对公司价值的真实反映;其次,对收益的预测可以体现公司的盈利模式及变现能力;最后,收益法可以识别公司价值的驱动因素。然而,收益法的主要挑战是需要对较多变量参数进行预测,估值结果存在不确定性。

2. 收益法的主要考量

(1) 管理层预测。公司管理层有时可能会对外提供内部的财务预测数据,评估师需要认真权衡这些信息。

公司管理层财务预测的优劣势

优　　势	劣　　势
管理层掌握的目标公司信息更多、更准确,从而能提供准确的财务预测初始数值。同时,管理层掌握了市场测试数据,对未来增长潜力的预测可能更为准确	同与目标公司没有其他利益关系的外部投资者相比,公司管理层往往对于自己管理的公司、选择的员工及提供的产品存在过度自信的倾向,难以客观评价事实
管理层的自身利益往往与目标公司的表现息息相关,与外部投资者相比,管理层可能更有动力对公司各方面的数据进行详尽的分析	管理层对于公司的发展方向可能存在不切实际的规划
与外部投资者相比,管理层可能对公司管理和运营更有经验	在资本市场上,经验不一定是可靠的指引。管理层可能会从过去的成功中总结出错误的经验,而并未从过去的失败中获得足够的教训

资料来源:AswathDamodaron,安永分析.

(2) 数据分析。进行独立分析时,评估师通常是通过分析该公司的历史财务表现与同行业或类似行业其他不同成长周期阶段的公司的比较,做出财务预测。对于评估师或投资者来说,面对的不确定性越大,越需要保持财务预测和估值模型的简洁。他们需要从大量不确定的参数中,找出真正驱动公司价值的变量,利用这些变量构建估值模型。简洁的模型一方面可以使投资者专注于价值驱动因素,把握主要矛盾;另一方面也摆脱了其他不重要的变量参数,降低了出错的概率。

(3) 应对估值结果的不确定性。估值结果与市场价格的差异包含了市场价格对于内在价值的偏离程度及评估师的估值误差两个因素。人们都熟悉"价格围绕价值上下波动"这句话,但不知道价格会偏离多久,或这个时间有没有超过预期的投资期限。估值结果的误差可能来源于多种不确定性。面对这些不确定性,主要有四种常见的方法:①投资安全边界。本杰明·格雷厄姆在《证券分析》一书中首次提出了投资安全边界的概念,即资产的价值与价格的差异。价值投资者认为只应投资内在价值高于市场价格的股票或公司。因为内在价值难以准确估算,所以设置投资安全边界,从而使投资者有足够的空间判断该公司被低估的程度是否足够覆盖估算误差的风险,进而做出投资决策。②敏感性分析。敏感性分析有助于对单一的估值结果做出详细的解读。它可以为进一步进行不确定性分析(如概率分析)提供依据,也可以分析判断项目承担风险的能力,还可以通过比较多个方案的敏感性大小,在估值相似的情况下选出较为不敏感(风险相对较低)的投资方案。③情景分析。通过分析各种事件及其影响,情景分析可以帮助投资者做出更明智的选择。情景分析展现的不是一个确定的未来,而是简洁地展现未来可能出现的几种情形。不同于敏感性分析中只能变动一个参数的限制,情景分析可以在设置情景时同时改变多个变量的取值,从而分析该情景下各变量对估值的影响(如进行压力测试)。④蒙特卡罗模拟。当所要求解的问题是某种事件发生的概率,或者是某个随机变量的期望值(如公司价值)时,可以通过某种"试验"的方法,得到该事件出现的频率,或者这个随机变量的平均值,从而得到答案,这就是蒙特卡罗模拟的基本思想。无论是敏感性分析还是情景分析,得出的结果都是单一的数值。而蒙特卡罗模拟分析可以将估值结果的概率分布展现出来,从而进行相应的概率分析以更精确地量化估值中的不确定性。通过这个概率分布,投资者还可以识别估值结果的在险价值,得到更全面的解读,进而做出投资决策。

资料来源:https://mp.weixin.qq.com/s/Vz9agf5AZM5vKvPJnYeKKg.

第十章

资本资产定价模型与资本成本

　　投资一个项目或一项资产要承担一定的风险,投资者总是希望风险越低越好。为了尽可能地降低风险,大多数投资者都会选择将资金分散到不同的项目或资产上,达到分散化的目的。但是风险不可能被完全消除,这部分不能被分散的风险也就是系统风险。对于不可避免的风险,投资者会要求一定水平的期望回报,以弥补承担的风险。资本资产定价模型解释了资产的期望收益率与非系统风险之间的关系。将视角从投资者转向公司,这个期望的收益率就是公司的资本成本。资本成本是公司进行融资决策、投资决策、绩效评估或公司价值评估的重要依据。本章将介绍资产的收益率和风险的度量、资本资产定价模型及资本成本,并依次说明权益资本成本、债务资本成本和加权平均资本成本。

学习目标

- 区别资产的期望收益率、方差、标准差
- 熟悉风险的分散和资产组合风险
- 了解系统风险和非系统风险
- 掌握资本资产定价模型及其运用
- 解释公司资本成本的重要性及影响公司资本成本的因素
- 辨别公司资本成本和项目资本成本
- 说明权益资本成本、优先股成本、债务资本成本的含义与计算方法
- 具备计算加权平均资本成本的能力

第一节　资产组合

一、收益和风险

　　进行一项投资时,投资者在未来也许会获得收益,但同时也伴随着损失的可能性。亚当·斯密在《国富论》中,将收益定义为“那部分不侵蚀资本的可以消费的数额”,把收益看作是财富的增加。对于一项资产来说,收益可以理解为资产价值的增加。

　　风险是一个非常重要的财务概念。风险最简单的定义是:风险表示带来财务损失的不确定,遭受损失的可能性越大,就认为风险越高。这个定义主要强调风险可能带来的损失。事实上,风险不仅可能带来超出预期的损失,也可能带来超出预期的收益。因此,对风险更准确的定义是,风险是指获得与预期不同的投资报酬(低于预期报酬,或高于预期报酬)的可能性。任何资产都具有不可分离的风险与收益的特性。如果对资本市场历史

进行回顾分析,可以发现,承担风险的资产可以得到回报,而且资产的潜在收益越大,其风险就越高。

对于单个资产,通常用期望收益率来衡量其收益,用期望收益率的方差或标准差量化资产的风险。

(一)期望收益率

期望收益是指持有某种资产的投资者期望在下一个时期所能获得的收益。但这是投资者对未来的一种期望,实际收益可能更高或更低。在未来某一时期,资产的收益率有多种不同的可能值,每个可能值出现的概率会有所不同,那么资产的预期收益率就是所有可能值加权平均的结果。如果用 R_i 表示未来某一时期资产收益率的可能值,$P(R_i)$ 表示收益率 R_i 发生的概率,所有可能收益率发生的概率之和一定为 1,则该资产在这一时期的期望收益率就可以表示为

$$E(R_i) = \sum_{i=1}^{n} R_i \cdot P(R_i) \tag{10-1}$$

【例 10-1】 假设有股票 A 和股票 B 两只股票,第二年宏观经济会出现萧条、衰退、正常、繁荣的概率,以及两只股票在不同情况下的收益的具体数据见表 10-1。这两只股票第二年的期望收益率分别是多少?

表 10-1 股票的期望收益率 %

宏观经济情况	概率	期望收益率	
		股票 A	股票 B
萧条	10	−20	5
衰退	30	10	15
正常	40	20	−5
繁荣	20	35	20

根据上述公式,股票的期望收益率是每种宏观经济情况下收益率的加权平均。

股票 A 的期望收益率为

$E(R_A) = (-20\%) \times 10\% + 10\% \times 30\% + 20\% \times 40\% + 35\% \times 20\% = 16\%$

股票 B 的期望收益率为

$E(R_B) = 5\% \times 10\% + 15\% \times 30\% + (-5\%) \times 40\% + 20\% \times 20\% = 7\%$

(二)风险

假如在未来某一时期,投资者对某两只股票收益率的预期是相同的,那么投资者对这两只股票的抉择取决于资产风险的高低。为了比较不同风险的高低,需要对风险加以量化。风险描述了资产收益的不确定性,风险不确性的直接表现就是期望收益(或未来价格)的潜在变化范围。方差和标准差是度量风险最为常见的工具,方差和标准差描述了随机变量偏离均值的程度或随机变量的分散程度。运用方差和标准差度量资产的风险,可以直观地表示资产收益率的可能值相对期望收益率的偏离程度,风险越高,未来收益潜在

变化范围或者说偏离程度越大,方差和标准差也就越大。

用 Var 或 σ^2 表示方差:

$$\mathrm{Var}(R_i)=\sigma_R^2=\sum_{i=1}^{n}P(R_i)\cdot[R_i-E(R_i)]^2 \tag{10-2}$$

标准差是方差的平方根,也被称为波动率,记为 SD 或 σ:

$$\mathrm{SD}(R_i)=\sigma_R=\sqrt{\sum_{i=1}^{n}P(R_i)\cdot[R_i-E(R_i)]^2} \tag{10-3}$$

利用例 10-1 中的数据,计算两只股票的方差和标准差,如表 10-2 所示。

表 10-2 方差和标准差计算表

经济状况	概率	收益率	收益率的离差	离差平方	加权平均和
股票 A	P	R_i	$R_i-E(R_i)$	$[R_i-E(R_i)]^2$	$P(R_i)\cdot[R_i-E(R_i)]^2$
萧条	10%	-0.20	-0.36	0.129 6	0.012 96
衰退	30%	0.10	-0.06	0.003 6	0.001 08
正常	40%	0.20	0.04	0.001 6	0.000 64
繁荣	20%	0.35	0.19	0.036 1	0.007 22
					$\sigma_A^2=0.021\ 9$
股票 B	P	R_i	$R_i-E(R_i)$	$[R_i-E(R_i)]^2$	$P(R_i)\cdot[R_i-E(R_i)]^2$
萧条	10%	0.05	-0.02	0.000 4	0.000 04
衰退	30%	0.15	0.08	0.006 4	0.001 92
正常	40%	-0.05	-0.12	0.014 4	0.005 76
繁荣	20%	0.20	0.13	0.016 9	0.003 38
					$\sigma_B^2=0.011\ 1$

由表 10-2 可知,两只股票期望收益的方差分别为

$$\mathrm{Var}(R_A)=\sigma_A^2=0.021\ 9$$

$$\mathrm{Var}(R_B)=\sigma_B^2=0.011\ 1$$

标准差分别为

$$\mathrm{SD}(R_A)=\sigma_A=0.148$$

$$\mathrm{SD}(R_B)=\sigma_B=0.105\ 4$$

需要注意,方差是变量平方和计算的数值,其量纲是原始数据计量单位的平方,无法直接解释其含义,而标准差的量纲与原始数据一致。所以在实际应用中,经常将标准差作为风险度量指标。

二、资产组合

投资者通常将资金分散在多种资产或证券上,而不是投放在单个的股票、债券或其他资产上。投资者持有的是资产组合。资产组合是资产持有者对其持有的各种股票、债券、现金及不动产进行的适当搭配。持有资产组合的目的是通过对持有资产的合理分配,使之既能保证一定水平的盈利,又可以把投资风险降到最低。人们总是期望高的收益,由于各种资产都有风险,若只追求收益,资产过分集中和单一,一旦出现不测,遭受损失的程度

就会很大。通过科学的分析和评估,对资产投资进行合理的搭配组合,就可以在实现收益最大的同时使风险最低。

(一) 资产组合权重

描述一个资产组合中单个资产之间关系最方便的方法就是计算组合中每一项资产价值占资产组合总价值的比重,即资产组合权重。

$$资产组合权重 = \frac{单个资产价值}{资产组合总价值} \tag{10-4}$$

资产组合内所有资产的权重之和应该等于1。

【例 10-2】 某投资者分别购买了两家公司的股票,该投资者以 20 元的价格购买了 150 股股票 A,以 15 元的价格购买了 220 股股票 B。两只股票在这个资产组合中的权重分别是多少?

股票 A 的价值 = 20×150 = 3 000(元)

股票 B 的价值 = 15×220 = 3 300(元)

该资产组合的总价值 = 3 000+3 300 = 6 300(元)

股票 A 在资产组合中的权重 = $\frac{3\,000}{6\,300}$ = 47.6%

股票 B 在资产组合中的权重 = $\frac{3\,300}{6\,300}$ = 52.4%

(二) 资产组合的期望收益率

资产组合的期望收益率是将组合中每一个资产的期望收益率按照资产组合权重进行加权平均。其计算公式为

$$E(R_P) = \sum_{i=1}^{n} X_i \cdot E(R_i) \tag{10-5}$$

其中,X_i 表示组合中某一资产的权重,$E(R_i)$ 是该资产的期望收益率。

【例 10-3】 假设某一资产组合中有 3 只股票,股票 A 的价值为 300 元,股票 B 的价值为 500 元,股票 C 的价值为 200 元,对 3 只股票的预测如表 10-3 所示。这个资产组合的期望收益率是多少?

表 10-3　资产组合的期望收益率

经济状况	概率	期望收益率/%		
		股票 A	股票 B	股票 C
繁荣	0.4	15	25	20
萧条	0.6	7	10	9

(1) 计算资产组合权重

资产组合的总价值 = 300+500+200 = 1 000(元)

股票 A 占资产组合的权重 $X_A = \frac{300}{1\,000} = 0.3$

股票 B 占资产组合的权重 $X_B = \dfrac{500}{1\,000} = 0.5$

股票 C 占资产组合的权重 $X_C = \dfrac{200}{1\,000} = 0.2$

（2）计算单个资产的期望收益率

股票 A 的期望收益率 $E(R_A) = 15\% \times 0.4 + 7\% \times 0.6 = 10.2\%$

股票 B 的期望收益率 $E(R_B) = 25\% \times 0.4 + 10\% \times 0.6 = 16\%$

股票 C 的期望收益率 $E(R_C) = 20\% \times 0.4 + 9\% \times 0.6 = 13.4\%$

（3）计算资产组合的期望收益率

$$
\begin{aligned}
E(R_P) &= X_A \cdot E(R_A) + X_B \cdot E(R_B) + X_C \cdot E(R_C) \\
&= 0.3 \times 10.2\% + 0.5 \times 16\% + 0.2 \times 13.4\% \\
&= 13.74\%
\end{aligned}
$$

通过上述计算得出这个资产组合的期望报酬率为 13.74%。

（三）资产组合的风险

资产组合的风险也是用期望收益率的方差和标准差来衡量。资产组合风险的度量并不是组合内每项资产的方差或标准差的加权平均。因为资产组合内的每项资产之间不是相互独立的。单个资产的方差是将资产在每个经济状况下收益率偏差的平方做加权平均。类似地，可以将资产组合看作一个整体，分别计算资产组合在所有经济状况下的收益率，再计算其方差和标准差。

表 10-4 是对某资产组合中两只股票的预测，在未来一段时间内，经济繁荣的概率是 0.4，经济萧条的概率是 0.6；当经济繁荣时，股票 A 和股票 B 的收益率分别为 15% 和 25%，当经济萧条时，股票 A 和股票 B 的收益率分别为 5% 和 10%。假设这两只股票的权重都为 0.5。

表 10-4　资产组合的期望收益率

经济状况	概率	期望收益率/%		
		股票 A	股票 B	资产组合
繁荣	0.4	15	25	20
萧条	0.6	5	10	7.5

根据单项资产期望收益率的计算公式，可以得出股票 A 和股票 B 的期望收益率分别为 9% 和 16%。因此，资产组合的期望收益率 $E(R_P) = \sum\limits_{i=1}^{n} X_i \cdot E(R_i) = 0.5 \times 9\% + 0.5 \times 16\% = 12.5\%$。

如果把资产组合看作一个整体，在经济繁荣时，组合收益率 $= 0.5 \times 15\% + 0.5 \times 25\% = 20\%$；在经济萧条时，组合收益率 $= 0.5 \times 5\% + 0.5 \times 10\% = 7.5\%$。表 10-4 的最后一列列出了这一结果。资产组合的收益率 $E(R_P) = 0.4 \times 20\% + 0.6 \times 7.5\% = 12.5\%$。

显然,不论是用给出的期望收益率公式,还是先求出资产组合在不同状况下的收益率再加权,都可以得到同样的结果。

类比单个资产的风险度量方法,表 10-5 列出了资产组合方差和标准差的计算。

表 10-5　资产组合的风险度量

经济状况	概率	资产组合的收益率	收益率偏差	偏差的平方	加权平均 (概率×偏差的平方)
繁荣	0.4	0.2	0.075	0.005 625	0.002 25
萧条	0.6	0.075	0.05	0.002 5	0.001 5
					$\sigma_P^2 = 0.003\,75$

该资产组合的方差 σ_P^2 是组合分别在繁荣和萧条情况下收益率偏差的平方的加权平均和 0.005 625,因此,这个资产组合的标准差是 $\sigma_P = \sqrt{0.003\,75} = 0.061 = 6.1\%$。

示例中的资产组合中包含两只股票,如果组合中的资产种类较多,上述方法计算起来将很烦琐。资产组合的方差与标准差的计算通常需要借助协方差和相关系数两个指标,资产组合的方差和标准差分别表示为

$$\sigma_P^2 = \sum_{i=1}^{n}\sum_{j=1}^{n} X_i X_j \operatorname{cov}(X_i, X_j) = \sum_{i=1}^{n}\sum_{j=1}^{n} X_i X_j \sigma_i \sigma_j \rho_{ij} \tag{10-6}$$

$$\sigma_P = \Big[\sum_{i=1}^{n}\sum_{j=1}^{n} X_i X_j \operatorname{cov}(X_i, X_j)\Big]^{\frac{1}{2}} = \Big(\sum_{i=1}^{n}\sum_{j=1}^{n} X_i X_j \sigma_i \sigma_j \rho_{ij}\Big)^{\frac{1}{2}} \tag{10-7}$$

包含两个资产的资产组合的标准差 σ_P 为

$$\sigma_P = \sqrt{X_1^2 \sigma_1^2 + 2X_1 X_2 \sigma_{12} + X_2^2 \sigma_2^2} \tag{10-8}$$

三、分散化和资产组合风险

在资本市场上,个股的波动性普遍高于市场组合,而且随着组合中资产数量的增加,组合的标准差会减少。通过构建资产组合可以降低单个资产的一些风险,这种把投资分散到不同的资产上并形成资产组合的过程就叫作分散化。分散化可以降低资产的风险,但不能完全消除风险。按照能否被分散,可以将风险分为系统风险和非系统风险。

(一)系统风险

系统风险是由多种因素的影响和变化产生的,它在某种程度上对所有资产都会产生影响,宏观经济风险、购买力风险、利率风险、汇率风险、市场风险都属于系统风险。系统风险是不能被分散的,无论把多少个资产放在一个资产组合里,系统风险总是存在,因此系统风险又称不可分散风险。

(二)非系统风险

非系统风险是指由于某些特定原因或特定事件对单个或一小部分资产的收益率造成影响的可能性,这类风险可以通过构建资产组合被分散,因此又称可分散风险。非系统风

险是专属某一项或小部分资产的风险,这些资产的价值将会随着公司的特定事件而波动。如果持有一个资产组合,那么这个组合中的一些资产的价值将受公司正面事件的影响而上升,而另一些资产价值将因为负面事件的影响而下降。因此,对整个资产组合来说,由于不同资产影响的相互抵消,组合总价值受到的净影响会小很多。

图 10-1 展示了资产组合的风险 σ_P 与组合中的资产数量 N 之间的关系,资产组合的风险随资产数量的增加而减小,最终趋于一个最低风险水平,即系统风险部分。该图说明了资产组合通过充分的分散化,非系统风险几乎全部被规避,但系统风险依然存在。

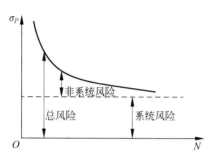

图 10-1 分散化和资产组合风险

第二节 资本资产定价模型

一、贝塔系数

(一) 系统风险

一项资产的总风险包括系统风险和非系统风险,而且非系统风险可以通过分散化而化解。承担风险就会有回报,一项资产承担风险所获得的回报(期望收益率)仅取决于它的系统风险,这就是所谓的系统风险原则。

如何衡量系统风险呢?通常,资产的系统风险由贝塔系数(简称贝塔)来衡量,用希腊字母 β 表示。贝塔系数显示了相对总体市场的波动性。贝塔系数大于 1 的资产,其波动性将大于总体市场,风险相对较高;若贝塔系数介于 0 和 1 之间,资产倾向于与市场同向波动,风险相对较低。一项资产的期望收益率取决于它的系统风险,贝塔系数越大,表示系统风险越高,该资产的期望收益率也就越高。

【例 10-4】 总风险和贝塔系数。表 10-6 列出了两只股票的标准差和贝塔系数。哪只股票的总风险更高?哪只股票的系统风险更高?哪只股票的非系统风险更高?哪只股票的期望收益率更高?

表 10-6 标准差和贝塔系数

	标准差	贝塔系数
股票 A	0.36	0.5
股票 B	0.20	1.2

标准差衡量了股票的整体风险,因此股票 A 的总风险更高。贝塔系数反映了资产的系统风险,股票 A 的贝塔系数只有 0.5,其系统风险低于股票 B。根据系统风险原则,期望收益率与系统风险的高低有关,因此股票 B 的期望收益率更高。由于总风险是系统风险和非系统风险的总和,股票 A 总风险较高但系统风险相对较低,因此股票 A 的非系统风险要高于股票 B。

(二)贝塔值的估计

对于单项风险资产来说,贝塔系数衡量了该资产对风险充分分散的资产组合的总风险的贡献,它反映了单个资产收益率的变化与市场上全部资产的平均收益率变化的相关性,常用的计算方法为

$$\beta_i = \frac{\text{cov}(R_i, R_m)}{\sigma_m^2} = \frac{\rho_{im}\sigma_i\sigma_m}{\sigma_m^2} = \rho_{im}\frac{\sigma_i}{\sigma_m} \tag{10-9}$$

这是估计贝塔系数的一般方法,有时还会采用回归分析法进行估计。对资产收益率(R_i)和市场收益率(R_m)进行回归分析,将得到如下结果:

$$R_i = a + bR_m \tag{10-10}$$

回归结果中曲线斜率 β 是资产的贝塔值。运用回归分析法之前需要考虑三个问题:第一,回归分析中采用较长的估计期限还是较短的期限。较长的期限能提供更多的依据,但是在这段时间风险特征可能会发生变化。第二,收益率时间间隔的设置。如果将非交易日也加入模型,将减少资产收益与市场收益之间的相关性,低估贝塔值。第三,从回归分析中得出的结果是否需要调整,以反映估计误差的可能性和贝塔值向平均值回归的趋势。

资产组合的贝塔系数是组合内所有资产的贝塔值的加权平均,就像计算资产组合的期望收益率那样,即

$$\beta_P = \sum_{i=1}^{n} X_i \cdot \beta_i \tag{10-11}$$

其中,β_P 表示资产组合的系统风险。资产组合通过分散化,可以分散几乎所有的非系统风险,在一个充分分散的资产组合中,系统风险 β_P 就是组合的全部风险。

二、资本资产定价模型

(一)贝塔系数与风险溢价

考虑一个由无风险资产和资产 A 构成的资产组合,组合的期望收益率和贝塔系数将受这两项资产在资产组合中所占比重的影响。其中,无风险资产的贝塔系数为 0。假设资产 A 的权重为 X_A,则资产组合的期望报酬率可以表示为

$$E(R_P) = X_A \cdot E(R_A) + (1 - X_A) \cdot E(R_f) \tag{10-12}$$

资产组合的贝塔系数为

$$\beta_P = X_A \cdot \beta_A + (1 - X_A) \cdot \beta_f = X_A \cdot \beta_A \tag{10-13}$$

对以上两个等式进行整理,可以得到资产组合的期望收益率与贝塔系数之间的关系:

$$E(R_P) = R_f + \frac{E(R_A) - R_f}{\beta_A} \cdot \beta_P \qquad (10\text{-}14)$$

其中,$E(R_A) - R_f$ 也就是该资产组合的风险溢价。将式(10-14)中资产组合的期望收益率 $E(R_P)$ 与贝塔系数 β_P 的关系表示在图中,如图 10-2 所示。

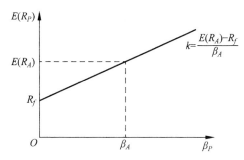

图 10-2　资产 A 的资产组合的期望收益率和贝塔系数

资产 A 的贝塔系数和期望收益率也落在这条线上。很明显,这条线的纵截距就是无风险收益率,斜率是 $\dfrac{E(R_A) - R_f}{\beta_A}$,即风险溢价与资产 A 的比值,这一斜率说明了资产 A 所提供的风险回报率,或者说,对于每一单位的系统风险,资产 A 的风险溢价为 $\dfrac{E(R_A) - R_f}{\beta_A}$。

(二)证券市场线

考虑另外一个资产组合,该资产组合由无风险资产和资产 B 构成,资产 B 的贝塔系数小于资产 A 的贝塔系数,即 $\beta_A > \beta_B$。哪一组合更适合投资呢? 可能有些投资者更偏好资产 A 的组合,有些投资者更偏好资产 B 的组合。因为资产 B 的组合有着更低的风险,但资产 A 的组合有更高的收益率。这两个资产组合的期望收益率和组合的贝塔系数关系如图 10-3 所示。

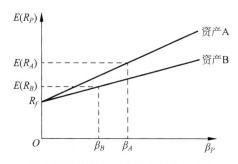

图 10-3　两个资产的资产组合的期望收益率和贝塔系数

假设这两个资产组合在一个活跃的竞争市场上,基于对期望收益率的偏好,投资者偏好资产 A,而排斥资产 B。结果是,资产 A 的价格将上升而资产 B 的价格将下降。由于期望报酬率将会因为价格的变动而反向变动,因此导致资产 A 的期望报酬率下降,资产

B 的报酬率上升。这种动态变动将一直持续到两个资产刚好落在同一条直线上，也就是说两个资产的风险回报率相等。即

$$\frac{E(R_A)-R_f}{\beta_A}=\frac{E(R_B)-R_f}{\beta_B} \tag{10-15}$$

将这种现象推广到更多资产的情形，可以发现，在一个活跃的竞争市场上所有资产的风险回报率必定相等。这时，所有资产的期望报酬率和贝塔系数都会落在一条直线上，这条直线就是证券市场线（SML），如图 10-4 所示。当资产组合的贝塔系数 $\beta_P=1$ 时，资产组合是一个市场组合，资产组合的期望收益率即为市场的期望收益率 $E(R_m)$，组合的风险溢价也即市场溢价为 $E(R_m)-R_f$，这一组合也必然定位于证券市场线上。证券市场线的斜率为 $E(R_m)-R_f$。

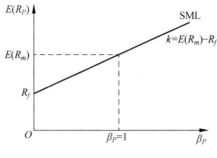

图 10-4　证券市场线

资产 A 最终也是落在证券市场线上的，因此可以得出资产 A 的风险溢价与市场风险溢价的关系，即

$$E(R_A)-R_f=\beta_A\cdot\left[E(R_m)-R_f\right] \tag{10-16}$$

（三）资本资产定价模型（CAPM）

资本资产定价模型是研究单个风险资产的期望收益率与市场组合收益率之间关系的模型，是威廉·夏普、约翰·林特纳和杰克·特雷诺等 1964 年基于马科维茨的投资组合理论和资本市场理论提出的。资本资产定价模型的基本假设主要包括：

（1）市场上有大量的投资者，他们可以按竞争性的市场价格（无税收或交易成本）买入或卖出所有的证券，还可以以无风险利率贷出或借入资金。

（2）投资者通过资产组合在某一时期内的期望收益率和标准差来评价这个组合，而且他们都遵循主宰原则。即当资产的标准差相同时，他们选择期望收益率高的那一个；当期望收益率相同时，他们选择标准差更小的那一个。

（3）资本市场上的信息可以及时免费地分享给每一个投资者；而且，所有的投资者都有相同的投资期限和投资预期。这一假设决定了每个投资者获得的信息都是等同的，而且他们对资产组合的评价也相同，因此每个投资者必然都会持有相同的组合，也就是市场组合。

在竞争性的市场上，所有的资产最终都会落在证券市场线上，因此证券市场线体现了某一资产风险溢价与市场组合风险溢价的关系。事实上，证券市场线所展示的就是资本

资产定价模型的内容,它能够反映任意一项资产的期望收益率与市场组合的关系。用 R_f 表示无风险利率、R_m 表示市场收益率、β_i 表示某资产的系统风险,资产的期望收益率为

$$E(R_i) = R_f + \beta_i \cdot [E(R_m) - R_f] \tag{10-17}$$

这就是著名的资本资产定价模型,其中,$E(R_m) - R_f$ 也就是市场风险溢价。

资本资产定价模型表明,一项资产的期望收益率取决于如下三个方面:

(1) 货币的纯粹时间价值。它通过无风险利率 R_f 衡量,是指不承担任何风险、不考虑通货膨胀的情况下所得到的回报。

(2) 承担系统风险的回报。它通过市场风险溢价 $E(R_m) - R_f$ 衡量,这部分是除了货币的时间价值,市场对承担平均系统风险所给予的回报。

(3) 系统风险的高低。它通过 β_i 衡量,是指一项资产相对于平均资产而言,所面临的系统风险的高低。

【例 10-5】　一只股票的贝塔系数是 1.2,市场的期望收益率是 10.1%,市场无风险利率是 4%。这只股票的期望收益率是多少?

根据资本资产定价模型,我们可以计算出这只股票的期望收益率为

$$
\begin{aligned}
E(R) &= R_f + \beta \cdot [E(R_m) - R_f] \\
&= 4\% + 1.2 \times (10.1\% - 4\%) \\
&= 11.32\%
\end{aligned}
$$

(四) 对资本资产定价模型的评价

任何投资者承担风险都会要求额外的回报,这也解释了为什么普通股的平均收益率高于无风险收益率。如果有风险资产的预期收益率与政府债券相同,大家可能都会去投资无风险的资产。此外,投资者最关心的风险是通过资产组合分散化后还存在的风险,也就是系统风险。如果投资者持有一个充分分散后的资产组合,面临的全部风险都是系统风险,针对系统风险,投资者对资产的未来收益就会有一定的预期。

资本资产定价模型用简单的方式阐述了某项资产的预期收益率与市场风险溢价的关系。财务经理们通常把资本资产定价模型作为常用的工具,来厘清棘手的风险概念。资本资产定价模型也常被经济学家用来阐述金融中的重要思想。

资本资产定价模型的局限性包括:第一,资本资产定价模型关注的是期望收益率,但是可获得的只有历史的实际收益率,用历史数据反映投资者的预期总是会存在与现实的偏差。第二,资本资产定价模型预测贝塔系数是影响期望收益率的唯一因素,但是收益率的变化还与其他因素有关。以绩优股为例,公司遇到严重的问题时,这些股票的市场价值会低于账面价值。如果经济增长意外地变缓,公司可能跟着一起进入衰退,而投资者的收益也与经济衰退联系在一起。因此,投资者会认为这些股票特别有风险,将要求更高的期望收益率作为补偿。显然,此时资本资产定价模型将不再起作用。

第三节　风险与资本成本

一项风险资产获得的收益率是依赖于该资产的风险的,证券市场线也体现了资产的期望收益率与系统风险之间的关系。如果从市场(或者发行企业)的角度考虑资产的风

险,投资者从资产中获得的收益率就等同于公司的成本。如果投资者进行项目投资,投资者对项目的收益率有一个预期,这一预期是基于项目风险水平的,在期望收益率下,项目的净现值一定为正。为了吸引投资者,公司就需要知道收益率为多少时才能补偿提供了资金的投资者。如果知道了资本成本,这项工作就会容易得多。

一、风险和资本成本的概念

投资者要求获得与承担风险等价的回报。从证券市场线的分析中,可以发现公司开展的任何新投资的期望收益率至少要达到资本市场上同等风险的投资所提供的收益率,否则投资者可以随时在资本市场上投资同等风险水平下收益率更高的资产。这种为了吸引投资者必须提供的最低期望收益率通常就是该投资的资本成本。针对一个项目投资,在进行投资决策时,项目的净现值恰好为零的贴现率就是项目的必要报酬率。当项目的贴现率大于必要报酬率时,项目有正的净现值,这时投资者就会投资该项目,这一贴现率就是投资者的收益率。投资项目需要承担风险,投资者希望期望收益率能让项目的净现值大于零,这时投资者就会有期望的最低收益率。当项目的收益率大于最低期望收益率时,项目净现值为正,投资者选择投资该项目,这一最低期望收益率就是项目的资本成本。为了吸引投资者,公司项目只有达到这一最低期望收益率时,才能补偿提供了资金的投资者。对于一个特定的投资项目来说,其资本成本是投资于资本支出项目所要求的必要报酬率。

如果从融资的角度考虑,资本成本也可以说是投资资本的机会成本,即将资本用于投资所放弃的其他投资机会的收益。对于一家公司来说,资本的主要来源包括股东投入的权益资本和公司需支付利息而借入的资金(即债务资本)。权益资本包括普通股股本、普通股溢价发行形成的资本公积、每年提存一定比例的净利润形成的盈余公积,以及优先股股东投入的资金等。债务资本包括企业发行的各种债券、银行贷款等。

公司的资本成本是指公司为筹集和使用上述资金而付出的代价。将资本成本做以下分类有利于更清楚地理解公司的资本成本。

(1)显性成本。显性成本包括资金筹集费和资金使用费两部分:①资金筹集费是指在资金筹集过程中支付的各项费用(如发行股票、债券支付的印刷费、发行手续费、律师费、资信评估费、公证费、担保费、广告费等),也包括公司在融资上花费的时间成本。②资金使用费是指占用他人的资金应该给予的回报,即投资者要求的回报,如股票的股息、银行借款和发行债券的利息等。

(2)隐性成本。隐性成本是指融资方法对公司经营造成的影响和损害,包括代理成本、财务困境成本等。一般来说,最主要的融资成本是支付给投资者的成本。经典的金融理论往往将融资的手续费和隐性成本忽略不计,只考虑投资者要求的收益率。

二、项目资本成本和公司资本成本

项目资本成本是公司投资于资本支出项目所要求的必要报酬率。投资者希望选择某一个项目进行投资,如果按照资本预算的思路,在给定的折现率下,投资者希望选择的项目的净现值是大于零的。反过来考虑,要使净现值大于零,投资项目的折现率最少要达到什么水平？也就是说,需要知道该项目的必要报酬率。这个必要报酬率就是项目的资本成本。

公司资本成本是投资者对于公司全部资产要求的必要报酬率。对于一家公司来说,资本的主要来源包括股东投入的权益资本和公司需支付利息而借入的资金(即债务资本),还有少数公司会通过发行优先股来筹集资本。投资者对公司全部资产要求的必要报酬率是公司筹集的资金的所有成本。公司资本成本并不是所有资本必要报酬率的简单加总,而是这些资本成本的加权平均,即加权平均资本成本。如果一家公司仅发行普通股,那么公司的资本成本就是权益资本成本；如果一家公司既发行普通股股票,也发行长期债券,那么该公司的资本成本就是这两项资本以其占总资本的权重对各自资本成本的加权平均。

无论是项目资本成本还是公司资本成本,投资者要求的必要报酬率都是基于一定风险水平的,那么根据风险水平,项目资本成本和公司资本成本也存在一定的联系：如果公司新的投资项目的风险与公司现有资产的平均风险相同,则项目资本成本等于公司资本成本。这是基于收益与风险之间的关系,承受多高的风险就期望获得多高的收益,因此项目资本成本和公司资本成本之间的大小与风险具有一致关系。同样,如果新投资项目的风险高于公司现有资产的平均风险,项目资本成本就会高于公司资本成本。如果新投资项目的风险低于公司所有资产的平均风险,则项目资本成本就会低于公司的资本成本。

三、资本成本的影响因素

在市场经济中,有很多因素都会影响公司的资本成本。下面将从外部和内部考虑资本成本的影响因素。外部因素是由宏观经济环境、经济政策等决定的,它们不能被某个公司所左右；内部因素则是与公司相关的因素,由公司自身的内部环境和状况决定,因此不同公司的内部因素会有不同的特点。

1. 外部因素

(1) 市场利率。当利率上升时,公司的债务成本会上升；同时,市场利率的上升也会引起普通股和优先股的成本上升。对投资者而言,机会成本增加,公司筹资时必须付给债权人更多的报酬。总之,利率的上升会引起资本成本的上升,从而引起投资项目价值的下降,抑制投资；反之,利率下降将促进投资。

(2) 市场风险溢价。市场风险溢价由资本市场上的供求双方决定。市场风险溢价会影响股权成本,股权成本上升时,各公司会增加债务筹资,并推动债务资本成本上升。

(3) 税率。税率由政府决定,税率变化直接影响税后债务资本成本及公司加权平均成本。负债具有税盾作用,所得税的高低会影响债务资本成本,进而影响其他资本成本。

除了公司所得税,政府的其他税收政策也会影响公司的资本成本。比如,较低的资本利得税率将鼓励投资者购买股票,从而降低权益资本成本。资本利得税的变化将影响投资者在股票和债券上的选择,间接影响公司的最佳资本结构。

2. 内部因素

(1) 资本结构。资本结构是公司各种资本的价值构成及其比例关系。不同的资本结构不但影响资本在公司总资产中的占比,还会影响个别资本成本。公司改变资本结构,资本成本也会随之变动。当债务的比重增加时,平均资本成本将趋于降低,同时公司的财务风险也会提高。财务风险的提高又会引起债务资本成本和权益成本上升。公司应当适度负债,寻求资本成本最小化的资本结构。

(2)股利政策。股利政策是关于公司是否发放股利、发放多少股利及何时发放股利等的方针和策略。如果公司的股利政策发生变化,就会引起权益成本的变动。在公司资金需求一定的条件下,公司留存的利润越多,对外部资金的需求就越小,从而可以节省发行股票或债券而产生的筹资费用。

(3)投资政策。投资政策是为指导投资活动而制定和实施的具体规定与举措。从投资角度看,资本成本是投资者要求的投资回报率,同时反映了现有资产的平均风险。如果公司向高于现有资产风险的新项目大量投资,公司资产的平均风险就会提高,投资者要求的回报率将上升,资本成本也将随之上升。

四、资本成本的作用

资本成本在公司融资决策、投资决策、绩效评估和公司价值等方面都起着作用。

(1)资本成本是公司融资决策的重要依据。公司的资本可以从各种渠道,如银行信贷资金、民间资金、公司自有资金等来源取得,其筹资的方式也多种多样,如吸收直接投资、发行股票、从银行借款等。但不论选择何种渠道、采用哪种方式,考虑的主要因素还是资本成本。通过不同渠道和方式所筹措的资本将会形成不同的资本结构,由此产生不同的财务风险和资本成本。因此,资本成本也就成了确定最佳资本结构的主要因素之一。随着筹资数量的增加,资本成本将随之变化。当筹资数量增加到增资的成本大于增资的收入时,公司便不能再追加资本。因此,资本成本是限制公司融资数额的一个重要因素。

(2)资本成本是评价和选择投资项目的重要标准。只有当投资项目的收益高于资本成本时,投资者才会考虑投资该项目;如果资本成本过高,则会放弃这个投资机会。

(3)资本成本是绩效评估的重要标准。公司或部门实际的盈利水平是去掉资本成本的,因此评价一个公司或部门的经营绩效就必须知道其资本成本。

(4)资本成本是决定公司价值的重要因素。在评估一家公司的价值时,最常用到的就是公司自由现金流的贴现方法,其中项目的报酬率就是公司的平均资本成本。

第四节 权益资本成本

权益资本成本是指公司运用股权的方式筹集和使用资本所承担的代价。从投资者的角度来说,权益资本成本是公司提供资金,权衡项目投资收益所要求的必要报酬率。假设股东手里有一笔闲置资金用于投资,他将面临两个选择:公司投资项目或其他金融资产(股票或债券)。如果金融资产的风险与公司投资项目的风险相同,股东就会选择期望收益率较高的那一个。只有当金融资产的期望收益率大于相同风险的项目的期望收益率时,投资者才会选择投资公司发行的金融资产,这个期望收益率就是权益资本成本。

拓展阅读 10.1
企业核心竞争力与权益资本成本

权益资本成本包括普通股资本成本和优先股资本成本。计算普通股资本成本的方法通常有股利贴现模型和资本资产定价模型两种。

一、股利贴现模型（DDM）

（一）股利贴现模型的运用

股利贴现模型是估计权益资本成本最简单的方法。如果用 D_t 表示第 t 期的现金股利，R_e 表示股票的必要报酬率，那么股票的市场价格可以写成：

$$P_0 = \sum_{t=1}^{n} \frac{D_t}{(1+R_e)^t} \tag{10-18}$$

假设每年的股利按照一个固定的比率 g 增长，即 $D_t = D_{t-1}(1+g)$，上述股利贴现模型也可以表示为

$$P_0 = \frac{D_1}{R_e - g} \tag{10-19}$$

第四章介绍股利贴现模型时，是将每期股利按照必要报酬率进行折现进而估算股价，本节对这个公式进行转换，来求解股票的必要报酬率，也就是权益资本成本。因此就有了第一种计算权益资本成本的方法（DDM）：

$$R_e = \frac{D_1}{P_0} + g \tag{10-20}$$

其中，$D_1 = D_0(1+g)$，D_0 指刚支付的股利。当 $g=0$ 时，则是一个零增长模型，即未来股利按照一个固定数额发放。

运用股利贴现模型估计权益资本成本，需要知道股票的价格、发放的股利及股利的增长率。其中股票的价格和发放的股利是容易获得的，但是股利的增长率需要对未来进行估计。一般有两种估计方法：①使用历史增长率；②使用分析师预测的未来增长率。分析师对股利增长率的预测有很多种渠道，自然就会得到不同的估计结果。其中一种方法就是取得多个估计值，然后计算平均值；或者观察历史股利，逐年计算出增长率，再加以平均。在进行平均值计算时，几何平均值通常低于算术平均值，如果过去的股利增长速度比较平稳，这两种计算并不会产生太大差别。

【例 10-6】　假设一家公司去年每股派发的股利是 5 元，股票目前的市场价格是 100元，如果股利未来将会以 8% 的比率无限期地增长下去，试求该公司的权益资本成本。

根据式（10-20），可以得出，该公司的权益资本成本为

$$R_e = \frac{D_1}{P_0} + g = \frac{D_0(1+g)}{P_0} + g$$

$$= \frac{5 \times (1+8\%)}{100} + 8\% = 13.4\%$$

可知该公司的权益资本成本为 13.4%。

（二）方法的评价

股利增长模型最大的优点是计算简便，容易理解和运用，但也存在一些问题，例如：

（1）股利增长模型只适用于支付股利的公司，如果一家公司不派发或者很少派发股利，这种方法就没有作用。此外，该模型还有一个潜在假设，即股利是以固定比率增长，但事实上，这种情况很难实现。

（2）股利增长率在该模型中是一个敏感的因素，但是这一变量难以估计。当公司的经营环境发生较大改变时，利用历史数据估计的增长率将不再准确，导致这一方法失效。

二、资本资产定价模型

（一）资本资产定价模型的运用

资本资产定价模型主要讨论了对于一项风险资产期望报酬率的决定。它解释了对于一个特定水平的风险，投资者应该获得多少报酬才能弥补他承受的风险。同样，资本资产定价模型可以回答权益资本成本中的问题：公司需要提供什么水平的必要报酬率以弥补股东承担的风险。

根据资本资产定价模型，可以得出股东的必要报酬率，即权益资本成本：

$$E(R_e) = R_f + \beta_e \cdot [E(R_M) - R_f] \tag{10-21}$$

通常，用长期政府债券的到期收益率或银行贷款利率代表无风险利率 R_f，β_e 是根据历史数据估计出的贝塔值，$E(R_M) - R_f$ 是市场风险溢价。

【例 10-7】 假设某公司普通股的贝塔系数是 1.6，国债的收益率为 4.1%，市场风险溢价为 3%，该公司的普通股资本成本是多少？

根据资本资产定价模型可以计算出该公司的普通股资本成本，即权益资本成本为

$$
\begin{aligned}
E(R_e) &= R_f + \beta_e \cdot [E(R_M) - R_f] \\
&= 4.1\% + 1.6 \times 3\% \\
&= 8.9\%
\end{aligned}
$$

（二）方法的评价

资本资产定价模型相较股利贴现模型，明确将风险考虑在内，并清楚地针对风险进行调整。此外，这一方法对那些股利并非稳定增长的公司同样适用。资本资产定价模型比股利贴现模型的适用范围更广。

资本资产定价模型也存在一些缺点：第一，资本资产定价模型需要同时对贝塔系数和市场风险溢价进行估计。如果估计值存在偏差，将会导致权益资本成本的不准确。第二，该模型是基于过去对于未来的预测，由于现实中经济环境变化很快，利用过去的数据并不能很好地指引未来。

（三）对参数的讨论

1. 无风险利率的估计

无风险利率 R_f 通常用长期政府债券的到期收益率来表示，这一到期收益率是名义利率。首先是债券期限的选择，由于普通股是长期的有价证券，因此在利用资本资产定价模型估计资本成本时，对政府债券期限的选择通常为长期。其次，长期政府债券利率的波

动较小。在利率的选择上,应当选择上市交易的长期政府债券的到期收益率代替无风险利率。

2. 贝塔系数

对于一家公司来说,股票的贝塔系数是由公司的特征决定的,主要受到经营的周期性、经营杠杆和财务杠杆三方面因素的影响。

(1)经营的周期性。贝塔系数衡量了公司股票相对于市场指数的风险,公司业务对市场状况越敏感,贝塔值就越大。周期性公司的经营收入和收益往往随经济的波动而剧烈波动,在商业周期扩张阶段,公司业绩表现较好。因此,在其他条件一定的情况下,周期性公司比非周期性公司具有更大的贝塔值。例如,房地产、汽车和零售这类周期性公司比公用事业、烟草和食品类等非周期性公司有更大的贝塔值,因为作为周期性公司,房地产、汽车和零售公司对市场状况很敏感。

(2)经营杠杆。公司生产经营成本中固定成本的比例对营业利润的变化与销售收入的变化之间的关系有重要的影响。经营杠杆系数是公司息税前收益变动率与销量变动率的比值,它衡量了公司经营杠杆的大小,即

$$DOL = \frac{\Delta EBIT/EBIT}{\Delta Q/Q} \qquad (10\text{-}22)$$

(3)财务杠杆。财务杠杆定义为公司在制定资本结构决策时对债务融资的利用,与公司的固定财务费用有关,它反映了财务风险的高低。财务风险是指未来收益不确定情况下,公司因负债筹资而产生的由股东承担的额外风险。财务杠杆系数是普通股每股收益变动率与息税前收益变动率的比值:

$$DFL = \frac{\Delta EPS/EPS}{\Delta EBIT/EBIT} \qquad (10\text{-}23)$$

一般情况下,财务杠杆系数越大,每股收益变动对于息税前利润变动的弹性就越大。如果息税前利润率上升,则每股收益率会以更快的速度上升;如果息税前利润率下降,则每股收益率会以更快的速度下降,从而风险也越高。反之,财务风险就越低。财务风险存在的实质是负债经营使负债所负担的那一部分经营风险转嫁给了权益资本。

3. 市场平均收益率

在选择市场平均收益率时,应选择较长的时间跨度,既包括经济繁荣时期也包括经济衰退时期,这样更能反映平均水平,估计的结果也更准确。

三、优先股成本

优先股是享有优先权的股票。优先股的股东对公司资产、利润分配等享有优先权,其风险较低。与普通股相比,优先股具有如下特点:

(1)股利方面。在公司分配利润时,优先股将获得一笔固定金额的股利,其分配顺序在普通股之前,仅次于债务人。

(2)权利方面。优先股的权利范围小。优先股股东一般不享有公司经营参与权,即优先股股票不包含表决权,优先股股东无权过问公司的经营管理,但在涉及优先股股票所保障的股东权益时,优先股股东可以发表意见并享有相应的表决权。

（3）索偿权。当股份有限公司因解散、破产等原因进行清算时，优先股股东可先于普通股股东分取公司的剩余资产，仅次于债权人。

实质上，优先股可以被看作一只永续年金，假设每期支付的股利为 D，当前优先股的每股价格为 P_0，f 为优先股发行的费用率，则优先股的成本为

$$R_P = \frac{D}{P_0(1-f)} \qquad (10\text{-}24)$$

优先股具有一些债务特征，即优先股股利在发行时已事先确定，并在普通股股利之前支付；同时也具有一些权益特征，即优先股股利的支付没有减税收益。从风险角度看，优先股比普通股安全，比债券风险高。因此，在税前，优先股资本成本低于普通股资本成本，高于债务资本成本。

【例 10-8】 假设 M 公司发行了一只在深圳证券交易所交易的优先股，面值为 100 元，每年每只股票发放股利 5.6 元，目前售价为 98 元。这只优先股的资本成本是多少？

根据式（10-24）：

$$R_P = \frac{D}{P_0(1-f)} = \frac{5.6}{98} \times 100\% = 5.71\%$$

可知，该优先股的资本成本是 5.71%。

第五节　债务资本成本

债务资本成本是公司为融资而借入资金的即期成本，是债权人要求的收益率。债务资本成本指的是债权人要求的期望收益，而不是合同的承诺收益。对于债权人来说，投资可以获得的收益就是合同约定的利息，这是债务人承诺愿意支付的利息。但债务人融资后拿去经营面临很多风险，最终可能出现亏损，导致不能按照合同承诺向债权人支付利息，也就是说，债务人存在违约风险。此时，债权人可获得的收益就会小于合同承诺的收益。基于对整体市场环境的理性考虑，债权人在借钱给债务人时会衡量这笔借款包含的违约可能性有多大，可以获得全部收益的概率有多大，也就是期望收益。由此可见，债权人的期望收益才是真实的债务资本成本。由于违约风险的存在，债务投资的期望收益往往低于合同规定的承诺收益。

拓展阅读 10.2
疫情冲击下的房地产债务危机

债务资本成本是未来借入新债务的成本，它是未来成本而不是历史成本。研究债务资本成本的目的是将其作为价值评估和投资决策的依据，决定未来要不要做某件事。如果是以前的债务或是已有的债务，这种成本已经发生，则不属于债务资本成本的范畴。

债务成本由信用评级和到期期限决定。公司债券的评级能够反映公司的违约风险。信用评级越高的债务，违约风险越低，借入资金的成本也越低，进而导致较低的利率。公司在借入资金时会使用固定利率。在向投资者发行债券时，债券的票面利率也是固定利率。这里的票面利率并不是债务成本，而只是债券发行时公司的成本。债务成本是在现行利率水平的基础上，根据公司的违约风险加上相应的风险溢价而形成的。假如公司在

低利率时借入资金,而此时的市场利率或公司违约风险已经增加,则不能认为公司的债务成本仍然很低。

一、债务资本成本的构成

债务资本成本主要用于资本预算,涉及的是长期债务,因此债务资本成本是长期借款、债券及其他长期债务的成本,包括借款或债券的利息和筹资费用。

1. 长期借款

长期借款是公司向银行等金融机构及其他单位借入的偿还期限在一年以上的债务。长期借款的资本主要用于公司新产品、新项目的开发与推广,生产规模的扩大,设备的更新与改造等,因此这类债务的回收期较长,成本较高,对公司的生产经营有较大的影响。

长期借款的债权人仅限于银行或其他金融机构,而且债权人对于公司的偿还能力较为了解。这也决定了长期借款的弹性较大,因为借款公司面对的是银行而不是广大的债券持有人,公司可以直接与银行确定贷款的时间、数量和利息;如果在借款期间发生变化,公司也可以与银行协商,修改借款数量及条件等。

2. 债券

债券是公司依据法定程序对外发行、在一定期限内还本付息的有价证券。其债权人可以是个人或者单位,但持券人一般无权参与发行公司的管理决策,因此发行债券一般不会分散公司控制权。此外,公司在发行债券时,对购买的个人或单位的偿还能力了解程度低。与长期借款相比,债券具有筹资范围广、流动性大和风险低的特点。由于债券发行前需要一定的准备时间和发行时间,长期债券的筹资速度慢于长期借款。

二、债务资本成本的计算

债务资本成本包括税前债务资本成本和税后债务资本成本,记为 R_d。常用的债务资本成本估计方法有以下几种。

(一)税前债务资本成本的估计

1. 到期收益率法

对于有上市的长期债券的公司,其税前债务资本成本可以用流通在外的债券的到期收益率来衡量,即找到使未来现金流出现值等于现金流入现值的贴现率。如果用 I 表示每期收到的利息收入,R_d 表示债券的到期收益率,债券的剩余期限为 n,到期后将收到本金 C,则债券的市场价格可以写成:

$$P_0 = \sum_{t=1}^{n} \frac{I}{(1+R_d)^t} + \frac{C}{(1+R_d)^t} \tag{10-25}$$

利用式(10-25)反解出债券的到期收益率即为公司的债务资本成本。例 10-9 说明了如何运用插值法来计算债券的到期收益率。

【例 10-9】 假设 A 公司 8 年前发行了面值为 1 000 元、期限 30 年的长期债券,利率是 7%,每年付息一次,债券的市场价格为 900 元,该公司的税前债务成本是多少?

已知票面利率为 7%,则每年支付利息:

$$I = 1\ 000 \times 7\% = 70\,(\text{元})$$

在第 8 年以 $P_0 = 900$ 元的价格买入该债券,到期后将收到本金 $C = 1\ 000$ 元,剩余期限 $n = 30 - 8 = 22$ 年。将每年的现金流量用数轴表示出来:

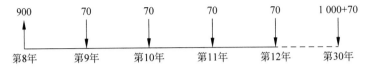

根据到期收益率公式,可以得到

$$900 = \sum_{t=1}^{22} \frac{70}{(1+R_d)^t} + \frac{1\ 000}{(1+R_d)^t}$$

结合插值法来计算 R_d 的大小:

设 $R_d = 8\%$,$\displaystyle\sum_{t=1}^{22} \frac{70}{(1+R_d)^t} + \frac{1\ 000}{(1+R_d)^t} = 897.95$

设 $R_d = 7\%$,$\displaystyle\sum_{t=1}^{22} \frac{70}{(1+R_d)^t} + \frac{1\ 000}{(1+R_d)^t} = 1\ 000$

那么,实际的 R_d 满足:

$$\frac{R_d - 7\%}{8\% - 7\%} = \frac{900 - 1\ 000}{897.95 - 1\ 000}$$

解得 $R_d = 7.98\%$。

可知,该公司的债务资本成本为 7.98%。

2. 可比公司法

可比公司法是将目标公司与可比公司对比,用可比公司的价值衡量目标公司的价值。如果目标公司没有上市的长期债务,则需要找一个拥有可交易债券的可比公司作为参照,计算可比公司长期债券的到期收益率,作为目标公司的长期债务资本成本。

可比公司应当与目标公司处于同一行业,具有类似的商业模式。若可比公司与目标公司的规模、负债比率和财务状况也比较类似,估计出来的结果会更准确。

3. 风险调整法

如果目标公司目前既没有上市的长期债券,也找不到合适的可比公司,则可以用风险调整法来估计该公司的债务资本成本。债务资本成本可以通过同期限政府债券的市场收益率和公司的信用风险补偿相加得到:

税前债务资本成本＝政府债券的市场收益率＋公司的信用风险补偿率

信用风险的高低可以用信用级别来估计。具体做法如下:

(1) 选择若干信用级别与本公司相同的上市公司债券(不一定符合可比公司条件);

(2) 计算这些上市公司债券的到期收益率;

(3) 计算与这些上市公司债券同期的长期政府债券到期收益率(作为无风险报酬率的估计);

(4) 计算上述两个到期收益率的差额,即上市公司的信用风险补偿率;

(5) 计算信用风险补偿率的平均值,作为本公司的信用风险补偿率。

【例 10-10】　假设某公司的信用评级为 B 级,为了估计该公司的税前债务资本成本,目前有四家信用评级同为 B 级的公司,它们都发行有上市的公司债券。表 10-7 是与这四家上市公司债券基本同期的长期政府债券到期收益率,假设现在的无风险利率是 3.5%,求该公司的税前债务资本成本。

表 10-7　与四家公司债券同期的政府债券到期收益率　　　　　　　%

上市公司	公司债券到期收益率	同期政府债券到期收益率	公司债券风险补偿率
A	4.80	3.07	0.83
B	4.66	3.75	0.91
C	4.52	3.47	1.05
D	5.65	4.43	1.22

表 10-7 已经计算出公司债券的风险补偿率,即公司债券到期收益率与同期政府债券到期收益率之差,则该公司的信用风险补偿率为上述四家公司风险补偿率的平均值:

$$(0.83\% + 0.91\% + 1.05\% + 1.22\%) \div 4 = 1\%$$

因此,该公司的税前债务资本成本为

$$R_d = 3.5\% + 1\% = 4.5\%$$

4. 财务比率法

如果目标公司既没有上市交易的债券,也无可比公司,同时也没有评级信息,则可以使用财务比率法估计债务成本。这一方法要求获得目标公司重要的财务比率,根据这些财务比率可以大致判断公司的信用级别,然后再使用风险调整方法进行债务成本的估计。

(二)税后债务资本成本的估计

对于公司来说,利息具有抵税作用,这使公司的债务资本成本小于债权人要求的收益率。税后债务资本成本的计算公式为

$$税后债务资本成本 = 税前债务资本成本 \times (1 - 所得税税率) \qquad (10\text{-}26)$$

第六节　加权平均资本成本

一家公司的资金来源通常包括股东投入的权益资本和公司需支付利息而借入的资金(即债务成本)。公司的资本成本因此也由权益资本成本、债务资本成本构成,公司的资本成本就是这些资本成本的加权平均成本。不同公司因为融资方法不同、承担风险不同,也会有不同的资本成本。

加权平均资本成本是按各类资本所占公司全部资本的权重加权平均计算出的公司资本成本。加权平均资本成本可用来确定具有平均风险的投资项目所要求的收益率。加权平均资本成本的资金来源主要包括普通股、优先股、长期债务等。

一、加权平均资本成本的计算

加权平均资本成本是公司以各种资本在公司全部资本中所占的比重为权数,对各种

长期资金的资本成本加权平均计算出来的资本总成本。计算公式为

$$\text{WACC} = \sum_{i=1}^{n} \omega_i \cdot R_i \qquad (10\text{-}27)$$

WACC 为加权平均资本成本，ω_i 是各类资本占全部资本的权重，R_i 是对应的资本成本。

若将公式展开，可以得到：

$$\text{WACC} = \frac{E}{V} \cdot R_e + \frac{D}{V} \cdot R_d + \frac{P}{V} \cdot R_p \qquad (10\text{-}28)$$

其中，V 是公司投入的资本总额，E、D、P 分别是普通股、债券、优先股的投资金额，$V = E + D + P$，R_e、R_d、R_p 是税前的普通股、债券、优先股的资本成本。

债务利息具有减税收益，因此债务成本应该是税后的债务成本，这样加权平均资本成本也就是税后加权平均资本成本：

$$\text{WACC} = \frac{E}{V} \cdot R_e + \frac{D}{V} \cdot R_d \cdot (1 - T) + \frac{P}{V} \cdot R_p \qquad (10\text{-}29)$$

【例 10-11】 筹资决策的选择。公司 A 打算进行筹资决策，现在有两个备选方案，相关信息如表 10-8 所示。请分别计算两种方法的综合资本成本，并从中选择一个较优方案。

表 10-8　公司 A 的筹资决策方案

筹资方式	甲方案		乙方案	
	筹资额/万元	资本成本/%	筹资额/万元	资本成本/%
长期借款	80	8	50	7
公司债券	100	10	30	8
优先股	30	12	110	9
普通股	40	15	60	15
合计	250		250	

甲方案：

① 计算各类资本的权重。

长期借款：$\frac{80}{250} = 0.32$；公司债券：$\frac{100}{250} = 0.4$；优先股：$\frac{30}{250} = 0.12$；普通股：$\frac{40}{250} = 0.16$。

② 该方案的加权平均资本成本为

$$\begin{aligned}
\text{WACC}_甲 &= \sum_{i=1}^{n} \omega_i \cdot R_i \\
&= 0.32 \times 8\% + 0.4 \times 10\% + 0.12 \times 12\% + 0.16 \times 15\% \\
&= 10.4\%
\end{aligned}$$

同理，可以计算出乙方案的加权平均资本成本为 $\text{WACC}_乙 = 9.92\%$。

显然，$\text{WACC}_甲 > \text{WACC}_乙$，应选择乙方案。

二、权重的选择

加权平均资本成本权重的确定方式有三种：账面价值加权、市场价值加权和目标价值加权。

1. 账面价值加权

账面价值加权是指根据公司资产负债表上显示的会计价值来衡量每种资本的比例。资产负债表提供了负债和权益的比例，计算较为方便。

拓展阅读 10.3
资本成本的计算

但账面结构反映的是历史的信息，不一定符合公司未来的状况。同时，账面价值会扭曲资本成本，一般来说，账面价值与市场价值之间存在较大差异。

2. 市场价值加权

市场价值加权是指根据当前负债与权益的市场价值比例衡量每种资本的比例。由于市场价值不断变动，负债与权益的比例也随之变动，计算出的加权平均资本成本会迅速变化。

3. 目标价值加权

目标价值加权是指根据市场价值计量的目标资本结构衡量每种资本要素的比例。这种方法体现了未来期望的资本结构，适用于公司筹借新资金的情况。

【**例 10-12**】　A 公司是一家国有控股上市公司，采用经济增加值作为业绩评价指标。目前控股股东正在对该公司 2021 年度的经营业绩进行评价。公司 2020 年年末和 2021 年年末的资产负债表如表 10-9 所示。

表 10-9　A 公司的资产负债表　　　　　　　单位：万元

项目	2020 年年末	2021 年年末	项目	2020 年年末	2021 年年末
货币资金	420	405	应付账款	1 165	1 350
应收票据	95	100	应付职工薪酬	30	35
应收账款	2 040	2 050	应交税费	140	100
其他应收账款	325	330	其他应付款	95	140
存货	2 550	2 300	长期借款	2 500	2 500
固定资产	4 250	4 600	优先股	1 200	1 200
在建工程	1 350	2 240	普通股	5 000	5 000
			留存收益	900	1 700
合计	11 030	12 025	合计	11 030	12 025

已知 A 公司的长期借款还有 3 年到期，年利率 8%，发放的优先股共计 12 万股，每股面额 100 元，票面股息率为 10%，普通股股票的贝塔系数为 1.2，无风险利率为 3%，市场组合的必要报酬率为 13%，公司所得税税率为 25%。

（1）在账面价值加权法下计算出该公司的加权平均资本成本。

①　计算各类资本成本。A 公司的债务资本只有长期借款，因此税后的债务资本成本 $R_d = 8\% \times (1 - 25\%) = 6\%$；根据资本资产定价模型，该公司的普通股资本成本 $R_e = 3\% + 1.2 \times (13\% - 3\%) = 15\%$；优先股资本成本 $R_p = 10\%$。

② 计算资本的权重。各类资本的价值由 2020 年年末和 2021 年年末价值的均值表示,可计算出资本的账面价值:

$$长期资本的账面价值 = \frac{2\,500 + 2\,500}{2} = 2\,500(万元)$$

$$优先股的账面价值 = \frac{1\,200 + 1\,200}{2} = 1\,200(万元)$$

$$普通股和留存收益的账面价值 = \frac{5\,000 + 5\,000}{2} + \frac{900 + 1\,700}{2} = 6\,300(万元)$$

各类资本的权重为

$$\omega_d = \frac{2\,500}{2\,500 + 1\,200 + 6\,300} = 25\%$$

$$\omega_p = \frac{1\,200}{2\,500 + 1\,200 + 6\,300} = 12\%$$

$$\omega_e = \frac{6\,300}{2\,500 + 1\,200 + 6\,300} = 63\%$$

③ 计算加权平均资本成本

$$WACC = 25\% \times 6\% + 12\% \times 10\% + 63\% \times 15\% = 12.15\%$$

(2) 股东们按市场价值评价出当前负债和权益的市场价值比例为 2/3,其中优先股的市场价值占权益资本的 25%,此时公司的加权平均资本成本为

$$WACC = \frac{2}{2+3} \times 6\% + \frac{3}{2+3} \times 25\% \times 10\% + \frac{3}{2+3} \times (1 - 25\%) \times 15\% = 10.65\%$$

(3) 假设该公司根据市场价值计量的目标资本结构是 40% 的长期债务、10% 的优先股、50% 的普通股。根据目标价值加权的加权平均资本成本为

$$WACC = 40\% \times 6\% + 10\% \times 10\% + 50\% \times 15\% = 10.9\%$$

即测即练　扫码答题

习题与思考题

1. 说明投资者的期望收益率与筹资者的资本成本之间的关系。

2. 系统风险与非系统风险的差异是什么?

3. 说明资产的期望收益率、方差、标准差的含义与估算方法。

4. 说明公司资本成本的重要性及影响公司资本成本的因素。

5. 说明公司资本成本和项目资本成本的联系与区别。

6. 说明权益资本成本、优先股成本、债务资本成本的含义与计算。

阅读专栏：浅谈企业资本成本在企业经营过程中发挥的作用

企业在筹措发展资金时所需要花费的必要开销被称为资本成本，具体分为资金筹集和资金占用两部分。资本成本作为财务管理过程中的核心管理理念，对企业的投资及筹资决策都有较为重要的影响。但是在实践过程中，企业的财务工作人员在对资本成本理念的理解和应用方面存在较大的误区和差异。

（一）资本成本是企业开展筹资活动并设计资本结构的核心依据

企业获取发展资金主要有权益筹资和债务筹集两种形式，这两种形式都有着各自的优势和不足。

一般情况下，企业需要将融资或筹措到的运营资金合理地分配给债务和权益两个部分，从而确立最为科学且合理的资本结构。在风险处于可控环境时，企业大多会选择债务筹资作为主要模式，借助财务杠杆的平衡原理，扩大企业的实际经济收益。但是在债务筹资所占比例持续提高的发展趋势下，企业运营的财务风险率也会随之提高，从而导致负债成本极大增加。企业所采取的不同资本结构直接决定了资本成本和企业运营风险的高低。企业设计最优化的资本结构，既可以充分发挥企业财务杠杆带来的优势，又能最大限度地避免财务风险。

从财务理论的角度分析，企业在筹措发展资金时必须保证筹资数额等于或大于资本成本，才能维系企业后续的正常发展。在对比分析各类筹资措施时，企业必须关注加权资本成本及个别资本成本。企业必须根据个别资本成本的高低选择并分配筹资形式，并且将个别资本成本与企业的运行风险相结合，设计最优质的企业资本结构。

（二）资本成本作为企业方案评价的核心标准

企业可以利用不同的融资渠道筹集发展资金。不同的融资渠道会产生不同价值的资本成本，并导致不同程度和不同类型的经济风险问题。然而，无论以何种方式及通过何种渠道筹集资金，都必须将资本成本作为一个关键的决定性因素加以考虑。

现代化企业通常选择动态评估方法来评估投资项目。与静态评估方法相比，动态评估方法能够更好地反映货币的时间价值。如果企业利用净现值法评估需要投资的项目，只有预定项目的折现现金流在零以上，才有投资的必要。

从实践的角度分析，净现值法是最简单的投资评价制度之一，因此被广泛地应用在企业评定项目过程中。投资项目能够为融资企业带来的实际资金收益效率被称为内涵报酬率，企业对投资项目的资本成本率与内涵报酬率进行对比，如果内涵报酬率大于或等于资本成本率，则证明该项目可以投资，反之则需要慎重考虑。

（三）资本成本能够起到衡量企业效率的基本作用

近年来伴随着我国市场经济的持续发展，逐渐兴起了将价值作为核心和出发点的运营评价体系。在该体系中，企业运营的核心评价指标是经济增加值（EVA）。对于该体系而言，企业的加权平均资本成本是最为核心的变量。

经济增加值是指企业经营活动创收的利润，在扣除股权及债务之后所得到的有效收入。当企业的收益率大于加权平均资本时，运营活动才能为企业股东创造回报价值。

EVA 评价机制具有很多传统评价机制所没有的优点：经济增加值能够促进企业合理、科学且理性地进行投资,使资本成本成为企业做经济决策的硬性约束条件；经济增加值不仅可以促使人们更加客观地评价企业的价值,而且可以促使企业在创造更大经济效益的过程中重视企业的发展成本分配。

资本成本作为现代企业运营财务管理部分的核心概念,对企业的投资决策及筹资策略起到了非常重要的作用。企业要想实现现代化改革,在不断变化的市场上取得一席之地,就需要重视资本成本决策研究的重要性。

资料来源：https://Baijiahao.Baidu.com/s?id=1730865747873899363&wfr=spider&for=pc.

第十一章

资 本 结 构

资本结构反映的是公司利用各种筹资方式所形成的融资结构,它决定了公司的产权归属,也规定了不同投资主体的权益及所承受的风险。公司的资本结构反映了它的借贷策略,尽管举债会通过税收效应给公司带来收益,但与此同时公司拥有的债务越多,破产的风险越高,同样会给公司价值带来损害。因此,确定适当的资本结构也是公司金融中的一项重要决策。本章将结合饼图明确资本结构的基本概念及其与公司价值的关系,介绍在资本结构调整中需要运用的杠杆分析,阐述以 MM 理论为代表的经典资本结构理论,并列举能够为公司确定最佳资本结构的资本结构决策方法。

学习目标

- 熟悉公司的资本结构的概念
- 知道资本结构与公司价值的关系
- 了解馅饼理论
- 掌握经营杠杆、财务杠杆和总杠杆的计算方法
- 理解 MM 理论、代理理论和权衡理论
- 熟悉资本结构决策的方法

第一节 资本结构的饼图

一、资本结构的概念

资本结构反映了公司长期资本来源的构成和比例关系。在筹资管理中,资本结构有广义和狭义之分。广义的资本结构是指全部债务与股东权益的构成比率;狭义的资本结构则是指长期负债与股东权益的构成比率,短期债务作为营运资金来管理。

资本结构是公司在多种筹资方式下筹集资金形成的,各种筹资方式不同的组合决定了公司的资本结构及其变化。公司筹资方式虽然很多,但总的来看主要分为债务资本与权益资本两大类。其中,权益资本是投资者投入的资本金,体现投资者的权益。权益资本的取得主要通过接受投资、发行股票或内部融资形成,是公司必备的基础资本。债务资本是指公司从债权人处获得的短期和长期借款,不包括应付账款、应付票据及其他应付款等商业信用负债。

公司的资本结构就是公司的负债权益比。公司资本结构的变化会导致公司价值的变化。公司的管理层可以选择自己想要的资本结构。资本结构确定后,公司可以发行债券,

并用发行所得回购一些股票来增加负债权益比;也可以发行股票,并用发行所得偿还一部分债务来降低负债权益比。这类改变公司现有资本结构的活动就称作资本重组。这样的资本重组发生在公司用新的资本结构替代另外一个,而总资产保持不变的时候。因为公司的资产不是直接受资本重组的影响,因此可以把公司有关资本结构的决策与其他活动分开来考察。这就意味着公司可以撇开投资决策,单独考虑资本结构决策。

公司资本结构选择的指导原则是使股票价值最大化。股票价值最大化与公司价值最大化是一样的。因此,有关公司资本结构的讨论是建立在整个公司价值最大化框架上的。

公司价值与公司的加权平均资本成本(WACC)成反比,即公司价值是在公司的加权平均资本成本最小时最大的。WACC 是按各类资本所占总资本来源的权重加权平均计算公司资本成本的方法。从 WACC 可以知道公司的整体资本成本是公司资本结构中各种不同组成部分的成本的加权平均值。

考虑当债务融资的数额即负债权益比发生改变时,资本成本会如何变化。

公司利用债务资本进行举债经营,可能发挥财务杠杆效应放大收益,也可能带来财务风险,因此公司必须权衡财务风险与资本成本的关系,确定一个最佳的资本结构,这个最佳资本结构有时也被称为目标结构,即希望选择一个资本结构,在一定条件下使公司加权平均资本成本(WACC)最小化,从而提高公司价值,使股东财富最大化。评价公司资本结构最佳状态的标准应该是既能提高股权收益或降低资本成本,又能控制财务风险,最终提升公司价值。

资本结构优化的目标,是降低平均资本成本率或提高普通股每股收益。从理论上讲,最佳资本结构是存在的,但由于公司内部条件和外部环境的经常性变化,动态地保持最佳资本结构十分困难,因此在实践中,目标资本结构通常是指公司结合自身实际进行适度负债经营所确立的资本结构,是根据满意化原则确定的资本结构。

二、资本结构与公司价值

公司价值是公司本身的价值,是公司有形资产和无形资产价值的市场评价。一般而言,一家公司的价值是该公司预期自由现金流量以其加权平均资本成本为贴现率折现的现值。如图 11-1 所示,公司价值主要由付息债务价值和股权价值两部分构成,其中付息债务价值是公司债务现金流的折现值,是公司的债务资本,形成了公司的债务资本结构;股权价值是公司股权现金流的折现值,是公司的权益资本,形成了公司的权益资本结构,所以公司价值与资本结构的关系为

公司价值＝债务价值＋股权价值

图 11-1　公司价值角度的资本结构

从会计角度来看,公司资产可以分为流动资产和非流动资产。公司负债可以分为短期债务和长期债务。股东权益由投入资本和公司积累资本构成,在这里,对股东权益资本结构不做细分。

如图 11-2 所示,在简易资产负债表中,资产负债表的左边是公司的资产,包括流动资产和非流动资产;资产负债表的右边是公司所筹集资金的价值,包括短期债务价值、长期债务价值和股权价值。由于短期债务作为营运资金管理,短期债务不属于资本结构,所以从会计角度看属于公司资本结构的是公司的长期债务和股东权益。

图 11-2 会计角度的公司资本结构

三、馅饼理论

不同的公司债务价值和股权价值所占的比重不同,代表了它们不同的资本结构。公司的融资决策就是对负债和权益资本比例构成的决策过程,即对资本结构的选择问题。美国经济学家罗斯等提出了"馅饼模型"(Pie Rule)。如图 11-3 所示,模型中所谓的"馅饼",是指公司的资本总额,即公司的价值,由公司的负债和权益价值构成。"馅饼"的大小取决于公司的资本总额在金融市场上的价值,公司的价值 V 可以用下式表示:

$$V = B + S$$

其中,B 表示负债的市场价值,S 表示权益的市场价值。

图 11-4 展示了两家公司的负债-权益组合方式。其中,A 公司的负债与权益各占 50%;B 公司的负债占 40%,权益占 60%。可见,负债与权益各自价值的大小决定了公司资本总额这块"馅饼"的分割,但是不会影响馅饼的整体大小。

图 11-3 馅饼模型

由于不同的资本结构决定了公司不同的经营现金流,从而影响公司价值,所以公司管理层在进行融资决策时,应遵循公司价值最大化的经营目标,选择最优的资本结构。

公司拥有的各种稀缺资源是其生存发展的基础性要素,对这些资源的占有、使用要付出相应的代价,维持公司生存的财务资源也不例外。公司价值最大化的经营目标要求投入公司各种要素的全部成本(包括投入资本的相关成本)必须最低。因此,公司管理层在进行融资决策时,要以成本最小化-公司价值最大化作为衡量尺度来选择最优的资本结构。

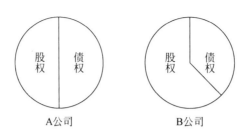

图 11-4　不同负债-权益组合方式的公司资本结构的饼图

四、资本结构对公司价值的作用

1. 保持合理的资本结构有利于提高公司价值

公司的资金主要来源于债务融资和股权融资,其中债务融资可以给公司带来财务杠杆收益和节税收益。当总资产的息税前利润率大于债务成本率时,公司可以通过债务融资获得财务杠杆收益,提高公司价值。同时,债务融资成本可以税前扣除,为公司带来节税效益,提高公司的价值,但是随着债务融资的增长,公司面临的财务风险会增加,进而可能陷入财务危机和破产。

2. 通过影响投资者对经营状况的判断和投资决策影响公司价值

公司的资本结构会向外部投资者传递关于公司价值的信息,并影响外部投资者的决策,从而影响公司价值。例如,当公司管理者愿意承担风险时,投资者会把经理持股和积极回购公司股票看作公司前景良好的信号,对公司进行投资,从而影响公司的价值。

3. 通过影响公司治理结构影响公司价值

公司的债务融资可以鼓励公司经营者努力工作,选择正确的行为,并将公司绩效信号传递给市场,帮助外部投资者对公司未来的经营状况做出正确的判断并进行投资决策,从而影响公司的价值。

五、影响资本结构的因素

资本结构是一个产权结构问题,是社会资本在公司经济组织形式中的资源配置的结果。资本结构的变化将直接影响社会资本所有者的利益。影响资本结构的因素包括以下几点。

1. 公司经营状况的稳定性和成长性

公司产销业务量的稳定程度对资本结构有重要影响。如果产销业务稳定,公司可以负担较高的财务费用,偿付债务的能力较强,从而可以采用高负债的资本结构;如果产销业务不稳定,则公司偿付债务的风险就比较高,从而应采用低负债的资本结构。如果产销业务量能够以较高的水平增长,公司可以采用高负债的资本结构,以提升权益资本的报酬。

2. 公司的财务状况和信用等级

如果公司财务状况良好、信用等级高,则债权人愿意向公司提供信用,公司容易获得债务资金;如果公司财务状况欠佳、信用等级不高,债权人投资风险高,则会降低公司获得信用的能力,加大债务资金筹资的资本成本。

3. 公司的资产结构

资产结构是公司筹集资本后进行资源配置和使用后的资金占用结构,包括长短期资产构成和比例,以及长短期资产内部的构成和比例。公司的资本结构应当与资产结构在期限上相匹配,即拥有大量固定资产的公司主要通过发行股票融通资金,拥有较多流动资产的公司可以利用较多的流动负债来融通资金。

4. 公司投资人和管理人的态度

从公司所有者即股东的角度看,如果公司股权分散,公司可能更多地采用权益资本筹集资金以分散风险;如果公司为少数股东控制,股东往往重视公司控股权问题,为防止控股权稀释,通常会尽量避免普通股筹资而采用优先股或债务筹集资金。

从公司管理层的角度看,高负债资本结构的财务风险高,一旦经营失败或出现财务危机,管理层将面临市场接管或被董事会解聘的威胁,因此稳健的管理层倾向于选择低负债比例的资本结构。

5. 行业特征和公司发展周期

不同行业的资本结构差异很大。产品市场稳定的成熟产业,经营风险低,因此可以提高债务资金比重,发挥财务杠杆作用。高新技术企业产品由于技术、市场尚不成熟,经营风险高,因此可以降低债务资金比重,控制财务风险。

同一家公司在不同发展阶段,资本结构安排也不同。在初创阶段,公司经营风险高,在资本结构安排上应控制负债比例;在发展成熟阶段,公司产品产销业务量稳定和持续增长,经营风险低,可适度增加债务资金比重,发挥财务杠杆效应;在收缩阶段,公司产品市场占有率下降,经营风险逐步加大,应逐步降低债务资金比重,确保经营现金流量能够偿付到期债务,保持公司持续经营能力,减少破产风险。

6. 财政政策和货币政策

财政政策是指政府为促进就业水平提高,减轻经济波动,防止通货膨胀,实现稳定增长而对财政支出、税收和借债水平所做的选择,或对财政收入和支出水平所做的决策。其中,税收政策对公司资本结构影响较大。税收政策主要是指通过改变税率或税率结构来变动税收以影响总需求进而影响就业和国民收入的政策,是国家干预经济的主要政策之一。当公司所得税税率较高时,债务资金的抵税作用大,此时公司应采用高负债的资本结构,充分利用抵税作用以提高公司价值。

货币政策也就是金融政策,是指中央银行为实现特定的经济目标而采用的各种控制与调节货币供应量和信用量的方针、政策及措施的总称。货币政策通过影响资本供给来影响利率水平的变动进而影响公司的价值。当国家执行紧缩性的货币政策时,市场利率较高,公司债务资金成本增大。

第二节 财 务 杠 杆

杠杆分析是公司管理者进行财务分析的重要工具,主要包括经营杠杆、财务杠杆和总杠杆。在筹资方式选择和资本结构调整方面,公司需要着重考虑是否利用及如何利用财务杠杆的作用。公司的财务杠杆是由债务利息等固定融资成本引起的,具有放大盈利波动性的作用,从而影响公司的风险与收益。

一、经营风险与经营杠杆

经营风险是指在商品经营中给公司收益或收益率带来的不确定性,影响因素包括产品价格、需求和成本的变动等。经营杠杆反映销量与息税前利润之间的杠杆关系,主要用于衡量销量变动对息税前利润的影响。息税前利润可以用下式表示:

$$EBIT = Q \cdot (P - V) - F = Q \cdot MC - F \tag{11-1}$$

其中,Q 为产品销量;P 为单位产品价格;V 为单位变动成本;F 为固定成本总额;$MC = P - V$,为单位边际贡献。

式(11-1)表明,在其他因素不变的条件下,边际贡献总额随着销量变动而变动,固定成本总额则为常数,与销量变动无关。因此,销量变化虽然不会改变固定成本总额,但会降低或提高单位产品的固定成本,从而提高或降低单位产品收益,使息税前利润变动率大于销量变动率。固定成本的存在放大了息税前利润的变化,这种效应就是杠杆效应。

一般采用经营杠杆系数反映经营杠杆效应的大小和经营风险的高低。经营杠杆系数是指息税前利润变动率相当于销量变动率的倍数,计算公式为

$$DOL = \frac{\Delta EBIT / EBIT}{\Delta Q / Q} \tag{11-2}$$

其中,$\Delta EBIT$ 为息税前利润变动数;$EBIT$ 为息税前利润;ΔQ 为销量变动量;Q 为销量。

根据式(11-1)和式(11-2),可以进一步推导出经营杠杆系数的简化计算公式:

$$DOL = \frac{Q(P - V)}{Q(P - V) - F} = \frac{Q(P - V)}{EBIT} \tag{11-3}$$

【例 11-1】 某公司生产的新产品当前销量为 20 000 件,销售单价为 5 元/件,单位变动成本为 3 元/件,固定成本总额为 20 000 元,息税前利润为 20 000 元。假设销售单价及成本水平保持不变,则在销量为 20 000 件时,经营杠杆系数为

$$DOL = \frac{20\,000 \times (5 - 3)}{20\,000 \times (5 - 3) - 20\,000} = \frac{40\,000}{20\,000} = 2$$

计算表明,在销量为 20 000 件时,销量每增加一个百分点,息税前利润就增加 2 个百分点。若销量增加 10%,则息税前利润可增加 20%。

二、财务杠杆与财务风险

(一) 财务杠杆

财务杠杆又称筹资杠杆或融资杠杆,是指由于债务的存在而导致普通股每股利润变动大于息税前利润变动的杠杆效应。息税前利润与每股收益之间的关系可表示为

$$EPS = \frac{(EBIT - I)(1 - T)}{N} \tag{11-4}$$

其中,$EBIT$ 为息税前利润;I 为利息;T 为所得税税率;N 为发行在外普通股股数。

财务杠杆来源于公司固定的融资成本。如果公司融资成本中包含固定的债务资本

（如银行借款、发行公司债券等,或优先股的股权资本）,从而使息税前利润的某个变化引起普通股每股收益更大的变化,则认为公司在使用财务杠杆。在公司资本结构一定的条件下,公司从息税前利润中支付的固定融资成本是不变的。当息税前利润发生增减变动时,每1元息税前利润所负担的固定融资成本会相应地减少或增加,从而给普通股股东带来一定的财务杠杆利益或损失。

财务杠杆效应的大小用财务杠杆系数来衡量。财务杠杆系数是指公司每股利润变动率相当于息税前利润变动率的倍数。通常用下式计算财务杠杆系数：

$$\mathrm{DFL} = \frac{每股收益变动率}{息税前利润变动率} = \frac{\Delta\,\mathrm{EPS}/\mathrm{EPS}}{\Delta\,\mathrm{EBIT}/\mathrm{EBIT}} \qquad (11\text{-}5)$$

其中, DFL 为财务杠杆系数； $\Delta\mathrm{EPS} = \dfrac{\Delta\mathrm{EBIT}\cdot(1-T)}{N}$, 为每股收益变动数； $\mathrm{EPS} = \dfrac{(\mathrm{EBIT}-I)(1-T)}{N}$, 为每股收益； $\Delta\mathrm{EBIT}$ 为息税前利润变动数； EBIT 为息税前利润； I 为利息； T 为所得税税率； N 为发行在外普通股股数。

由式(11-5)可知,在某一特定水平的 EBIT 下的 DFL≥1,表明息税前利润发生 1% 的变动,会引起每股收益以大于 1% 的比率变动。式(11-5)是计算财务杠杆的理论公式,但利用该公式必须已知变动前后的相关资料,比较烦琐,而且无法预测未来的财务杠杆系数,因此还可以按以下简化公式计算：财务杠杆系数等于基期息税前利润除以基期息税前利润减利息。

$$\mathrm{DFL} = \frac{基期息税前利润总额}{基期息税前利润 - 基期利息} = \frac{\mathrm{EBIT}}{\mathrm{EBIT}-I} \qquad (11\text{-}6)$$

其中, DFL 为财务杠杆系数； EBIT 为息税前利润； I 为利息。

【例 11-2】 某公司 2022 年预测需要资金 400 000 元。现有两种筹资方案可供选择：

A 方案：发行 40 000 股普通股,每股面值 10 元。

B 方案：发行 24 000 股普通股筹资,条件同 A 方案,其余采用负债筹资,利率 10%；

若 2021 年 EBIT 为 100 000 元,所得税税率为 25%,预计 2022 年 EBIT 同比增长 20%。

要求：计算该公司 2022 年 A、B 两种方案的财务杠杆系数。

A 方案：

2021 年的每股利润 = (100 000 − 0) × (1 − 25%) ÷ 40 000 = 1.875(元)

2020 年的每股利润 = (120 000 − 0) × (1 − 25%) ÷ 40 000 = 2.25(元)

每股利润变动额 = 2.25 − 1.875 = 0.375(元)

每股利润变动率 = 0.375 ÷ 1.875 = 20%

2022 年的财务杠杆系数 = 每股利润变动率 ÷ 息税前利润变动率 = 20% ÷ 20% = 1

B 方案：

2021 年的每股利润 = (100 000 − 16 000) × (1 − 25%) ÷ 24 000 = 2.625(元)

2020 年的每股利润 = (120 000 − 16 000) × (1 − 25%) ÷ 24 000 = 3.25(元)

每股利润变动额 = 3.25 − 2.625 = 0.625(元)

每股利润变动率 = 0.625 ÷ 2.625 = 24%

2022 年的财务杠杆系数 = 每股利润变动率 ÷ 息税前利润变动率 = 24% ÷ 20% = 1.2

比较 A、B 两种方案的异同。

相同：

(1)资金总额相等；(2)息税前利润相等；(3)息税前利润的增长率相等。

不同：

(1) 资金结构不同。A 方案负债比例为 0 且全部资金来自普通股筹资；B 方案负债资金占 40%，普通股占 60%。

(2) 当息税前利润增长 20% 时，A 方案的每股利润只增长了 20%，财务杠杆系数 DFL=1，没有财务杠杆效应；B 方案的每股利润却增长了 24%，财务杠杆系数 DFL=1.2。说明 B 方案由于有负债，每股利润增长是息税前利润增长的 1.2 倍，这就是财务杠杆效应。

反之，如果公司的息税前利润下降，B 方案每股利润的下降幅度也会超过 A 方案。这就是财务杠杆的两面性。因此，公司应适度负债，合理利用财务杠杆效应。适当提高息税前利润会增加每股利润，这就是财务杠杆利益。但当公司遇到经营不利的情况而导致息税前利润下降时，每股利润会以更大的幅度下降，因此财务杠杆效应也会给公司带来财务风险。

(二) 财务风险

财务风险又称筹资风险，是指由于公司运用了债务筹资方式而产生的丧失偿付能力的风险，该风险最终将由普通股股东承担。公司在经营中经常需要借入资本进行负债经营，不论经营利润是多少，债务利息是不变的。当公司在资本结构中增加了债务这类具有固定筹资成本的比例时，固定的现金流出量就会增加，特别是在利息费用的增加速度超过息税前利润增加速度时，公司会因负担较多的债务成本而引发对净利润减少的冲击，发生丧失偿债能力的概率也会增加，导致财务风险增加；反之，当债务资本比率较低时，财务风险将减小。

1. 财务风险的衡量

财务风险的大小可以用财务杠杆系数衡量。一般情况下，负债比率越高，财务杠杆系数越大，普通股每股利润波动的幅度越大，财务风险就越高；反之，负债比率越小，财务杠杆系数越小，普通股每股收益波动的幅度越小，财务风险就越低。当公司既没有发行优先股，也没有向银行借款时，就没有固定的筹资成本，则财务杠杆系数为 1，此时没有财务杠杆作用。

财务杠杆系数虽然可以衡量财务风险的大小，但在实际中仅以此来衡量财务风险是片面的。通过财务杠杆系数的计算公式可知，财务杠杆通过利息从某种程度上表示了债务资本，而债务资本是产生财务风险的直接原因。但影响财务风险的因素很多，并不能在财务杠杆中一一反映。此外，财务杠杆所反映的利息也只是总金额，并没有反映利息的组成。例如，计算财务杠杆系数时，短期借款与长期借款形成的利息是合并反映，不能分类反映当前的负债现状。对于公司来说，一年内到期的负债相对于长期负债还款压力较大，也容易造成公司的财务危机，从而加大公司的财务风险。

2. 财务风险与财务杠杆的关系

财务风险与财务杠杆的关系主要体现在以下两个方面。

（1）财务风险主要由财务杠杆产生。财务风险是指未来收益不确定的情况下,公司因负债筹资而产生的由股东承担的额外风险。如果借入资金的投资收益率大于平均负债利率,则可从杠杆中获益;反之,则会遭受损失。这种不确定性就是杠杆带来的财务风险。公司财务杠杆系数的高低可以反映财务风险的大小。这里需要指出,负债中包含有息负债和无息负债,财务杠杆只能反映有息负债给公司带来的财务风险而没有反映无息负债,如应付账款的影响。通常情况下,无息负债是正常经营过程中因为商业信用产生的,而有息负债是由于融资需要借入的,一般金额比较大,所以是产生财务风险的主要因素。如果存在有息负债,财务杠杆系数大于1,放大了息税前利润的变动对每股盈余的作用。财务杠杆系数越大,当息税前利润率上升时,权益资本收益率会以更大的比例上升,若息税前利润率下降,则权益利润率会以更快的速度下降,财务风险较高。相反,财务杠杆系数越小,财务风险也越低。财务风险的实质是将借入资金上的经营风险转移给了权益资本。

（2）财务杠杆与财务风险是不可避免的。由于自有资金的筹集数量有限,公司在处于扩张阶段时很难完全满足需要,而负债筹资速度快、弹性大,适当地借入资金有利于扩大公司的经营规模,提高公司的市场竞争力。同时,由于公司负债产生的利息在税前支付,若经营利润相同,负债经营与无债经营的公司相比缴纳的所得税较少。因此,债务资本成本与权益资本成本相比较低,负债筹资有利于降低公司的综合资本成本。但是,未来收益的不确定性使借入资金必然承担一部分经营风险,即债务资本的经营风险转嫁给权益资本而形成的财务风险也必定存在。此外,闲置资金的存在也促进了借贷行为的发生。资金只有投入生产过程才能实现增值。把一笔资金作为储藏手段保存起来,若不存在通货膨胀,随着时间的推移是不会产生增值的。因此,公司将闲置资金存入银行以收取利息,由银行贷出投入生产。这样一来,财务杠杆及财务风险也将伴随着债务资本的存在而存在。

（三）财务风险的影响因素

由于财务风险随着财务杠杆系数的增大而增大,而且财务杠杆系数是财务杠杆作用大小的体现,因此影响财务杠杆作用大小的因素也必然影响财务杠杆利益（损失）和财务风险。财务风险的影响因素主要有以下三个。

1. 息税前利润率

在其他因素不变的情况下,息税前利润率越高,财务杠杆系数越小,财务风险越低;反之,财务杠杆系数越大,财务风险越高。息税前利润率对财务杠杆系数及财务风险的影响是反方向变化的。

2. 负债的利率

在息税前利润率和负债比率一定的情况下,负债的利率越高,财务杠杆系数越大,财务风险越高;反之,财务杠杆系数越小,财务风险越低。负债的利率对财务杠杆系数及财务风险的影响总是同方向变化的。

3. 资本结构

负债比率即负债与总资本的比率是影响财务杠杆利益和财务风险的因素之一,负债比率对财务杠杆系数的影响与负债利率的影响相同。也就是说,在息税前利润率和负债利率不变的情况下,负债比率越高,财务杠杆系数越大,财务风险越高;反之,财务杠杆系数越小,财务风险越低。负债比率对财务杠杆系数及财务风险的影响总是同方向变化的。

这些因素在影响财务杠杆利益的同时,也影响财务风险。而进行财务风险管理,对公司来说是一项极为复杂的工作,这是因为除了上述主要因素外,还有很多因素会影响财务风险,而且其中有许多因素是不确定的,因此公司必须从各个方面采取措施,加强对财务风险的控制,一旦预计公司将面临财务风险,就应该采取措施回避和转移。

回避财务风险的主要方法是降低负债比率,控制债务资金的数额。回避风险的前提是正确地预计风险。预计风险是建立在预计未来经营收益的基础上的,如果预计公司未来经营状况不佳,息税前利润率低于负债的利率,则应该减少负债,降低负债比率,从而回避将要遇到的财务风险。转移风险是指采取一定的措施,将风险转移给他人的做法。具体做法是通过选择那些利率可浮动、偿还期可伸缩的债务资金,使债权人与公司共担一部分财务风险。

公司的负债比率是可以控制的,公司可以通过合理安排资本结构,适度负债,使财务杠杆利益抵消风险增加所带来的不利影响。因此,公司决策者在确定公司的负债水平时,必须认识到负债可能带来的财务杠杆利益及相应的财务风险,从而在收益与风险之间做出合理的权衡。

(四)财务杠杆效应

合理运用财务杠杆会给公司权益资本带来额外收益,但同时也会给公司带来财务风险。

财务杠杆作用是负债和优先股筹资在提高公司所有者收益中所起的作用,是以公司的投资利润与负债利率的对比关系为基础的。

(1)当投资利润率大于负债利率时,公司盈利,公司所使用的债务资金创造的收益(息税前利润)除债务利息之外还有一部分剩余,这部分剩余收益归公司所有者所有。

(2)当投资利润率小于负债利率时,公司所使用的债务资金创造的收益不足以支付债务利息,对不足以支付的部分公司便需要动用权益性资金所创造的利润的一部分来弥补,从而会降低公司使用权益性资金的收益率。

由此可见,当负债在全部资金中所占比重很大,从而所支付的利息也很多时,若投资利润率大于负债利率,其所有者会得到更多的额外收益,若出现投资利润率小于负债利率的情况,其所有者会承担更多的额外损失。通常把利息成本对额外收益和额外损失的效应称为财务杠杆的作用。

不同的财务杠杆将在不同的条件下发挥不同的作用,从而产生不同的后果。

(1)当投资利润率大于负债利率时,财务杠杆将发生积极的作用,其作用后果是公司所有者获得更高的额外收益。这种由财务杠杆作用带来的额外利润就是财务杠杆利益。

(2)当投资利润率小于负债利率时,财务杠杆将发生负面的作用,其作用后果是公司所有者承担更高的额外损失。这些额外损失便构成了公司的财务风险,甚至可能导致公司破产。这种不确定性就是公司运用负债所承担的财务风险。

三、总风险与总杠杆

公司总风险是指经营风险与财务风险之和,而总杠杆主要用于反映销量与每股收益之间的关系。二者之间的关系为

$$\text{EPS} = \frac{[Q(P-V)-F-I](1-T)}{N} \tag{11-7}$$

在经营杠杆计算中,销量被看作自变量;在财务杠杆计算中,息税前利润为自变量;而在总杠杆计算中,息税前利润作为一个中间变量被分解为(销量×单位边际贡献)—固定成本总额,销量仍为自变量,只不过杠杆的放大作用包含了两步——经营杠杆的放大和财务杠杆的放大。总杠杆系数被用来衡量总杠杆效应,指的是每股收益变动率相对于销量变动率的倍数,其计算公式为

$$\text{DTL} = \frac{\Delta \text{EPS}/\text{EPS}}{\Delta Q/Q} = \frac{Q(P-V)}{\text{EBIT}-I} \tag{11-8}$$

公司的经营风险和财务风险构成了公司的总风险。其中,经营风险由其资产组合中各资产的特性决定,而财务风险由公司整体决定。如果公司完全采用股权融资,那么公司只存在经营风险而不存在财务风险,因此财务风险和财务杠杆的影响只发生在有债务的公司中。一般来说,公司对财务风险的控制程度大于对经营风险的控制程度。公司对经营风险的控制难度较大,因为公司对项目或资产的选择通常会受到限制,某些技术问题也会迫使公司使用固定的生产方法;而财务风险则可以通过财务策略的选择进行管理,公司可以通过安排合理的资本结构和到期债务来控制财务风险。

第三节　MM 理论

由美国的两位诺贝尔经济学奖得主默顿·米勒和弗兰克·莫迪格利安尼(以下简称MM)基于完善资本市场的假设条件在 1958 年首次提出的现代资本结构理论(简称 MM理论)不仅被公认为现代公司资本结构理论的基石,也成为后续资本结构理论研究的逻辑起点。

MM 理论所依据的直接及隐含的假设条件包括:

(1) 完善的资本市场,即在股票与债券的交易市场上没有交易成本,而且个人与机构投资者的借款利率与公司相同。

(2) 投资者等市场参与者对公司未来的收益与风险的预期是相同的。

(3) 借债无风险,即公司或个人投资者的所有债务利率均为无风险利率,与债务数量无关。

(4) 全部现金流是永续的,即所有公司预计是零增长率,因此具有"预期不变"的息税前利润,所有债券也是永续的。

(5) 公司的经营风险可以用息税前利润的方差来衡量,具有相同经营风险的公司被

称为风险同类。

在上述假设条件的基础上,MM 首先研究"没有公司所得税"情况下的资本结构,其后又研究了"有公司所得税"情况下的资本结构。因此,MM 的资本结构理论可以分为"无公司所得税 MM 理论"和"有公司所得税 MM 理论"。

一、无公司所得税 MM 理论

(一) MM 第一定理

MM 第一定理主要研究资本结构与公司价值的关系。MM 认为,公司的资本结构与公司资本总成本和公司价值无关,仅取决于按照与预期风险程度相适应的折现率进行资本化的预期收益水平。或者说,公司资本结构的变动不会影响公司加权平均的资本总成本,也不会影响公司的市场价值,只要息税前利润相等,处于同一经营风险等级的负债公司价值与无负债公司价值相等。

拓展阅读 11.2
米勒及其 MM 理论

$$V_U = V_L = \frac{\text{EBIT}}{r_{eU}} = \frac{\text{EBIT}}{r_W} = \frac{\text{EBIT} - I}{r_{eL}} + \frac{I}{r_d} \qquad (11\text{-}9)$$

其中,V_U 为无负债公司的价值;V_L 为负债公司的价值;r_{eU} 为无负债公司的股本成本;r_W 为负债公司的加权平均资本成本;r_{eL} 为负债公司的股本成本;r_d 为负债公司的债务资本成本。

MM 理论说明:①在完美的资本市场上公司的总价值等于公司资产产生的自由现金流的市场价值,不受公司资本结构的影响;②负债公司加权平均资本成本等于同一风险等级无负债公司的股本成本;③r_{eU} 和 r_W 视公司经营风险而定。

MM 第一定理认为,市场套利机制作用使融资方式选择与公司价值无关,股票融资与债券融资的选择不会影响公司价值。在其他条件已定的情况下,无负债公司现金净流量完全归属于公司股东,公司价值就等于股票价值,即 $V_U = S_U$;而负债公司现金净流量分为流入债权人手中的利息(I)和归属于股东的股利($\text{EBIT} - I$),公司价值此时等于股票价值与债券价值之和,即 $V_L = E + D$。如果两家公司能够产生相同的现金流量,负债经营所影响的只是现金流量的流向,而不是现金流量的总额。

因此,MM 第一定理强调的是公司价值仅取决于公司未来经营现金流量的大小和资本成本的高低,而不取决于资本结构,无论公司选择怎样的融资安排都是无关紧要的。假设有两家公司,它们的资产负债表的左边是完全相同的,它们的资产和经营都是一样的,而资产负债表的右边则由于两家公司有不同的融资方式而有所不同。在这种情况下,可以通过资产负债表左边等于右边将右边划分成不同的比例,表示两家公司不同的融资方式,但是它们的总量是不变的,因为它们的资产价值是相等的。图 11-5 展示了两家资产价值相同而融资方式不同的公司,其中 A 公司的权益占 60%,负债占 40%;B 公司的负债占 60%,权益占 40%。但是二者的总的资产价值是相同的,即权益与负债之和相等。

【例 11-3】 假设 A 公司决定以负债融资代替股权融资,发行 1 000 万元债券回购相同数额的股票。为简化,以 U_A 代表无负债融资,L_A 代表有负债融资。在其他因素一定

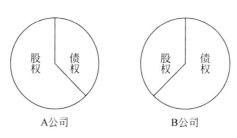

图 11-5 资本结构的两个饼图模型

的情况下,不同资本结构条件下的公司价值均为 2 000 万元,如表 11-1 所示。

表 11-1 两种融资方案的基本情况(无所得税)

项目	U_A(负债=0)	L_A(负债=1 000)
股权资本(S)/万元	2 000	1 000
股权资本成本(r_S)/%	15	20
负债资本(B)/万元	0	1 000
负债资本成本(r_B)/%	—	10
息税前利润(EBIT)/万元	300	300
减:利息费用(I)/万元	0	100
股东收入(DIV)/万元	300	200
证券持有者收入(DIV+I)/万元	300	300
公司价值(V)/万元	2 000	2 000

根据表 11-1,A 公司负债为 0 和负债为 1 000 万元时的价值可分别计算如下:

$$V_U = \frac{300}{15\%} = 2\,000(万元)$$

$$V_L = \frac{300-100}{20\%} + \frac{100}{10\%} = 2\,000(万元)$$

上述计算结果表明,在不考虑所得税的条件下,A 公司资本结构的变化不影响公司价值。

(二)MM 第二定理

虽然公司资本结构的改变不会改变公司的总体价值,但是它确实引起了公司债务和权益的变化。考虑利用债务和权益融资的公司,当负债权益比改变时将会发生什么。为了便于分析,仍然不考虑所得税。

用符号 E(equity)代表公司股票权益的市场价值,用 D(debt)代表债务的市场价值,用 V(value)代表公司的市场价值,则三者的关系为

$$V = E + D \tag{11-10}$$

将两边同时除以 V,可以计算出债务和权益占总资本的百分比:

$$资本结构权重 = \frac{E}{V} + \frac{D}{V} \tag{11-11}$$

其中,$\frac{E}{V}$ 表示权益占总资本的百分比,$\frac{D}{V}$ 表示债务占总资本的百分比。

则加权平均资本成本(R_A)为

$$R_A = \left(\frac{E}{V}\right) \cdot R_E + \left(\frac{D}{V}\right) \cdot R_D \tag{11-12}$$

其中,R_E 为股权资本成本,R_D 为债务资本成本。

对式(11-12)进行整理,可得出权益资本成本为

$$R_E = R_A + (R_A - R_D) \cdot \left(\frac{D}{E}\right) \tag{11-13}$$

这就是著名的 MM 第二定理。它主要研究资本结构与资本成本之间的关系,强调权益资本成本取决于三个因素:对公司资产要求的必要报酬率(R_A);公司的债务资本成本(R_D);公司的负债权益比$\left(\frac{D}{E}\right)$。

图 11-6 描绘了权益资本成本 R_E 与负债权益比之间的关系。如图 11-6 所示,MM 第二定理表明权益资本成本 R_E 是一条斜率为($R_A - R_D$)的直线。其中纵截距对应的是一个负债权益比为零的公司,此时 $R_A = R_D$。当公司增加其负债权益比时,杠杆的增加会加剧权益的风险,从而提高权益的必要报酬率(R_E)。

注意在图 11-6 中,加权平均资本成本并不取决于负债权益比,无论负债权益比是多少,加权平均资本成本都保持不变。这再一次证明了 MM 第一定理:公司的总体资本成本不受其资本结构的影响,债务成本低于权益成本的这个事实正好被因举债所造成的权益成本的增加抵消了。

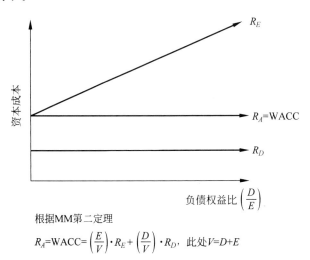

根据MM第二定理

$R_A = \text{WACC} = \left(\frac{E}{V}\right) \cdot R_E + \left(\frac{D}{V}\right) \cdot R_D$,此处$V=D+E$

图 11-6　权益成本和 WACC:不考虑税的 MM 第一定理和 MM 第二定理

【例 11-4】　在正常的经济环境下,A 公司加权平均资本成本为 15%,能够以 10% 的利率借入资金。假设 A 公司的目标资本结构是 80% 的权益和 20% 的债务,那么权益资本成本是多少?如果目标资本结构是 50% 的权益,那么权益资本成本是多少?计算加权平均资本成本,证明二者是相同的。

根据 MM 第二定理可知权益资本成本 R_E 为

$$R_E = R_A + (R_A - R_D) \cdot \left(\frac{D}{E}\right)$$

在第一种情况下,负债权益比是 $\frac{0.2}{0.8} = 0.25$,所以权益资本成本为

$$R_E = 15\% + (15\% - 10\%) \times 0.25 = 16.25\%$$

在第二种情况下,负债权益比为 1,所以权益资本成本为

$$R_E = 15\% + (15\% - 10\%) \times 1 = 20\%$$

现在可以算出加权平均资本成本。假定权益融资占比 80%,权益资本成本是 16.25%,不考虑税率:

$$R_A = \left(\frac{E}{V}\right) \cdot R_E + \left(\frac{D}{V}\right) \cdot R_D = 15\%$$

在第二种情况下,权益融资百分比是 50%,权益资本成本是 20%,不考虑税率:

$$R_A = \left(\frac{E}{V}\right) \cdot R_E + \left(\frac{D}{V}\right) \cdot R_D = 15\%$$

经过计算,在两种情况下加权平均资本成本都是 15%。

MM 第二定理表明公司的权益资本成本可以分为两部分。权益资本成本的第一个组成部分 R_A 是公司总资产的必要报酬率,取决于公司经营活动的性质。公司经营活动内含的风险被称为公司权益的经营风险。公司的经营风险越高,R_A 越大,当其他因素不变时,公司的权益资本成本也会越大。

权益资本成本的第二个组成部分 $(R_A - R_D) \cdot \left(\frac{D}{E}\right)$,由公司的财务结构决定。对于一个权益型公司,这部分为 0。当公司开始依赖债务融资时,权益的必要报酬率开始上升。发生这样的情况是因为债务融资增加了股东的风险。随着债务融资的使用而额外增加的风险被称为公司股权的财务风险。

公司权益的总系统风险包括两部分:经营风险和财务风险。第一部分(经营风险)取决于公司的资产和经营,不受资本结构的影响。如果公司的经营风险(和债务成本)是给定的,则第二部分(财务风险)完全由财务政策决定。当公司增加财务杠杆程度时,公司的权益资本成本增加,因为此时权益的财务风险上升而经营风险不变。

二、含公司所得税的 MM 理论

(一) MM 第一定理

债务有一个显著的特征,债务的利息支付是可以在税前扣除的,这可以降低公司融资的成本。MM 认为,在考虑税负的情况下,由于利息可以抵税,从而增加了公司税后现金流量,公司价值会随着负债比率的提高而提高,即负债公司价值等于相同风险等级的无负债公司价值加上税负节约的价值。

$$V_L = V_U + T \cdot D \tag{11-14}$$

其中,V_L 为负债公司的价值;V_U 为无负债公司的价值;T 为公司税率;D 为公司债务

金额。

定理表明,考虑所得税后,负债公司的价值会超过无负债公司的价值,且负债越高,二者之间的差额越大。也就是说,债务融资是非常有利的,在极端情况下,公司的最优资本结构是100%的债务融资,而且在公司更加依赖债务融资时,公司的加权平均资本成本会减少。

【例11-5】 假设有两家公司:无杠杆的公司U和有杠杆的公司L,这两家公司的资产负债表左边是一样的。现假设折旧为0,资本性支出为0,两家公司的EBIT是无限期的每年1 000元,两家公司的区别在于公司L发行了价值1 000元的永续债,每年支付8%的利息,因此每年的利息为8%×1 000=80元。假设公司税率为25%。对于两家公司,计算如下。

表 11-2　两家公司净利润　　　　　　　　　　　　　　　　　单位:元

项目	公司U	公司L
息税前利润(EBIT)	1 000	1 000
利息(I)	0	80
含税收入	1 000	920
税费(25%)	250	230
净利润	750	690

表 11-3　两家公司流向股东和债权人的现金流量　　　　　　　单位:元

现金流量	公司U	公司L
流向股东	750	690
流向债权人	0	80
总计	750	770

通过上述计算,可以看到公司L的现金流量要多20元,这是因为公司L的税费要少20元,因为利息是可以在税前抵扣的,所以产生税费的节省,这20元也称为税盾。

因为债务是永续的,所以每年都会产生20元的税盾。公司L的税后现金流就是公司U赚得的750元加上20元的税盾。因为公司L的现金流总是多20元,所以公司L的价值高于公司U,差额就是20元的永续年金的价值。而且因为税盾是通过利息支付产生的,所以它与债务有相同的风险,因此8%是合适的贴现率。利息税盾的价值为

$$PV = \frac{20}{0.08} = 250(\text{元})$$

如图11-7所示,V_U是表示公司U的价值的水平线,V_L是表示公司L的价值的线,两条线的距离为利息税盾的现值。

(二)MM第二定理

当考虑税负时,加权平均资本成本为

$$R_A = \left(\frac{E}{V}\right) \cdot R_E + \left(\frac{D}{V}\right) \cdot R_D \cdot (1 - T_C) \tag{11-15}$$

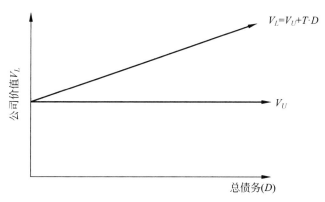

图 11-7 考虑税负的 MM 第一定理

注：由于利息税盾的存在，当总债务数量增加时，公司的价值增加。这就是考虑税负的 MM 第一定理的基础。

通过整理，可以得出权益成本为

$$R_E = R_U + (R_U - R_D) \cdot \left(\frac{D}{E}\right) \cdot (1 - T_C) \tag{11-16}$$

其中，R_U 是无杠杆资本成本，也就是没有债务的公司的资本成本。

根据式（11-16）可知，由于式中的 $(1-T_C)$ 小于 1，因此考虑公司所得税后，虽然权益资本成本仍会随着负债比率的提高而上升，但其上升的速度低于无税时上升的速度，公式隐含的含义是公司负债越多，或所得税税率越高，公司加权平均资本成本就越低。

【例 11-6】 假设 A 公司的信息如下：

EBIT $=133.33$ 元，$T_C = 0.25$，$D = 500$ 元，$R_U = 0.2$，债务资本成本为 10%，则 A 公司的权益价值是多少？权益资本成本是多少？加权平均资本成本呢？（所有的现金流都是永久的）

没有债务的公司价值：

$$V_U = [\text{EBIT} \cdot (1 - T_C)] \div R_U = 500（元）$$

根据考虑税负的 MM 第一定理可知有债务的公司价值为

$$V_L = V_U + T \cdot D = 625（元）$$

因为公司的总价值是 625 元，而债务价值为 500 元，所以权益价值为 125 元，基于考虑税负的 MM 第二定理，权益资本成本为

$$R_E = R_U + (R_U - R_D) \cdot \left(\frac{D}{E}\right) \cdot (1 - T_C) = 0.5$$

加权平均资本成本 $= \left(\frac{E}{V}\right) \cdot R_E + \left(\frac{D}{V}\right) \cdot R_D \times (1 - T_C) = 0.16$

可知这比无负债公司的资本成本（$R_U = 0.2$）低得多，所以债务融资对公司是有利的。

三、破产成本

限定一个公司可以使用的债务额度的因素之一是破产成本。当负债权益比增加时，公司无法向债权人偿还所承诺金额的概率也增加。发生这种情况时，公司资产的所有权

最终会从所有者手里转移到债权人手里。

一般来说,当公司的资产价值等于公司的债务价值时,公司会破产。当这种情况发生时,权益成本价值为0,股东将公司的控制权交给债权人。此时,债权人所拥有资产的价值正好等于债务的价值。在一个完美世界里这种所有权的转移不会有成本,债权人不会丧失任何东西。但是,这种理想情况在现实世界是不会发生的。在实际中,破产的成本很高,这种成本最后可能抵消从杠杆中得到的税盾利得。

(一)直接破产成本

当公司的资产价值等于债务价值时,由于权益已经没有价值了,因而从经济意义上讲公司已经破产了。但是,向债权人的正式资产转交是一种法律程序,而不是经济程序。破产时会产生法律费用和管理费用,这就是破产的成本。

因为破产成本的存在,债权人不会得到其应得的全部。公司的部分财产会在破产程序中"消失"。在破产过程中,会产生法律费用和管理费用,这些费用被称为直接破产成本。这些直接破产成本有时是巨额的,曾经是世界上最大的综合性天然气和电力公司之一的安然公司进入破产程序时,每月支付的法律费用和会计费用高达3000万美元,总成本最终超过7.5亿美元,约占公司破产前资产市值的3%以上。

此外,直接破产成本有时还反映在债权人对贷款利率的提高上。公司破产的可能性和伴随的费用会损害债权人的利益,因此债权人会把预计破产的费用计入他们要求的必要利率中,通过提高贷款利率来反映债务人违约时他们必须承担的预期成本。贷款利率的提高降低了公司价值,这部分损失也被看作一种直接破产成本。

这些直接破产成本对债务融资是一种制约。如果一家公司突然破产,那么公司价值的一部分会消失,这就构成了破产税。因此,公司面临权衡:举债可以通过帮助公司节省税费来省钱,但是举债越多,公司就越有可能破产并需要支付破产税。

(二)间接破产成本

因为破产带来的直接成本十分高昂,公司会花费很多资源避免破产。当一家公司在履行债务义务的过程中遇到很重要的问题时,表明它正在经历财务困境。一些处于财务困境的公司最后申请破产,但是大部分公司能够恢复或以其他方式求得生存而并未申请破产。

处于财务困境的公司为了避免破产而发生的成本,被称为间接破产成本。一般用财务困境成本来表示所有因为破产或者为了避免破产申请而发生的直接和间接成本。

当股东和债权人是不同的群体时,财务困境引发的问题尤其严重,财务困境成本也因此更高。股东一直控制着公司,直到公司法定破产为止。股东会根据自己的经济利益采取行动。因为在法定破产中,股东会被排除在外,因此股东有强烈的动机去避免破产申请。此外,债权人更加关心对公司资产价值的保护,并会试图从股东手中抢夺控制权。债权人有强烈的动机促使公司破产来保护自己的利益,避免股东进一步消耗公司的资产。所有这一切斗争的后果就是旷日持久的、可能非常昂贵的法律纠纷。在司法程序介入的时候,公司的资产价值也会遭受损失,因为管理者会忙于避免破产而不是经营业务。日常的经营崩塌了,原有的销售收入丧失了,有价值的员工离开了,潜在的有利投资方案也因为要保留现金而放弃了,甚至连获利性的投资也不进行了。

例如,A 公司和 B 公司都在经历严重的财务困难,许多人觉得其中一家甚至两家公司最后都会申请破产。因为这些坏消息一直围绕在它们周围,所以人们对公司的产品失去了信心。一项研究表明,75%的人不会购买破产公司的产品,因为公司可能没有办法保证产品的质量,购买者也难以获得需要替换的配件。这种担心直接导致两家公司的潜在收入流失,而这只会加深公司的财务困境。

此外,股东与债权人之间利益冲突引发的非效率投资也是一种间接破产成本。当公司破产时,债权人有优先参与资产清算的权利,而股东只能获得剩余补偿。同时,尽管债权人对公司资产具有优先的固定索偿权,股东对公司债务仅承担有限责任,而对剩余收益具有无限索偿权,即股东对破产的损失有最低保证,而对极端有利事件的收益没有最高限制。这实际上是一种利益分配与风险分担的不均衡,使股东有强烈动机从事那些尽管成功概率甚微,但一旦成功就能获利颇丰的投资活动。如果投资成功,股东将获得可观的收益;如果投资失败,债权人将承担大部分损失。在这种情况下,股东进行的非效率投资从长远来看将会降低公司的价值。

这些都是间接破产成本,也就是财务困境成本。不论这些公司最后是否破产,公司都会因为在资本结构中选择了债务融资而面临价值流失。正因为存在这种价值流失的可能,公司选择的债务融资数量才受到了制约。

四、权衡理论

在 MM 理论看来,因为税盾效应,公司通过增加债务来增加公司价值。但随着债务的上升,公司陷入财务困境的可能性也会增加,从而给公司带来额外的财务危机成本,这是制约公司增加借贷的一个重要因素。

权衡理论又称静态资本结构理论,是指公司债务会达到某一个点,在该点,每 1 元的额外债务所产生的税盾正好等于财务困境概率的提高所产生的成本。之所以称其为静态理论,是因为它假设公司的资产和经营都是固定的,只考虑负债权益比的变化。因此,根据该理论,负债公司的价值等于无负债公司的价值加上节税利益,减去预期财务危机成本的现值,其中预期财务危机成本的现值包括由于债务过高引起的直接或间接的财务危机成本,公司的最佳资本结构存在于公司负债所引起的公司价值增加与因公司负债上升所引起的公司风险成本和各项费用相等时的平衡点上,此时的公司价值最大。

图 11-8 阐释了权衡理论,图中标出了公司价值 V_L 和对应的债务数量 D。图 11-8 中的线对应三个不同的理论。从 V_U 延伸出的水平线代表不考虑税负的 MM 第一定理,表示公司的价值不受资本结构的影响。第二种情况代表考虑税负的 MM 第一定理,它是倾斜向上的直线。第三种情况就是权衡理论中所提到的:公司价值在某点达到最大,在超过该点之后下降。这就是权衡理论得出的情形。在 D^* 点得到公司价值的最大值 V_L^*,所以该点代表举债的最优数量。换言之,公司的最优结构由价值 $\dfrac{D^*}{V_L^*}$ 的债务和价值

$\left(1-\dfrac{D^{*}}{V_{L}^{*}}\right)$的权益组成。

在图 11-8 中要注意的是,根据静态资本结构理论所得到的公司价值和根据考虑税负的 MM 理论所得到的公司价值之间的差异就是因为可能的财务困境而造成的价值流失。同样,静态资本结构理论的公司价值和不考虑税负的 MM 理论的公司价值之间的差异就是扣除困境成本之后因杠杆而得到的利得。

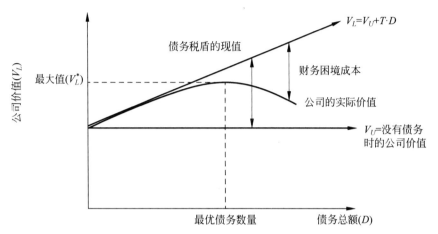

图 11-8　静态资本结构:最优资本结构和公司价值

注:根据静态理论,税盾的利益被财务困境的成本抵消。当从杠杆中所获得的额外的收益与财务困境的额外成本刚好平衡时,存在最优的资本结构。

图 11-9 中画出了静态理论中不同资本结构下的加权平均资本成本、债务成本及权益成本。图 11-9 中标出了各种不同的资本成本及对应的负债权益比(D/E),同时新增了一条 WACC 线。这条线刚开始是下降的,这是因为债务的税后资本成本低于权益资本成本,因此在最初阶段资本总成本会下降。在某一点,债务资本成本开始上升,这是因为在该点债务资本成本比权益资本成本低的这部分已经被财务困境成本抵消了。从该点开始,债务的继续增加也促使 WACC 增加。因此,最小的 WACC^{*} 发生在 $\dfrac{D^{*}}{E^{*}}$ 点。

权衡理论以后又发展为后权衡理论,它将负债成本从破产成本进一步扩展到了代理成本、财务困境成本和非负债税收利益损失等方面,同时,将税收利益从原来所讨论的负债收益引申到非负债税收收益方面,实际上是扩大了成本和利益所包括的内容,把公司融资看成是在税收收益与各类负债成本之间的权衡。

五、代理理论

在资本结构的决策中,不完全契约、信息不对称以及经理、股东与债权人之间的利益冲突将影响投资项目的选择,特别是在公司陷入财务困境时,更容易引起过度投资问题与投资不足问题,导致发生债务代理成本。债务代理成本会损害债权人的利益,降低公司价值,最终由股东承担这种损失。

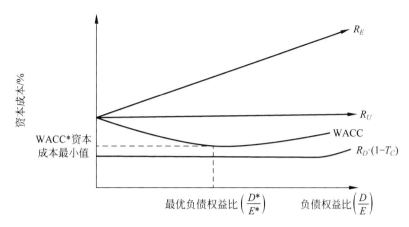

图 11-9　静态资本结构理论：最优资本结构和资本成本

注：根据静态资本结构理论，WACC 刚开始下降是因为债务的税盾优惠。在超过 $\frac{D^*}{E^*}$ 这一点之后，因为财务困境成本，WACC 开始上升。

1. 过度投资问题

过度投资问题是指公司选择不盈利项目或高风险项目而产生的损害股东及债权人的利益并降低公司价值的现象。过度投资问题有两种情形：一是当公司经理与股东之间存在利益冲突时，经理的自利行为产生的过度投资；二是当公司股东与债权人之间存在利益冲突时，经理代表股东利益采纳成功率低甚至净现值为负的高风险项目产生的过度投资。假设某公司债务将在 1 年内到期，公司尚有 100 万元现金可供运转。若此时有一投资额为 100 万元的项目，预计一年后收到现金流 200 万元（概率为 0.1）或 50 万元（概率为 0.9），则计算期望现金流为 200×0.1+50×0.9=65 万元，若折现率为 20%，该项目的净现值为-100+65÷1.2×0.9=-46 万元。即使此时项目的净现值为负，公司股东也可能把可以动用的资本全部投入高风险项目，结果将有很大可能损害公司利益。

2. 投资不足问题

投资不足问题是指因公司放弃净现值为正的投资项目而使债权人的利益受损进而降低公司价值的现象。投资不足问题发生在公司陷入财务困境且有比例较高的债务时，如果用股东的资金去投资一个净现值为正的项目，可以在增加股东权益价值的同时也增加债权人的债务价值。但是，当债务价值的增加超过权益价值的增加时，即从公司整体角度而言是净现值为正的新项目，对股东而言却是净现值为负的项目，投资新项目后将会使财富从股东转移至债权人。因此，股东如果事先预见到投资新项目后的大部分收益将由债权人获得并导致自身价值下降，就会拒绝投资净现值为正的新项目。

陷入财务困境的公司股东如果预见到采纳新投资项目会以牺牲自身利益为代价补偿债权人，因为股东与债权人之间存在利益冲突，股东就会缺乏选择该项目进行投资的积极性。

3. 债务的代理收益

债务的代理成本既可以表现为因过度投资问题使经理和股东受益而发生债权人价值

向股东的转移,也可以表现为因投资不足问题而发生股东为避免价值损失而放弃给债权人带来的价值增值。然而,债务在产生代理成本的同时,也会伴生相应的代理收益。债务的代理收益将有利于减少公司的价值损失或增加公司的价值,具体表现为债权人保护条款的引入、对经理提升公司业绩的激励措施及经理随意支配现金流受公司资源的约束等。

4. 债务代理成本与收益的权衡

公司负债所引发的代理成本及相应的代理收益,最终均反映在对公司价值产生的影响上。在考虑了公司债务的代理成本与代理收益后,资本结构的权衡理论模型可以扩展为如下形式:

$$V_L = V_U + PV(利息抵税) - PV(财务困境成本) - PV(债务的代理成本) +$$
$$PV(债务代理收益)$$

六、优序融资理论

优序融资理论又称啄食顺序理论,是 1984 年迈尔斯(Myers)和马吉洛夫(Majluf)根据信号传递的原理提出的。他们认为除信息不对称外,金融市场是完全的。优序融资理论是在信息不对称框架下研究资本结构的分析。这里的信息不对称是指公司内部管理层通常要比外部投资者拥有更多、更准确的关于公司的信息。在这种情况下,公司管理层的许多决策(如筹资方式选择、股利分配等)不仅具有财务上的意义,而且向市场和外部投资者传递着信号。外部投资者只能通过管理层的这些决策所传递的信息了解公司未来收益预期和投资风险,间接地评价公司价值。公司债务比例或资本结构就是一种把内部信息传递给市场的工具。

拓展阅读 11.3
倒序啄食理论

啄食顺序理论认为:

(1)内部融资主要来源于公司内部自然形成的现金流,它等于净利润加上折旧减去股利。由于内部融资不需要与投资者签订契约,也无须支付各种费用,所受限制少,因此公司偏好内部融资。

(2)股息具有“黏性”,所以公司会避免股息的突然变化,一般不通过减少股息来为资本支出融资,即公司净现金流的变化通常体现了外部融资的变化。

(3)如果需要外部融资,公司将首先发行最安全的债券,也就是说,先债务后权益。如果公司内部产生的现金流超过其投资需求,多余现金将用于偿还债务而不是回购股票。随着外部融资需求的增加,公司的融资工具选择顺序将是:从安全的债务到有风险的债务,比如从有抵押的高级债务到可转换债券或优先股,股权融资是最后的选择。

(4)公司的债务率反映了公司对外部融资的累计需求。

根据优序融资理论,在融资时,首选的融资方式是内部融资,其次是低风险债券,其信息不对称的成本可以忽略,再次是高风险债券,最后在不得已的情况下才会发行股票。优序融资理论解释了当公司内部现金流不足以满足净经营性长期资产总投资的资金需求时,更倾向于债务融资而不是股权融资的原因。优序融资理论揭示了公司筹资时对不同筹资方式选择的顺序偏好。

第四节　资本结构决策

资本结构决策即选择一个最优资本结构。本章前面三节已经阐述了资本结构决策的基础。一家公司会因为税盾是有价值的而举债。在相对较低的债务水平上，公司破产或陷入财务困境的概率比较低，而从债务中获得的好处会超过成本。在非常高的债务水平上，财务困境的可能性是一个缓慢而又持续存在的问题，因此债务融资的好处可能被财务困境成本所抵消。最优资本结构似乎就是存在于这些极端情况之间，而资本结构决策就是利用相关理论与计算将这个最优资本结构找出来。

一、资本结构决策的定义

资本结构决策是指在若干可行的资本结构方案中选取最佳资本结构。资本结构决策在财务决策中具有极其重要的地位，其财务决策的意义是合理安排资本结构可以降低公司的综合资本成本、获得财务杠杆利益及增加公司的价值。

资本结构决策的标准通常被认为：①有利于最大限度地增加所有者的财富，能使公司价值最大化；②公司的加权平均资金成本最低。因此，在讨论资本结构决策，调整负债与所有者权益之间的比例时，往往采用三种方法：①公司价值最大判断法；②加权平均资金成本最低判断法；③无差异点分析法。前两种又可以合并成一种，因为理论界普遍认为，资金成本最低，就是公司价值最大。

事实上，无论哪一种方法的资本结构决策都不可避免地面临一个问题，即在进行资本结构决策时，融资方式、渠道的选择是开放的，选择何种方式主要取决于公司的财务分析而没有过多地考虑资本市场的准入问题。其实资本市场的进入并非开放的，公司在实际中不可能总是要在通过资本市场融资时调整资本结构。公司在日常经营中同样面临许多资本结构决策问题。如果利用前述的方法，将受到现实中资本市场的诸多约束条件的制约。因此，公司在进行资本结构决策时不可能时刻在股票与债券之间反复权衡。在这种情况下，公司的资本结构决策将更多地依赖本身资产灵活性的激活。因为公司筹资的原因，除了规模扩张、资金不足外，还包括流动资金过多被占用，资产活性不强，运作能力、变现能力、收益能力不高。因此，在日常经营中，公司在进行资本结构决策时应拓宽决策的方式和渠道。

二、资本结构决策的方法

适当利用负债可以降低公司资本成本，但当债务比率过高时，杠杆利益会被债务成本抵消，公司将面临较高的财务风险。因此，公司应该确定最佳的债务比率（资本结构），使加权平均资本成本最低，公司价值最大。由于每家公司都处于不断变化的经营条件和外部经济环境中，要确定最佳资本结构十分困难。资本结构决策分析的常用方法有资本成本比较法、每股收益无差别法和公司价值比较法。

（一）资本成本比较法

资本成本比较法是指在不考虑各种融资方式在数量与比例上的约束以及财务风险差异时,计算各种基于市场价值的长期融资组合方案的加权平均资本成本,并根据计算结果选择加权平均资本成本最小的融资方案作为相对最优的资本结构。

【例 11-7】 某公司需要筹集资金 1 000 万元,有以下三种筹资方式可供选择。

方案 A:长期借款 500 万元,利率为 6%;发行普通股 500 万元,资本成本为 15%。

方案 B:发行长期债券 400 万元,利率为 5.5%;发行普通股 600 万元,资本成本为 15%。

方案 C:长期借款 400 万元,利率为 6%;发行长期债券 200 万元,资本成本为 5%;发行普通股 400 万元,资本成本为 16%。

该公司所得税税率为 25%,应采用哪种筹资方案?

方案 A 的加权平均资本成本 = 6% × (1−25%) × (500÷1 000) + 15% × (500÷1 000) = 9.75%

方案 B 的加权平均资本成本 = 5.5% × (400÷1 000) × (1 − 25%) + 15% × (600÷1 000) = 10.65%

方案 C 的加权平均资本成本 = 6% × (1−25%) × (400÷1 000) + 5% × (200÷1 000) × (1−25%) + 16% × (400÷1 000) = 8.95%

通过比较不难发现,方案 C 的加权平均资本成本最低。因此,在适度的财务风险条件下,该公司应按照方案 C 的各种资本比例筹集资金,由此形成的资本结构为相对最优的资本结构。

资本成本比较法仅以资本成本最低为选择标准,因测算过程简单,是一种比较便捷的方法。但这种方法只是比较了各种融资组合方案的资本成本,难以区别不同融资方案之间的财务风险因素差异,在实际计算中有时也难以确定各种融资方式的资本成本。这种方法一般适用于资本规模较小、资本结构较为简单的非股份制企业。

（二）每股收益无差别法

每股收益无差别法是利用每股收益无差别点进行资本结构决策的方法。每股收益无差别点是指两种或两种以上筹资方案下普通股每股收益(EPS)相等时的息税前利润(EBIT)点,亦称息税前利润平衡点,有时也称筹资无差别点。运用这种方法时,根据每股收益无差别点,分析判断在什么情况下可以利用债务筹资来安排及调整资本结构,进行资本结构决策。

计算每股收益无差别点的息税前利润的公式为

$$[(EBIT − I_1)(1 − T) − PD_1]/N_1 = [(EBIT − I_2)(1 − T) − PD_2]/N_2 \quad (11\text{-}17)$$

其中,I_1 是方案一的应付利息,PD_1 是方案一的优先股股利,N_1 是方案一流通在外的普通股股数;I_2 是方案二的应付利息,PD_2 是方案二的优先股股利,N_2 是方案二流通在外的普通股股数;T 是公司所得税税率。根据上述方程解出来的 EBIT 就是所求的每股收益无差别点的息税前利润。

根据式(11-17),在进行筹资分析时,决策原则为当息税前利润(或销售收入)大于每股收益无差别点的息税前利润(或销售收入)时,运用负债筹资可获得较高的每股收益;反之,当息税前利润(或销售收入)低于每股收益无差别点的息税前利润(或销售收入)时,运用股权筹资可获得较高的每股收益。每股收益无差别法为公司管理层解决在某一特定预期盈利水平下选择什么融资方式提供了一种简单的分析方法。

【例 11-8】 某公司原有资产 1 000 万元,权益乘数(资产与股东权益的比率)为 2。普通股每股面值 10 元,每股净资产 16 元。该公司的边际贡献率为 40%,全部固定成本和费用(不包括债务利息)为 200 万元,债务资本成本平均为 10%,公司所得税税率为 33%。

公司拟追加投资 300 万元扩大业务,每年固定成本增加 30 万元,并使变动成本率降低至原来的 75%。其筹资方式有下面两种。

方案 A:全部发行普通股 30 万股(每股面值 10 元);

方案 B:按面值发行公司债券 300 万元,票面利率为 12%。

要求:

(1) 计算每股收益无差别点的销售额及此时的每股收益。

(2) 上述两种筹资方式在每股收益无差别点条件下的经营杠杆、财务杠杆和总杠杆分别为多少?说明了什么问题?

(3) 若下年度公司的销售额可达 800 万元,则其宜采用上述哪种筹资方式(以提高每股收益和降低总杠杆为标准)?

解:

(1) 计算每股收益无差别点。

公司原来的资产负债率 $=1-(1/2)=50\%$

公司原有负债 $=1\,000\times50\%=500$(万元)

公司原有股票 $=(1\,000-500)\div16=31.25$(万股)

融资后的变动成本率 $=(1-40\%)\times75\%=45\%$

融资后的固定成本 $=200+30=230$(万元)

设每股收益无差别点为 S,则

$$[S\times(1-45\%)-230-500\times10\%]\times(1-33\%)\div(31.25+30)$$
$$=[S\times(1-45\%)-230-500\times10\%-300\times12\%]\times(1-33\%)\div(31.25)$$

解得:$S=642.73$(万元)

每股收益 $=[642.73\times(1-45\%)-230-500\times10\%]\times(1-33\%)\div(31.25+30)=0.8$(元)

(2) 两种筹资方式在每股收益无差别点条件下的经营杠杆、财务杠杆和总杠杆。

全部发行普通股时:

$DOL=[642.73\times(1-45\%)]\div[642.73\times(1-45\%)-230]=2.86$;

$DFL=[642.73\times(1-45\%)]\div[642.73\times(1-45\%)-230-500\times10\%]=1.68$;

$DTL=2.86\times1.68=4.8$。

按面值发行公司债券时:

$DOL=[642.73\times(1-45\%)]\div[642.73\times(1-45\%)-230]=2.86$;

$$DFL = [642.73 \times (1-45\%) - 230] \div [642.73 \times (1-45\%) - 230 - 500 \times 10\% - 300 \times$$
$$12\%] = 3.29;$$

$$DTL = 2.86 \times 3.29 = 9.41。$$

上述两种筹资方式在每股收益无差别点时,由于销售收入、价格、变动成本和固定成本等影响经营风险的因素没有变动,因此经营杠杆相同;按面值发行债券使公司的负债增加,财务风险加大,公司总风险也就随之增加,因此财务杠杆增大,由 1.68 上升到 3.29,总杠杆由 4.8 上升到 9.41。

(3) 在销售额达到 800 万元时,计算每股收益和总杠杆。

在全部发行普通股方式下:

$$每股收益 = [800 \times (1-45\%) - 230 - 500 \times 10\%] \times (1-33\%) \div (31.25 + 30)$$
$$= 1.75(元)$$

$$DTL = DOL \cdot DFL = (800 \times 55\%) \div (800 \times 55\% - 230 - 500 \times 10\%) = 2.75$$

按面值发行公司债券方式下:

$$每股收益 = [800 \times (1-45\%) - 230 - 500 \times 10\% - 300 \times 12\%] \times (1-33\%) \div 31.25$$
$$= 2.66(元)$$

$$DTL = DOL \cdot DFL = (800 \times 55\%) \div (800 \times 55\% - 230 - 500 \times 10\% - 300 \times 12\%)$$
$$= 3.55$$

由以上计算结果可得:全部发行普通股方式可使每股收益由 0.8 元提高到 1.75 元,总杠杆由 4.8 下降到 2.75;按面值发行公司债券方式下每股收益由 0.8 元提高到 2.66元,总杠杆由 9.41 下降到 3.55;按面值发行公司债券方式下每股收益提高的幅度和总杠杆下降的幅度均比全部发行普通股方式大,因此应以发行公司债券的方式筹资。

每股收益分析法的测算原理比较容易理解,测算过程比较简单。它以普通股每股收益最高为决策标准,没有考虑财务风险因素,其决策目标实际上是股东财富最大化或股票价值最大化,而不是公司价值最大化,适用于资本规模不大、资本结构不太复杂的股份有限公司。

(三)公司价值比较法

公司价值比较法是通过计算和比较各种资本结构下公司的市场总价值来确定最优资本结构的方法。最优资本结构亦即公司市场总价值最大、加权平均资本成本最低的资本结构。

公司价值比较法确定资本结构的具体步骤如下。

(1) 根据资本成本定价模型计算普通股资本成本。

$$R = R_F + \beta \cdot (R_m - R_F) \tag{11-18}$$

其中,R 为所求普通股资本成本,R_F 为无风险收益率,β 为资产的系统风险系数,R_m 为市场组合的平均收益率。

(2) 计算普通股市场价值(S)。假定公司的经营利润(息税前利润)是可以永续的,股东要求的回报率(普通股资本成本)不变。

$$S = [(EBIT - I)(1-T) - PD]/R \tag{11-19}$$

其中,EBIT 为息税前利润,I 为利息,T 为所得税税率,PD 为优先股股利,R 为普通股资本成本。

（3）确定长期债务价值（B）和优先股（PD）。为简便计算,假定长期债务和优先股的市场价值等于其账面价值（债务和优先股的现值等于其账面价值,账面价值又等于其面值）。

（4）确定公司总价值 V。

$$V = S + B + PD \tag{11-20}$$

（5）根据市场价值权数即可计算加权平均资本成本。

【例 11-9】　某公司正在考虑改变资本结构,有关资料如下：

（1）目前公司债务的账面价值为 1 000 万元,利率为 5%,债务的市场价值与账面价值相同；普通股 4 000 万股,每股价格 1 元,所有者权益账面金额 4 000 万元（与市价相同）；每年的息税前利润为 500 万元。该公司的所得税税率为 15%。

（2）公司将保持现有的资产规模和资产息税前利润率,每年将全部税后净利分派给股东,因此预计未来增长率为零。

（3）为了提高公司价值,公司拟改变资本结构,举借新的债务,替换旧的债务并回购部分普通股。可供选择的资本结构调整方案有两个：①举借新债务的总额为 2 000 万元,预计利率为 6%；②回购股票 2 000 万元,举借新债务的总额为 3 000 万元,预计利率为 7%。

假设当前资本市场上无风险利率为 4%,市场风险溢价为 5%。

要求：

（1）计算该公司目前的权益成本和贝塔系数（计算结果均保留小数点后 4 位）。

（2）计算该公司无负债的贝塔系数和无负债的权益资本成本（提示：根据账面价值的权重调整贝塔系数,下同）。

（3）计算两种资本结构调整方案的权益贝塔系数、权益资本成本和实体价值（实体价值计算结果保留整数,以万元为单位）。根据公司价值比较法应选择哪种资本结构调整方案？

解：

（1）该公司目前的权益资本成本和贝塔系数。

由于净利润全部用于发放股利,所以

现金股利＝净利润＝（500－1 000×5%）×（1－15%）＝382.5（万元）

每股股利＝382.5/4 000＝0.095 6（元）

权益资本成本＝0.095 6/1×100%＝9.56%

又有：9.56%＝4%＋β×5%

则 β＝1.112

（2）无负债的贝塔系数和无负债的权益资本成本。

$$\beta_{资产} = \beta_{权益} \div [1 + 负债/权益 \times (1 - 所得税税率)]$$
$$= 1.112 \div [1 + 1/4 \times (1 - 15\%)] = 0.92$$
$$权益资本成本 = 4\% + 0.92 \times 5\% = 8.6\%$$

（3）两种资本结构调整方案的权益贝塔系数、权益资本成本和实体价值。

① 举借新债务 2 000 万元,使资本结构变为：债务 2 000 万元,利率为 6%；权益资本

3 000 万元。

$$\beta_{权益} = \beta_{资产} \times [1 + 负债/权益 \times (1 - 所得税税率)]$$
$$= 0.92 \times [1 + 2/3 \times (1 - 15\%)] = 1.44$$

权益资本成本 $= 4\% + 5\% \times 1.44 = 11.2\%$

股权价值 $= (500 - 2\,000 \times 6\%) \times (1 - 15\%)/11.2\% = 323/11.2\%$
$$= 2\,884(万元)$$

债务价值 $= 2\,000(万元)$

公司实体价值 $= 2\,884 + 2\,000 = 4\,884(万元)$

② 举借新债务 3 000 万元,使资本结构变为:债务 3 000 万元,利率为 7%;权益资本 2 000 万元。

$$\beta_{权益} = \beta_{资产} \times [1 + 负债/权益 \times (1 - 所得税税率)]$$
$$= 0.92 \times [1 + 3/2 \times (1 - 15\%)] = 2.09$$

权益资本成本 $= 4\% + 5\% \times 2.09 = 14.45\%$

股权价值 $= (500 - 3\,000 \times 7\%) \times (1 - 15\%)/14.45\% = 246.5/14.45\%$
$$= 1\,706(万元)$$

债务价值 $= 3\,000(万元)$

公司实体价值 $= 1\,706 + 3\,000 = 4\,706(万元)$

目前的股权价值为 4 000 万元,债务价值为 1 000 万元,即公司实体价值 $= 5\,000$ 万元,而改变资本结构后公司实体价值均降低了,所以公司不应调整资本结构。

三、资本结构决策的影响因素

付息债务与股东权益的组合形成了公司的资本结构。债务融资虽然可以实现利息抵税收益,但在增加债务的同时也会加大公司的财务风险,最终由股东承担风险的成本。因此,公司资本结构决策的主要内容是权衡债务的风险与收益,实现合理的目标资本结构,从而实现公司价值最大化。资本结构决策的影响因素通常包括外部因素和公司内部因素两大方面,具体如下。

1. 外部影响因素

(1)经济政策环境。一个国家的经济政策体现了该国在一定时期对某项经济活动所持的态度,如我国对西部进行大开发,就会出台一些优惠政策,从而对西部企业及投资者起到很大的促进作用。在其他条件相似的情况下,一个国家中平均资本负债率的大小取决于该国规定的破产标准的严格程度即企业所能承担的最高的财务风险。同时,各国所采取的不同的会计制度和会计政策对资本负债比率的影响也不同。

(2)行业状况及竞争程度。在实际工作中,不同行业的公司及同一行业的不同公司,在运用债务的策略和方法上大不相同,从而也会使资本结构产生差别。公司管理者在进行资本结构决策时,必须考虑行业水平及行业竞争程度。公司利用负债的能力受其销售收入和利润的影响,而销售状况及利润的高低与公司所处行业的竞争程度密切相关。如果公司所处行业的竞争程度较弱,或具有垄断性,则会有较稳定的销售利润水平。在这种情况下,公司可以大量举债,以提高资本结构中的负债比重。如果公司所处行业竞争较强或处于完全自由竞争的市场环境,各公司的利润水平会趋于平均化,公司就应降低负债,较多地使用权益性资本。

(3)金融市场环境。金融市场的长短期融资变化对资本结构有很大影响,如在一定时期市场资金很紧时,往往会使评估等级在同级以下的长期债券无市场可言,难以长期借款。又如,金融市场利率偏高而预期有下降趋势时,公司不宜发行高利率的长期债券,而应发行短期债券。如果股票市场稳定,则公司可以保留一定的负债能力,采用增发股票的方式筹资,当市场利率下降时,再采用长期债券或长期借款的方式进行筹资。

(4)税收环境。公司必须交纳所得税,但债务筹资发生的利息费用及固定资产的折旧费用可以抵税,这就为公司带来一部分额外收益。固定资产折旧期限越短,折旧额越大,公司抵税收益越大、筹资需要量就越少。同时所得税税率越高,公司举债的好处就越大。

(5)贷款人与信用等级评定机构的态度。虽然公司总是希望通过负债筹资来获取财务杠杆收益,但贷款人与信用等级评定结构的态度是不容忽视的,其在公司负债筹资中往往起着决定性作用。通常公司都会与贷款人共同商讨自己的资本结构,并对他们提出的意见予以充分重视,如果公司过度地利用负债资本,贷款人未必会接受超额贷款的要求,或者只在相当高的利率下才会同意增加贷款。同时,信用等级评定机构对公司的等级评定往往在公司扩大融资和选择融资种类方面产生重大的影响,如信用评级低的公司债务融资能力较差。

(6)法律环境。公司筹资的发展需要有一个健全的法律环境作为保障。随着公司筹资自主权不断扩大,金融市场日益发展完善,公司的筹资渠道和筹资方式不断增多。在这种情况下,管理公司的金融活动不仅要依靠行政手段,更重要的是要借助法律即金融体制这一有力工具。公司在筹资过程中,需要依靠健全的金融法律维护资金供应者、需求者及中介人的合法权益,并对其筹资加以约束和规范。

2. 公司内部影响因素

(1)公司的商业风险。实际上公司资本结构决策中包含两层含义,那就是公司的盈利能力和经营风险。一般可以获得的都是公司的历史资料,当然也可以从市场调查中获取信息,作为预测将来的决策依据。销售收入稳定性受市场竞争、公司所处行业的状况等多方面因素的影响,而公司的销售收入增长率除受上述因素影响外,还深受公司发展趋势的影响。公司未来销售收入率是衡量公司每股收益(EPS)受杠杆效应影响的主要指标:如果销售收入和收益的增长率超过一定限度,当固定费用一定时,负债筹资对股票报酬有扩大效应。同时,销售收入和收益增长率达到一定水平时,普通股价格也会上涨,这为权益资本筹资创造了有利的条件。因此,在资本结构决策中需要管理者在权益和负债筹资之间进行权衡。

(2)公司规模大小。公司规模的大小会影响公司筹资决策。如果公司规模大,经济实力、竞争能力和抗风险能力略强于小规模的公司,其偿债能力就相应较强,资本负债率就可能高些。

(3)公司的抵押价值。一家公司的抵押价值越大,破产变卖资产时资产重估的损失就越小,从而会减少破产成本。此外,在以担保取得负债资金时,抵押价值大的公司无疑容易得到资金,而且融资成本较低,信誉较高。例如,那些资产适用于抵押贷款的公司的负债额较大,如房地产公司的抵押贷款相当高,而以技术研究开发为主的公司则负债较少。无形资产比例高的公司,其破产的风险较高,资产负债率较低;而无形资产比例低的公司,其资产负债率可适当提高些。总之,抵押价值大的公司具有较高负债率的可能性也比较大。

(4) 公司的财务弹性。财务弹性是指在不利的经济条件下,在适当期限内提高公司负债比例的能力。公司在确定目标资本结构时,必须对公司潜在的未来资金需求及资金短缺的后果做出正确的分析和判断。公司产生现金的能力强,则债务还本付息时支付现金的压力就小,其举债筹资能力强,资本结构中债务资本的比例相应可以较大。

(5) 公司的增长速度。公司的增长速度是表明公司整体实力的重要标志,是资本结构决策的重要前提。经济增长速度快,公司需要大量的资金投入,为了满足资金需要,公司不得不对外举债,因为仅靠内部资金已不能满足需要。经济增长速度慢,资金需要量小,则只用留存收益来补充资本可能就足够了。

(6) 公司的控制权。公司发行债券,只要到期还本付息就可以了,除非还不起债,公司与债权人达成协议,把债权转为股权。公司发行股票(这里指的是普通股)则会稀释原有股东的权利。普通股股东或管理者通常希望维持对公司的控制权,当公司以发行普通股方式筹资时,由于新股东的加入,有可能改选董事更换公司管理人员,从而影响他们对公司的控制。

(7) 公司的资本结构。公司资本结构的稳定性和安全性取决于资产结构与资本结构的匹配性,即通过分析资产的流动性或变现能力与负债的偿还压力的对称性,判断现有资本结构是否合理。一旦结合资产结构分析资本结构就会发现单独分析资本结构时的既定风险会被稀释或加强。例如,分析资本结构特有的比率可能表现为存在较低风险,如长期资本比重大但长期资产比重大且周转期超出负债的偿还期限,公司面临的财务风险会加大,所以必须结合资产结构与资本结构的匹配性来分析资本结构。

(8) 公司承担的社会责任。大中型公司,尤其是与人们生活密切相关的公司,有责任持续地向社会提供产品和服务,因此它们比较注重公司经营的长期稳定性,在确定资本结构时常采取限制负债增加的策略,以确保公司经营的长期稳定,更好地履行社会职责。而小公司承担的社会责任小,只要投资利润率大于利率,就会冒一定财务风险加大负债比例。

(9) 公司的经营周期。公司的经营周期包括投入、成长、成熟、衰退四个阶段。在投入期,公司的产品刚刚打入市场,生产和销售受到限制,负债比率应低一些;在成长期,公司的产品占有了小部分市场,生产和销售扩大,具有发展前景,应适当提高负债比率;在成熟期,公司的产品渐渐趋于饱和,生产和销售状况稳定,但预期的销量会有所下降,应适当下调负债率;在衰退期,公司的产品开始渐渐失去市场,生产和销售滑坡,应压缩负债规模,寻找新的产品。

(10) 公司所有者和经营者的态度。管理风格主要表现在对两个因素的态度上:一个是对公司控制权的态度,另一个是对风险的态度。因此,公司所有者和经营者的态度及管理风格对公司筹资的选择会产生直接的影响,从而也会影响公司资本结构决策。

习题与思考题

1. 绘制资本结构的饼图。
2. 列出影响资本结构的因素。
3. 说明财务杠杆与财务风险的关系。
4. 简述财务杠杆效应。
5. 比较经营杠杆、财务杠杆和总杠杆的不同,并说明三者之间的关系。
6. 简述 MM 理论。
7. 简述资本结构决策及其方法。

阅读专栏：恒大危机背后的原因

2021 年以来,恒大频频曝出负面新闻,包括商票大面积违约、被金融机构起诉、业主集体维权等。原本风光无限,资产上万亿元的超级地产集团突然间面临生存危机。

一般来说,一个大型企业出现生存问题一定是重大决策出了问题,恒大也不例外。恒大的问题归根结底就是一个,决策者对房地产产业发展趋势出现重大误判。

恒大事件的原因主要有如下三个方面。

(1) 恒大的压力源于历史负担。2017 年之前,恒大为了大规模扩张,收购了大量项目和资产。但是这样收购的高资产和高负债并不好消化,随着接下来几年楼市环境越来越差,大规模收购带来的影响给恒大的发展埋下了巨大的隐患。2021 年,在"三条红线"和"限贷令"的共同影响下,不仅房企融资越来越困难,购房者的房贷也开始受到限制,这对高负债高周转的房企是致命的打击。此外,恒大经营项目太多,其他经营基本上都在亏损,形成财务黑洞。

(2) 市场及投资者对于恒大的信任度下降,这是根本原因所在。从 2021 年 7 月广发银行向恒大集团追讨 1 亿多元的债务开始,银行都开始主动向恒大讨债了,就更不用说恒大的其他债主了。自此之后,恒大事件发酵,恒大的信任危机也逐渐显露了出来。由于需要筹资解决债务问题,恒大旗下许多处于开发中的项目都进行了延期或是停工处理,这难免会引起客户和业主的不满,恒大在市场上的口碑出现下滑。

(3) 在调控政策和"房住不炒"的影响下,市场中购买力在不断降低,严重影响房企回笼资金的速度,房企高周转的经营方式已经转不动了。此外,相比其他房企,恒大非常喜欢分红,因为大股东持股比例很大,分红之后,企业的经营成果并没有留在企业中。但是恒大又大规模举债扩张,通过各种融资渠道,甚至通过恒大财富向普通民众和全体员工融资。利润不断分出去,负债不断增加,这对于任何企业来说都是很难承受的。

从恒大事件中可以吸取一些教训:其一,资本的无限扩张是有风险的;其二,房地产的盲目开发并没有和市场需求相呼应;其三,管理有问题,队伍庞大,工资成本压力大;其四,利益分配主要是股权分红可能过高导致资金链出现问题。

资料来源:https://zhuanlan.zhihu.com/p/413280983.

案 例 分 析

A 公司主要经营房地产业务,包括购买土地和房屋,然后出租收取房租。A 公司在过去的 18 年均盈利,股东对公司的管理也非常满意。A 公司完全是权益融资,共有 800 万普通股发行在外,公司目前的股价为 37.8 元。公司的 CEO 李某正在评估一项计划,准备购买一大片土地(费用为 8 500 万元)用于出租。这项收购计划将永久性增加李某的年税前收入 1 412.5 万元。公司新任 CFO 王某负责这个项目,王某确定目前的资金成本为 10.2%。他认为如果在公司的资本结构中增加负债将会提高公司的价值,所以他正在评估是否通过发行债券来为整个项目融资。基于与投资银行会谈的结果,公司可以以 6% 的票面利率发行债券。通过分析,王某相信将资本结构维持在 70% 权益和 30% 债务是最优的。如果公司承担超过 30% 的债务,其债券将会被降低评级并需要承担较高的利率,因为公司将陷入财务困境的可能性及由此产生的相关成本将会急剧增加。A 公司适用 23% 的公司所得税税率。

问题:

1. 如果 A 公司希望市场价值最大化,你认为它应该发行债务还是权益来为购买这块土地融资?为什么?

2. 编制 A 公司在宣布购买前的市场价值资产负债表。

3. 假设 A 公司决定发行权益来为此次购买融资。

(1) 整个项目的 NPV 是多少?

(2) 编制 A 公司在宣布通过权益来为此次购买融资之后的市场价值资产负债表。公司股票新的每股价格是多少?A 公司需要发行多少股票?

(3) 编制股票发行之后购买土地之前的市场价值资产负债表。有多少股票发行在外?公司股票的每股价格是多少?

(4) 编制购买土地之后的市场价值资产负债表。

4. 假设 A 公司决定通过发行债务来为此次购买融资。

(1) 如果通过债务进行融资,A 公司的市场价值是多少?

(2) 编制债务发行和土地购买都已经完成之后的市场价值资产负债表。公司股票的每股价格是多少?

5. 哪种融资方式可以使 A 公司的每股价格最大化?

资料来源:https://wenku.Baidu.com/view/8e93cceee45c3B3566ec8Ba5.htm.

第十二章

公司估值

在市场上,商品需要具备明确的价值才能参与流通。对于公司同样如此,明确公司的价值是投融资和交易的前提。无论是投资者购买公司的股票,还是公司之间的并购活动,对公司价值的前期评估都是非常重要的,合理的估值为买卖双方的交易提供了一个稳定的基础。与会计计量不同,公司估值的对象并不是公司所有资产账面价值的简单加总,而是要对公司内在价值,即公司未来自由现金流的折现值进行估计。公司内在价值的估计受到资本市场的多重影响,如未来利率、行业形势和经济周期的变化等,因此公司估值方法较为复杂且无法精确地测算。本章将重点介绍公司价值的三种绝对估值法——调整净现值法、权益现金流法和加权平均资本成本法,并分析比较三种方法的特点和适用情况。

学习目标

- 知道公司估值的对象及意义
- 熟悉调整净现值的公司估值法
- 理解权益现金流的公司估值法
- 掌握加权平均资本成本的公司估值法
- 了解调整净现值法、权益现金流法和加权平均资本成本法的特点与应用

第一节 公司估值及其分类

一、公司估值

(一) 公司估值的概念

公司估值是指着眼于上市或非上市公司本身,对其内在价值进行评估。一般来讲,公司的资产及获利能力取决于其内在价值。

在大部分工作日里,公司的财务经理只需专注项目估值、安排融资及帮助管理层更有效率地经营公司,而将公司整体的估值留给投资者和金融市场。然而,在面临重大决策时,财务经理必须就整个公司的价值发表看法,即对公司的整体价值进行评估。例如,如果 A 公司要收购 B 公司,则 A 公司的财务经理就要决定在 A 公司的管理下,两家公司组合在一起的价值(A+B)是多少。如果 B 公司是一家没有股份可观察的私人企业,这个任务将会更加艰巨。此外,如果一家公司正在考虑出售一个部门,为了与潜在的买家谈判,需要确定这个部门的价值;公司上市时,为了设定发行价格,投资银行必须评估公司的价值。

（二）公司估值的对象

公司估值的对象是公司的价值,即公司预期自由现金流量以加权平均资本成本折现的价值。之所以要对公司的价值进行估值,是因为公司的价值体现了一家公司的货币时间价值、风险及持续发展能力。一家公司的价值越高,其给予利益相关者回报的能力就越高。

在公司日常活动中,在投资、融资、交易之前通常都要对公司的价值进行估值。公司的价值通常包含清算价值、账面价值、市场价值和内在价值四种。清算价值是指公司在清算日出售资产可以收回的金额。账面价值是公司以历史成本原则为计量依据,按照权责发生制确认的价值,通常指的就是公司的净资产。决定公司账面价值的基本变量是过去的账面资产价值和现在的账面盈余。在大多数情况下,清算价值小于账面价值,这是因为一方面清算时会产生清算成本,另一方面公司在清算时通常以较低的价格才能出售资产。市场价值是指当公司在市场出售时其买卖的价格,对于股份公司来讲就等于该公司发行在外的股份总数乘以每股股价的乘积,实质上就是资本市场对公司内在价值的认可程度。

公司的内在价值是指一家公司在其余下的存续时间内所产生的未来现金流以合适的折现率折现的现值。公司未来获取现金的能力是公司估值的基础,决定公司内在价值的基本变量不是过去的账面资产价值、已获得的市场份额和已创造的账面盈余,而是与适度风险相匹配的公司未来获取自由现金流的规模和速度。但是,与账面价值不同的是,内在价值是估计值,而不是精确值。内在价值无法精确地测算和观察,只能估计,而估计值的准确与否取决于多种因素,如未来利率的变化、对未来现金流的预测修正(贴现率的选取)、对行业形势和经济周期的预判等。

这里的公司价值与会计学中谈到的公司价值有所区别。从会计角度来看,公司的价值就是公司的账面价值,也就是公司账面的资产价值,它等于负债与所有者权益之和。从公司价值的角度来看,公司价值是其债务价值与股东权益价值之和,这里的价值是指内在价值。

（三）公司估值的基础

基于公司是否持续经营,公司估值的基础分为破产和持续经营两种类型。建立在破产的基础上,公司处于财务困境,已经或将要破产,在估值时主要考虑出售公司资产的可能价格;建立在持续经营的基础上,则假定公司将在可预见的未来持续经营,可以使用相应的公司估值方法对公司的内在价值进行评估。

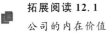 **拓展阅读 12.1**
公司的内在价值

（四）公司估值的意义

公司估值是公司投资、融资、交易的前提,有利于对公司或其业务的内在价值进行正确评价,从而确立对其筹集资金、收购合并、公司重组以及出售资产和业务等各种交易进行定价的基础。同时,公司估值是投资银行进行勤勉尽责调查的重要部分。对投资管理机构而言,在财务模型的基础上进行公司估值不仅是一种重要的研究方法,而且是从业人员的一种基本技能,广

泛运用于各种交易。它可以:

(1)帮助投资者将对公司的认识转化为具体的投资建议。通过对公司的内在价值进行评估,帮助投资者对公司做出正确的评价,进而做出是否投资的决定。

(2)预测公司的策略及其实施对公司价值的影响。假设某一策略实施后,通过对公司现金流的估值,可以预测该策略实施后对公司价值产生的影响,进而决定是否实施该策略。

(3)帮助财务人员深入了解影响公司价值的各种变量之间的相互关系。公司的资金来源有多种,都会在一定程度上给公司带来现金流入,可以通过公司估值了解各种资本对公司价值带来的影响,从而了解影响公司价值的各种变量之间的相互关系。

(4)帮助财务人员判断公司的资本性交易对其价值的影响。

(5)强调发展量化的研究能力。

二、公司估值方法的分类

公司估值方法主要可以分为两大类,即相对估值法和绝对估值法。

(一)相对估值法

相对估值法又称相对价值法、价格乘数法或可比交易价值法,是利用类似公司的市场定价来估计目标公司价值的方法。它的假设前提是存在一个可支配公司市场价值的主要变量(如净利润)。市场价值与该变量的比值,各公司是类似的、可以比较的。

其基本做法是:首先,寻找一个影响公司价值的关键变量(如净利润);其次,确定一组可以比较的类似公司,计算可比公司的市价/关键变量的平均值(如平均市盈率);最后,根据目标公司的关键变量(如净利润)乘以得到的平均值(如平均市盈率),计算目标公司的评估价值。

相对价值法是将目标公司与可比公司对比,用可比公司的价值衡量目标公司的价值。如果可比公司的价值被高估了,则目标公司的价值也会被高估。实际上,所得结论是相对于可比公司来说的,以可比公司价值为基准,是一种相对价值,而非目标公司的内在价值。例如,某投资者准备购买商品住宅,出售者报价 50 万元。对于这个报价的评估,一个简单的办法就是寻找一个类似地段、类似质量的商品住宅,计算每平方米的价格(价格与面积的比率)。假设类似商品住宅每平方米价格 0.5 万元,拟购置的住宅是 80 平方米,利用相对价值法评估其价值是 40 万元。因此,投资者认为出售者的报价偏高。投资者对报价高低的判断是相对于类似商品住宅而言的,实际上也可能是类似住宅的价格偏低。

相对价值法的假设是隐含在比率内部的,看起来简单,实际应用时并不简单。当宏观经济出现较大波动时,周期性行业的市盈率、市净率等的变动幅度也可能比较大,会对公司的价值评估产生误导。

(二)绝对估值法

绝对估值法是基于公司现金流,包括公司的自由现金流、股权现金流等,计算得到内在价值的方法。绝对估值法是公司估值中常采用的方法,主要包含三种,即调整净现值法、权益现金流法和加权平均资本成本法。

调整净现值法是梅耶斯 1974 年提出的。该方法把公司的现金流分为两部分：一部分是与公司经营活动相联系的"实实在在"的现金流（如公司的收入、经营成本、资本支出）；另一部分是与公司资本活动相联系的现金流（如退税、免税、政府补贴及证券发行成本的现金流量），然后根据价值的可加性原则，把分别评估的两部分价值加起来就得到整个公司的价值。

权益现金流法是通过权益资本对公司的自由现金流进行折现，得到公司价值的估值方法。其中，自由现金流又称可自由运用的现金流，是从经营活动产生的现金流量扣减维持现有经营所需的资本支出后的余额。公司可以用这些现金为公司的成长扩充，也可以发放股利，清偿负债或是预留下来以备不时之需。

由于在实际中公司募集资金的来源方式不止一种，至少可能会涉及股权融资和债务融资两种，而债务融资会形成利息，利息是融资成本不是运营成本，因此是可以在税前扣除的，其期望收益率构成了公司的资本成本。加权平均资本成本是对公司不同融资来源成本的平均。加权平均资本成本法就是按照不同方式融集资金的权重将各种融资方式的资本成本加起来对公司的自由现金流进行折现，从而估计得到公司价值的方法。在加权平均资本成本法中，假设公司的资本结构是始终不会发生变化的。

三、影响公司估值的因素

根据公司估值的定义可知，影响公司估值的因素主要包括现金流、贴现率、可比公司等。实践中，估值受公司所处宏观、中观、微观因素的共同影响。影响公司估值的主要因素如下。

（一）公司基本面

公司规模、市场占有率、盈利能力、现金流量、资本结构、公司治理等都会影响公司估值。这些因素决定了公司在行业中的地位与竞争力高低，规模大、市场占有率高、盈利能力强、公司治理完善的公司具有较强的定价主动权与较低的经营风险，现金流充足、资本结构合理的公司具有较低的财务风险，这些都会迅速提升公司价值，获得市场对公司较高的估值。

（二）行业因素

行业类型、行业生命周期、行业竞争态势等直接决定了行业盈利模式与竞争结构。自然垄断或政策垄断行业可以获得稳中有升的利润，现金流增长快，风险较低，资金成本较低，市场预期良好，从而估值水平较高。对于充分竞争的传统产业，行业盈利能力低下，经营风险高，现金流不稳定，投资者要求较高的回报率，市场将会降低估值预期。

（三）宏观经济因素

利率、通货膨胀率、汇率等是影响估值的外在基础因素。宏观经济处于繁荣上升阶段时，公司经营环境良好，社会需求上升，有助于拉高公司估值水平。宏观经济衰退时，社会需求不足,公司盈利下降,投资者将调低公司估值水平。同时,利率、通货膨胀率、汇率变化将通过影响资金成本与投资回报率来影响贴现率从而改变估值大小。

(四) 心理预期

预期是一种综合因素反映,投资者综合考虑交易制度、宏观经济、历史交易信息等因素的影响,主要包括投资者对投资的未来现金流与必要报酬率的估计。

第二节 调整净现值的公司估值法

在现实情况下,公司很难维持不变的资本结构,需要对折现率进行调整。为了解决资本结构改变对公司估值的影响,梅耶斯提出了调整净现值(APV)法,该方法在杠杆收购中应用较多。

一、调整净现值法

调整净现值(adjust present value,APV)法是指公司使用财务杠杆评估投资项目或整个公司价值的方法,即一个项目的价值等于一个无负债公司的项目净现值加上融资方式所具有的连带效应,如负债的节税效应、新债券的发行成本、财务困境成本、政府提供的债务融资的利息补贴等。APV法并不试图用一个加权平均资本成本或调整的贴现率将税或其他融资效应包含进来,而是计算一系列现值。首先建立基础情况下的公司价值作为全股权融资的独立公司的价值,计算基础情况下价值的贴现率就是机会成本;得到了基础情况下的价值后,再搜寻每一个融资副效应,计算其对公司的成本或收益的现值;最后,将所有的现值加总在一起,估计项目对公司价值总的贡献。公式如下:

$$APV = 基础情况下的 NPV + 融资副效应的现值 \tag{12-1}$$

在调整净现值法下,项目的每项现金流量分为两部分:一部分是无杠杆作用的营业现金流折现价值,即全权益下公司各期自由现金流折现的价值;另一部分是与项目融资联系的现金流量,这部分包括债务的税收收益、新债券的发行成本、财务困境成本及债务融资的贴息。其中,债务的税收收益是指借债产生的税前支付的利息,这部分借债使杠杆公司产生了额外的现金流流入,债务的税收收益在实际中影响较大。新债券的发行成本是指用于补偿参与发债的投资银行所付出的时间与努力带来的成本,这部分成本的存在降低了项目的价值。财务困境成本是指随着债务融资的增加,公司产生财务困境甚至陷入破产的可能性增加所带来的成本。财务困境增加公司成本,从而降低其价值。债务融资的贴息的存在是因为如果公司从政府借得款项,通常利率较低,或者利息免税,借款利率上的优惠会让项目或公司的价值增加。对这两部分进行估价,得出 APV。

在调整净现值法的后一部分融资副效应中,最重要的融资副效应是项目所支持的负债的利息税盾。利息税盾是公司从利息支付的税收抵扣中获得的收益,属于现金流入。利息税盾现金流是将每期的利息税盾进行折现得到的价值再乘以所得税税率得到的值,即 $R_D \cdot D \cdot T$,其中 R_D 是贴现率,税盾的值为 $D \cdot T$。若公司保持目标杠杆比率,其未来利息税盾与项目的现金流具有相同的风险,因此利息税盾应以项目的无杠杆资本成本来贴现。其他可能的副效应是证券的发行成本或者供应商或政府提供的融资补贴,其中证券的发行成本属于现金流出,供应商或政府提供的融资补贴属于现金流入。

下面举例说明利息税盾效应在调整净现值法估值中的重要性:预测公司某项目未来现金流入将为每年 50 万元,可视为一项永续年金;同时项目每年付现成本为现金流入的75%,项目初始投资额为 45 万元,公司所得税税率为 34%,全权益公司采用的项目资本成本为 20%。

如果该项目与公司所需资金全部采用权益融资,则项目每年的现金流量为 $500\,000 \times (1-75\%) \times (1-34\%) = 82\,500$(元)。在折现率为 20% 的情况下,该项目的净现值为 $82\,500/0.2 - 450\,000 = -37\,500$(元)。由于净现值为负,对于全权益公司来说,这个项目不应被接受。

如果假设该公司在为此项目融资时借款 12 万元,剩余 $45-12=33$(万元)来自权益融资,此时采用调整净现值法计算有杠杆情况下项目的 APV 为 $-37\,500 + 0.34 \times 120\,000 = 3\,300$(元)。在这样的计算方法下,运用杠杆融资所带来的节税效应使该项目变得有利可图,项目价值等于全权益融资项目价值加上债务的节税价值,因为调整净现值为正,所以该项目可行。

上例运用了调整净现值法估计项目价值,该方法运用在公司估值中的逻辑是相同的。在用调整净现值(APV)法评估公司的估值时,具体的计算步骤为:

(1) 进行业绩预测,得出基本现金流。由于假定是全股权融资,没有财务杠杆,所以基本现金流既可以用股权自由现金流的计算方法,也可以用公司自由现金流的计算方法。

(2) 将基本现金流和期末价值折现,贴现率用假定全股权融资的股权资本成本。

(3) 评价财务方面的影响,所用贴现率是反映了风险因素的债务资本成本。

(4) 将两部分相加得到 APV。

计算过程与自由现金流折现的过程一样,只是其折现率并不是加权平均资本成本,而是无杠杆即权益融资的资本成本。

在调整净现值法中,对现金流量进行分类是为了采取不同的贴现率。调整净现值法首先假设项目全股权融资,算出一个基本现值,然后根据计划采取的财务策略引起的价值增减进行调整,得出最后的调整现值。调整净现值法避免了将不同性质的资本成本加权平均可能引起的较大误差,而且各种价值创造过程清晰明了,有利于管理层对价值创造过程进行管理和监督。

在评估公司价值时,与加权平均资本成本法相比,调整净现值法具有下列特点:

(1) 按不同类别的现金流量分别采用不同的贴现率进行贴现,而不是对所有的现金流量按统一贴现率进行贴现;

(2) 投资项目的经济效益可分段测算,如果在前段的测算中已表现出经济上可行,则后段追加的有利部分可不必进行测算;

(3) 总体上具有较大的可容性与可塑性,能更好地适应国际投资项目经济评价的需要。

调整净现值的公司估值法通常运用在杠杆收购（leveraged buyout，LBO）中。杠杆收购又称融资并购、举债经营收购，是指公司或个体利用收购目标的资产作为债务抵押收购该公司的策略。杠杆收购的主体一般

拓展阅读 12.2

杠杆收购

是专业的金融投资公司。投资公司收购目标公司的目的是以合适的价钱买下公司，通过经营使公司增值，并通过财务杠杆增加投资收益。

在杠杆收购中，通常投资公司只出一小部分资金，大部分资金来自银行抵押贷款、机构借款和发行垃圾债券（高利息高风险债券），由被收购公司的资产和未来现金流量及收益作担保并用来还本付息。由于债务资本比例高，利息负担重，偿债压力大，在融资协议中会要求公司制订详细的偿债计划，这会造成公司资本结构不稳定，此时调整净现值法就可以解决杠杆收购中公司的价值评估问题。此外，在涉及利息补贴和发行成本的情况下，运用调整净现值法会更容易。

【例 12-1】 B 公司决定收购 A 公司，A 公司与 B 公司在同一行业。A 公司有 1 500 万股发行在外的股票，负债的市场价值和账面价值都是 3 600 万元。表 12-1 列出了预测 A 公司的自由现金流所需要的信息。遵循一般的做法，从预测销售收入开始。在过去一年中，A 公司的销售收入为 8 360 万元。近年来，年销售收入的增速为 5%～8%，预测未来销售收入的年增长率约为 7%，第 4～6 年增速下降为 4%，第 7 年下降到 3%。

表 12-1　预测 A 公司的自由现金流　　　　　　　　单位：万元

	年						
	0	1	2	3	4	5	6	7
销售收入	8 360	8 950	9 580	10 250	10 660	11 080	11 520	11 870
销售成本	6 310	6 620	7 130	7 630	7 990	8 310	8 700	9 020
EBITDA	2 050	2 330	2 440	2 610	2 660	2 770	2 820	2 850
折旧	330	990	1 060	1 130	1 180	1 230	1 270	1 310
EBIT	1 720	1 340	1 380	1 480	1 490	1 540	1 550	1 540
税	600	470	480	520	520	540	540	540
税后利润	1 120	870	900	960	970	1 000	1 010	1 000
固定资产投资	1 100	1 460	1 550	1 660	1 500	1 560	1 620	1 590
营运资本投资	100	50	80	90	50	60	60	40
自由现金流	250	350	320	340	590	610	600	680
第 1～6 年自由现金流的现值				2 030				
期末价值的现值	6 760						11 340	
公司的现值	8 790							
假设：								
销售增长率	6.7%	7%	7%	7%	4%	4%	4%	3%
成本（销售收入的百分比）	7 550	7 400	7 450	7 450	7 500	7 500	7 550	7 600
营运资本（销售收入的百分比）	1 330	1 300	1 300	1 300	1 300	1 300	1 300	1 300
净固定资产（销售收入的百分比）	7 920	7 900	7 900	7 900	7 900	7 900	7 900	7 900
折旧（固定资产的百分比）	500	1 400	1 400	1 400	1 400	1 400	1 400	1 400

	年						
	0	1	2	3	4	5	6	7
税率/%	35							
WACC/%	9							
长期增长率的预测值/%	3							
固定资产和营运资本								
总固定资产	9 500	10 960	12 510	14 180	15 680	17 240	18 860	20 450
减：累计折旧	2 900	3 890	4 950	6 080	7 260	8 490	9 760	11 070
固定资产净值	6 600	7 070	7 560	8 090	8 420	8 750	9 100	9 380
净营运资本	1 110	1 160	1 240	1 330	1 390	1 440	1 500	1 540

表 12-1 中现金流的其他部分(如销售成本、固定资产投资、营运资本投资)由销售预测决定,视为已知。销售不断增加可能需要进一步投资固定资产和营运资本。A 公司目前的固定资产与销售收入的关系是每 1 元销售收入需要 0.79 元固定资产。除非 A 公司有冗余产能或者能够从现有厂房和设备中挤压出更多的产能,否则固定资产投资将随销量增长。因此,假设每 1 元销售增长需要增加 0.79 元净固定资产,并且假设营运资本与销量成正比。

计算公司自由现金流与第六章资本投资决策中计算项目现金净流量的逻辑相同,A 公司的自由现金流为税后利润加折旧减去投资。在本例中,投资包含了固定资产投资与营运资本投资,前者由总固定资产相对前一年的变动量计算得到,后者由净营运资本变动量计算得到。例如,第 1 年:

自由现金流 = 税后利润 + 折旧 − 固定资产投资 − 营运资本投资
$$= 870 + 990 - (10\ 960 - 9\ 500) - (1\ 160 - 1\ 110) = 350(万元)$$

接着预测前 6 年每一年的现金流。之后,预期 A 公司的销量从第 7 年开始稳定在一个长期增长率。为得到第 1~6 年现金流的现值,用 9% 的 WACC 来贴现:

$$PV = \frac{350}{1.09} + \frac{320}{1.09^2} + \frac{340}{1.09^3} + \frac{590}{1.09^4} + \frac{610}{1.09^5} + \frac{600}{1.09^6} = 2\ 030(万元)$$

接着,计算第 7 年以后的现金流的价值。采用固定增长模型,在表 12-1 中计算出所预测的第 7 年的自由现金流是 680 万元。假设长期增长率为 3%,则

$$PV_H = \frac{FCF_{H+1}}{WACC - g} = \frac{680}{0.09 - 0.03} = 11\ 340(万元)$$

注意:此处以永续增长年金公式计算出的第 7 年以后现金流的现值,是在第 6 年年末的现值,因此还需要将这笔现值折现到第 0 年:

$$第 0 年的 PV = \frac{1}{1.09^6} \times 11\ 340 = 6\ 760(万元)$$

将前 6 年现金流现值之和与第 7 年及以后的现金流价值加总可得到公司价值:

$$PV(公司) = PV(第 1 \sim 6 年现金流) + PV(期末价值)$$
$$= 2\ 030 + 6\ 760 = 8\ 790(万元)$$

这就是 A 公司的总价值。要得到股权的价值,只需要减去负债的价值即可:

$$股权的总价值 = 8\,790 - 3\,600 = 5\,190(万元)$$

为了得到每股的价值,用股权总价值除以所有发行在外的总股数即可:

$$每股价值 = \frac{5\,190}{150} = 34.6(元)$$

现在假设 B 公司决定购买 A 公司,如果竞标成功,它计划为收购进行负债融资 5 100 万元,在第 6 年将负债余额减少到 4 500 万元,A 公司的期末价值为 11 340 万元。估值期末的负债率预测为 4 500÷11 340=0.397,约为 40%。因此,B 公司计划在估值期末将 A 公司的负债率恢复到 40%,具体计算如表 12-2 所示。

表 12-2　A 公司的 APV 估值　　　　　　　单位:万元

	年						
	0	1	2	3	4	5	6	7
自由现金流	250	350	320	340	590	610	600	680
第 1~6 年的自由现金流的现值	1 970							
期末价值的现值	6 460						11 340	
基础情况下的公司现值	8 430							
负债	5 100	5 000	4 900	4 800	4 700	4 600	4 500	
利息		306	300	294	288	282	276	
利息税盾		107	105	103	101	99	97	
利息税盾现值	500							
APV	8 930							
税率	35%							
资本机会成本	9.84%							
WACC(贴现到第 6 年的期末价值)	9%							
长期增长率预测	3%							
利率(第 1~6 年)	6%							
税后负债还款额		299	295	291	287	283	279	

表 12-2 显示的自由现金流的预测值来自表 12-1。在计算 A 公司基础情况下的价值时,用资本机会成本(9.84%)而不是 WACC 来贴现这些现金流,得到 A 公司基础情况下的价值等于 8 430 万元。表 12-2 也预测了负债水平、利息和利息税盾。如果负债水平是固定的,那么利息税盾应该按照 6% 的负债利率贴现,结果现值为 500 万元。因此:

$$APV = 基础情况下的 NPV + PV(利息税盾) = 8\,430 + 500 = 8\,930(万元)$$

比表 12-1 中的 NPV 增加了 140 万元。增加的这部分价值来自早期更高的负债率以及负债和利息税盾固定与相对安全的假设。

现在,考虑 A 公司自由现金流预测中隐藏的种种风险和陷阱,140 万元的差异不是个大问题,但从中可以看到 APV 法具有的灵活性优势。APV 法可以探索不同融资策略的启发,而不用锁定固定负债率,也不用计算每种情况下的 WACC。

当项目或公司的负债与账面价值挂钩,或者必须按照确定好的计划偿还时,APV 法特别有用。例如,H 公司和 G 公司采用 APV 法分析一组杠杆收购所支付的价格。杠杆收购一般是成熟公司几乎全部采用负债融资的收购,但是新债务不一定是永久性的。杠杆收购公司通过出售资产、降低成本和提高利润率得到额外的现金,用额外的现金偿还杠杆收购负债。因此,不能用 WACC 作为贴现率评估杠杆收购,因为负债率不是常数。而 APV 法对杠杆收购非常适用。首先将公司作为全股权融资来评价,这意味着现金流是税后的,而杠杆收购的负债也不产生任何利息税盾。然后,利息税盾被单独考虑,加到股权融资的价值上,还要加上其融资的副效应,结果就是 APV 的估值。H 公司和 G 公司发现,考虑到并不是竞标者获得的所有信息都渗透到公共领域,在解释这些竞争激烈的并购价格方面,APV 法确实比较适用。

二、各种杠杆政策下 APV 法的运用

(一) 不变的利息保障倍数

利息保障倍数,又称已获利息倍数,是公司生产经营所获得的息税前利润与利息费用之比。它是衡量公司长期偿债能力的指标。利息保障倍数越大,说明公司支付利息费用的能力越强。因此,债权人要分析利息保障倍数指标,以此来衡量债务资本的安全程度。

如果公司使用债务避税,它将调整债务水平,使利息费用随着公司收益的增加而增加。在此情形下,自然会把公司增加的利息支付设定为项目自由现金流量的一个目标比例 k,则

$$T \text{ 年的利息支付} = k \cdot \text{FCF}_T \qquad (12\text{-}2)$$

其中,k 为利息保障倍数,FCF_T 为第 T 年的自由现金流量。

若公司保持利息支付为自由现金流量 FCF_T 的一个目标比例,表明公司有不变的利息保障倍数。为应用 APV 法,必须计算这一政策下利息税盾的现值。利息税盾与公司的自由现金流量成比例,因此利息税盾的风险与公司自由现金流量的风险相同,也应该以相同的折现率——无杠杆资本成本折现。公司的自由现金流量以无杠杆资本成本折现的现值为公司的无杠杆价值,具体为

$$\text{PV(利息税盾)} = Tk \cdot V_U \qquad (12\text{-}3)$$

其中,T 为公司的所得税额。

运用 APV 法,有杠杆公司的价值为

$$V_L = V_U + \text{PV(利息税盾)} = (1 + Tk) \cdot V_U \qquad (12\text{-}4)$$

其中,V_L 为有杠杆公司的价值,V_U 为无杠杆公司的价值,T 为公司的所得税额,k 为利息保障倍数。

(二) 预先设定债务水平

在固定的债务计划下,债务水平不再波动。在此情形下,税盾的风险比公司的风险低,因此应以较低的折现率来折现。实际上,税盾的风险与债务的风险相似。若根据固定计划来设定债务水平,可以使用债务税前资本成本 r_D 来折现预先确定的利息税盾。

预先设定债务水平的一个特别简单的情形是,公司将永久保持不变的债务水平。若公司保持不变的债务水平 D,税盾的价值为 $T \cdot D$。利息税盾 $T \cdot r_D \cdot D$ 为永续现金流,用 r_D 对其折现得到:

$$\text{PV(利息税盾)} = (T \cdot r_D \cdot D)/r_D = T \cdot D \tag{12-5}$$

其中,r_D 为债务税前资本成本,D 为公司的债务水平,T 为税率。

在这种情形下,有杠杆公司的价值为

$$V_L = V_U + \text{PV(利息税盾)} = V_U + T \cdot D \tag{12-6}$$

其中,V_L 为有杠杆公司的价值,V_U 为无杠杆公司的价值,D 为公司的债务水平,T 为税率。

若债务水平被预先设定,公司不根据现金流量或公司价值的变化而调整其债务水平,公司就不再维持目标杠杆比率,适用于加权平均资本成本法的一些公式也将不再适用。还有更复杂的情形,如公司在短期内保持不变的债务水平,但在长期才调整到目标杠杆比率等。在这些更复杂的情况下,只有 APV 法才能较为准确地评估公司的价值,将公司未来的投资经营和资本结构决策融合在一起。在更复杂的资本结构情形下应用 APV 法,关键是要分析利息税盾是如何变化的,从而正确合理地确定对利息税盾的折现率。对利息税盾的折现率可能不止一种,具体取决于公司的融资政策。

三、国际投资的 APV 法

当融资副效应金额大且重要时,APV 法是最有用的。重大的国际投资一般采用量身定做的项目融资,与供应商、顾客和政府签有特殊合同。以下是项目融资中融资副效应的一些例子。

项目融资一般意味着开始时负债率高,项目早期的现金流的大部分或者全部都承诺偿还负债,股权投资者必须等待,既然负债率不是常数,所以 APV 法更加适用。

项目融资可能包括能够得到的优惠利率的负债。大多数政府提供特殊的融资组合来补贴出口,工业设备的制造商会愿意借出资金来帮助完成一笔销售。例如,假设公司要建设一座发电厂,从各国的供应商那里获得报价。如果相互竞争的供应商提供低利率的项目贷款来使其报价有吸引力,或者愿意提供条件优惠的租赁,则应该计算这些贷款或租赁的调整净现值,在项目分析中应予以考虑。

有时候,国际项目有供应商或顾客的合同支持。假设一家制造商想争取一种关键原材料(如镁粉)的可靠供应。制造商会补贴一家新成立的镁冶炼厂,同意购买其产量的 75%,并且保证以最低价格购买。这个担保显然是有价值的,应该加到冶炼厂的调整净现值中:只要镁粉的市场价低于最低价,项目就不会遭受损失。

第三节 权益现金流的公司估值法

权益现金流的公司估值法是通过用公司的权益资本成本对负债公司所产生的股东现金流量进行折现来衡量公司价值的方法。与其他公司估值方法不同,该方法只对公司自由现金流中的权益现金流量进行折现。本节就自由现金流及其与权益现金流的关系以及用权益现金流法进行公司估值做具体介绍。

拓展阅读 12.3
自由现金流量对企业价值评估的影响

一、自由现金流

（一）自由现金流的定义

美国学者拉巴波特（Alfred Rappaport）20 世纪 80 年代提出了自由现金流概念：公司产生的、在满足了再投资需求之后剩余的、不影响公司持续发展前提下的、可供公司资本供应者（股东、债权人）分配的现金。简单地说，自由现金流就是从经营活动产生的现金流量中扣减维持现有经营所需的资本支出后的余额。公司可以用这些现金为公司的成长扩充，也可以发放股利，清偿负债或是预留下来以备不时之需。

公司自由现金流与净利润是有所不同的，体现在：

（1）净利润是给股东的回报，扣除了利息费用，自由现金流是在利息之前计算的；

（2）净利润的计算扣除了各种非现金费用，包括折旧，自由现金流要加回折旧；

（3）资本支出和营运资本投资不出现在利润表的费用中，但它们会减少自由现金流。

公司现金流分为公司自由现金流（free cash flow for the firm，FCFF）和股权自由现金流（free cash flow to equity，FCFE）。公司自由现金流（FCFF）是指扣除了所有经营支出、投资需要和税负之后的，在清偿债务之前的剩余现金流量。公司自由现金流主要用于计算公司整体价值，包括两部分：一部分是流向债权人的现金流，一部分是流向股东的现金流。用公司自由现金流衡量公司整体现金流的公式为

$$公司整体现金流 = 经营业务产生的现金流 - 资本性支出 - 净营运资本变化 \quad (12\text{-}7)$$

其中，对于经营业务产生的现金流、资本性支出及净营运资本变化的计算与会计上的方法一样，具体如下：

$$经营业务现金流 = EBIT \times (1 - 税率) + 折旧或摊销 + 利息 \times (1 - 税率) + 折旧$$

$$(12\text{-}8)$$

$$资本支出 = 期末固定资产净值 - 期初固定资产净值 + 本期折旧 \quad (12\text{-}9)$$

$$净营运资本变化 = 期末净营运资本 - 期初净营运资本 \quad (12\text{-}10)$$

股权自由现金流（FCFE）是指扣除了所有开支、税负、投资需要及还本付息支出之后的剩余现金流量。股权自由现金流（FCFE）主要用于计算公司的股权价值，与公司自由现金流的区别与联系在于：公司自由现金流计算的是在清偿债务之前，同时包含流向股东和债权人两部分的现金流，而股权自由现金流则扣除了流向债权人的部分，即利息和净还款部分。因此，用股权自由现金流计算公司整体现金流的公式为

$$公司整体现金流 = 债务现金流 + 权益现金流 \quad (12\text{-}11)$$

（二）自由现金流的估计

使用绝对估值法时涉及两个重要参数，一是折现率的确定，二是公司未来现金流量的确定。其中折现率可根据第十一章介绍的资本成本的确定进行相应计算，而公司未来现金流量似乎更加难以把握。在确定公司未来现金流量时，财务经理一般遵循一个原则，即

公司价值＝预测期价值＋稳定期价值。在进行资本投资决策的项目现金流分析时,由于项目有明确的起止时间,因此只需估计项目初始投资和存续过程这一时间段的现金流。与大部分项目不同,公司可能持续经营下去,这笔现金流可能是没有终止期的。但在估算公司未来现金流时,不需要预测每一年的现金流,财务经理通常根据公司发展状况预测到中期,一般预测期为5～10年;预测期结束则认为公司进入稳定期,进入稳定期的公司将具有稳定的销售增长率,即可将稳定期现金流视为一项永续年金或永续增长年金,这样即可相应计算出期末之后所有现金流的现值。将预测期现值和稳定期现值相加,即可得到公司价值。

在估计现金流时,估算的重点是对未来营业收入的预测。预测方法分为三种:判断分析法、调查分析法和趋势分析法。判断分析法是指通过具有丰富经验的企业管理人员、有销售经验的工作人员或有关专家对市场未来变化进行分析,以判断产品的销售趋势。调查分析法是指通过对某种产品在市场上的供需情况和消费者的消费取向的调查来预测产品的销售趋势。趋势分析法是指根据公司销售的历史资料,用一定的计算方法预测未来销售的变化趋势,适用于产品销售比较稳定、有规律的公司。财务经理应根据公司自身经营状况和经营特点,选择适当的预测方法。除这三种聚焦微观层面对营业收入进行预测的分析方法外,财务经理也需要结合宏观和行业等层面进行进一步预测。在确定公司未来的营业收入现金流后,为计算公司自由现金流,还需要确定相关成本费用、利息费用和营运资本。根据公司经营特点,一般假设成本费用与营运资本和营业收入保持固定的比例,而利息费用属于融资现金流,可以直接根据公司的融资状况计算得到。

(三) 资本成本

公司资本分为三大类,即债务资本、股权资本和混合类型资本。混合类型资本包括优先股、可转换债券和认股权证等资本。从投资者的角度看,资本成本是投资者投资特定项目所要求的收益率,或称机会成本。从公司的角度看,资本成本是公司吸引资本市场资金必须满足的投资收益率。资本成本是由资本市场决定的,是建立在资本市场价值的基础上的,而不是由公司自己设定或是基于账面价值的账面值。债券和优先股属于固定收益证券,成本的估算较为容易,可转换债券和认股权证等混合类型证券由于内含期权,成本一般可分为两部分进行估算,其中内含期权可以用 Black-Scholes 期权定价公式法和二项式定价模型进行估算。

普通股成本的估算模型较多,具体包括资本资产定价模型(CAPM)、套利定价模型(APM)、各种形式的扩展资本资产定价模型、风险因素加成法、Fama-French 三因素模型等。这些模型的共同点在于:①都建立在证券市场有效的前提下,存在无风险基准收益率和无套利定价机制;②基本原理都是"股权资本成本＝无风险收益＋风险补偿",只是风险补偿因素及估算上存在差异。

资本资产定价模型(CAPM)是应用最为广泛的权益资本成本估价模型,传统的资本资产定价模型(CAPM)建立在资本市场有效、投资者理性、厌恶风险且投资组合分散程度充分和有效等假设基础之上,因此只考虑补偿系统风险因素,用单一的 β 来反映证券市场的系统风险程度。

根据资本资产定价模型(CAPM)计算公司股权资本成本的公式为

$$R_E = R_F + \beta \cdot (R_M - R_F)$$

公司在估算资本成本时,一般使用 $5\% \sim 6\%$ 的市场风险溢价,β 系数的预测方法较多,常用的有以下三种:

(1) 在资本市场发达的国家,有市场服务机构收集、整理证券市场的有关数据、资料,计算并提供各种证券的 β 系数;

(2) 估算证券 β 系数的历史值,用历史值代替下一时期证券的 β 值;

(3) 用回归分析法估测 β 值。

债务成本是公司在为投资项目融资时所借债务的成本,公司债务成本与以下因素有关。

(1) 市场利率水平:市场利率上升,公司债务成本会随之上升。

(2) 公司的违约风险:公司的违约风险越高,债务的成本越高,公司的资产负债率越高,则债务的边际成本越高。

(3) 债务具有税盾作用:由于利息在税前支付,所以税后债务成本与公司的税率有关,公司的税率越高,债务税后成本就越低。

在估算出股权资本成本后,由于债务资本成本估算较为简便,可以计算出公司加权平均资本成本为

$$R_A = (E/V) \cdot R_E + (D/V) \cdot R_D$$

不同类型的资本成本运用的情景也有所不同。公司自由现金流计算的是公司整体层面的现金流量,没有扣除债务的影响,因此在折现时需要采用公司整体层面的现金流量,同时考虑了债务和股权的加权平均资本成本;而股权自由现金流由于扣除了流向债权人的现金流,仅表示为流向股东的现金流量,因此在折现时不能采用加权平均资本成本,而应采用股权资本成本,计算得到公司股权价值。

(四) 公司价值创造

公司价值是公司预期产生的自由现金流量按公司资本成本折现的净现值。因此,自由现金流量是公司的价值创造之源,公司的任何一项管理活动和决策都必须满足以下一项或多项条件,才能为公司创造价值:①增加现有资产产生的现金流;②增加现金流的预期增长率;③增加公司高速增长期的长度;④优化融资决策及资本结构管理。

只要可以获得充足的信息来预测公司自由现金流,则 FCFF 模型的一般形式就可以用来对任何公司进行估价。

二、权益现金流法

(一) 权益现金流

公司的自由现金流主要由两部分构成,一部分是流向债权人的现金流,一部分是流向股东的现金流,其中流向股东的这部分现金流就是权益现金流(flow to equity,FTE)。公司的权益现金流就是公司自由现金流扣除债务现金流之后剩余的那部分现金流。

由于公司自由现金流是公司经营现金流扣除净资本支出与净营运资本增加之后的现金流，流向债权人的现金流是税后利息扣除债务净增加之后的值，因此公司的权益现金流可以用下式计算：

权益现金流＝公司自由现金流－债务现金流

　　　　　＝（经营业务现金流－净营运资本增加－资本支出）－

　　　　　（税后利息－债务净增加）

　　　　　＝[EBIT·(1－T)＋折旧－净营运资本增加－资本支出]－

　　　　　（税后利息－债务净增加）

　　　　　＝（净利润＋折旧－净营运资本增加－资本支出）＋（新增债务－本金偿还）

（12-12）

净借债＝新增债务－本金偿还，因此

权益现金流(FCFE)＝净利润＋折旧＋摊销－净营运资本增加－资本性支出＋净借债

（12-13）

式(12-13)是计算权益现金流最常用的公式，其中已经包含了财务风险。

（二）权益现金流估值法

权益现金流估值法是利用对杠杆公司项目所产生的属于权益所有者的现金流进行折现的方法，其折现率为权益资本成本。用权益现金流评估公司价值与用公司自由现金流评估公司价值不同的是，用权益现金流进行公司价值评估，折现时所用的贴现率是权益资本成本，用公司自由现金流折现时所用的贴现率是加权平均资本成本。

权益现金流估值法评估公司价值的具体方法如下。

1. 计算权益现金流

公司自由现金流(FCFF)＝经营业务现金流－净营运资本变化－资本支出

　　　　　　　　　　＝（税后净利润＋利息费用＋非现金支出）－

　　　　　　　　　　营运资本追加－资本支出

　　　　　　　　　　＝（1－税率）×息税前利润＋折旧－资本支出－

　　　　　　　　　　净营运资金的变化

　　　　　　　　　　＝（1－税率）×息税前及折旧前的利润＋税率×

　　　　　　　　　　折旧－资本支出－净营运资金的变化

其中，资本支出＝期末固定资产净值－期初固定资产净值＋本期折旧。

净营运资金的变化有时称为净营运资金中的投资，FCFF 模型认为公司价值等于公司预期现金流按公司资本成本进行折现。

接着利用已算出的公司自由现金流计算权益现金流：

权益现金流＝公司自由现金流－债务现金流

　　　　　＝（经营业务现金流－净营运资本变化－资本支出）－

　　　　　（税后利息－债务净增加）

　　　　　＝[EBIT·(1－T)＋折旧－净营运资本增加－资本支出]－

　　　　　（税后利息－债务净增加）

=（净利润＋折旧－净营运资本增加－资本支出）＋（新增债务－本金偿还）

=净利润＋折旧＋摊销－净营运资本增加－资本支出＋净借债

其中,净借债＝新增债务－本金偿还。

2. 计算权益资本成本即股权资本成本

权益资本成本通常用前面所学的资本资产定价模型计算得出:

$$R_E = R_F + \beta \cdot (R_M - R_F)$$

$$R_E = R_{\text{WACC}} - \frac{D}{E} \cdot [R_{\text{WACC}} - R_D \cdot (1 - T)]$$

3. 利用权益资本成本对权益现金流折现所得即是利用权益现金流法对公司的估值

公式为

$$V = \frac{\text{有杠杆公司项目的权益现金流}}{\text{股权资本成本}} = \sum_{T=1}^{\infty} \frac{\text{FCFE}_T}{(1 + R_E)^T}$$

【例 12-2】 假设 A 公司准备投资一个新项目,该项目的初始投资额及今后预期产生的净现金流量如表 12-3 所示,预计设备的使用期为 4 年,采用直线法计提折旧,其中公司所得税税率为 $T = 35\%$,项目的借款成本 $R_D = 8\%$,市场上的无风险利率 $R_F = 4\%$,市场收益率为 $R_M = 12\%$, $\beta = 1.5$,项目的目标债务-权益比为 1:4,不考虑营运资本的变化。

表 12-3 项目的初始投资额及今后预期产生的净现金流量 单位:元

	年				
	0	1	2	3	4
销售收入		3 500	4 025	4 628.75	5 323
销售成本		1 500	1 725	1 983.75	2 281
折旧		1 000	1 000	1 000	1 000
EBIT		1 000	1 300	1 645	2 042
公司所得税		350	455	575.75	714.7
无杠杆净收益		650	845	1 069.25	1 327.3
固定资产投资	4 000				
折旧		1 000	1 000	1 000	1 000
财务现金流		1 650	1 845	2 069.25	2 327.3

预估公司借债能力。根据表 12-4 中给出的借债能力可以计算出下一年该项目所需支出的利息数额。以第 1 年为例,由于借款成本为 8%,第 0 年项目新增债务 1 132.27 元,可知第 1 年需要支出利息 1 132.27×8%＝90.58 元;利息税盾为利息与所得税税率的乘积,因此第 1 年利息税盾为 90.58×35%＝31.7 元;由于本例未给出本金偿还的信息,因此净借债仅需计算债务净增加额,公司借债从第 0 年的 1 132.27 元减少为第 1 年的 958.98 元,因此第 1 年净借债＝958.98－1 132.27＝－173.29 元。第 2～4 年各项债务数据计算以此类推。

表 12-4　公司借债能力　　　　　　　　　　　　　　　单位：元

	年				
	0	1	2	3	4
借债能力	1 132.27	958.98	722.70	408.87	
利息		90.58	76.72	57.82	32.71
利息税盾		31.70	26.85	20.24	11.45
净借债		−173.29	−236.28	−313.83	−408.87

　　汇总表 12-3 和表 12-4 中的数据，可以计算出项目各年的股权自由现金流（股权自由现金流＝净利润＋折旧＋净负债），如表 12-5 所示。以第 1 年为例，首先计算净利润＝（销售收入－销售成本－折旧－利息）×（1－所得税税率）＝（3 500－1 500－1 000－90.85）×0.65＝591.12 元，加回折旧并加上债务净增加额后可得到第 1 年股权自由现金流＝591.12＋1 000－173.29＝1 417.83 元。第 2～4 年股权自由现金流计算以此类推。计算得到各年的股权自由现金流后，可用股权资本成本折现计算项目股权价值。股权资本成本＝4%＋1.5×（12%－4%）＝16%，则该项目的价值为

$$V = \sum_{T=1}^{4} \frac{\mathrm{FCFE}_T}{(1+R_E)^T} + 1\,132.27 = 5\,661.36（元）$$

表 12-5　公司股权自由现金流　　　　　　　　　　　单位：元

	年				
	0	1	2	3	4
销售收入		3 500	4 025	4 628.75	5 323
销售成本		1 500	1 725	1 983.75	2 281
折旧		1 000	1 000	1 000	1 000
EBIT		1 000	1 300	1 645	2 042
利息		90.58	76.72	57.82	32.7
税前收益		909.42	1 223.28	1 587.18	2 009.3
所得税		318.3	428.15	555.51	703.26
净利润		591.12	795.13	1 031.76	1 306.04
折旧		1 000	1 000	1 000	1 000
净负债		−173.29	−236.28	−313.83	−708.87
股权自由现金流	1 132.27	1 417.83	1 558.85	1 717.84	1 897.17

第四节　加权平均资本成本的公司估值法

　　加权平均资本成本作为公司的一个整体的资本成本，是对整个公司要求的必要报酬。由于公司通常会通过不同的方式募集资金，而这些来自不同途径的资金的成本不同，所以需要将这些成本都考虑在内。

一、加权平均资本成本

(一) 资本结构权重

公司募集资金的方式有很多,主要有债务与普通股权益两种。E(equity)代表公司股票权益的市场价值,由统计发行在外股票份额乘以每股价格计算出来的市场价值衡量。D(debt)代表债务的市场价值。对于长期债务,通过将单只债券的市场价格乘以流通在外的债券数计算得出。如果发行混合债券,则通过计算每只债券的市场价值,然后将其累加得出。对于没有公开交易(如被人寿保险公司持有)的债券,则需要观察公开交易的类似债券的收益率,然后用其收益率作为贴现率估计该私下持有债券的市场价值。对于短期债券,因为其账面价值与市场价值很类似,可以用账面价值作为市场价值的估计值。

V(value)代表债务和权益的市场价值,则

$$V = D + E \tag{12-14}$$

将两边同时除以 V,得出债务和权益占总资本的百分比:

$$资本结构权重 = E/V + D/V = D + E \tag{12-15}$$

需要注意的是,在计算资本结构权重时是使用权益(E)和债券(D)的市场价值来计算。在特定情况下,如在计算私人持有公司的数据时,可能没有办法获得这些数值的可靠估计值。此时,可以采用债务和权益的会计价值来计算。

(二) 考虑税的加权平均资本成本

在现实生活中,更多的是关注税后现金流量,因此要确定适合这些现金流量的贴现率,这些贴现率同样应该以税后为基础。

其中,公司对债务融资支付的利息是可以在税前扣除的,而支付给股东的股利是不可以在税前扣除的。这意味着政府实际上支付了一部分利息。因此,在确定税后贴现率时,应该区分债务的税前成本和税后成本。

假设一家公司以 9% 的利率借了 100 万元,公司的税率是 21%。这笔债务的税后利率是多少? 总的利息是每年 90 000 元,但该金额是可以在税前扣除的,所以 90 000 元的利息可以使公司减少 $0.21 \times 90\,000 = 18\,900$ 元的税款,税后的利息是 $90\,000 - 18\,900 = 71\,100$ 元,因此税后的利率是 $71\,100 \div 1\,000\,000 = 0.071\,1$,或 7.11%。应该注意,上例中 $7.11\% = 9\% \times (1-21\%)$。税后利率=税前利率×(1-税率)。如果用 T_C 代表公司的税率,则税后利率 $= R_D \cdot (1-T_C)$。

因此,可以根据前面的内容计算出一家公司的资本结构权重、权益成本及债务的税后成本。为了计算公司总的资本成本,分别把每项资本成本乘以权重,然后将每项相加得到的总数就是加权平均资本成本(weighted average cost of capital,WACC)。加权平均资本成本是为了维持股票市值而对现有资产所要求获得的总体报酬率,也是公司进行的任何与公司现有经营有着相同风险的投资所要求的必要报酬率。评估一项拟进行的扩张现有经营业务的投资的现金流量时,加权平均资本成本就是应该使用的贴现率。

$$R_{\text{WACC}} = (E/V) \cdot R_E + (D/V) \cdot R_D \cdot (1-T_C) \tag{12-16}$$

如果公司的资本结构中包括优先股,则此时的加权平均资本成本为

$$R_{WACC} = (E/V) \cdot R_E + (D/V) \cdot R_D \cdot (1 - T_C) + R_P \cdot (P/V) \qquad (12\text{-}17)$$

其中,P/V 是来源于优先股的募集资金所占的百分比,R_P 是优先股的成本。

二、加权平均资本成本与公司价值估值

(一)加权平均资本成本法的假设

(1)项目承担平均风险。假设项目的系统风险相当于公司投资的平均系统风险,在此假设下,项目的资本成本可以通过公司的风险来估计。

(2)公司的债务与股权比率(D/E)保持不变。假设公司可以持续地调整其债务水平,使按照市值计算的债务与股权比率保持不变。这一假设决定了公司接受新项目时将要承担的债务额,同时也表明公司的股权和债务的风险,以及加权平均资本成本不会随着债务水平的变动而变动。

(3)公司所得税是唯一要考虑的市场摩擦。假设债务对公司价值的影响主要是通过利息税盾效应起作用的,其他市场摩擦(如财务困境成本或代理成本),在所选择的债务水平上不显著。

(二)加权平均资本成本法

加权平均资本成本法是指评估一家公司的价值时,通过加权平均资本成本对自由现金流进行折现,从而得到公司的价值估计的方法。对一家公司的估值与对一个项目的估值其实并没有什么不同,唯一需要注意的是必须调整税金,以消除任何债务融资的影响。具体计算步骤如下:

(1)估计公司的自由现金流;

(2)利用资本资产定价模型计算股权资本成本;

(3)计算债务资本成本;

(4)计算加权平均资本成本;

(5)根据加权平均资本成本对自由现金流进行折现,得到公司的估值。

之前的讨论一直都是基于公司募集资金的来源方式有多种,至少有股权权益和债券权益两种。现在讨论只有股权权益时评估公司价值的方法。

评估公司价值时,假设采用全股权融资方式对目标公司的现金流进行预测,可以用WACC 作为贴现率来贴现这些现金流,因为 WACC 考虑了公司利息税盾的价值,为了得到股权价值,可以从公司总价值中减去负债的价值。如果是要对公司股权进行估值,则用WACC 贴现现金流有一个明显的替代方法,即用股权资本成本贴现利息和税后的股权现金流,该方法称为股权现金流法。如果公司的负债率是常数,则用股权现金流法得到的价值应该与全部现金流用 WACC 贴现再减去负债的价值得到的结果相同。

加权平均资本成本法作为评估公司价值的一种方法,有其重要的作用。一方面,可以作为公司对项目投资机会进行取舍的财务基准,只有当投资机会的预期收益率超过资本成本时,公司才会投资;另一方面,还可以用于公司评估内部正在经营的项目的经营绩

效,为项目资产重组或继续追加资金提供决策依据。但是,加权平均资本成本法也有局限,因为在使用加权平均资本成本法时,假设负债-权益比始终保持不变,当公司的债务比例动态调整时,则不能使用加权平均资本成本法,因为这样评估出来的结果不准确。此外,当新项目与公司现有项目在风险方面差异很大时也不能用加权平均资本成本法估计公司的价值。

【例 12-3】 假设 A 公司准备投资一个新项目,该项目的初始投资额及今后预期产生的净现金流量如表 12-6 所示。预计设备 4 年后过时,采用直线法计提折旧,其中公司所得税税率为 $T=35\%$,项目的借款成本 $R_D=8\%$,市场上的无风险利率 $R_F=4\%$,市场收益率 $R_M=12\%$,$\beta=1.5$,项目的目标债务-权益比为 1:4,不考虑营运资本的变化。

表 12-6　项目的初始投资额及今后预期产生的净现金流量　　　　单位:元

	年			
	0	1	2	3
销售收入		3 500	4 025	4 628.75	5 323
销售成本		1 500	1 725	1 983.75	2 281
折旧		1 000	1 000	1 000	1 000
EBIT		1 000	1 300	1 645	2 042
公司所得税		350	455	575.75	714.7
无杠杆净收益		650	845	1 069.25	1 327.3
固定资产投资	4 000				
折旧		1 000	1 000	1 000	1 000
财务现金流		1 650	1 845	2 069.25	2 327.3

权益资本成本为

$$R_E = R_F + \beta \cdot (R_M - R_F) = 16\%$$

加权平均资本成本为

$$R_{\text{WACC}} = \frac{E}{V} \cdot R_E + \frac{D}{V} \cdot R_D \cdot (1-T) = \frac{4}{5} \times 16\% + \frac{1}{5} \times 8\%(1-35\%) = 13.84\%$$

$$V = \frac{1\,650}{13.84\%} + \frac{1\,845}{(13.84\%)^2} + \frac{2\,069.25}{(13.84\%)^3} + \frac{2\,327.3}{(13.84\%)^4} = 5\,661.36$$

可以看出,用加权平均资本成本对项目整体现金流进行折现所得到的项目价值,与第三节讲解权益现金流法时用股权资本成本对项目扣除债务现金流后的权益现金流进行折现得到的价值相同。

(三) 加权平均资本成本法在实践中的应用

当有两个以上的融资来源时,公式会略微发生变化。与只有债务和普通股融资一样,每种融资会有一个成本,相对应的融资的权重是其在总价值中所占的比重,此时加权平均资本成本就是每种融资的成本及其在总价值中的权重的加权平均之和。例如,如果资本结构包括优先股和普通股,则公式为

$$R_{\text{WACC}} = R_D(1 - T_e)\frac{D}{V} + R_P\frac{P}{V} + R_E\frac{E}{V} \tag{12-18}$$

其中,R_P 是投资者对优先股的预期收益率,P 是发行的优先股的金额,$V = D + P + E$。

很多公司在计算 R_{WACC} 时只考虑长期融资,省略了短期负债的成本,理论上这是不正确的。持有短期负债的贷款人也是投资者,对公司营业收入也有一份索取权。忽略这份索取权,公司将误报资本投资的要求收益率。

但是,"取消"短期负债并不算是严重的错误,前提是负债只是暂时的、季节性的或偶然的融资,或者可以被持有的现金和可交易证券所抵消。例如,假设 A 公司的海外分支机构利用 6 个月贷款为存货和应收账款融资,这笔贷款的金额将作为短期负债显示出来,同时总部将多余的现金投资于短期证券是在借出资金,如果贷款与投资相互抵消,则没有必要在加权平均资本成本中包括短期负债的成本,因为公司不是净短期借款人。

如表 12-7 所示,当存在其他流动负债时,一般将流动负债从流动资产中减掉"抵消",差额就是资产负债表左边的净营运资本。资产负债表右边的长期融资的总额称为总资本化(total capitalization)。

表 12-7 总资产与总资本化的关系

净营运资本=流动资产－流动负债	长期负债(D)
	优先股(P)
固定资产(土地、厂房和设备)	普通股(E)
总资产	总资本化(V)

净营运资本作为资产处理时,资本投资项目现金流的预测必须将净营运资本的增加视为现金流出,减少视为现金流入。既然流动负债包括了短期负债,从流动资产中将短期负债减掉的计算方式就使短期负债的成本不包括在加权平均资本成本中。但是,短期负债是重要的、永久的资金来源时,它应该被明确列示在资产负债表的右边,而不是被流动资产抵消,此时短期负债的利息成本也是加权平均资本成本的一部分。

(四)加权平均资本成本法与调整净现值法的选择

与加权平均资本成本法一样,调整净现值法也用于对经营或现有资产的估值,即对任何将产生未来现金流的现存资产的估值。这是管理者所面对的最基本、最常见的估值问题。那么为什么选择调整净现值法而不是加权平均资本成本法呢?原因包括:当后者适用时前者总是适用,且由于前者要求的限制性假设更少,有时当后者不适用时,前者依然适用;后者比前者更容易犯严重的错误;最重要的是,在管理者看来,调整净现值法的价值是它能够提供与管理相关的大量信息。调整净现值法不仅能帮助管理者分析资产的价值是多少,而且能分析价值的来源。

折现现金流法都需要预测未来现金流,然后按一个能反映其风险程度的折现率折现,得到未来现金流的现值。但各种方法在实施的细节上各不相同,特别是对财务策略所创造或破坏的价值的处理。调整净现值法单独分析财务策略,然后把其价值加到经营价值上,并将调整的折现率直接用于业务的现金流。而加权平均资本成本法是通过调整折现率(资本成本)来反映财务效果,被管理者视为能自动处理财务效果,而不需要任何进一步的调整。

然而实际上,加权平均资本成本对财务作用的处理效果并没有这么理想。除了简单资本结构,加权平均资本成本最常见的形式只考虑了税的作用,而且并不十分有说服力。它吸引人的优点在于只需要一次折现运算。如今这种优势也不明显了,高速度的电子表格使调整净现值法所要求的大量折现运算变得很轻松。

三、估算折现率

下面用一个例子来说明在实践中,没有给定折现率的情况下如何针对三种不同的情况确定它们各自的折现率。

【例 12-4】 某大型联合公司 W 公司准备进入某行业,该项目计划按负债-权益比为 $1:3$ 融资。目前该行业只有一家公司——A 公司,其资本有 40% 来自负债、60% 来自权益,其权益的 β 值为 1.5。A 公司的借款利率为 12%,而 W 公司为进入该行业筹资时借款利率期望为 10%,公司的所得税税率为 40%,市场风险溢价为 8.5%,无风险利率为 8%。W 公司用于进入该行业投资项目的折现率应该是多少?

公司进行资本预算可以采用三种方法:APV 法、FTE 法和 WACC 法。与这三种方法相对应的折现率分别是 R_0、R_E 和 R_{WACC}。由于 A 公司是 W 公司在该行业的唯一竞争对手,因此可以根据 A 公司的资本成本来计算 W 公司在该行业投资的 R_0、R_E 和 R_{WACC}。具体如下:

(1) 确定 A 公司的权益资本成本。
$$R_E = R_F + \beta \cdot (R_M - R_F) = 8\% + 1.5 \times 8.5\% = 20.75\%$$

(2) 计算 A 公司的全权益融资时的资本成本。由于 A 公司和 W 公司投资项目的目标负债-权益比不同,因此假设 A 公司为全权益融资,计算其权益资本成本。可根据有税情况下的 MM 第二定理来确定。

$$R_E = R_0 + \frac{D}{E}(1 - T_C)(R_0 - R_D)$$

$$20.75\% = R_0 + \frac{0.4}{0.6} \times (1 - 40\%)(R_0 - 12\%)$$

解得 $R_0 = 18.25\%$,显然 R_0 小于 R_E,因为无杠杆公司的权益成本总是要低一些。

实际工作中,一般假定投资项目的经营风险与该行业现有公司的经营风险相同。因此,可以认为全权益融资情况下,W 公司的折现率也是 18.25%。因为 APV 法要求用无杠杆公司项目的资本成本来折现,如果 W 公司采用 APV 法折现就要用 18.25% 这个折现率。

(3) 确定 W 公司投资该项目的 R_E。W 公司也可以采用 FTE 法,用有杠杆权益的折现率来计算。有杠杆权益的折现率计算如下。

$$R_E = R_0 + \frac{D}{E}(1 - T_C)(R_0 - R_D) = 18.25\% + \frac{1}{3} \times 60\% \times (18.25\% - 10\%) = 19.9\%$$

可知 W 公司投资该行业的权益资本成本为 19.9%,低于 A 公司的权益资本成本

（20.75%）。

（4）确定 W 公司投资项目的 R_{WACC}。W 公司还可以采用 WACC 法。

$$R_{WACC} = R_D(1 - T_e)\frac{D}{V} + R_E\frac{E}{V} = 10\% \times 0.6 \times \frac{1}{4} + 19.9\% \times \frac{3}{4} = 16.425\%$$

以上就是根据实际情况决定的三个折现率 R_0、R_E 和 R_{WACC}。这些折现率分别适用于 APV 法、FTE 法和 WACC 法。需要注意的是，由于可以根据公司股票的贝塔值决定权益资本成本，所以应首先确定 R_E。

四、APV 法、FTE 法和 WACC 法的比较

调整净现值（APV）法先是在无负债即全权益情况下对项目进行估价，即在计算公式中，分子为全权益融资项目的税后现金流量，分母为股权资本成本即全权益情况下的折现率；然后在这一结果上加上负债连带效应的净现值。负债连带效应的净现值是节税效应、新债券的发行成本、财务困境成本及债务融资的贴息，贴现率是反映了财务风险的债务资本成本。

权益现金流（FTE）法是对有杠杆公司的税后现金流中属于权益所有者的部分进行折现，即扣除利息后的权益所有者的剩余现金流，贴现率是公司的有杠杆的权益资本成本。因为杠杆的提高导致权益所有者的风险增加，所以有杠杆公司的权益资本成本大于无杠杆公司的权益资本成本。

加权平均资本成本（WACC）法中，分子是在假定全权益融资情况下项目的税后现金流量，分母是权益资本成本和负债资本成本的加权平均数，其中权重是权益资本与债务资本分别在总成本中占的权重。债务的影响没有反映在分子上，而是体现在分母上，分母中的债务资本成本是税后的，反映了负债的节税效应。

这三种方法是为了解决同一个问题，即公司存在债务融资的情况下如何对公司的价值进行估值。需要注意的是，如果用三种方法分别对同一家公司的价值进行估值，得出的结果将是一致的，但是三种估值方法是存在显著差异的。下面具体强调三点。

（一）APV 法与 WACC 法的比较

在这三种方法中，APV 法和 WACC 法比较类似，这两种方法的分子均为无杠杆现金流量。但是 APV 法是用全权益资本成本折现权益现金流得到无杠杆公司的价值，然后加上负债的节税现值得到有杠杆情况下的公司价值；而 WACC 法是用加权平均资本成本对权益现金流即无杠杆现金流量折现得到公司价值，其中加权平均资本成本小于全权益资本成本。

因此，这两种方法都通过调整适用于无杠杆公司的基本现金流公式来反映财务杠杆所带来的税后利益。其中，APV 法直接进行调整，它把税收连带效应的净现值作为单独的一项加上去，而 WACC 法的调整比较微小，用的折现率比 APV 法的折现率小，但这两种方法得出的结果是一样的。

（二）估价的主体

因为 FTE 法只评估流向权益所有者的那部分现金流量的价值，而在 APV 法和

WACC 法评估的是流向整个公司的现金流量的价值,因此在 FTE 法中只扣除公司自己投资的部分,而在 APV 法和 WACC 法中最后一步均扣减的是初始投资。由于有杠杆现金流量中已经扣减了利息支付,而无杠杆现金流量虽然不扣减利息支付,但是在初始投资中已扣减债务融资的部分,因此三种方法虽有区别但对同一公司的估值结果是相同的。

(三)三种方法的应用

尽管三种方法计算出的净现值是相同的,但是在现实中,在特定的条件下总是有时候某种方法更便于计算,有时候某种方法根本无法计算。

如果公司的项目的风险在其寿命期内保持不变,则可以假设权益资本成本保持不变,而且如果负债-权益比在项目整个寿命期内也保持不变,则债务资本成本与加权平均资本成本也将保持不变,在这种情况下,不论是 FTE 法还是 WACC 法都很容易计算。但如果负债-权益比逐年变化,则债务资本成本与加权平均资本成本也将保持逐年变化,即 FTE 法和 WACC 法中的分母要保持每年变化,此时不论是 FTE 法还是 WACC 法的计算都变得十分繁杂,误差也会增大。

APV 法是以未来各期的负债绝对水平为基础的,当能准确地知道未来各期的负债绝对水平时(如杠杆收购中),用 APV 法很容易计算,但当未来各期的负债绝对水平不确定时,APV 法就不再适用。

因此,若公司的目标负债-权益比适用于项目的整个寿命期,适合采用 FTE 法和 WACC 法;若项目寿命期内其负债绝对水平已知,则适合采用 APV 法。

即测即练　　　　　　　　　　扫码答题

习题与思考题

1. 试述公司估值的意义。
2. 公司自由现金流与股权自由现金流有何区别?
3. 公司自由现金流与净利润有何区别?
4. 公司价值评估可以使用哪些方法?它们之间有何不同?
5. 说明公司价值评估的对象。

阅读专栏:估值的重要性

公司估值不是一门精确的科学,很多时候并不准确,甚至有很大的错误,这样的例子比比皆是。这在很大程度上是因为数据不准确,如财务报表可能隐瞒了信息或是给出了误导信息。例如,安然通过财务报表造假,使投资者有了错误的预期,对安然的估值节节攀升,在最高峰时,安然的总价值达到了800亿美元。当安然造假被揭露出来后,公司破产,一夜之间价值成了0。

另一个由于估值造成重大损失的例子是惠普。2011年惠普收购英国剑桥的一家软件公司Autonomy,交易金额达110亿美元。仅过了一年,惠普宣布并购交易有90亿美元损失,并计入财报。也就是说,一年时间价值110亿美元的Autonomy公司损失了90亿美元,实际价值只有20亿美元。然而Autonomy公司指出错不在自己,而是因为惠普不懂国际财务报告标准。

最后一个例子是时代华纳并购美国在线(AOL),成交价是1 500亿美元。当时正是互联网泡沫的高潮期,所有人都对这两大公司的合并充满期望。然而,当互联网泡沫破灭后,人们更加理性,才发现美国在线被严重高估,高估金额达1 000亿美元。人们预想的时代华纳和美国在线合并后的美好未来并没有到来,现实给了他们重重一击。

上面三个例子各有代表,安然的例子是因为财务数据造假,惠普的失败是因为对财务数据的误读,第三个例子是对未来趋势的错误判断。通过这三个例子,我们可以知道公司估值并不是精确的科学,而是一个交易双方互相确认价值的系统。

资料来源:投资,估值和英文——知乎(2020-05-30). https://www. zhihu. com/column/c_1248859114148769792.

案 例 分 析

C公司在53年前由乔某创建,其最初销售的产品是薯片和快餐等。经过收购,该公司已经成长为一家大集团公司,在快餐业、家庭防护系统行业、化妆品行业和塑料行业均有规模较大的分公司。此外,集团还有很多规模较小的分公司。最近几年,公司表现不佳,但公司的管理层似乎并未全力以赴寻找机会以提高公司的经营业绩和股票价格。

M是一位专门寻找潜在收购目标的分析师,她相信C公司需要做出两大改变:第一,她认为公司如果出售一些分公司,并集中力量在其核心竞争力——快餐与家庭防护系统上,公司将变得更好;第二,目前公司全部通过权益进行融资,由于公司的现金流相当稳定,M认为公司的负债权益比至少应为0.25。她相信这些改变将显著增加股东财富,但她同时相信,现在的董事会和管理层不会采取必要行动。因此,M认为该公司是一个进行杠杆收购的好目标。

杠杆收购(LBO)是上市或非上市公司的一小部分权益投资者通过举债对公司进行的收购。收购方用经营或出售资产所得现金清偿巨额债务本金和利息。收购方一般希望在3~7年内通过公开发行股票或被其他公司反收购来套现。只有当公司在前几年能够获得足够现金偿还债务,并且到期有人愿意购买该公司时收购才算成功。

M向合作者李某和杨某推荐了这个潜在的杠杆收购对象。M提供的有关公司现金流的预测如表1所示。

表 1 预测的公司现金流　　　　　　　　单位：百万元

	2015 年	2016 年	2017 年	2018 年	2019 年
销售收入	1 627	1 824	1 965	2 012	2 106
成本	432	568	597	645	680
折旧	287	305	318	334	340
EBIT	908	951	1 050	1 033	1 086
资本支出	165	143	180	182	195
净营运资本的变化	−72	−110	60	56	
资产出售	840	610			

　　M 估计在第 5 年年末，现金流的增长率为每年 3.5%。资本支出用于对新项目的投资及对所耗尽的设备的更新。此外，公司将出售一些分公司，从而获得一定的现金流。尽管公司将出售一些分公司，但其总销售额将会因为剩余分公司的集中投入而增加。

　　通过对公司财务及其他预计的情境进行分析，李某和杨某觉得在 5 年后可以把公司出售或重新上市。他们认为需要借相当多的钱进行收购。如果真的进行杠杆收购，那么在接下来的 5 年内，相应的债务利息支付如表 2 所示。

表 2 杠杆收购需要支付的债务利息　　　　　单位：百万元

	2015 年	2016 年	2017 年	2018 年	2019 年
利息支出	1 140	1 100	1 180	1 150	1 190

　　该公司目前的必要报酬率为 14%。由于负债率较高，在未来 5 年内，负债的到期收益率为 8%。他们相信，5 年后重新用债务进行融资时，新的到期收益率将为 8%。

　　C 公司目前发行在外股数为 1.67 亿股，每股价格 53 元，公司税率为 40%，如果 M、杨某和王某决定进行杠杆收购，他们对该股票提供的报价最高是多少？

　　资料来源：百度文库，https://wenku.Baidu.com/view/952ec073322B3169a45177232f60ddccdB38e674.html.

附　　　录

表 1　年金现值系数表

期数	1%	2%	3%	4%	5%	6%	7%	8%	9%	10%
1	0.990 1	0.980 4	0.970 9	0.961 5	0.952 4	0.943 4	0.934 6	0.925 9	0.917 4	0.909 1
2	1.970 4	1.941 6	1.913 5	1.886 1	1.859 4	1.833 4	1.808 0	1.783 3	1.759 1	1.735 5
3	2.941 0	2.883 9	2.828 6	2.775 1	2.723 2	2.673 0	2.624 3	2.577 1	2.531 3	2.486 9
4	3.902 0	3.807 7	3.717 1	3.629 9	3.546 0	3.465 1	3.387 2	3.312 1	3.239 7	3.169 9
5	4.853 4	4.713 5	4.579 7	4.451 8	4.329 5	4.212 4	4.100 2	3.992 7	3.889 7	3.790 8
6	5.795 5	5.601 4	5.417 2	5.242 1	5.075 7	4.917 3	4.766 5	4.622 9	4.485 9	4.355 3
7	6.728 2	6.472 0	6.230 3	6.002 1	5.786 4	5.582 4	5.389 3	5.206 4	5.033 0	4.868 4
8	7.651 7	7.325 5	7.019 7	6.732 7	6.463 2	6.209 8	5.971 3	5.746 6	5.534 8	5.334 9
9	8.566 0	8.162 2	7.786 1	7.435 3	7.107 8	6.801 7	6.515 2	6.246 9	5.995 2	5.759 0
10	9.471 3	8.982 6	8.530 2	8.110 9	7.721 7	7.360 1	7.023 6	6.710 1	6.417 7	6.144 6
11	10.367 6	9.786 8	9.252 6	8.760 5	8.306 4	7.886 9	7.498 7	7.139 0	6.805 2	6.495 1
12	11.255 1	10.575 3	9.954 0	9.385 1	8.863 3	8.383 8	7.942 7	7.536 1	7.160 7	6.813 7
13	12.133 7	11.348 4	10.635 0	9.985 6	9.393 6	8.852 7	8.357 7	7.903 8	7.486 9	7.103 4
14	13.003 7	12.106 2	11.296 1	10.563 1	9.898 6	9.295 0	8.745 5	8.244 2	7.786 2	7.366 7
15	13.865 1	12.849 3	11.937 9	11.118 4	10.379 7	9.712 2	9.107 9	8.559 5	8.060 7	7.606 1
16	14.717 9	13.577 7	12.561 1	11.652 3	10.837 8	10.105 9	9.446 6	8.851 4	8.312 6	7.823 7
17	15.562 3	14.291 9	13.166 1	12.165 7	11.274 1	10.477 3	9.763 2	9.121 6	8.543 6	8.021 6
18	16.398 3	14.992 0	13.753 5	12.659 3	11.689 6	10.827 6	10.059 1	9.371 9	8.755 6	8.201 4
19	17.226 0	15.678 5	14.323 8	13.133 9	12.085 3	11.158 1	10.335 6	9.603 6	8.950 1	8.364 9
20	18.045 6	16.351 4	14.877 5	13.590 3	12.462 2	11.469 9	10.594 0	9.818 1	9.128 5	8.513 6
21	18.857 0	17.011 2	15.415 0	14.029 2	12.821 2	11.764 1	10.835 5	10.016 8	9.292 2	8.648 7
22	19.660 4	17.658 0	15.936 9	14.451 1	13.163 0	12.041 6	11.061 2	10.200 7	9.442 4	8.771 5
23	20.455 8	18.292 2	16.443 6	14.856 8	13.488 6	12.303 4	11.272 2	10.371 1	9.580 2	8.883 2
24	21.243 4	18.913 9	16.935 5	15.247 0	13.798 6	12.550 4	11.469 3	10.528 8	9.706 6	8.984 7
25	22.023 2	19.523 5	17.413 1	15.622 1	14.093 9	12.783 4	11.653 6	10.674 8	9.822 6	9.077 0
26	22.795 2	20.121 0	17.876 8	15.982 8	14.375 2	13.003 2	11.825 8	10.810 0	9.929 0	9.160 9
27	23.559 6	20.706 9	18.327 0	16.329 6	14.643 0	13.210 5	11.986 7	10.935 2	10.026 6	9.237 2
28	24.316 4	21.281 3	18.764 1	16.663 1	14.898 1	13.406 2	12.137 1	11.051 1	10.116 1	9.306 6
29	25.065 8	21.844 4	19.188 5	16.983 7	15.141 1	13.590 7	12.277 7	11.158 4	10.198 3	9.369 6
30	25.807 7	22.396 5	19.600 4	17.292 0	15.372 5	13.764 8	12.409 0	11.257 8	10.273 7	9.426 9
期数	11%	12%	13%	14%	15%	16%	17%	18%	19%	20%
1	0.900 9	0.892 9	0.885 0	0.877 2	0.869 6	0.862 1	0.854 7	0.847 5	0.840 3	0.833 3
2	1.712 5	1.690 1	1.668 1	1.646 7	1.625 7	1.605 2	1.585 2	1.565 6	1.546 5	1.527 8
3	2.443 7	2.401 8	2.361 2	2.321 6	2.283 2	2.245 9	2.209 6	2.174 3	2.139 9	2.106 5
4	3.102 4	3.037 3	2.974 5	2.913 7	2.855 0	2.798 2	2.743 2	2.690 1	2.638 6	2.588 7
5	3.695 9	3.604 8	3.517 2	3.433 1	3.352 2	3.274 3	3.199 3	3.127 2	3.057 6	2.990 6

期数	11%	12%	13%	14%	15%	16%	17%	18%	19%	20%
6	4.230 5	4.111 4	3.997 5	3.888 7	3.784 5	3.684 7	3.589 2	3.497 6	3.409 8	3.325 5
7	4.712 2	4.563 8	4.422 6	4.288 3	4.160 4	4.038 6	3.922 4	3.811 5	3.705 7	3.604 6
8	5.146 1	4.967 6	4.798 8	4.638 9	4.487 3	4.343 6	4.207 2	4.077 6	3.954 4	3.837 2
9	5.537 0	5.328 2	5.131 7	4.946 4	4.771 6	4.606 5	4.450 6	4.303 0	4.163 3	4.031 0
10	5.889 2	5.650 2	5.426 2	5.216 1	5.018 8	4.833 2	4.658 6	4.494 1	4.338 9	4.192 5
11	6.206 5	5.937 7	5.686 9	5.452 7	5.233 7	5.028 6	4.836 4	4.656 0	4.486 5	4.327 1
12	6.492 4	6.194 4	5.917 6	5.660 3	5.420 6	5.197 1	4.988 4	4.793 2	4.610 5	4.439 2
13	6.749 9	6.423 5	6.121 8	5.842 4	5.583 1	5.342 3	5.118 3	4.909 5	4.714 7	4.532 7
14	6.981 9	6.628 2	6.302 5	6.002 1	5.724 5	5.467 5	5.229 3	5.008 1	4.802 3	4.610 6
15	7.190 9	6.810 9	6.462 4	6.142 2	5.847 4	5.575 5	5.324 2	5.091 6	4.875 9	4.675 5
16	7.379 2	6.974 0	6.603 9	6.265 1	5.954 2	5.668 5	5.405 3	5.162 4	4.937 7	4.729 6
17	7.548 8	7.119 6	6.729 1	6.372 9	6.047 2	5.748 7	5.474 6	5.222 3	4.989 7	4.774 6
18	7.701 6	7.249 7	6.839 9	6.467 4	6.128 0	5.817 8	5.533 9	5.273 2	5.033 3	4.812 2
19	7.839 3	7.365 8	6.938 0	6.550 4	6.198 2	5.877 5	5.584 5	5.316 2	5.070 0	4.843 5
20	7.963 3	7.469 4	7.024 8	6.623 1	6.259 3	5.928 8	5.627 8	5.352 7	5.100 9	4.869 6
21	8.075 1	7.562 0	7.101 6	6.687 0	6.312 5	5.973 1	5.664 8	5.383 7	5.126 8	4.891 3
22	8.175 7	7.644 6	7.169 5	6.742 9	6.358 7	6.011 3	5.696 4	5.409 9	5.148 6	4.909 4
23	8.266 4	7.718 4	7.229 7	6.792 1	6.398 8	6.044 2	5.723 4	5.432 1	5.166 8	4.924 5
24	8.348 1	7.784 3	7.282 9	6.835 1	6.433 8	6.072 6	5.746 5	5.450 9	5.182 2	4.937 1
25	8.421 7	7.843 1	7.330 0	6.872 9	6.464 1	6.097 1	5.766 2	5.466 9	5.195 1	4.947 6
26	8.488 1	7.895 7	7.371 7	6.906 1	6.490 6	6.118 2	5.783 1	5.480 4	5.206 0	4.956 3
27	8.547 8	7.942 6	7.408 6	6.935 2	6.513 5	6.136 4	5.797 5	5.491 9	5.215 1	4.963 6
28	8.601 6	7.984 4	7.441 2	6.960 7	6.533 5	6.152 0	5.809 9	5.501 6	5.222 8	4.969 7
29	8.650 1	8.021 8	7.470 1	6.983 0	6.550 9	6.165 6	5.820 4	5.509 8	5.229 2	4.974 7
30	8.693 8	8.055 2	7.495 7	7.002 7	6.566 0	6.177 2	5.829 4	5.516 8	5.234 7	4.978 9
期数	21%	22%	23%	24%	25%	26%	27%	28%	29%	30%
1	0.826 4	0.819 7	0.813 0	0.806 5	0.800 0	0.793 7	0.787 4	0.781 3	0.775 2	0.769 2
2	1.509 5	1.491 5	1.474 0	1.456 8	1.440 0	1.423 5	1.407 4	1.391 6	1.376 1	1.360 9
3	2.073 9	2.042 2	2.011 4	1.981 3	1.952 0	1.923 4	1.895 6	1.868 4	1.842 0	1.816 1
4	2.540 4	2.493 6	2.448 3	2.404 3	2.361 6	2.320 2	2.280 0	2.241 0	2.203 1	2.166 2
5	2.926 0	2.863 6	2.803 5	2.745 4	2.689 3	2.635 1	2.582 7	2.532 0	2.483 0	2.435 6
6	3.244 6	3.166 9	3.092 3	3.020 5	2.951 4	2.885 0	2.821 0	2.759 4	2.700 0	2.642 7
7	3.507 9	3.415 5	3.327 0	3.242 3	3.161 1	3.083 3	3.008 7	2.937 0	2.868 2	2.802 1
8	3.725 6	3.619 3	3.517 9	3.421 2	3.328 9	3.240 7	3.156 4	3.075 8	2.998 6	2.924 7
9	3.905 4	3.786 3	3.673 1	3.565 5	3.463 1	3.365 7	3.272 8	3.184 2	3.099 7	3.019 0
10	4.054 1	3.923 2	3.799 3	3.681 9	3.570 5	3.464 8	3.364 4	3.268 9	3.178 1	3.091 5
11	4.176 9	4.035 4	3.901 8	3.775 7	3.656 4	3.543 5	3.436 5	3.335 1	3.238 8	3.147 3
12	4.278 4	4.127 4	3.985 2	3.851 4	3.725 1	3.605 9	3.493 3	3.386 8	3.285 9	3.190 3
13	4.362 4	4.202 8	4.053 0	3.912 4	3.780 1	3.655 5	3.538 1	3.427 2	3.322 4	3.223 3
14	4.431 7	4.264 6	4.108 2	3.961 6	3.824 1	3.694 9	3.573 3	3.458 7	3.350 7	3.248 7
15	4.489 0	4.315 2	4.153 0	4.001 3	3.859 3	3.726 1	3.601 0	3.483 4	3.372 6	3.268 2

期数	11%	12%	13%	14%	15%	16%	17%	18%	19%	20%
16	4.536 4	4.356 7	4.189 4	4.033 3	3.887 4	3.750 9	3.622 8	3.502 6	3.389 6	3.283 2
17	4.575 5	4.390 8	4.219 0	4.059 1	3.909 9	3.770 5	3.640 0	3.517 7	3.402 8	3.294 8
18	4.607 9	4.418 7	4.243 1	4.079 9	3.927 9	3.786 1	3.653 6	3.529 4	3.413 0	3.303 7
19	4.634 6	4.441 5	4.262 7	4.096 7	3.942 4	3.798 5	3.664 2	3.538 6	3.421 0	3.310 5
20	4.656 7	4.460 3	4.278 6	4.110 3	3.953 9	3.808 3	3.672 6	3.545 8	3.427 1	3.315 8
21	4.675 0	4.475 6	4.291 6	4.121 2	3.963 1	3.816 1	3.679 2	3.551 4	3.431 9	3.319 8
22	4.690 0	4.488 2	4.302 1	4.130 0	3.970 5	3.822 3	3.684 4	3.555 8	3.435 6	3.323 0
23	4.702 5	4.498 5	4.310 6	4.137 1	3.976 4	3.827 3	3.688 5	3.559 2	3.438 4	3.325 4
24	4.712 8	4.507 0	4.317 6	4.142 8	3.981 1	3.831 2	3.691 8	3.561 9	3.440 6	3.327 2
25	4.721 3	4.513 9	4.323 2	4.147 4	3.984 9	3.834 2	3.694 3	3.564 0	3.442 3	3.328 6
26	4.728 4	4.519 6	4.327 8	4.151 1	3.987 9	3.836 7	3.696 3	3.565 6	3.443 7	3.329 7
27	4.734 2	4.524 3	4.331 6	4.154 2	3.990 3	3.838 7	3.697 9	3.566 9	3.444 7	3.330 5
28	4.739 0	4.528 1	4.334 6	4.156 6	3.992 3	3.840 2	3.699 1	3.567 9	3.445 5	3.331 2
29	4.743 0	4.531 2	4.337 1	4.158 5	3.993 8	3.841 4	3.700 1	3.568 7	3.446 1	3.331 7
30	4.746 3	4.533 8	4.339 1	4.160 1	3.995 0	3.842 4	3.700 9	3.569 3	3.446 6	3.332 1

表 2　年金终值系数表

期数	1%	2%	3%	4%	5%	6%	7%	8%	9%	10%
1	1.000 0	1.000 0	1.000 0	1.000 0	1.000 0	1.000 0	1.000 0	1.000 0	1.000 0	1.000 0
2	2.010 0	2.020 0	2.030 0	2.040 0	2.050 0	2.060 0	2.070 0	2.080 0	2.090 0	2.100 0
3	3.030 1	3.060 4	3.090 9	3.121 6	3.152 5	3.183 6	3.214 9	3.246 4	3.278 1	3.310 0
4	4.060 4	4.121 6	4.183 6	4.246 5	4.310 1	4.374 6	4.439 9	4.506 1	4.573 1	4.641 0
5	5.101 0	5.204 0	5.309 1	5.416 3	5.525 6	5.637 1	5.750 7	5.866 6	5.984 7	6.105 1
6	6.152 0	6.308 1	6.468 4	6.633 0	6.801 9	6.975 3	7.153 3	7.335 9	7.523 3	7.715 6
7	7.213 5	7.434 3	7.662 5	7.898 3	8.142 0	8.393 8	8.654 0	8.922 8	9.200 4	9.487 2
8	8.285 7	8.583 0	8.892 3	9.214 2	9.549 1	9.897 5	10.259 8	10.636 6	11.028 5	11.435 9
9	9.368 5	9.754 6	10.159 1	10.582 8	11.026 6	11.491 3	11.978 0	12.487 6	13.021 0	13.579 5
10	10.462 2	10.949 7	11.463 9	12.006 1	12.577 9	13.180 8	13.816 4	14.486 6	15.192 9	15.937 4
11	11.566 8	12.168 7	12.807 8	13.486 4	14.206 8	14.971 6	15.783 6	16.645 5	17.560 3	18.531 2
12	12.682 5	13.412 1	14.192 0	15.025 8	15.917 1	16.869 9	17.888 5	18.977 1	20.140 7	21.384 3
13	13.809 3	14.680 3	15.617 8	16.626 8	17.713 0	18.882 1	20.140 6	21.495 3	22.953 4	24.522 7
14	14.947 4	15.973 9	17.086 3	18.291 9	19.598 6	21.015 1	22.550 5	24.214 9	26.019 2	27.975 0
15	16.096 9	17.293 4	18.598 9	20.023 6	21.578 6	23.276 0	25.129 0	27.152 1	29.360 9	31.772 5
16	17.257 9	18.639 3	20.156 9	21.824 5	23.657 5	25.672 5	27.888 1	30.324 3	33.003 4	35.949 7
17	18.430 4	20.012 1	21.761 6	23.697 5	25.840 4	28.212 9	30.840 2	33.750 2	36.973 7	40.544 7
18	19.614 7	21.412 3	23.414 4	25.645 4	28.132 4	30.905 7	33.999 0	37.450 2	41.301 3	45.599 2
19	20.810 9	22.840 6	25.116 9	27.671 2	30.539 0	33.760 0	37.379 0	41.446 3	46.018 5	51.159 1
20	22.019 0	24.297 4	26.870 4	29.778 1	33.066 0	36.785 6	40.995 5	45.762 0	51.160 1	57.275 0
21	23.239 2	25.783 3	28.676 5	31.969 2	35.719 3	39.992 7	44.865 2	50.422 9	56.764 5	64.002 5
22	24.471 6	27.299 0	30.536 8	34.248 0	38.505 2	43.392 3	49.005 7	55.456 8	62.873 3	71.402 7

续表

期数	1%	2%	3%	4%	5%	6%	7%	8%	9%	10%
23	25.716 3	28.845 0	32.452 9	36.617 9	41.430 5	46.995 8	53.436 1	60.893 3	69.531 9	79.543 0
24	26.973 5	30.421 9	34.426 5	39.082 6	44.502 0	50.815 6	58.176 7	66.764 8	76.789 8	88.497 3
25	28.243 2	32.030 3	36.459 3	41.645 9	47.727 1	54.864 5	63.249 0	73.105 9	84.700 9	98.347 1
26	29.525 6	33.670 9	38.553 0	44.311 7	51.113 5	59.156 4	68.676 5	79.954 4	93.324 0	109.181 8
27	30.820 9	35.344 3	40.709 6	47.084 2	54.669 1	63.705 8	74.483 8	87.350 8	102.723 1	121.099 9
28	32.129 1	37.051 2	42.930 9	49.967 6	58.402 6	68.528 1	80.697 7	95.338 8	112.968 2	134.209 9
29	33.450 4	38.792 2	45.218 9	52.966 3	62.322 7	73.639 8	87.346 5	103.965 9	124.135 4	148.630 9
30	34.784 9	40.568 1	47.575 4	56.084 9	66.438 8	79.058 2	94.460 8	113.283 2	136.307 5	164.494 0

期数	11%	12%	13%	14%	15%	16%	17%	18%	19%	20%
1	1.000 0	1.000 0	1.000 0	1.000 0	1.000 0	1.000 0	1.000 0	1.000 0	1.000 0	1.000 0
2	2.110 0	2.120 0	2.130 0	2.140 0	2.150 0	2.160 0	2.170 0	2.180 0	2.190 0	2.200 0
3	3.342 1	3.374 4	3.406 9	3.439 6	3.472 5	3.505 6	3.538 9	3.572 4	3.606 1	3.640 0
4	4.709 7	4.779 3	4.849 8	4.921 1	4.993 4	5.066 5	5.140 5	5.215 4	5.291 3	5.368 0
5	6.227 8	6.352 8	6.480 3	6.610 1	6.742 4	6.877 1	7.014 4	7.154 2	7.296 6	7.441 6
6	7.912 9	8.115 2	8.322 7	8.535 5	8.753 7	8.977 5	9.206 8	9.442 0	9.683 0	9.929 9
7	9.783 3	10.089 0	10.404 7	10.730 5	11.066 8	11.413 9	11.772 0	12.141 5	12.522 7	12.915 9
8	11.859 4	12.299 7	12.757 3	13.232 8	13.726 8	14.240 1	14.773 3	15.327 0	15.902 0	16.499 1
9	14.164 0	14.775 7	15.415 7	16.085 3	16.785 8	17.518 5	18.284 7	19.085 9	19.923 4	20.798 9
10	16.722 0	17.548 7	18.419 7	19.337 3	20.303 7	21.321 5	22.393 1	23.521 3	24.708 9	25.958 7
11	19.561 4	20.654 6	21.814 3	23.044 5	24.349 3	25.732 9	27.199 9	28.755 1	30.403 5	32.150 4
12	22.713 2	24.133 1	25.650 2	27.270 7	29.001 7	30.850 2	32.823 9	34.931 1	37.180 2	39.580 5
13	26.211 6	28.029 1	29.984 7	32.088 7	34.351 9	36.786 2	39.404 0	42.218 7	45.244 5	48.496 6
14	30.094 9	32.392 6	34.882 7	37.581 1	40.504 7	43.672 0	47.102 7	50.818 0	54.840 9	59.195 9
15	34.405 4	37.279 7	40.417 5	43.842 4	47.580 4	51.659 5	56.110 1	60.965 3	66.260 7	72.035 1
16	39.189 9	42.753 3	46.671 7	50.980 4	55.717 5	60.925 0	66.648 8	72.939 0	79.850 2	87.442 1
17	44.500 8	48.883 7	53.739 1	59.117 6	65.075 1	71.673 0	78.979 2	87.068 0	96.021 8	105.930 6
18	50.395 9	55.749 7	61.725 1	68.394 1	75.836 4	84.140 7	93.405 6	103.740 3	115.265 9	128.116 7
19	56.939 5	63.439 7	70.749 4	78.969 2	88.211 8	98.603 2	110.284 6	123.413 5	138.166 4	154.740 0
20	64.202 8	72.052 4	80.946 8	91.024 9	102.443 6	115.379 7	130.032 9	146.628 0	165.418 0	186.688 0
21	72.265 1	81.698 7	92.469 9	104.768 4	118.810 1	134.840 5	153.138 5	174.021 0	197.847 4	225.025 6
22	81.214 3	92.502 6	105.491 0	120.436 0	137.631 6	157.415 0	180.172 1	206.344 8	236.438 5	271.030 7
23	91.147 9	104.602 9	120.204 8	138.297 0	159.276 4	183.601 4	211.801 3	244.486 8	282.361 8	326.236 9
24	102.174 2	118.155 2	136.831 5	158.658 6	184.167 8	213.977 6	248.807 6	289.494 5	337.010 5	392.484 2
25	114.413 3	133.333 9	155.619 6	181.870 8	212.793 0	249.214 0	292.104 9	342.603 5	402.042 5	471.981 1
26	127.998 8	150.333 9	176.850 1	208.332 7	245.712 0	290.088 3	342.762 7	405.272 1	479.430 6	567.377 3
27	143.078 6	169.374 0	200.840 6	238.499 3	283.568 8	337.502 4	402.032 3	479.221 1	571.522 4	681.852 8
28	159.817 3	190.698 9	227.949 9	272.889 2	327.104 1	392.502 8	471.377 8	566.480 9	681.111 6	819.223 3
29	178.397 2	214.582 8	258.583 4	312.093 7	377.169 7	456.303 2	552.512 1	669.447 5	811.522 8	984.068 0
30	199.020 9	241.332 7	293.199 2	356.786 8	434.745 1	530.311 7	647.439 1	790.948 0	966.712 2	1 181.881 6

续表

期数	21%	22%	23%	24%	25%	26%	27%	28%	29%	30%
1	1.000 0	1.000 0	1.000 0	1.000 0	1.000 0	1.000 0	1.000 0	1.000 0	1.000 0	1.000 0
2	2.210 0	2.220 0	2.230 0	2.240 0	2.250 0	2.260 0	2.270 0	2.280 0	2.290 0	2.300 0
3	3.674 1	3.708 4	3.742 9	3.777 6	3.812 5	3.847 6	3.882 9	3.918 4	3.954 1	3.990 0
4	5.445 7	5.524 2	5.603 8	5.684 2	5.765 6	5.848 0	5.931 3	6.015 6	6.100 8	6.187 0
5	7.589 2	7.739 6	7.892 6	8.048 4	8.207 0	8.368 4	8.532 7	8.699 9	8.870 0	9.043 1
6	10.183 0	10.442 3	10.707 9	10.980 1	11.258 8	11.544 2	11.836 6	12.135 9	12.442 3	12.756 0
7	13.321 4	13.739 6	14.170 8	14.615 3	15.073 5	15.545 8	16.032 4	16.533 9	17.050 6	17.582 8
8	17.118 9	17.762 3	18.430 0	19.122 9	19.841 9	20.587 6	21.361 2	22.163 4	22.995 5	23.857 7
9	21.713 9	22.670 0	23.669 0	24.712 5	25.802 3	26.940 4	28.128 7	29.369 2	30.663 9	32.015 0
10	27.273 8	28.657 4	30.112 8	31.643 4	33.252 9	34.944 9	36.723 5	38.592 6	40.556 4	42.619 5
11	34.001 3	35.962 0	38.038 8	40.237 9	42.566 1	45.030 6	47.638 8	50.398 5	53.317 8	56.405 3
12	42.141 6	44.873 7	47.787 7	50.895 0	54.207 7	57.738 6	61.501 3	65.510 0	69.780 0	74.327 0
13	51.991 3	55.745 9	59.778 8	64.109 7	68.759 6	73.750 6	79.106 6	84.852 9	91.016 1	97.625 0
14	63.909 5	69.010 0	74.528 0	80.496 1	86.949 5	93.925 8	101.465 4	109.611 7	118.410 8	127.912 5
15	78.330 5	85.192 2	92.669 4	100.815 1	109.686 8	119.346 5	129.861 1	141.302 9	153.750 0	167.286 3
16	95.779 9	104.934 5	114.983 4	126.010 8	138.108 5	151.376 6	165.923 6	181.867 7	199.337 4	218.472 2
17	116.893 7	129.020 1	142.429 5	157.253 4	173.635 7	191.734 5	211.723 0	233.790 7	258.145 3	285.013 9
18	142.441 3	158.404 5	176.188 3	195.994 2	218.044 6	242.585 5	269.888 2	300.252 1	334.007 4	371.518 0
19	173.354 0	194.253 5	217.711 6	244.032 8	273.555 8	306.657 7	343.758 0	385.322 7	431.869 6	483.973 4
20	210.758 4	237.989 3	268.785 3	303.600 6	342.944 7	387.388 7	437.572 6	494.213 1	558.111 8	630.165 5
21	256.017 6	291.346 9	331.605 9	377.464 8	429.680 9	489.109 8	556.717 3	633.592 7	720.964 2	820.215 1
22	310.781 3	356.443 2	408.875 3	469.056 3	538.101 1	617.278 3	708.030 9	811.998 7	931.043 8	1067.279 6
23	377.045 4	435.860 7	503.916 6	582.629 8	673.626 4	778.770 7	900.199 3	1 040.358 3	1 202.046 5	1 388.463 5
24	457.224 9	532.750 1	620.817 4	723.461 0	843.032 9	982.251 1	1 144.253 1	1 332.658 6	1 551.640 0	1 806.002 6
25	554.242 2	650.955 1	764.605 4	898.091 6	1 054.791 2	1 238.636 3	1 454.201 4	1 706.803 1	2 002.615 6	2 348.803 3
26	671.633 0	795.165 3	941.464 7	1 114.633 6	1 319.489 0	1 561.681 8	1 847.835 8	2 185.707 9	2 584.374 1	3 054.444 3
27	813.675 9	971.101 6	1 159.001 6	1 383.145 7	1 650.361 2	1 968.719 1	2 347.751 5	2 798.706 1	3 334.842 6	3971.777 6
28	985.547 9	1 185.744 0	1 426.571 9	1 716.100 7	2 063.951 5	2 481.586 0	2 982.644 4	3 583.343 8	4 302.947 0	5 164.310 9
29	1 193.512 9	1 447.607 7	1 755.683 5	2 128.964 8	2 580.939 4	3 127.798 4	3 788.958 3	4 587.680 1	5 551.801 6	6 714.604 2
30	1 445.150 7	1 767.081 3	2 160.490 7	2 640.916 4	3 227.174 3	3 942.026 0	4 812.977 1	5 873.230 6	7 162.824 1	8 729.985 5

表 3　复利现值系数表

期数	1%	2%	3%	4%	5%	6%	7%	8%	9%	10%
1	0.990 1	0.980 4	0.970 9	0.961 5	0.952 4	0.943 4	0.934 6	0.925 9	0.917 4	0.909 1
2	0.980 3	0.961 2	0.942 6	0.924 6	0.907 0	0.890 0	0.873 4	0.857 3	0.841 7	0.826 4
3	0.970 6	0.942 3	0.915 1	0.889 0	0.863 8	0.839 6	0.816 3	0.793 8	0.772 2	0.751 3
4	0.961 0	0.923 8	0.888 5	0.854 8	0.822 7	0.792 1	0.762 9	0.735 0	0.708 4	0.683 0
5	0.951 5	0.905 7	0.862 6	0.821 9	0.783 5	0.747 3	0.713 0	0.680 6	0.649 9	0.620 9
6	0.942 0	0.888 0	0.837 5	0.790 3	0.746 2	0.705 0	0.666 3	0.630 2	0.596 3	0.564 5
7	0.932 7	0.870 6	0.813 1	0.759 9	0.710 7	0.665 1	0.622 7	0.583 5	0.547 0	0.513 2

期数	1%	2%	3%	4%	5%	6%	7%	8%	9%	10%
8	0.923 5	0.853 5	0.789 4	0.730 7	0.676 8	0.627 4	0.582 0	0.540 3	0.501 9	0.466 5
9	0.914 3	0.836 8	0.766 4	0.702 6	0.644 6	0.591 9	0.543 9	0.500 2	0.460 4	0.424 1
10	0.905 3	0.820 3	0.744 1	0.675 6	0.613 9	0.558 4	0.508 3	0.463 2	0.422 4	0.385 5
11	0.896 3	0.804 3	0.722 4	0.649 6	0.584 7	0.526 8	0.475 1	0.428 9	0.387 5	0.350 5
12	0.887 4	0.788 5	0.701 4	0.624 6	0.556 8	0.497 0	0.444 0	0.397 1	0.355 5	0.318 6
13	0.878 7	0.773 0	0.681 0	0.600 6	0.530 3	0.468 8	0.415 0	0.367 7	0.326 2	0.289 7
14	0.870 0	0.757 9	0.661 1	0.577 5	0.505 1	0.442 3	0.387 8	0.340 5	0.299 2	0.263 3
15	0.861 3	0.743 0	0.641 9	0.555 3	0.481 0	0.417 3	0.362 4	0.315 2	0.274 5	0.239 4
16	0.852 8	0.728 4	0.623 2	0.533 9	0.458 1	0.393 6	0.338 7	0.291 9	0.251 9	0.217 6
17	0.844 4	0.714 2	0.605 0	0.513 4	0.436 3	0.371 4	0.316 6	0.270 3	0.231 1	0.197 8
18	0.836 0	0.700 2	0.587 4	0.493 6	0.415 5	0.350 3	0.295 9	0.250 2	0.212 0	0.179 9
19	0.827 7	0.686 4	0.570 3	0.474 6	0.395 7	0.330 5	0.276 5	0.231 7	0.194 5	0.163 5
20	0.819 5	0.673 0	0.553 7	0.456 4	0.376 9	0.311 8	0.258 4	0.214 5	0.178 4	0.148 6
21	0.811 4	0.659 8	0.537 5	0.438 8	0.358 9	0.294 2	0.241 5	0.198 7	0.163 7	0.135 1
22	0.803 4	0.646 8	0.521 9	0.422 0	0.341 8	0.277 5	0.225 7	0.183 9	0.150 2	0.122 8
23	0.795 4	0.634 2	0.506 7	0.405 7	0.325 6	0.261 8	0.210 9	0.170 3	0.137 8	0.111 7
24	0.787 6	0.621 7	0.491 9	0.390 1	0.310 1	0.247 0	0.197 1	0.157 7	0.126 4	0.101 5
25	0.779 8	0.609 5	0.477 6	0.375 1	0.295 3	0.233 0	0.184 2	0.146 0	0.116 0	0.092 3
26	0.772 0	0.597 6	0.463 7	0.360 7	0.281 2	0.219 8	0.172 2	0.135 2	0.106 4	0.083 9
27	0.764 4	0.585 9	0.450 2	0.346 8	0.267 8	0.207 4	0.160 9	0.125 2	0.097 6	0.076 3
28	0.756 8	0.574 4	0.437 1	0.333 5	0.255 1	0.195 6	0.150 4	0.115 9	0.089 5	0.069 3
29	0.749 3	0.563 1	0.424 3	0.320 7	0.242 9	0.184 6	0.140 6	0.107 3	0.082 2	0.063 0
30	0.741 9	0.552 1	0.412 0	0.308 3	0.231 4	0.174 1	0.131 4	0.099 4	0.075 4	0.057 3

期数	11%	12%	13%	14%	15%	16%	17%	18%	19%	20%
1	0.900 9	0.892 9	0.885 0	0.877 2	0.869 6	0.862 1	0.854 7	0.847 5	0.840 3	0.833 3
2	0.811 6	0.797 2	0.783 1	0.769 5	0.756 1	0.743 2	0.730 5	0.718 2	0.706 2	0.694 4
3	0.731 2	0.711 8	0.693 1	0.675 0	0.657 5	0.640 7	0.624 4	0.608 6	0.593 4	0.578 7
4	0.658 7	0.635 5	0.613 3	0.592 1	0.571 8	0.552 3	0.533 7	0.515 8	0.498 7	0.482 3
5	0.593 5	0.567 4	0.542 8	0.519 4	0.497 2	0.476 1	0.456 1	0.437 1	0.419 0	0.401 9
6	0.534 6	0.506 6	0.480 3	0.455 6	0.432 3	0.410 4	0.389 8	0.370 4	0.352 1	0.334 9
7	0.481 7	0.452 3	0.425 1	0.399 6	0.375 9	0.353 8	0.333 2	0.313 9	0.295 9	0.279 1
8	0.433 9	0.403 9	0.376 2	0.350 6	0.326 9	0.305 0	0.284 8	0.266 0	0.248 7	0.232 6
9	0.390 9	0.360 6	0.332 9	0.307 5	0.284 3	0.263 0	0.243 4	0.225 5	0.209 0	0.193 8
10	0.352 2	0.322 0	0.294 6	0.269 7	0.247 2	0.226 7	0.208 0	0.191 1	0.175 6	0.161 5
11	0.317 3	0.287 5	0.260 7	0.236 6	0.214 9	0.195 4	0.177 8	0.161 9	0.147 6	0.134 6
12	0.285 8	0.256 7	0.230 7	0.207 6	0.186 9	0.168 5	0.152 0	0.137 2	0.124 0	0.112 2
13	0.257 5	0.229 2	0.204 2	0.182 1	0.162 5	0.145 2	0.129 9	0.116 3	0.104 2	0.093 5
14	0.232 0	0.204 6	0.180 7	0.159 7	0.141 3	0.125 2	0.111 0	0.098 5	0.087 6	0.077 9
15	0.209 0	0.182 7	0.159 9	0.140 1	0.122 9	0.107 9	0.094 9	0.083 5	0.073 6	0.064 9

续表

期数	1%	2%	3%	4%	5%	6%	7%	8%	9%	10%
16	0.188 3	0.163 1	0.141 5	0.122 9	0.106 9	0.093 0	0.081 1	0.070 8	0.061 8	0.054 1
17	0.169 6	0.145 6	0.125 2	0.107 8	0.092 9	0.080 2	0.069 3	0.060 0	0.052 0	0.045 1
18	0.152 8	0.130 0	0.110 8	0.094 6	0.080 8	0.069 1	0.059 2	0.050 8	0.043 7	0.037 6
19	0.137 7	0.116 1	0.098 1	0.082 9	0.070 3	0.059 6	0.050 6	0.043 1	0.036 7	0.031 3
20	0.124 0	0.103 7	0.086 8	0.072 8	0.061 1	0.051 4	0.043 3	0.036 5	0.030 8	0.026 1
21	0.111 7	0.092 6	0.076 8	0.063 8	0.053 1	0.044 3	0.037 0	0.030 9	0.025 9	0.021 7
22	0.100 7	0.082 6	0.068 0	0.056 0	0.046 2	0.038 2	0.031 6	0.026 2	0.021 8	0.018 1
23	0.090 7	0.073 8	0.060 1	0.049 1	0.040 2	0.032 9	0.027 0	0.022 2	0.018 3	0.015 1
24	0.081 7	0.065 9	0.053 2	0.043 1	0.034 9	0.028 4	0.023 1	0.018 8	0.015 4	0.012 6
25	0.073 6	0.058 8	0.047 1	0.037 8	0.030 4	0.024 5	0.019 7	0.016 0	0.012 9	0.010 5
26	0.066 3	0.052 5	0.041 7	0.033 1	0.026 4	0.021 1	0.016 9	0.013 5	0.010 9	0.008 7
27	0.059 7	0.046 9	0.036 9	0.029 1	0.023 0	0.018 2	0.014 4	0.011 5	0.009 1	0.007 3
28	0.053 8	0.041 9	0.032 6	0.025 5	0.020 0	0.015 7	0.012 3	0.009 7	0.007 7	0.006 1
29	0.048 5	0.037 4	0.028 9	0.022 4	0.017 4	0.013 5	0.010 5	0.008 2	0.006 4	0.005 1
30	0.043 7	0.033 4	0.025 6	0.019 6	0.015 1	0.011 6	0.009 0	0.007 0	0.005 4	0.004 2

期数	21%	22%	23%	24%	25%	26%	27%	28%	29%	30%
1	0.826 4	0.819 7	0.813 0	0.806 5	0.800 0	0.793 7	0.787 4	0.781 3	0.775 2	0.769 2
2	0.683 0	0.671 9	0.661 0	0.650 4	0.640 0	0.629 9	0.620 0	0.610 4	0.600 9	0.591 7
3	0.564 5	0.550 7	0.537 4	0.524 5	0.512 0	0.499 9	0.488 2	0.476 8	0.465 8	0.455 2
4	0.466 5	0.451 4	0.436 9	0.423 0	0.409 6	0.396 8	0.384 4	0.372 5	0.361 1	0.350 1
5	0.385 5	0.370 0	0.355 2	0.341 1	0.327 7	0.314 9	0.302 7	0.291 0	0.279 9	0.269 3
6	0.318 6	0.303 3	0.288 8	0.275 1	0.262 1	0.249 9	0.238 3	0.227 4	0.217 0	0.207 2
7	0.263 3	0.248 6	0.234 8	0.221 8	0.209 7	0.198 3	0.187 7	0.177 6	0.168 2	0.159 4
8	0.217 6	0.203 8	0.190 9	0.178 9	0.167 8	0.157 4	0.147 8	0.138 8	0.130 4	0.122 6
9	0.179 9	0.167 0	0.155 2	0.144 3	0.134 2	0.124 9	0.116 4	0.108 4	0.101 1	0.094 3
10	0.148 6	0.136 9	0.126 2	0.116 4	0.107 4	0.099 2	0.091 6	0.084 7	0.078 4	0.072 5
11	0.122 8	0.112 2	0.102 6	0.093 8	0.085 9	0.078 7	0.072 1	0.066 2	0.060 7	0.055 8
12	0.101 5	0.092 0	0.083 4	0.075 7	0.068 7	0.062 5	0.056 8	0.051 7	0.047 1	0.042 9
13	0.083 9	0.075 4	0.067 8	0.061 0	0.055 0	0.049 6	0.044 7	0.040 4	0.036 5	0.033 0
14	0.069 3	0.061 8	0.055 1	0.049 2	0.044 0	0.039 3	0.035 2	0.031 6	0.028 3	0.025 4
15	0.057 3	0.050 7	0.044 8	0.039 7	0.035 2	0.031 2	0.027 7	0.024 7	0.021 9	0.019 5
16	0.047 4	0.041 5	0.036 4	0.032 0	0.028 1	0.024 8	0.021 8	0.019 3	0.017 0	0.015 0
17	0.039 1	0.034 0	0.029 6	0.025 8	0.022 5	0.019 7	0.017 2	0.015 0	0.013 2	0.011 6
18	0.032 3	0.027 9	0.024 1	0.020 8	0.018 0	0.015 6	0.013 5	0.011 8	0.010 2	0.008 9
19	0.026 7	0.022 9	0.019 6	0.016 8	0.014 4	0.012 4	0.010 7	0.009 2	0.007 9	0.006 8
20	0.022 1	0.018 7	0.015 9	0.013 5	0.011 5	0.009 8	0.008 4	0.007 2	0.006 1	0.005 3
21	0.018 3	0.015 4	0.012 9	0.010 9	0.009 2	0.007 8	0.006 6	0.005 6	0.004 8	0.004 0
22	0.015 1	0.012 6	0.010 5	0.008 8	0.007 4	0.006 2	0.005 2	0.004 4	0.003 7	0.003 1
23	0.012 5	0.010 3	0.008 6	0.007 1	0.005 9	0.004 9	0.004 1	0.003 4	0.002 9	0.002 4
24	0.010 3	0.008 5	0.007 0	0.005 7	0.004 7	0.003 9	0.003 2	0.002 7	0.002 2	0.001 8

续表

期数	1%	2%	3%	4%	5%	6%	7%	8%	9%	10%
25	0.008 5	0.006 9	0.005 7	0.004 6	0.003 8	0.003 1	0.002 5	0.002 1	0.001 7	0.001 4
26	0.007 0	0.005 7	0.004 6	0.003 7	0.003 0	0.002 5	0.002 0	0.001 6	0.001 3	0.001 1
27	0.005 8	0.004 7	0.003 7	0.003 0	0.002 4	0.001 9	0.001 6	0.001 3	0.001 0	0.000 8
28	0.004 8	0.003 8	0.003 0	0.002 4	0.001 9	0.001 5	0.001 2	0.001 0	0.000 8	0.000 6
29	0.004 0	0.003 1	0.002 5	0.002 0	0.001 5	0.001 2	0.001 0	0.000 8	0.000 6	0.000 5
30	0.003 3	0.002 6	0.002 0	0.001 6	0.001 2	0.001 0	0.000 8	0.000 6	0.000 5	0.000 4

表 4　复利终值系数表

期数	1%	2%	3%	4%	5%	6%	7%	8%	9%	10%
1	1.010 0	1.020 0	1.030 0	1.040 0	1.050 0	1.060 0	1.070 0	1.080 0	1.090 0	1.100 0
2	1.020 1	1.040 4	1.060 9	1.081 6	1.102 5	1.123 6	1.144 9	1.166 4	1.188 1	1.210 0
3	1.030 3	1.061 2	1.092 7	1.124 9	1.157 6	1.191 0	1.225 0	1.259 7	1.295 0	1.331 0
4	1.040 6	1.082 4	1.125 5	1.169 9	1.215 5	1.262 5	1.310 8	1.360 5	1.411 6	1.464 1
5	1.051 0	1.104 1	1.159 3	1.216 7	1.276 3	1.338 2	1.402 6	1.469 3	1.538 6	1.610 5
6	1.061 5	1.126 2	1.194 1	1.265 3	1.340 1	1.418 5	1.500 7	1.586 9	1.677 1	1.771 6
7	1.072 1	1.148 7	1.229 9	1.315 9	1.407 1	1.503 6	1.605 8	1.713 8	1.828 0	1.948 7
8	1.082 9	1.171 7	1.266 8	1.368 6	1.477 5	1.593 8	1.718 2	1.850 9	1.992 6	2.143 6
9	1.093 7	1.195 1	1.304 8	1.423 3	1.551 3	1.689 5	1.838 5	1.999 0	2.171 9	2.357 9
10	1.104 6	1.219 0	1.343 9	1.480 2	1.628 9	1.790 8	1.967 2	2.158 9	2.367 4	2.593 7
11	1.115 7	1.243 4	1.384 2	1.539 5	1.710 3	1.898 3	2.104 9	2.331 6	2.580 4	2.853 1
12	1.126 8	1.268 2	1.425 8	1.601 0	1.795 9	2.012 2	2.252 2	2.518 2	2.812 7	3.138 4
13	1.138 1	1.293 6	1.468 5	1.665 1	1.885 6	2.132 9	2.409 8	2.719 6	3.065 8	3.452 3
14	1.149 5	1.319 5	1.512 6	1.731 7	1.979 9	2.260 9	2.578 5	2.937 2	3.341 7	3.797 5
15	1.161 0	1.345 9	1.558 0	1.800 9	2.078 9	2.396 6	2.759 0	3.172 2	3.642 5	4.177 2
16	1.172 6	1.372 8	1.604 7	1.873 0	2.182 9	2.540 4	2.952 2	3.425 9	3.970 3	4.595 0
17	1.184 3	1.400 2	1.652 8	1.947 9	2.292 0	2.692 8	3.158 8	3.700 0	4.327 6	5.054 5
18	1.196 1	1.428 2	1.702 4	2.025 8	2.406 6	2.854 3	3.379 9	3.996 0	4.717 1	5.559 9
19	1.208 1	1.456 8	1.753 5	2.106 8	2.527 0	3.025 6	3.616 5	4.315 7	5.141 7	6.115 9
20	1.220 2	1.485 9	1.806 1	2.191 1	2.653 3	3.207 1	3.869 7	4.661 0	5.604 4	6.727 5
21	1.232 4	1.515 7	1.860 3	2.278 8	2.786 0	3.399 6	4.140 6	5.033 8	6.108 8	7.400 2
22	1.244 7	1.546 0	1.916 1	2.369 9	2.925 3	3.603 5	4.430 4	5.436 5	6.658 6	8.140 3
23	1.257 2	1.576 9	1.973 6	2.464 7	3.071 5	3.819 7	4.740 5	5.871 5	7.257 9	8.954 3
24	1.269 7	1.608 4	2.032 8	2.563 3	3.225 1	4.048 9	5.072 4	6.341 2	7.911 1	9.849 7
25	1.282 4	1.640 6	2.093 8	2.665 8	3.386 4	4.291 9	5.427 4	6.848 5	8.623 1	10.834 7
26	1.295 3	1.673 4	2.156 6	2.772 5	3.555 7	4.549 4	5.807 4	7.396 4	9.399 2	11.918 2
27	1.308 2	1.706 9	2.221 3	2.883 4	3.733 5	4.822 3	6.213 9	7.988 1	10.245 1	13.110 0
28	1.321 3	1.741 0	2.287 9	2.998 7	3.920 1	5.111 7	6.648 8	8.627 1	11.167 1	14.421 0
29	1.334 5	1.775 8	2.356 6	3.118 7	4.116 1	5.418 4	7.114 3	9.317 3	12.172 2	15.863 1
30	1.347 8	1.811 4	2.427 3	3.243 4	4.321 9	5.743 5	7.612 3	10.062 7	13.267 7	17.449 4

续表

期数	11%	12%	13%	14%	15%	16%	17%	18%	19%	20%
1	1.110 0	1.120 0	1.130 0	1.140 0	1.150 0	1.160 0	1.170 0	1.180 0	1.190 0	1.200 0
2	1.232 1	1.254 4	1.276 9	1.299 6	1.322 5	1.345 6	1.368 9	1.392 4	1.416 1	1.440 0
3	1.367 6	1.404 9	1.442 9	1.481 5	1.520 9	1.560 9	1.601 6	1.643 0	1.685 2	1.728 0
4	1.518 1	1.573 5	1.630 5	1.689 0	1.749 0	1.810 6	1.873 9	1.938 8	2.005 3	2.073 6
5	1.685 1	1.762 3	1.842 4	1.925 4	2.011 4	2.100 3	2.192 4	2.287 8	2.386 4	2.488 3
6	1.870 4	1.973 8	2.082 0	2.195 0	2.313 1	2.436 4	2.565 2	2.699 6	2.839 8	2.986 0
7	2.076 2	2.210 7	2.352 6	2.502 3	2.660 0	2.826 2	3.001 2	3.185 5	3.379 3	3.583 2
8	2.304 5	2.476 0	2.658 4	2.852 6	3.059 0	3.278 4	3.511 5	3.758 9	4.021 4	4.299 8
9	2.558 0	2.773 1	3.004 0	3.251 9	3.517 9	3.803 0	4.108 4	4.435 5	4.785 4	5.159 8
10	2.839 4	3.105 8	3.394 6	3.707 2	4.045 6	4.411 4	4.806 8	5.233 8	5.694 7	6.191 7
11	3.151 8	3.478 6	3.835 9	4.226 2	4.652 4	5.117 3	5.624 0	6.175 9	6.776 7	7.430 1
12	3.498 5	3.896 0	4.334 5	4.817 9	5.350 3	5.936 0	6.580 1	7.287 6	8.064 2	8.916 1
13	3.883 3	4.363 5	4.898 0	5.492 4	6.152 8	6.885 8	7.698 7	8.599 4	9.596 4	10.699 3
14	4.310 4	4.887 1	5.534 8	6.261 3	7.075 7	7.987 5	9.007 5	10.147 2	11.419 8	12.839 2
15	4.784 6	5.473 6	6.254 3	7.137 9	8.137 1	9.265 5	10.538 7	11.973 7	13.589 5	15.407 0
16	5.310 9	6.130 4	7.067 3	8.137 2	9.357 6	10.748 0	12.330 3	14.129 0	16.171 5	18.488 4
17	5.895 1	6.866 0	7.986 1	9.276 5	10.761 3	12.467 7	14.426 5	16.672 2	19.244 1	22.186 1
18	6.543 6	7.690 0	9.024 3	10.575 2	12.375 5	14.462 5	16.879 0	19.673 3	22.900 5	26.623 3
19	7.263 3	8.612 8	10.197 4	12.055 7	14.231 8	16.776 5	19.748 4	23.214 4	27.251 6	31.948 0
20	8.062 3	9.646 3	11.523 1	13.743 5	16.366 5	19.460 8	23.105 6	27.393 0	32.429 4	38.337 6
21	8.949 2	10.803 8	13.021 1	15.667 6	18.821 5	22.574 5	27.033 6	32.323 8	38.591 0	46.005 1
22	9.933 6	12.100 3	14.713 8	17.861 0	21.644 7	26.186 4	31.629 3	38.142 1	45.923 3	55.206 1
23	11.026 3	13.552 3	16.626 6	20.361 6	24.891 5	30.376 2	37.006 2	45.007 6	54.648 7	66.247 4
24	12.239 2	15.178 6	18.788 1	23.212 2	28.625 2	35.236 4	43.297 3	53.109 0	65.032 0	79.496 8
25	13.585 5	17.000 1	21.230 5	26.461 9	32.919 0	40.874 2	50.657 8	62.668 6	77.388 1	95.396 2
26	15.079 9	19.040 1	23.990 5	30.166 6	37.856 8	47.414 1	59.269 7	73.949 0	92.091 8	114.475 5
27	16.738 7	21.324 9	27.109 3	34.389 9	43.535 3	55.000 4	69.345 5	87.259 8	109.589 3	137.370 6
28	18.579 9	23.883 9	30.633 5	39.204 5	50.065 6	63.800 4	81.134 2	102.966 6	130.411 2	164.844 7
29	20.623 7	26.749 9	34.615 8	44.693 1	57.575 5	74.008 5	94.927 1	121.500 5	155.189 3	197.813 6
30	22.892 3	29.959 9	39.115 9	50.950 2	66.211 8	85.849 9	111.064 7	143.370 6	184.675 3	237.376 3
期数	21%	22%	23%	24%	25%	26%	27%	28%	29%	30%
1	1.210 0	1.220 0	1.230 0	1.240 0	1.250 0	1.260 0	1.270 0	1.280 0	1.290 0	1.300 0
2	1.464 1	1.488 4	1.512 9	1.537 6	1.562 5	1.587 6	1.612 9	1.638 4	1.664 1	1.690 0
3	1.771 6	1.815 8	1.860 9	1.906 6	1.953 1	2.000 4	2.048 4	2.097 2	2.146 7	2.197 0
4	2.143 6	2.215 3	2.288 9	2.364 2	2.441 4	2.520 5	2.601 4	2.684 4	2.769 2	2.856 1
5	2.593 7	2.702 7	2.815 3	2.931 6	3.051 8	3.175 8	3.303 8	3.436 0	3.572 3	3.712 9
6	3.138 4	3.297 3	3.462 8	3.635 2	3.814 7	4.001 5	4.195 9	4.398 0	4.608 3	4.826 8
7	3.797 5	4.022 7	4.259 3	4.507 7	4.768 4	5.041 9	5.328 8	5.629 5	5.944 7	6.274 9
8	4.595 0	4.907 7	5.238 9	5.589 5	5.960 5	6.352 8	6.767 5	7.205 8	7.668 6	8.157 3
9	5.559 9	5.987 4	6.443 9	6.931 0	7.450 6	8.004 5	8.594 8	9.223 4	9.892 5	10.604 5

续表

期数	11%	12%	13%	14%	15%	16%	17%	18%	19%	20%
10	6.727 5	7.304 6	7.925 9	8.594 4	9.313 2	10.085 7	10.915 3	11.805 9	12.761 4	13.785 8
11	8.140 3	8.911 7	9.748 9	10.657 1	11.641 5	12.708 0	13.862 5	15.111 6	16.462 2	17.921 6
12	9.849 7	10.872 2	11.991 2	13.214 8	14.551 9	16.012 0	17.605 3	19.342 8	21.236 2	23.298 1
13	11.918 2	13.264 1	14.749 1	16.386 3	18.189 9	20.175 2	22.358 8	24.758 8	27.394 7	30.287 5
14	14.421 0	16.182 2	18.141 4	20.319 1	22.737 4	25.420 7	28.395 7	31.691 3	35.339 1	39.373 8
15	17.449 4	19.742 3	22.314 0	25.195 6	28.421 7	32.030 1	36.062 5	40.564 8	45.587 5	51.185 9
16	21.113 8	24.085 6	27.446 2	31.242 6	35.527 1	40.357 9	45.799 4	51.923 0	58.807 9	66.541 7
17	25.547 7	29.384 4	33.758 8	38.740 8	44.408 9	50.851 0	58.165 2	66.461 4	75.862 1	86.504 2
18	30.912 7	35.849 0	41.523 3	48.038 6	55.511 2	64.072 2	73.869 8	85.070 6	97.862 2	112.455 4
19	37.404 3	43.735 8	51.073 7	59.567 9	69.388 9	80.731 0	93.814 7	108.890 4	126.242 2	146.192 0
20	45.259 3	53.357 6	62.820 6	73.864 1	86.736 2	101.721 1	119.144 6	139.379 7	162.852 4	190.049 6
21	54.763 7	65.096 3	77.269 4	91.591 5	108.420 2	128.168 5	151.313 7	178.406 0	210.079 6	247.064 5
22	66.264 1	79.417 5	95.041 3	113.573 5	135.525 3	161.492 4	192.168 3	228.359 6	271.002 7	321.183 9
23	80.179 5	96.889 4	116.900 8	140.831 2	169.406 6	203.480 4	244.053 8	292.300 3	349.593 5	417.539 1
24	97.017 2	118.205 0	143.788 0	174.630 6	211.758 2	256.385 3	309.948 3	374.144 4	450.975 6	542.800 8
25	117.390 9	144.210 1	176.859 3	216.542 0	264.697 8	323.045 4	393.634 4	478.904 9	581.758 5	705.641 0
26	142.042 9	175.936 4	217.536 9	268.512 1	330.872 2	407.037 3	499.915 7	612.998 2	750.468 5	917.333 3
27	171.871 9	214.642 4	267.570 4	332.955 0	413.590 3	512.867 0	634.892 9	784.637 7	968.104 4	1 192.533 3
28	207.965 1	261.863 7	329.111 5	412.864 2	516.987 9	646.212 4	806.314 0	1 004.336 3	1 248.854 6	1 550.293 3
29	251.637 7	319.473 7	404.807 2	511.951 6	646.234 9	814.227 6	1 024.018 7	1 285.550 4	1 611.022 5	2 015.381 3
30	304.481 6	389.757 9	497.912 9	634.819 9	807.793 6	1 025.926 7	1 300.503 8	1 645.504 6	2 078.219 0	2 619.995 6

参考文献

[1] 朱叶.公司金融:第4版[M].北京:北京大学出版社,2020.

[2] 郭丽虹.公司金融学:第三版[M].上海:上海财经大学出版社,2021.

[3] 杨丽荣.公司金融学:第五版[M].北京:科学出版社,2022.

[4] 沈红波.公司金融[M].上海:复旦大学出版社,2017.

[5] 斯蒂芬·A.罗斯,伦道夫·W.威斯特菲尔德,布拉德福德·D.乔丹.公司理财:精要版,原书第12版[M].崔方南,谭跃,周卉,译.北京:机械工业出版社,2020.

[6] 乔纳森·伯克,彼得·德马佐,杰拉德·哈福.公司理财:第3版[M].姜英兵,译.北京:中国人民大学出版社,2017.

[7] 徐少华.刍议《公司金融》与《财务管理》的区别和联系——基于本科层次教学内容的视角[J].教育教学论坛,2018(4):80-82.

[8] 张志强.论普通债券的价值评估[J].财会月刊,2021(18):29-34.

[9] 斯蒂芬·A.罗斯,伦道夫·W.威斯特菲尔德,布拉德福德·D.乔丹.公司理财:第12版[M].崔方南,谭跃,周卉,译.北京:机械工业出版社,2021.

[10] 保罗·阿斯奎思,劳伦斯·A.韦斯.公司金融:第2版[M].贾红强,译.北京:机械工业出版社,2021.

[11] 刘淑莲.公司理财:第5版[M].北京:机械工业出版社,2020.

[12] 李曜.公司金融[M].北京:高等教育出版社,2016.

[13] 潜力,胡军,王青.公司金融[M].北京:中国人民大学出版社,2021.

[14] 马忠.公司财务管理:案例分析[M].北京:机械工业出版社,2015.

[15] 李曜,刘莉亚,邓辛.公司金融:第二版[M].北京:中国人民大学出版社,2019.

[16] 冯日欣,郑萌萌.公司金融[M].北京:经济科学出版社,2021.

[17] 张芳芳.公司金融[M].北京:经济科学出版社,2022.

[18] 马亚明.现代公司金融学:第三版[M].北京:中国金融出版社,2021.

[19] 王长江.公司金融学[M].北京:北京大学出版社,2018.

[20] 兰定成.我国资本市场股票发行注册制改革探析[J].科技创业月刊,2021,34(4):28-30.

[21] 程伟.科创板公司估值方法研究——以中微公司为例[J].中国商论,2020(21):50-55.

[22] 吴云军.试论企业投资决策中应用EVA存在的问题及对策[J].中国商论,2016(31):92-93.

[23] 洪瑶彧.联创集团"高送转"股利分配政策的动因及影响研究[D].武汉:武汉纺织大学,2021.

[24] 龚凯颂.资本预算中的净现金流量预测十项规则[J].财务与会计,2021(7):64-66.

[25] 张晓亮.关于经营杠杆的误读与厘析[J].财会月刊,2015(13):110-114.

[26] 陆静.蒙特卡罗模拟在财务预测中的运用[J].中国商贸,2013(12):77-78.

[27] 戚聿东,孙昌玲,王化成.企业核心竞争力能够降低权益资本成本吗——基于文本分析的经验证据[J].会计研究,2021(8):94-106.

[28] 王君彦,龙素英.基于EVA的独角兽企业价值评估研究——以宁德时代为例[J].经营与管理,2022(1):102-107.

[29] 赵炯.集成电路设计行业相对估值方法应用研究[J].价值工程,2022,41(12):138-140.

[30]　马广奇,贺星,王欢.创始人权威、控制权配置与公司治理——基于雷士照明的案例分析[J].会计之友,2017(1):41-44.

[31]　谷娟.我国上市公司融资偏好与资本结构优化[J].江西社会科学,2014,34(10):34-38.

[32]　肖圣军.双层股权结构下股利分配困境的成因及其破解方案.《上海法学研究》集刊(2020年第7卷,总第31卷)——中国政法大学、西南政法大学文集2020年.上海市法学会,2020,167-177.

[33]　肖莉红.企业并购中的投资价值评估[J].城市建设理论研究,2012(32).

[34]　https://www.docin.com/p-2294954424.html.

[35]　https://www.renrendoc.com/paper/112063666.html.

[36]　https://zhuanlan.zhihu.com/p/399067052?ivk_sa=1024320u.

[37]　https://baike.baidu.com/item/%E6%9C%89%E6%95%88%E8%B5%84%E6%9C%AC%E5%B8%82%E5%9C%BA%E5%81%87%E8%AF%B4/5346735?fr=aladdin.

[38]　http://finance.people.com.cn/bank/n/2014/1128/c202331-26113703.html.

[39]　https://baike.baidu.com/item/%E5%8F%AF%E8%BD%AC%E5%80%BA%E8%9E%8D%E8%B5%84/10927875?fr=aladdin.

[40]　https://baike.baidu.com/item/%E6%88%B4%E7%BB%B4%E6%96%AF%E6%A8%A1%E5%9E%8B/2726106.

[41]　https://baijiahao.baidu.com/s?id=1731340559137519420&wfr=spider&for=pc.

[42]　https://www.docin.com/p-1891518304.html.

[43]　https://baike.baidu.com/item/%E5%85%AC%E5%8F%B8%E6%B2%BB%E7%90%86/3765?fr=aladdin#3.

[44]　https://www.517712.com/wenda/25100.html.

[45]　https://www.guayunfan.com/baike/929649.html.

[46]　https://mp.weixin.qq.com/s/8_WLkbi655mitt51D-twxg.

[47]　https://baike.baidu.com/item/%E5%80%BA%E5%88%B8%E5%8F%91%E8%A1%8C%E6%9D%A1%E4%BB%B6/2989288?fr.

[48]　https://www.guayunfan.com/lilun/382393.html.

[49]　https://baike.baidu.com/item/%E9%A6%85%E9%A5%BC%E7%90%86%E8%AE%BA/12755336?fr=aladdin.

[50]　https://baike.baidu.com/item/MM%E7%90%86%E8%AE%BA/4713387?fr=aladdin.

[51]　https://baike.baidu.com/item/%E5%95%84%E9%A3%9F%E9%A1%BA%E5%BA%8F%E7%90%86%E8%AE%BA/9800841?fr=aladdin.

[52]　https://zhuanlan.zhihu.com/p/89551022.

[53]　https://baike.baidu.com/item/%E6%9D%A0%E6%9D%86%E6%94%B6%E8%B4%AD/262046?fr=aladdin#2.

[54]　https://m.fx361.com/news/2020/1026/7138434.html.

[55]　https://baijiahao.baidu.com/s?id=1711935699049106675&wfr=spider&for=pc.

[56]　https://www.zhihu.com/column/c_1248859114148769792.

[57]　https://baike.baidu.com/item/%E6%9C%89%E9%99%90%E5%90%88%E4%BC%99%E4%BC%81%E4%B8%9A/10628934?fr.

[58]　https://eduai.baidu.com/view/84d23950158884868762caaedd3383c4bb4cb4a4.

[59]　https://wk.baidu.com/view/c3442095a9956Bec0975f46527d3240c8547a1c4.

[60]　https://www.guayunfan.com/lilun/382393.html.

[61]　https://Baijiahao.Baidu.com/s?id=1730865747873899363&wfr=spider&for=pc.

[62]　https://zhuanlan.zhihu.com/p/413280983.

[63]　https://wenku.Baidu.com/view/8e93cceee45c3B3566ec8Ba5.htm.

教师服务

　　感谢您选用清华大学出版社的教材！为了更好地服务教学，我们为授课教师提供本书的教学辅助资源，以及本学科重点教材信息。请您扫码获取。

≫ 教辅获取

本书教辅资源，授课教师扫码获取

≫ 样书赠送

财政与金融类重点教材，教师扫码获取样书

 清华大学出版社

E-mail: tupfuwu@163.com
电话：010-83470332 / 83470142
地址：北京市海淀区双清路学研大厦 B 座 509

网址：http://www.tup.com.cn/
传真：8610-83470107
邮编：100084